Monika Wastian

Isabell Braumandl

Lutz von Rosenstiel (Hrsg.)

Angewandte Psychologie für Projektmanager

Ein Praxisbuch für die erfolgreiche Projektleitung

Monika Wastian
Isabell Braumandl
Lutz von Rosenstiel (Hrsg.)

Angewandte Psychologie für Projektmanager

Ein Praxisbuch für die erfolgreiche Projektleitung

Mit 32 Abbildungen und 17 Tabellen

Monika Wastian, Dipl.-Psych.
Institut für Organisationspsychologie
Postfach 140361
80453 München

Isabell Braumandl, Dipl.-Psych., Dipl.-Oec.
Coaching- & Beratungs-Centrum Regensburg
Im Gewerbepark A 45
93059 Regensburg

Prof. Dr. Dr. Lutz von Rosenstiel, Dipl.-Psych.
Ludwig-Maximilians-Universität München
Department Psychologie
Lehrstuhl für Organisations- und Wirtschaftspsychologie
Leopoldstr. 13
80802 München

ISBN 978-3-540-88382-1 Springer Medizin Verlag Heidelberg

Bibliografische Information der Deutschen Nationalbibliothek
Die Deutsche Nationalbibliothek verzeichnet diese Publikation in der Deutschen Nationalbibliografie;
detaillierte bibliografische Daten sind im Internet über http://dnb.d-nb.de abrufbar.

Dieses Werk ist urheberrechtlich geschützt. Die dadurch begründeten Rechte, insbesondere die der Übersetzung, des Nachdrucks, des Vortrags, der Entnahme von Abbildungen und Tabellen, der Funksendung, der Mikroverfilmung oder der Vervielfältigung auf anderen Wegen und der Speicherung in Datenverarbeitungsanlagen, bleiben, auch bei nur auszugsweiser Verwertung, vorbehalten. Eine Vervielfältigung dieses Werkes oder von Teilen dieses Werkes ist auch im Einzelfall nur in den Grenzen der gesetzlichen Bestimmungen des Urheberrechtsgesetzes der Bundesrepublik Deutschland vom 9. September 1965 in der jeweils geltenden Fassung zulässig. Sie ist grundsätzlich vergütungspflichtig. Zuwiderhandlungen unterliegen den Strafbestimmungen des Urheberrechtsgesetzes.

Springer Medizin Verlag
springer.de

© Springer Medizin Verlag Heidelberg 2009

Die Wiedergabe von Gebrauchsnamen, Warenbezeichnungen usw. in diesem Werk berechtigt auch ohne besondere Kennzeichnung nicht zu der Annahme, dass solche Namen im Sinne der Warenzeichen- und Markenschutzgesetzgebung als frei zu betrachten wären und daher von jedermann benutzt werden dürfen.

Produkthaftung: Für Angaben über Dosierungsanweisungen und Applikationsformen kann vom Verlag keine Gewähr übernommen werden. Derartige Angaben müssen vom jeweiligen Anwender im Einzelfall anhand anderer Literaturstellen auf ihre Richtigkeit überprüft werden.

Planung: Dipl.-Psych. Joachim Coch
Projektmanagement: Meike Seeker
Lektorat: Dr. Karen Strehlow, Berlin
Layout und Einbandgestaltung: deblik Berlin
Einbandabbildung: ©imagesource.com
Satz: Fotosatz-Service Köhler GmbH – Reinhold Schöberl, Würzburg

SPIN: 12065837

Gedruckt auf säurefreiem Papier   2126 – 5 4 3 2 1 0

Geleitwort

Projekte sind größere, zeitlich befristete Aktionsbündel, die einem Plan entsprechend erfolgreich durchgeführt und abgeschlossen werden sollten. Ist das nicht der Fall, haben die Akteure oder auch andere im System Beteiligte oder Betroffene Probleme, weil Inhaltsziele nicht erreicht oder Zeitlimits und Kostenrahmen nicht eingehalten werden.

Bei der Entwicklung neuer Konzepte und Produkte, einschließlich Software und Dienstleistungen, ist das besonders prekär, da hier zu Projektbeginn zwar die Anforderungen einigermaßen klar sind, nicht aber das Ergebnis in seiner spezifischen Form. Nach etwa 15 Jahren in der industriellen Praxis und fast einer gleichen Zeitspanne in der universitären Forschung ist die aufgegriffene Thematik aus meiner Erfahrung eine der Schlüsselfragen von Erfolg oder Misserfolg in der Praxis.

Einige der Standardsituationen in der Produktentwicklung:

- Die Entwicklungsziele wurden nicht erreicht. Die Kosten sind zu hoch, wir sind zu spät dran, mit dem Geräuschpegel haben wir noch ein Problem …
- Nach erheblichen Investitionen in das neue Softwaresystem wollen sich die erwarteten Einsparungen nicht einstellen, obwohl wir doch intensive Schulungen durchgeführt haben …
- Wir haben jetzt zwar ein Ergebnis, doch das neu entwickelte Produkt kommt am Markt nicht an, obwohl doch alle Vorstellungen unserer Vertriebskollegen Berücksichtigung fanden …
- Die Änderung wurde nach langen Diskussionen nun durchgeführt und keiner hat mit den neuen, daraus resultierenden Problemen gerechnet …

Neben organisatorischen, markt- oder gesellschaftsbedingten Einflüssen sind es in den meisten Fällen Individuen oder Gruppen/Teams, die die Sachlage falsch eingeschätzt haben, Informationen nicht verständlich vermittelt oder falsch aufgenommen haben oder den »falschen« Zielen folgten.

»Human Factors« gilt als Schlagwort für die gesammelten Themenstellungen um das Verhalten von Vorgesetzten, Mitarbeitern, Teams und ganzen Organisationen. Dabei spielen Aspekte wie Führung, Motivation, Emotion, Kommunikation, Konflikte und Krisen, Angst, Kreativität und Kultur wichtige Rollen.

Es gibt »unzählige« Literatur zu vielen dieser Einzelaspekte. Es gibt immer wieder »neue Schulen« (Beratungsprodukte), die ihre Sicht mehr oder weniger missionieren und verkaufen.

Forschungsprojekte in Arbeitswissenschaften, Psychologie, Soziologie – auch im Verbund mit Ingenieurwissenschaften – haben wertvolle Erkenntnisse geschaffen, die bisher aber nur begrenzt in der Praxis wahrgenommen und umgesetzt werden. Sicherlich sind immer wieder Einzelaspekte adressiert worden, selten aber das ganzheitliche Bild aller wichtigen Aspekte mit ihren jeweiligen Wechselwirkungen.

Dieses Buch bietet wertvolle Beiträge zu allen wichtigen Aspekten erfolgreicher Projektarbeit, die in der klassischen Projektmanagementliteratur häufig nur Randthemen sind, wenn sie denn überhaupt angesprochen werden.

Prof. Dr.-Ing. Udo Lindemann

Vorwort

Die Welt wandelt sich immer rascher, und die Organisationen der Wirtschaft und Verwaltung, die ja in diesem Prozess Opfer und Täter sind, verändern sich entsprechend. Eindeutige, über Jahre stabile hierarchische Aufbauorganisationen verschwinden ganz oder verlieren an Bedeutung. Flexible Organisationsformen wie Netzwerke, Klanorganisationen oder Projektverbünde treten an ihre Stelle. Dies verwundert nicht, denn die Aufgaben, die erledigt werden müssen, stellen sich in einer vielfach nicht vorhersehbaren Weise häufig neu. Kein Spezialist hat die Kompetenz, sie in ihrer Komplexität allein zu überblicken, geschweige denn, sie zu bewältigen. Entsprechend müssen Personen mit unterschiedlichem fachlichen Hintergrund und verschiedenartiger beruflicher Erfahrung interdisziplinär auf Zeit zusammenarbeiten, um die anstehenden Aufgaben zu bewältigen oder brennende Probleme zu lösen. Es kommt zu Projekten, wobei sich für deren Mitarbeiter nicht selten das besondere Problem ergibt, dass sie nicht nur innerhalb dieses Projektes, sondern zugleich in ihrer Arbeitsgruppe oder Abteilung ihren Aufgaben nachgehen müssen.

Bei der Zusammenstellung einer Projektgruppe wird in einer rationalen Weise in aller Regel darauf geachtet, dass die notwendigen fachlichen Aspekte angemessen vertreten sind, so z. B. die spezifische Kompetenz von Ingenieuren, Informatikern, Betriebswirten, Juristen etc. Ob allerdings diese Personen auch menschlich zusammenpassen, wird kaum reflektiert oder als selbstverständlich vorausgesetzt. Dabei weiß man aus der sozialpsychologischen und gruppendynamischen Forschung seit langem, dass bei der Bildung eines Teams und damit auch einer Projektgruppe bestimmte Phasen durchlaufen werden müssen, die häufig als »forming«, »storming«, »norming« und »performing« umschrieben werden. In den Betrieben oder Verwaltungsorganisationen wird aber meist relativ naiv davon ausgegangen, dass sofort mit dem »performing« begonnen wird. Das aber ist oft ein gravierender Irrtum, denn wo Menschen zusammentreffen und kooperieren sollen, gibt es Sympathie und Antipathie, Freude und Vorbehalte in der Erwartung der Kooperation, unentdeckte »Leichen im Keller«, alte, niemals ausgesprochene Verletzungen, »impression management« Einzelner, versteckte Netzwerke, die Verfolgung ganz persönlicher Interessen, Mikropolitik, die gelegentlich den Zielen des Projekts zuwider läuft – kurz: Wo Menschen kooperieren, da »menschelt« es auch. Dann aber ist Angewandte Psychologie gefragt.

Darum geht es in diesem Buch, einem Praxisbuch für eine erfolgreiche Projektleitung und eine zielführende Projektarbeit. Die mitwirkenden Autoren kennen beide Welten: die Wissenschaft, insbesondere die Angewandte Psychologie, und die Praxis, vor allem jene der Projektarbeit. Entsprechend handelt es sich bei den Autoren einerseits um renommierte Wissenschaftler, die Einblick in die Praxis haben, Projekte begleitet oder selbst darin mitgewirkt haben, und andererseits um erfahrene Praktiker der Projektarbeit, die ihr Handeln wissenschaftlich fundiert reflektieren. Und alle verbindet, dass sie Psychologen sind bzw. psychologische Ansätze in ihre Arbeit integrieren.

Entsprechend findet man in diesem Buch anwendungsnah und konkret beschrieben all jene Themen, die sich aus psychologischer Perspektive in Projekten stellen. So geht es um die Gestaltung der Prozesse, um das Management der Information, der Kommunikation und des Wissens, um das Coaching von Projekten und die entsprechende personalpsychologische Arbeit, um Einflussnahme, Einflussstrategie und die Zusammenarbeit im Projektteam sowie um das Commitment der Projektmitarbeiter zu ihrem Projekt. Besonders betont werden die Rolle des Projektleiters, seine Aufgaben als eine Führungskraft besonderer Art und die Anforderungen an das

Selbstmanagement, die an ihn gestellt werden. Da Projekten in der Regel neuartige Aufgaben gestellt werden, geht es ebenfalls um Innovation und Kreativität. Anschaulich beschrieben wird aber auch das Management von Risiken und Krisen in Projekten und durch Projekte, die besondere Problematik international zusammengesetzter Teams, spezifisch auch dann, wenn diese ortsverteilt als virtuelle Gruppen agieren.

Ein formaler Hinweis liegt uns noch am Herzen: Wir verwenden in diesem Buch aus Gründen der Lesbarkeit durchgängig die männliche Schreibweise/Form, es sind aber stets beide Geschlechter gemeint. Wenn also beispielsweise vom Projektleiter oder vom Mitarbeiter die Rede ist, dann meint dies selbstverständlich auch die Projektleiterin oder die Mitarbeiterin.

Jetzt, wo die Arbeit an diesem Buch abgeschlossen ist, sprechen wir als Herausgeber Dank aus. Dieser Dank gilt zunächst Joachim Coch vom Springer-Verlag, der das Entstehen dieses Buches engagiert, kreativ und hilfreich begleitete und uns in schwierigen Phasen wertvollen Rat zukommen ließ. Er gilt den Autoren, die trotz erheblicher Belastung nicht nur ihre Beiträge verfassten und zum Teil mehrfach überarbeiteten, sondern zugleich jene ihrer Mitautoren kritisch lasen, konstruktiv bearbeiteten und zu deren Optimierung beitrugen. Der Dank gilt aber auch denen, die die ganz konkrete Umsetzung von der Idee zum Buch unterstützten bzw. mit ihren Rückmeldungen und Kommentaren am Brückenschlag zwischen Psychologie und Projektmanagement, zwischen Wissenschaft und Praxis mitwirkten. Dies sind Susanne Bögel-Fischer, Dr. Elisabeth Fleschhut, Martin Graebsch, Jennifer Gunkel, Irmgard Hausmann, Rafael Kirschner, Dr. Ruth Klendauer, Ingrid Kuhrts, Markus Lambert, Dr. Markus Mörtl, Markus Petermann, Werner Tantz, Ursula Unger, Martina Völkl und Stefan Wölkl.

Jetzt wünschen wir uns natürlich, dass dieses Buch interessierte Leser findet, denen es Hilfe bei ihrer täglichen Arbeit bietet.

München und Regensburg, im Frühjahr 2009
Isabell Braumandl
Lutz von Rosenstiel
Monika Wastian

Inhaltsverzeichnis

1 **Einführung** 1
Lutz von Rosenstiel, Isabell Braumandl, Monika Wastian

A Management von Prozessen

2 **Projektverläufe: Herausforderungen und Ansatzpunkte für die Prozessgestaltung** 21
Michael Schneider, Monika Wastian

3 **Umgang mit Informationen und Meinungsbildung in Projekten** 41
Felix Brodbeck, Yves Guillaume

4 **Kommunikation in Projekten** 61
Richard Streich, Jens Brennholt

5 **Wissensmanagement für Projekte** 83
Katrin Winkler, Heinz Mandl

6 **Projektcoaching als Weg zum erfolgreichen Projekt** 97
Monika Wastian, Isabell Braumandl, Brigitte Dost

B Management des Projektumfeldes

7 **Personalpsychologie im Projektmanagement** 121
Klaus Moser, Nathalie Galais

8 **Macht und Einfluss in Projekten** 145
Jutta Solga, Gerhard Blickle

C Management von Personen

9 **Traum oder Albtraum: Zusammenarbeit in Projektteams** 167
Simone Kauffeld, Sven Grote, Nale Lehmann-Willenbrock

10 **Commitment und Identifikation mit Projekten** 187
Rafaela Kraus, Ralph Woschée

11 **Der Projektleiter als Führungskraft** 207
Jürgen Wegge, Klaus-Helmut Schmidt

12 **Das Selbstmanagement des Projektleiters** 225
Jürgen Kuhrts, Isabell Braumandl, Silke Weisweiler

D Management von Innovation und Kreativität

13 **Innovation und Kreativität in Projekten** . 247
Günter W. Maier, Ute R. Hülsheger

14 **Kreativitätstechniken** 263
Eva Traut-Mattausch, Rudolf Kerschreiter

E Management besonderer Herausforderungen: Risiken und Krisen, Diversität und Distanz

15 **Management bei Risiken und Krisen in Projekten** 285
Wolfgang Salewski, Lutz von Rosenstiel

16 Projektmanagement in internationalen Teams 307
Ulrich Hößler, Walter Sponfeldner

17 Projektmanagement in ortsverteilten »virtuellen« Teams 327
Guido Hertel, Borris Orlikowski

Anhang

Autorenporträts 349

Sachverzeichnis 359

Autorenadressverzeichnis

Blickle, Gerhard, Prof. Dr.
Rheinische Friedrich-Wilhelms-Universität Bonn
Institut für Psychologie
Lehrstuhl für Arbeits-, Organisations-
und Wirtschaftspsychologie
Kaiser-Karl-Ring 9
53111 Bonn

Braumandl, Isabell, Dipl.-Psych. Dipl.-Oec.
Coaching- & Beratungs-Centrum Regensburg
Im Gewerbepark A 45
93059 Regensburg

Brennholt, Jens, Dipl.-Wirt. Ing.
Ziethenweg 32
33104 Paderborn

Brodbeck, Felix C., Univ.-Prof. Dr.
Ludwig-Maximilians-Universität München
Lehrstuhl Organisations- und Wirtschaftspsychologie
Fakultät für Psychologie und Pädagogik
Department Psychologie
Leopoldstr. 13
80802 München

Dost, Brigitte, Dipl.-Psych. Dipl.-Phys.
Rißbachstr. 8
81539 München

Galais, Nathalie, Dr. Dipl.-Psych.
Friedrich-Alexander-Universität Erlangen-Nürnberg
Lehrstuhl für Wirtschafts- und Sozialpsychologie
Lange Gasse 20
90403 Nürnberg

Grote, Sven, Prof. Dr.
Unternehmensberatung
Jasperallee 53
38102 Braunschweig

Guillaume, Yves R. F., PhD Dipl.-Psych.
Lecturer in Organisational Behaviour
Work and Organisational Psychology Group
8th Floor SW 8017
Aston BusinessSchool
Aston University
B4 7ET Birmingham
United Kingdom

Hertel, Guido, Prof. Dr.
Universität Münster
Psychologie III – Organisationspsychologie
Fliednerstr. 21
48149 Münster

Hößler, Ulrich, Dipl.-Psych.
Hochschule für angewandte Wissenschaften –
Fachhochschule Regensburg
Fakultät für Allgemeinwissenschaften
& Mikrosystemtechnik
Postfach 12 03 27
93025 Regensburg

Hülsheger, Ute R., Dr. Dipl.-Psych.
Maastricht University
Faculty of Psychology and Neuroscience
Work and Organizational Psychology
P.O. Box 616
6200 MD Maastricht
Niederlande

Kauffeld, Simone, Univ.-Prof. Dr.
TU Braunschweig
Arbeits-, Organisations- und Sozialpsychologie
Institut für Psychologie
Spielmannstr. 19
38106 Braunschweig

Kerschreiter, Rudolf, Dr. phil. Dipl.-Psych.
Ludwig-Maximilians-Universität München
Department Psychologie
Lehrstuhl für Sozialpsychologie
Leopoldstr. 13
80802 München

Kraus, Rafaela, Prof. Dr.
Universität der Bundeswehr München
Fakultät für Betriebswirtschaft
Werner-Heisenberg-Weg 39
85579 Neubiberg

Kuhrts, Jürgen, Dipl.-Ing.
Springbornstraße 130
12487 Berlin

Lehmann-Willenbrock, Nale, Dipl.-Psch.
Arbeits-, Organisations- und Sozialpsychologie
Institut für Psychologie
TU Braunschweig
Spielmannstr. 19
38106 Braunschweig

Maier, Günter W., Prof. Dr.
Universität Bielefeld
Fakultät für Psychologie und Sportwissenschaft
Arbeits- und Organisationspsychologie
Postfach 10 01 31
33501 Bielefeld

Mandl, Heinz, Prof. Dr.
Ludwig-Maximilians-Universität München
Fakultät für Psychologie und Pädagogik
Department Psychologie
Leopoldstr. 13
80802 München

Moser, Klaus, Prof. Dr.
Friedrich-Alexander-Universität Erlangen-Nürnberg
Lehrstuhl für Psychologie
insb. Wirtschafts- und Sozialpsychologie
Lange Gasse 20
90403 Nürnberg

Orlikowski, Borris, Dr. Dipl.-Oec.
Deelwisch 18
22528 Hamburg

Salewski, Wolfgang, Prof.
Reichersdorf 20
83737 Irschenberg

Schmidt, Klaus-Helmut, Prof. Dr.
IfADo – Leibniz-Institut für Arbeitsforschung
an der TU Dortmund
Ardeystraße 67
44139 Dortmund

Schneider, Michael, PD Dr.
TU München
Lehrstuhl für Soziologie
Lothstr. 17
80335 München

Solga, Jutta
Rheinische Friedrich-Wilhelms-Universität Bonn
Institut für Psychologie
Lehrstuhl für Arbeits-, Organisations-
und Wirtschaftspsychologie
Kaiser-Karl-Ring 9
53111 Bonn

Sponfeldner, Walter, Dipl.-Ing.
Rossbergweg 39
93466 Chamerau

Streich, Richard K., Prof. Dr.
Hans-Humpert-Straße 20
33102 Paderborn

Traut-Mattausch, Eva, Dr. phil. Dipl.-Psych.
Betriebswirt (VWA)
Ludwig-Maximilians-Universität München
Department Psychologie
Lehrstuhl für Sozialpsychologie
Leopoldstr. 13
80802 München

von Rosenstiel, Lutz, Prof. Dr. Dr. Dipl.-Psych.
Ludwig-Maximilians-Universität München
Department Psychologie
Lehrstuhl für Organisations-
und Wirtschaftspsychologie
Leopoldstr. 13
80802 München

Wastian, Monika, Dipl.-Psych.
Institut für Organisationspsychologie
Postfach 14 03 61
80453 München

Autorenadressverzeichnis

Wegge, Jürgen, Prof. Dr.
TU Dresden
Fakultät Mathematik und Naturwissenschaften
Institut für Arbeits-, Organisations-
und Sozialpsychologie
Zellescher Weg 17
01069 Dresden

Weisweiler, Silke, Dr. Dipl.-Psych. M. A.
LMU Center for Leadership and People Management
Geschwister-Scholl-Platz 1
80539 München

Winkler, Katrin, Dr.
Schmidschneiderstrasse 5
82211 Herrsching a. Ammersee

Woschée, Ralph, Dipl.-Psych. Dipl.-Soz.
Ludwig-Maximilians-Universität München
Department Psychologie
Organisations- und Wirtschaftspsychologie
Leopoldstr. 13
80802 München

1 Einführung

Lutz von Rosenstiel, Isabell Braumandl, Monika Wastian

1.1 Was erwartet Sie in diesem Buch? Welchen Nutzen können Sie für den Praxisalltag im Projektmanagement ziehen? – 2

1.2 Wie arbeitet die Angewandte Psychologie? – 5
1.2.1 Aufgaben der Angewandten Psychologie – 5
1.2.2 Organisationspsychologie als ein Beispiel Angewandter Psychologie – 7

1.3 Die Bedeutung des Projektmanagements – 9
1.3.1 Wandel von Aufbau- und Ablauforganisationen – 9
1.3.2 Was sind Projekte, wodurch sind sie gekennzeichnet? – 11
1.3.3 Wo sind Projekte »aufgehängt« und wie werden sie gemanagt? – 13

1.4 Welche Rolle spielt die Organisationspsychologie als Wissenschaft und welche spielen die Organisationspsychologen dabei in der Praxis des Projektmanagments? – 15

1.5 Literatur – 17

Der Verlauf und der Erfolg von Projekten hängen wesentlich von den Menschen ab, welche Projektprozesse gestalten bzw. über deren Ergebnisse befinden. Umgekehrt beeinflussen die Anforderungen und Rahmenbedingungen von Projekten auch das Erleben und Verhalten der Projektbeteiligten. Die Projektarbeit und das Projektmanagement sind deshalb ein Anwendungsfeld der Angewandten Psychologie. Das Kapitel gibt einen Überblick über den Inhalt des vorliegenden Buchs, erläutert die Aufgaben von Angewandter und Organisationspsychologie sowie die Bedeutung des Projektmanagements in modernen Organisationen – und welche Rolle die Psychologie im Projektmanagement spielt.

1.1 Was erwartet Sie in diesem Buch? Welchen Nutzen können Sie für den Praxisalltag im Projektmanagement ziehen?

Projekte sind seit vielen Jahren »Normalität« in Wirtschaft, Wissenschaft und Öffentlichen Dienst. Häufig scheitern jedoch Projekte, erreichen ihre Ziele nur zum Teil oder erkaufen den Erfolg mit heftigen zwischenmenschlichen Spannungen und Konflikten – u. a. deshalb, weil man psychologische Einflussgrößen nicht bedachte. Wichtige fachliche Ratgeber und Ausführungen dazu sind vom Büchermarkt nicht mehr weg zu denken. Und zunehmend werden Themen rund um die Psychologie – also das Erleben und Verhalten von Menschen – thematisiert, vorrangig ging es dabei bisher um Führung und Kommunikation.

Was erwartet Sie in diesem Buch?

Mit diesem Buch liegt eine darüber hinausreichende, systematische, praktisch und wissenschaftlich fundierte Auseinandersetzung mit den vielfältigen psychologischen Facetten im Projektmanagement vor. Auf der Basis aktueller wissenschaftlicher Erkenntnisse und konkreter Fallbeispiele aus dem Projektmanagement werden Anregungen für die Umsetzung und Optimierung in der täglichen Projektpraxis gegeben. Ausgehend von typischen Problemen im Projektalltag haben sich 33 Autoren mit 17 verschiedenen psychologischen Themenfeldern beschäftigt; die thematische Auseinandersetzung erfolgt in jedem Kapitel auf gleiche Weise – im Sinne der praktischen Übertragbarkeit – weitestgehend mit folgender Gliederung:
- Das Problem,
- Hintergrund und Relevanz aus psychologischer Sicht,
- Ansatzpunkte für Verbesserungen.

Abbildungen, Tabellen und Fallbeispiele tragen zur Verständlichkeit der Ausführungen bei. Marginalien in der Seitenspalte verschaffen einen schnellen Überblick und erleichtern das rasche Navigieren durch den Text.

Abschnitt A: Management von Prozessen

Im ersten Abschnitt A (▶ Kap. 2 bis 6) steht das Management von Prozessen im Mittelpunkt:

Im **Kap. 2 (Schneider & Wastian)** geht es um typische Projektprozesse, um die Höhen und Tiefen in Projekten und um Ereignisse, die in den verschiedenen Phasen zu Korrekturen und Nachbesserungen zwingen. Kritische Einflussfaktoren auf den Projektverlauf werden genauer betrachtet und praktische Ansatzpunkte für Prozessoptimierungen herausgearbeitet.

Das **Kap. 3 (Brodbeck & Guillaume)** beschäftigt sich damit, wie mit Informationen und Meinungsbildung in Projekten umgegangen wird, welche Konsequenzen damit für den Projektalltag verbunden sind, wie es zu Prozessverlusten kommt und welche Optimierungsansätze zu Prozessgewinnen führen.

Kap. 4 (Streich & Brennholt) fokussiert auf die Kommunikation in Projekten, interessante Modelle und typische Kommunikationsstrukturen, die Ursachen erfolgloser oder missverstandener Kommunikation und setzt genau dort mit Optimierungsempfehlungen für den Projektalltag an.

Kap. 5 (Winkler & Mandl) zeigt auf, wie mit einem sinnvollen Wissensmanagement in Projekten von Beginn an ganz gezielt Einfluss auf die einzelnen Etappen und schließlich auf den Projekterfolg insgesamt genommen werden kann. Es werden erfolgreiche Methoden zur Umsetzung im Berufsalltag erläutert.

Kap. 6 (Wastian, Braumandl & Dost) legt den Schwerpunkt auf Projektcoaching – einer wirkungsvollen psychologischen Methode zur Gestaltung und Begleitung von Projektprozessen und Personen im Projektalltag. Es beschreibt, was Projektcoaching ist, wie es wirkt und wie bzw. wann es eingesetzt werden kann, um die Projektbeteiligten zu unterstützen und Projekte zum Erfolg zu führen.

> Das Management von Prozessen

Abschnitt B: Management des Projektumfelds

Im zweiten Abschnitt B (▶ Kap. 7 und 8) steht mit dem Human Resource Management und Netzwerken das Projektumfeld im Mittelpunkt:

Faktoren der Teameffektivität und Autoritätskonstellationen im Projektmanagement, Kompetenzanforderungen an Projektleiter, die wichtig für deren Auswahl und Ernennung sind, sowie die Leistungsbeurteilung von Mitarbeitern werden in **Kap. 7 (Moser & Galais)** thematisiert.

In **Kap. 8 (Solga & Blickle)** stehen Aspekte der bewussten und unbewussten Machtausübung in Projekten und im Projektnetzwerk im Vordergrund. Es geht um die gezielte Einflussnahme in diesem Netzwerk, um Ursachen für politische Prozesse und politisches Verhalten in Projekten sowie um deren Auswirkungen auf den Projektprozess und das -ergebnis.

> Das Management des Projektumfelds: HRM und Netzwerke

Abschnitt C: Management von Personen

Im dritten Abschnitt C (▶ Kap. 9 bis 12) steht das Management von Personen in Projekten im Mittelpunkt:

> Das Management von Personen

Kap. 9 (Kauffeld, Grote & Lehmann-Willenbrock) setzt sich mit den Vor- und Nachteilen der Zusammenarbeit von Teams in Projekten auseinander, stellt Möglichkeiten der Teamdiagnose und -entwicklung dar, betrachtet wichtige Rahmenbedingungen und den lösungsorientierten Umgang mit Konflikten in Projektteams.

Kap. 10 (Kraus & Woschée) thematisiert die Auswirkungen von Nichtidentifikation und fehlendem Commitment der Projektbeteiligten. Anhand von praktischen Beispielen werden die Potenziale herausgestellt, die ein gutes Commitment und die Identifikation mit dem eigenen Projekt für den Projekterfolg bieten.

In **Kap. 11 (Wegge & Schmidt)** spielt der Projektleiter als Führungskraft die Hauptrolle. Dabei stehen Erfolgsfaktoren, häufige Probleme und Lösungsansätze für den Führungsalltag eines Projektleiters im Mittelpunkt der Betrachtungen. Insbesondere die vielfältigen positiven Auswirkungen auf die Prozesse und Ergebnisse in bzw. von Projekten durch das Führen mit Zielen stehen im Fokus.

Kap. 12 (Kuhrts, Braumandl & Weisweiler) nimmt sich der Fragestellung an, wie ein Projektleiter durch gutes Selbstmanagement in der Vorbereitungs- und Durchführungsphase von Projekten Einfluss auf den Projekterfolg und die eigene Zufriedenheit geltend machen und im Anforderungszwiespalt von Kosten-, Zeit- und Ergebnisdruck erfolgreich agieren kann.

Abschnitt D: Management von Innovation und Kreativität

Das Management von Innovation und Kreativität

Im vierten Abschnitt D (▶ Kap. 13 und 14) steht das Management von Innovation und Kreativität im Mittelpunkt:

Um Innovation und Kreativität in Projekten geht es im **Kap. 13 (Maier & Hülsheger)**. Die Phasen innovativer Prozesse mit ihren Besonderheiten werden vorgestellt, Einflussfaktoren darauf diskutiert und Handlungsempfehlungen für die Umsetzung in der Projektpraxis gegeben.

Dem folgen in **Kap. 14 (Traut-Mattausch & Kerschreiter)** konkrete Darstellungen erfolgreicher und unterstützender Methoden zur Entfaltung der Kreativität bei der Projektvorbereitung und Ideengenerierung. Zur Lösung unterschiedlich komplexer Probleme im Projektalltag werden Empfehlungen für die Einsatzmöglichkeiten der jeweiligen Methoden und Techniken gegeben.

Abschnitt E: Management besonderer Herausforderungen – Risiken und Krisen, Diversität und Distanz

Das Management besonderer Herausforderungen: Risiken und Krisen, Diversität und Distanz

Im fünften Abschnitt E (▶ Kap. 15 bis 17) steht das Management besonderer Herausforderungen – Risiken und Krisen, Diversität und Distanz in Projekten – im Mittelpunkt:

Kap. 15 (Salewski & von Rosenstiel) beschäftigt sich mit dem Management bei Risiken und Krisen in Projekten. Wo und wie können mit einem konsequenten Risikomanagement Krisen umgegangen werden? Und was ist durch wen zu tun oder zu beachten, wenn es trotzdem zu einer Krise kommen sollte?

Kap. 16 (Hößler & Sponfeldner) hat sich der Thematik des Projektmanagements in internationalen Teams angenommen. Es beschreibt die Entwicklungsstufen der Kooperation und den Umgang mit der »Andersartigkeit« des anderen. Außerdem zeigt es auf, wie man interkulturelle Kompetenzen erwerben kann, um bereits präventiv zur positiven Gestaltung internationaler Projekte beizutragen.

Kap. 17 (Hertel & Orlikowski) beschäftigt sich abschließend mit den Besonderheiten der Zusammenarbeit in virtuellen Teams, bei denen sich die Mitglieder im Projektalltag kaum sehen. Welche Wege und Methoden sind ratsam, um den Projekterfolg nicht zu gefährden, wenn ein schneller persönlicher Austausch nicht möglich ist, Entscheidungen aber zeitnah und unter Druck fallen müssen?

All diese Themen entscheiden über den Erfolg oder Misserfolg von Projekten – und alle haben mit den daran beteiligten Menschen und deren Verhalten zu tun. Deshalb werden Projekte und Projektbeteiligte zunehmend von Psychologen begleitet. Es gehört also zu den Aufgabenfeldern der Angewandten Psychologie, Projektbeteiligte zu unterstützen und mit einer Verbesserung von Prozessen zum Projekterfolg beizutragen.

Projekte als Aufgabenfeld der Angewandten Psychologie

1.2 Wie arbeitet die Angewandte Psychologie?

Wie die Kapitelübersicht zeigt, bietet dieses Buch eine breite Palette an Lösungen zu typischen Problemen des Projektmanagements – Lösungen, die aus dem Wissensgebiet der Angewandten Psychologie abgeleitet sind. Vorab soll hier deshalb ein Überblick gegeben werden, wie die Angewandte Psychologie grundsätzlich arbeitet, d. h. wie sie ihr Wissen generiert. Dies soll Interessierten einen Einblick in die Arbeitsweise von Psychologen geben – die einzelnen Beiträge und die dort dargestellten Hintergründe und Lösungen können aber unabhängig davon gelesen und verstanden werden.

1.2.1 Aufgaben der Angewandten Psychologie

In einer Vielzahl von Wissenschaften lässt sich das Arbeiten danach differenzieren, ob eine »zweckfreie« Grundlagenwissenschaft, eine zu konkreten Fragestellungen der Praxis angelegte Forschung oder ein wissenschaftlich fundiertes routinemäßiges Handeln in der Praxis mit dem Ziel der Problemlösung betrieben wird. So sind etwa die Naturwissenschaften schwerpunktmäßig Gebiete der Grundlagenwissenschaft, die Ingenieurswissenschaften anwendungsorientierte Forschungsdisziplinen, während das Handeln der Ingenieure im Rahmen ihrer Berufsausübung als wissenschaftlich fundierte Praxis beschrieben werden kann.

In der Psychologie ist das ähnlich. Hier wird vielfach zwischen einer Theoretischen, einer Angewandten und einer Praktischen Psychologie unterschieden, wobei auch andere Bezeichnungen vorkommen. ◘ Abb. 1.1 verdeutlicht das.

Klassifikation psychologischer Arbeitsbereiche

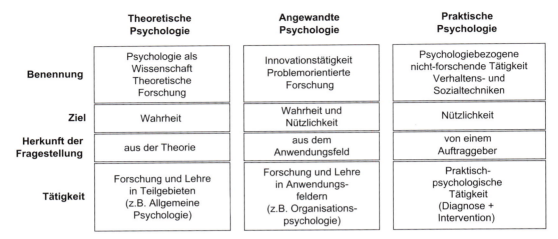

Abb. 1.1. Klassifikation psychologischer Arbeitsbereiche

Streben nach Wahrheit und Nutzen

Deutlich wird hier, dass es in der Theoretischen Psychologie um die reine Erkenntnis, um die »Wahrheit« geht, ohne dass dabei darauf geachtet wird, ob die Erkenntnis für irgendjemanden einen praktischen Nutzen stiftet. Es geht um die Weiterentwicklung der Theorie und die Beantwortung offener wissenschaftlicher Fragen. Kritiker sprechen hier nicht selten von einer Wissenschaft »im Elfenbeinturm«. Forschung wird aber auch innerhalb der Angewandten Psychologie betrieben. Auch hier geht es um Erkenntnis, um »Wahrheit«, doch nicht um ihrer selbst willen (Gebert & v. Rosenstiel, 2002). Die neu erarbeiteten Erkenntnisse sollen auch nützlich sein, da sie als Antworten auf Fragen zu interpretieren sind, die aus der Praxis stammen. Freilich wirft der Hinweis auf diese Nützlichkeit unmittelbar die kritische Frage auf: »Nützlich für wen?«, womit zugleich ethische und politische Konflikte angedeutet werden. In der Praktischen Psychologie geht es dann um die zwar wissenschaftlich fundierte, aber routinemäßige Nutzung der vorliegenden Erkenntnisse im Rahmen einer psychologischen Berufstätigkeit. Dies soll am Beispiel aufgezeigt werden (v. Rosenstiel, 2007).

> Innerhalb der Theoretischen Psychologie wird ein Modell des divergenten Denkens durch eine Vielzahl von experimentellen Laborstudien und eine systematische Integration der Forschungsbefunde entwickelt; auf der Grundlage dieser Konzeption entwickelt die Angewandte Psychologie – angeregt durch Fragestellungen aus den Entwicklungsabteilungen großer technologisch ausgerichteter Unternehmen – einen Test zur Erfassung des individuellen kreativen Denkens. Dieser Test wird dann von der Praktischen Psychologie im Rahmen der Berufstätigkeit von Arbeits- und Organisationspsychologen dafür genutzt, geeignete Ingenieure für die Forschungsabteilungen der Unternehmen auszusuchen (Herrmann, 1979).

1.2.2 Organisationspsychologie als ein Beispiel Angewandter Psychologie

Psychologie als Feld des Laienwissens gibt es, seit der Mensch über seine Mitmenschen und schließlich über sich selbst nachdachte und damit wohl seit der Entstehung des homo sapiens vor ca. 500.000 Jahren im Hochland des östlichen Afrikas. Dabei ruhte der Blick vermutlich zunächst auf dem Anderen. Naht er mir freundlich oder feindlich? Unterstützt er mich bei der Jagd oder will er mir die Beute abjagen? Ist sie als potenzielle Partnerin an mir interessiert oder wird sie mich zurückweisen? etc. Erst später – gewissermaßen gespiegelt durch die Anderen – dachte der Mensch dann über sich selbst, seine Wünsche, seine Gefühle nach. All dies ist vorwissenschaftliche Psychologie. Ein erstes wissenschaftliches Werk zu diesem Thema legte der griechische Philosoph Aristoteles mit »de anima« (von der Seele) vor. Danach entwickelte sich Psychologie als eine einerseits spekulative und andererseits wenig emanzipierte Wissenschaft, die in die Theologie, die Philosophie oder die Pädagogik integriert war und hier eine dienende Rolle zu übernehmen hatte. Erst im 19. Jahrhundert entstand Psychologie im modernen Sinn als ein eigenständiges empirisch forschendes Fach an den Universitäten. Wilhelm Wundt war es, der im so verstandenen Sinn 1879 als Erster eine Professur für Psychologie – und zwar in Leipzig – bekleidete, wobei er sich ganz als ein Grundlagenforscher verstand, der explizit anwendungsorientierte psychologische Forschung ablehnte.

Geschichte der Psychologie als Wissenschaft

Diese junge Erfahrungswissenschaft wurde ein Erfolg. Nur wenige Jahre später wurden Professuren für Psychologie an Universitäten in vielen Ländern der Erde von den USA bis nach China geschaffen und mit Schülern von Wundt besetzt. Dabei verstand sich das Fach als eine empirisch forschende Wissenschaft vom menschlichen Erleben und Verhalten (Rohracher, 1988).

Psychologie als Wissenschaft vom menschlichen Erleben und Verhalten

Eine Wissenschaft, die vorgibt, Fundiertes zum menschlichen Erleben und Verhalten sagen zu können, findet das Interesse der Praxis (v. Rosenstiel, Molt & Rüttinger, 2005), die ihre Fragen stellt: »Woran erkennt man, ob ein Kind reif für die Einschulung ist?«, »Wird durch den Genuss von Tee die Konzentrationsfähigkeit verbessert?«, »Wie kann man abschätzen, ob ein Zeuge vor Gericht glaubwürdig ist?«, »Wer aus einem großen Kreis von Bewerbern ist am ehesten zum Führen einer Straßenbahn geeignet?« etc. Aus dem Bemühen, auf der Grundlage empirischer Forschung diese und ähnliche Fragen zu beantworten, entstanden vielfältige Teilgebiete der Angewandten Psychologie, unter ihnen die Wirtschaftspsychologie (Münsterberg, 1912) der man die Organisationspsychologie zurechnen kann. Die Organisationspsychologie wiederum lässt sich als die Wissenschaft vom Erleben und Verhalten in Organisationen (Schuler, 2007) definieren.

Organisationspsychologie als Wissenschaft vom Erleben und Verhalten in Organisationen

Definition Organisation

> **Eine Organisation – verhaltenswissenschaftlich verstanden (Gebert, 1978)**
> - Ein gegenüber seiner Umwelt offenes System,
> - das zeitlich überdauernd existiert,
> - spezifische Ziele verfolgt,
> - sich aus Individuen bzw. Gruppen zusammensetzt, also ein soziales Gebilde ist und
> - eine bestimmte Struktur aufweist, die meist durch Arbeitsteilung und eine Hierarchie von Verantwortung gekennzeichnet ist.

Wie andere anwendungsorientiert forschende und wissenschaftlich fundiert praktisch arbeitende Disziplinen, sucht die Organisationspsychologie bzw. der praktisch arbeitende Organisationspsychologe Fragen aus dem Anwendungsfeld, z. B. zu Fragen des Projektmanagements, durch gezielte Forschung zu beantworten bzw. Aufträge der Praxis wissenschaftlich fundiert zu erfüllen.

Vorgehensweise des anwendungsorientierten Psychologen

Dabei lassen sich typischerweise bestimmte Schritte dieses wissenschaftsbezogenen anwendungsorientierten Handelns voneinander abheben.

> **Typische Schritte anwendungsorientierten, psychologischen Handelns**
> - Feststellen des Ist-Zustandes (Diagnose) bei der Person und/oder der Situation (Was ist? Z. B. das Team funktioniert nicht, zerfällt in Teilgruppen)
> - Definition des Soll-Zustandes (Was soll erreicht werden?)
> - Erarbeitung von Veränderungswissen (Forschung zu der Frage, wie man vom Ist- zum Soll-Zustand gelangt)
> - Interventionen (Eingreifendes Handeln, um wissenschaftlich fundiert den Soll-Zustand zu realisieren)
> - Evaluation (Erneutes Erfassen des nun gegebenen Ist-Zustandes durch diagnostische Vorgehensweisen, um zu prüfen, ob er dem Soll-Zustand entspricht).

Diagnose und Evaluation

Um den **Ist-Zustand** zu erfassen und um schließlich das Ergebnis der Intervention zu evaluieren, gilt es, in der Organisationspsychologie Verfahren zu entwickeln, die objektiv, reliabel und valide sowie akzeptabel – im Sinne der Übereinstimmung mit geltenden Regelungen und Gesetzen – sind, aber auch Akzeptanz im Anwendungsfeld finden. Schließlich sollten sie auch ökonomisch – im Sinne eines günstigen Kosten-Nutzen-Verhältnisses – durchgeführt werden können. Diese Verfahren sollten sich auf die Person (z. B. deren Eignung für die Teamarbeit) und auf die Situation (z. B. auf die Bedingungen am Arbeitsplatz) richten.

Das **Veränderungswissen** beruht letztlich darauf, dass man systematisch Wenn-Dann-Beziehungen erforscht (z. B., wenn die Gruppe größer wird, steigt die Wahrscheinlichkeit des Zerfalls dieser Gruppe). Ein systematisches Geflecht derartiger Wenn-Dann-Aussagen wird schließlich zu einer Theorie, auf deren Grundlage das eingreifende Handeln, die Intervention (z. B eine Verkleinerung der Gruppe, um deren Zerfall zu verhindern), möglich ist.

Forschung als Grundlage für die Intervention

Bleibt noch der **Soll-Zustand**. Ihn festzulegen, ist weder in der anwendungsorientierten Forschung noch in der Praxis die Aufgabe des Organisationspsychologen. Schon Münsterberg (1912) forderte, dies jenen zu überlassen, die »im praktischen Leben stehen«. Freilich machte er es sich damit wohl zu leicht, denn eine Mitverantwortung für die Ziele, die mit Hilfe der Psychologie erreicht werden sollen, trägt der Psychologe auch. Allerdings nicht als Psychologe; nichts berechtigt ihn aufgrund seiner Fachkompetenz Anderen zu sagen, was sein soll (Irle, 1975). Dies festzulegen, ist ein (unternehmens-)politischer Prozess, an dem der Psychologe als Mitglied des Unternehmens selbstverständlich teilnehmen und seine Argumente, seine Sichtweisen und seine spezifischen Erfahrungen einbringen kann. Die Gefahr ist allerdings groß, dass er als »Lohn- oder Auftragsabhängiger« zum Mittel wird und im Extremfall unkritisch das ausführt, was andere mit geringem psychologischem Sachverstand ihm auftragen. Hier zeigt sich die politische Dimension der Angewandten Psychologie und insbesondere der Organisationspsychologie, und genau hier setzen auch vielfältige kritische Diskussionen an.

Rolle des Psychologen

1.3 Die Bedeutung des Projektmanagements

Die Bedeutung des Projektmanagments im Wirtschaftsleben wächst immer mehr. Dieser Abschnitt erklärt wirtschaftliche Hintergründe, typische Merkmal von Projekten, Gründe für die gestiegene Bedeutung des Projektmanagements – und warum die Psychologie so wichtig für eine erfolgreiche Projektarbeit ist.

1.3.1 Wandel von Aufbau- und Ablauforganisationen

Man hat vielfach versucht, Wissenschaften danach voneinander abzuheben, ob sie sich mit von Menschen relativ unabhängigen Gegenständen der Natur beschäftigen oder mit jenen Phänomenen, die von Menschen geschaffen wurden (Bunge, 1967; Klages, 1967). In diesem Sinn werden entsprechend gelegentlich Natur- und Kulturwissenschaften einander gegenübergestellt. Eine derartige Differenzierung ist bedeutsam, denn die Gegenstände der Natur sind relativ stabil, während jene, die vom Menschen geschaffen wurden, einem raschen Wandel unterliegen. So darf man davon ausgehen, dass die von der Physik entdeckten Gesetze der Gravitation lange gelten, während die von Menschen ge-

Natur- und Kulturwissenschaften – Beständigkeit und Wandel

schaffenen Gesetze, wie z. B. das Verbot von Preisabsprachen zwischen Unternehmen oder des unlauteren Wettbewerbs, einem schnellen Wandel unterliegen. Fortschritte in den Naturwissenschaften beruhen vor allem darauf, dass man bessere Forschungsmethoden entwickelt und das Wissen insgesamt erweitert. Dies gilt zwar auch für die Kulturwissenschaften, doch ist der Wandel in diesem Fall auch darauf zurückzuführen, dass der Gegenstand der Forschung sich nachhaltig verändert. Dementsprechend gelten Erkenntnisse der Naturwissenschaften relativ lange, während mit dem Wandel des Gegenstandes die Erkenntnisse der Kulturwissenschaften veralten und ihren Nutzen verlieren.

Wandel in Organisationen

Organisationen der Wirtschaft und Verwaltung sind von Menschen gemacht. Sie verändern sich rasch und in jüngerer Zeit auch in einer sich stetig beschleunigenden Weise. Die Gründe dafür sind sowohl »innen« als auch »außen« zu suchen. So gilt es z. B. für Mitarbeiter mit verbesserter Schulbildung, höherer Qualifikation und mit aufgrund des Wertewandels veränderten Ansprüchen an das berufliche Handeln, angemessene Arbeitsplätze zu finden, die für sie eine Herausforderung darstellen; dies kann individuell zu Job Enrichment oder – auf Gruppenebene – zu teilautonomen Arbeitsgruppen führen. Es hat aber auch veränderte Führungs- und Organisationsprinzipien zur Folge. Statt eines engen Systems von Befehl und Kontrolle kommt es zu einem MbO (Management by Objectives), zur Delegation von Verantwortung und zu einer Reduzierung der hierarchischen Ebenen im Sinne einer flacheren Organisation. Aber auch von außen einwirkende Kräfte erzwingen Organisationsveränderungen oder legen diese doch zumindest nahe. Man nenne nur die Stichworte Globalisierung, wachsende internationale Konkurrenz, Zwang zu grenzüberschreitenden Kooperationen, Fokussierung auf Märkte in Osteuropa und Ostasien, technologische Sprünge insbesondere auf den Gebieten der EDV, veränderte und sich ausdifferenzierende Kundenwünsche etc. All dies fordert vom Unternehmen, besonders sparsam mit Ressourcen umzugehen (z. B. Lean Management), stärker von einer funktionalen zu einer Prozessorganisation überzugehen, Flexibilität im Inneren zu sichern (»von Palästen zu Zelten«), und Organisationsformen zu finden, die einerseits in der Lage sind, Komplexität zu bewältigen (von der Linienorganisation hin zu Netzwerken, Matrixstrukturen oder Projektorganisationen) und andererseits intensive Kooperationen mit anderen Unternehmen oder mit dem Kunden zu gewährleisten. Hierdurch erscheinen die Grenzen der Organisation immer durchlässiger und in manchen Fällen gar nicht mehr eindeutig festlegbar. All diese Veränderungsprozesse sind voller Risiken und scheitern häufig, was u. a. daran liegt, dass man vergisst, die Menschen einzubinden und für die Veränderung zu begeistern, die diese schließlich tragen und leben sollen (v. Rosenstiel & Comelli, 2003). Eine Lösung für diese Fragen und Probleme ist die Projektarbeit, denn sie bietet die Möglichkeit, Menschen in Veränderungsprozesse einzubinden. Deshalb ist sie ein wichtiges Aufgabengebiet der Angewandten Psychologie.

1.3.2 Was sind Projekte, wodurch sind sie gekennzeichnet?

Formelle Kennzeichen eines Projektes

Sucht man in der Literatur nach Definitionen von Projekten, so findet sich eine Vielfalt davon. Nach DIN 69901 (Schulz-Wimmer, 2005, S. 8) ist ein Projekt ein »Vorhaben, das im Wesentlichen durch die Einmaligkeit der Bedingungen in ihrer Gesamtheit gekennzeichnet ist«. Zu diesen gehören Zielvorgabe, zeitliche, finanzielle, personelle und andere begrenzte Ressourcen sowie eine Abgrenzung zu anderen Vorhaben und eine spezifische Projektorganisation.

Projektdefinition nach DIN 69901

> **Wichtige Kennzeichen eines Projekts**
> - Neuartigkeit und Einmaligkeit
> - Komplexität
> - Interdisziplinarität
> - Klare Zielsetzung (Sach-, Kosten- und Terminziel)
> - Offener Lösungsweg mit ständigen Wechsel-, Flexibilitäts- und Anpassungsanforderungen
> - Klare Verantwortungsregelung (bzgl. des Strategischen Managements, des Projektleiters und des Projektcontrollers)
> - Klar definierter Anfang und klar definiertes Ende
> - Begrenzte Ressourcen (Zeit, Geld, Personal)

Kennzeichen von Projekten

Von einem »wirklichen« Projekt spricht man, wenn es nach der Entscheidung der strategischen Unternehmensführung einen formellen, schriftlich fixierten Projektauftrag gibt, der die bereits genannten Kennzeichen beinhaltet. Diese legen die wichtigsten verbindlichen Rahmenbedingungen fest.

Für den Projektleiter – zuständig für das Management aller Prozesse des Projekts – spielt mit Blick auf die vorbereitende Projektstrukturierung und -organisation die Projektart eine entscheidende Rolle. In der Regel werden Projekte nach ihrem Inhalt und dem sich daraus abzuleitenden Vorgehen klassifiziert, z. B. Bauprojekte, Informatikprojekte, Investitionsprojekte etc. Für die Betrachtung psychologischer Dimensionen, Ansatzpunkte und Einflussmöglichkeiten bietet sich jedoch eine andere Klassifizierung an.

Klassifizierung von Projekten

Da ein Projekt immer auch in eine »Umwelt« mit konkreten Bedingungen und Beziehungen eingebettet ist, sei hierfür die Systematik nach Boos und Heitger (1990, zitiert in Kuster, Huber, Lippmann, Schmid, Schneider, Witschi & Wüst, 2006) gewählt. Hier erfolgt die Kategorisierung von Projekten nach Art der Aufgabenstellung und der Höhe der sozialen Komplexität und führt so zur Einteilung in Akzeptanz-, Standard-, Pionier- und Potenzialprojekte. Dabei sind Akzeptanz- und Pionierprojekte durch eine hohe soziale Komplexität gekennzeichnet, d. h. bereichsübergreifend, interdisziplinär und mit

Akzeptanz- und Pionierprojekte

Standard- und Potenzialprojekte

komplizierten Wirkungszusammenhängen einhergehend. Standard- und Potenzialprojekte weisen dagegen eine geringe soziale Komplexität auf, d. h. sie betreffen eher die Zusammenarbeit in einem Fachgebiet mit einfachen Wirkungszusammenhängen und geringem Risiko. Akzeptanz- und Standardprojekte sind zusätzlich gekennzeichnet durch eine geschlossene, klare Aufgabenstellung. Typisch für Pionier- und Potenzialprojekte ist im Gegensatz dazu eine offene Aufgabenstellung mit vielen inhaltlichen Möglichkeiten und verschiedenartigen Varianten in der Vorgehensweise.

Anforderungen an das Projektteam

Insbesondere Akzeptanz- und Pionierprojekte stellen aus psychologischer Sicht hohe Anforderungen an das gesamte Projektteam. Obwohl Akzeptanzprojekte (z. B. Straßenbau- oder Informatikprojekte) klar umrissene Aufgabenstellungen haben und in der Regel Wiederholungsprojekte sind, spielen Informations-, Kommunikations- und weitere soziale Kompetenzen eine wesentliche Rolle für den Erfolg eines solchen Projekts. Um die Akzeptanz zu erwerben, gilt es, sich Konflikten und Widerständen zu stellen, diese lösungs- und ressourcenorientiert zu bewältigen und dabei die Interessen und Machtansprüche aller Beteiligten »unter einen Hut« zu bringen. Pionierprojekte, wie z. B. die Fusion von Firmen, sind vom Aufgabenumfang schwer abzuschätzen, bringen sie doch umfangreiche Veränderungen für alle Bereiche einer Organisation, sind damit sehr risikoreich und für die betroffenen Mitarbeiter der Unternehmen mit vielen Ängsten und Unsicherheiten verbunden. Deshalb sind auch hier besonders hoch ausgeprägte Sozial- und Führungskompetenzen zusätzlich gefordert.

Informelle Kennzeichen eines Projektes

Neben den formellen Kennzeichen, die im Projektauftrag schriftlich fixiert sind, gibt es auch »informelle« Kennzeichen, über die erfahrene Projektleiter berichten. Diese spielen für die Betrachtungsperspektive in diesem Buch eine besondere Rolle, weil sie psychologische Phänomene betreffen, mit denen sich die Arbeits- und Organisationspsychologie beschäftigt. Sie haben Auswirkungen auf das Erleben und Verhalten von Projektleitern und -mitarbeitern, eingebundenen Projektkooperationspartnern, Auftraggebern und -nehmern sowie deren Organisationen – und somit auf den Projekterfolg.

> **Informelle Projektkennzeichen**
> - Umgang mit Widerstand und Ängsten bei sich selbst und anderen Personen, die durch Veränderungen im Rahmen von Projekten und als Folge von Projekten auftreten können
> - Arbeit unter extremem Zeit-, Termin- und Kostendruck
> - Unsicherheit und Umgang mit nicht planbaren »Zwischenfällen« und Veränderungen
> ▼

1.3 · Die Bedeutung des Projektmanagements

- Umgang mit Risiko-, Konflikt- und Krisensituationen
- Abhängigkeit von anderen beteiligten oder betroffenen Personengruppen
- Begrenzte Handlungs- und Entscheidungsspielräume
- Dilemmasituation des Projektleiters durch begrenzten Zugriff auf personelle und Wissensressourcen
- Berücksichtigung von und angemessenes Verhalten gegenüber projektinternen und -externen Personengruppen
- Begrenzter Zugriff des Projektleiters auf strategisch wichtige Informationen und Strukturen
- Umgang mit der (finanziellen) Alleinverantwortlichkeit für die Ergebnisse

Unabhängig davon, welche Art von Projekten ein Projektleiter übernimmt, ist er stets bezüglich seiner Mitarbeiterführungs-, Selbst- und Zeitmanagementkompetenzen gefordert. Je nachdem, welche Rolle und Verantwortung ein Projektmitarbeiter in einem Projekt übernimmt und in wie viele Projekte er gleichzeitig involviert ist, trifft das auch für ihn zu.

1.3.3 Wo sind Projekte »aufgehängt« und wie werden sie gemanagt?

Durch die zunehmende Internationalisierung und Globalisierung haben sich der Wettbewerb und damit die Anforderungen an eine hohe Anpassungsbereitschaft und Flexibilität verstärkt. Die früher funktionierenden Strukturen in den Organisationen, die durch Arbeitsteilung und Verantwortungshierarchien gekennzeichnet waren, sind zu starr für diese neuen Anforderungen. Durch die hohe Komplexität der zu lösenden Aufgaben und Probleme ist die Zusammenarbeit in interdisziplinären Teams von Experten nicht mehr aus dem Arbeitsalltag wegzudenken. In den letzten Jahrzehnten hat es deshalb eine Vielzahl von Veränderungen der Organisationsstrukturen gegeben. In immer kürzeren Zyklen wurden Liniensysteme mit mehreren Hierarchieebenen verschlankt und Mehrliniensysteme (z. B. Matrixorganisationen) eingeführt. Alle umfassenden Organisationsveränderungen zählt man nach Reiß (1997) zum Change-Management.

Das Management von Veränderung

Komponenten des Change-Managements
- Das Business Reengineering
 (kundenorientierte Ausrichtung der Arbeitsprozesse, Kostensenkung, Effizienzsteigerung)
▼

- Das (bereits erwähnte) Lean Management aus Japan (Kostensenkung und Kundenorientierung, Senkung der Liege-, Leer- und Fehlzeiten, Raumbelegungen, Steigerung der Effektivität von Prozessen und Organisation)
- Das Total Quality Management (umfassende Qualitätssicherung, Analyse der gesamten Leistungserstellungsprozesse, Einbeziehen aller Mitarbeiter in die Planung und Qualitätssicherung mittels Handbücher und Fragebögen, Qualitätszirkel und Projektteams)

Innerhalb dieser Strukturen wurde in den letzten Jahren die Organisationsform Projektarbeit integriert, die durch ihre hohe Flexibilität und ihre Zielgerichtetheit den aktuellen Anforderungen am besten entspricht.

Projekte hängen vom Topmanagement ab

Da der organisationale Wandel im strategischen Management und damit im Topmanagement »aufgehängt« ist, gilt dies auch für die entsprechenden Projekte. Projekte sind Instrumente, um ein Unternehmen strategisch in die Zukunft zu führen. Die strategische Unternehmensführung entscheidet über die »Ernennung« eines Projekts. Die laufende Berichterstattung des Projektleiters hat auch an verantwortliche Strategieführer der beteiligten Bereiche zu erfolgen. Nur wenn das Topmanagement die Entscheidung für das Projekt getroffen hat und damit hinter dem Projektleiter und dessen Team steht, ist auch die Basis für eine erfolgreiche Projektumsetzung innerhalb des Unternehmens gelegt. Aus der arbeits- und organisationspsychologischen Forschung ist bereits bekannt, dass die Unterstützung durch die entsprechende Führungskraft für die Zielerreichung unerlässlich ist. Dies gilt ebenso für die erfolgreiche Umsetzung von Projekten (Lechler & Gemünden, 1998).

Was gehört nun zum erfolgreichen Managen von Projekten?

Aufgaben des Projektmanagements

Nach Kuster et. al. (2006) zählen zum Projektmanagement alle erforderlichen Maßnahmen zur:
- Planung,
- Überwachung,
- Steuerung,
- Koordinierung von Systemen und Prozessen und die dafür notwendigen Problemlösungen.

Beim Managen eines Projekts geht es um die Lösung eines komplexen, nicht alltäglichen Problems mit offenem Lösungsweg. Damit schließt Projektarbeit einen kollektiven und aktiven Lernprozess ein, der gemanagt werden muss. Projektmanagement umfasst somit auch die Aufgabe, Strukturen und Abläufe in diesem Lernprozess erfolgsorientiert zu gestalten und Problemlösungen zu erarbeiten. Projektarbeit ist also

Projektarbeit als Prozessarbeit

u. a. Prozessarbeit. Die besondere Herausforderung liegt im Meistern

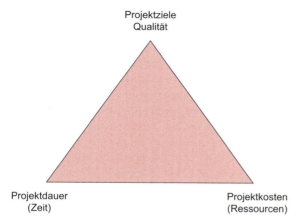

Abb. 1.2. »Magisches Dreieck« nach Kuster et. al. (2006)

der Projektaufgabe unter Bedingungen einer hohen Dynamik und Komplexität der Prozesse. Die genannten Themen gehören ebenfalls zu den Arbeitsinhalten von Organisationspsychologen.

Ob ein Projekt erfolgreich gemanagt wurde, entscheidet sich beim Soll-Ist-Vergleich der 3 zentralen Zielgrößen des »Magischen Dreiecks« (Kuster et. al., 2006; ◘ Abb. 1.2):
- Projektziele (Qualität),
- Projektdauer (Zeit),
- Projektkosten (Ressourcen).

> Das »magische Dreieck« des Projekterfolgs

Um dieseZielgrößen zu erreichen, spielen die genannten »informellen« Kennzeichen von Projekten eine wesentliche Rolle. Erfahrene Projektleiter berichten immer wieder, dass die Hauptprobleme beim Projektmanagement eng mit den am Projekt beteiligten Menschen zusammenhängen und dass Projekte scheitern, wenn die sozialen und psychologischen Aspekte nicht berücksichtigt bzw. falsch gemanagt werden. Deshalb werden im Rahmen dieses Buches Möglichkeiten einer positiven Einflussnahme auf solche Problemfälle aufgezeigt.

1.4 Welche Rolle spielt die Organisationspsychologie als Wissenschaft und welche spielen die Organisationspsychologen dabei in der Praxis des Projektmanagments?

Die Organisationspsychologie ist – wie bereits betont – eine anwendungsorientierte Forschungsdisziplin, die sich sehr wohl auch den Strukturen und Prozessen in Projekten zuwenden kann und zunehmend auch zuwendet (Högl & Gemünden, 2000), um Veränderungswissen zu erarbeiten. Dieses wissenschaftlich fundierte Veränderungswissen besteht letztlich in einer Vielzahl zu einer Theorie integrierter

Wenn-Dann-Aussagen, die es erlauben, aufgrund operationalisierter, d. h. messbar gemachter Konzepte Phänomene – etwa Störungen oder Erfolge – in Projekten zu erfassen, zu erklären, zu prognostizieren oder mit bestimmten Sozialtechniken zielorientiert einzugreifen.

Der in der Praxis tätige Organisationspsychologe kann auf dieses Veränderungswissen zurückgreifen und Wesentliches leisten, was differenziert und an praktischen Beispielen illustriert in diesem Buch dargestellt wird.

Praktikerfragen an Organisationspsychologen

Nur exemplarisch seien – am Lebenszyklus eines Projekts orientiert – einige Fragen genannt, die konkret vom Auftraggeber psychologischer Dienstleistungen kommen könnten:
- Wie finde ich geeignete Mitarbeiterinnen und Mitarbeiter für die vorgesehene Projektarbeit?
- Wie bereite ich diese Personen, die sich oft vorher noch nicht kannten, auf die Projektarbeit vor?
- Wie regle ich die Beziehung zwischen dem Projekt und der Linie?
- Wie steht es um eine faire und angemessene Regelung der Pflichten, die die Projektmitarbeiter im Projekt und innerhalb ihrer Linienaufgaben haben?
- Wie wird insgesamt das Projekt innerhalb der Gesamtorganisation »aufgehängt«?
- Wie gelangt man im Projekt zu realistischen Zielen (»milestones«) und wie erfolgt dieser Prozess, wenn der Projektleiter mit Personen zu arbeiten hat, die auf ihrem Spezialgebiet deutlich mehr verstehen als er selbst?
- Wie sichert man das notwendige Commitment der Projektmitglieder an das Projekt ohne darüber die Bindung an die herkömmlichen Aufgaben zu vernachlässigen?
- Wie lassen sich auf der Beziehungsebene Krisen und Konflikte im Projekt managen und was kann man auf der Sachebene tun, um Projektfortschritte zu sichern?
- Was ist innerhalb des Projektes von Mikropolitik, dem Überhandnehmen persönlicher Ziele oder gar Macht- oder Intrigenspielen zu halten?
- Wie kann das Projekt noch gemanagt werden, wenn die Projektmitglieder sich nur selten tatsächlich treffen, sondern meist im elektronischen virtuellen Kontakt zueinander stehen?
- Was sind Kriterien für die Qualität der Prozesse innerhalb des Projektes und schließlich für das Projektergebnis?
- Und was ist bei alledem die Aufgabe eines Projektleiters, welche Anforderungen sind an ihn zu stellen?

Die Liste der Fragen ließe sich ausweiten und wird innerhalb der konkreten Arbeit von Organisationspsychologen in Projekten bzw. als Projektprozessbegleiter auch tatsächlich vielfach weiter ausdifferenziert. Das vorliegende Buch widmet sich diesen Fragen (s. Kapitelübersichten in ▶ Abschn. 1.1).

1.5 Literatur

Bunge, M. (1967). *Scientific research*. Berlin Heidelberg New York Tokio: Springer.
Gebert, D. (1978). *Organisation und Umwelt*. Stuttgart: Kohlhammer.
Gebert, D. & Rosenstiel, L. v. (2002). *Organisationspsychologie*. Stuttgart: Kohlhammer.
Herrmann, T. (1979). *Psychologie als Problem*. Stuttgart: Klett-Cotta.
Högl, M. & Gemünden, H. G. (2000). Determinanten und Wirkungen der Teamarbeit in innovativen Projekten. In M. Högl & H. G. Gemünden (Hrsg.), *Management von Teams. Theoretische Konzepte und empirische Befunde* (S. 33–66). Wiesbaden: Gabler.
Irle, M. (1975). *Lehrbuch der Sozialpsychologie*. Göttingen: Hogrefe.
Klages, H. (1967). *Rationalität und Spontaneität*. Gütersloh: Bertelsmann-Stiftung-Verlag.
Kuster, J., Huber, E., Lippmann, R., Schmid, A., Schneider, E., Witschi, U & Wüst, R. (Hrsg.). (2006). *Handbuch Projektmanagement*. Berlin Heidelberg New York Tokio: Springer.
Lechler, T. & Gemünden, H. G. (1998). Kausalanalyse der Wirkungsstruktur der Erfolgsfaktoren des Projektmanagements. *Die Betriebswirtschaft, 58*(4), 435–450.
Münsterberg, H. (1912). *Psychologie und Wirtschaftsleben. Ein Beitrag zur Angewandten Experimentalpsychologie*. Leipzig: Barth.
Reiß, M. (1997). Change Management als Herausforderung. In M. Reiß, L. v. Rosenstiel & A. Lanz (Hrsg.), *Change Management. Programme, Projekte und Prozesse* (S. 25–29). Stuttgart: Schaeffer-Poeschel.
Rohracher, H. (1988). *Einführung in die Psychologie*. München: Psychologie Verlags Union.
Rosenstiel, L. v. (2007). *Grundlagen der Organisationspsychologie*. Stuttgart: Schäffer-Poeschel.
Rosenstiel, L. v. & Comelli, G. (2003). *Führung zwischen Stabilität und Wandel*. München: Vahlen.
Rosenstiel, L. v., Molt, W. & Rüttinger, B. (Hrsg.). (2005). *Organisationspsychologie. Grundriss der Psychologie, Band 22*. Stuttgart: Kohlhammer.
Schuler, H. (Hrsg.). (2007). *Lehrbuch Organisationspsychologie*. Bern: Hans Huber.
Schulz-Wimmer, H. (2005). *Projekte managen. Werkzeuge für effizientes Organisieren, Durchführen und Nachhalten von Projekten*. Planegg: Haufe.

Management von Prozessen

2 **Projektverläufe: Herausforderungen und Ansatzpunkte für die Prozessgestaltung** – 21
Michael Schneider, Monika Wastian

3 **Umgang mit Informationen und Meinungsbildung in Projekten** – 41
Felix Brodbeck, Yves Guillaume

4 **Kommunikation in Projekten** – 61
Richard Streich, Jens Brennholt

5 **Wissensmanagement für Projekte** – 83
Katrin Winkler, Heinz Mandl

6 **Projektcoaching als Weg zum erfolgreichen Projekt** – 97
Monika Wastian, Isabell Braumandl, Brigitte Dost

2 Projektverläufe: Herausforderungen und Ansatzpunkte für die Prozessgestaltung

Michael Schneider, Monika Wastian

2.1 Das Problem: Unvorhersehbares vorhersehen – 22

2.2 Hintergrund und Relevanz aus psychologischer Sicht: Vom Umgang mit Komplexität im Projektverlauf – 24
2.2.1 Projektverläufe und Phasen – 24
2.2.2 Förderliche und hinderliche Einflüsse sowie Höhen und Tiefen im Projektverlauf – 25
2.2.3 Prozessphasen und ihre unterschiedliche Bedeutung in Projekten – 27

2.3 Ansatzpunkte für Verbesserungen: Gestalten, Überzeugen, Berücksichtigen – 32
2.3.1 Strategischer Ansatz: Gestalten – 32
2.3.2 Strategischer Ansatz: Überzeugen – 36
2.3.3 Strategischer Ansatz: Berücksichtigen – 38

2.4 Literatur – 39

Auf der Basis von Untersuchungen zu Projektverläufen ist es das Ziel des Beitrags, Erfolg versprechende Ansatzpunkte für die Prozessgestaltung in den verschiedenen Projektphasen auszuloten. Er nimmt die Prozessverläufe und die dort auftretenden Fallstricke unter die Lupe, um Projektleitern Strategien aufzuzeigen, mit denen sie Projekte erfolgreicher gestalten können.

2.1 Das Problem: Unvorhersehbares vorhersehen

Projekte stehen für Veränderungen, für Neues und für Vorhaben, mit denen innerhalb einer definierten Zeitspanne ein definiertes Ziel erreicht werden soll (DIN 69901, zitiert in Schelle, Ottmann & Pfeiffer, 2005, S. 27f.). Doch nur selten verlaufen Projekte nach Plan. Vielmehr geht es »rauf und runter«, so der verantwortliche Projektleiter, der das Projekt »Interner Umweltpreis« in einem Automobilkonzern mit aus der Taufe gehoben hat:

> »Das ist ein Projekt, das konzernweit läuft und bei dem besondere Leistungen der Mitarbeiter im Umweltschutz mit einem Preis honoriert werden. Der Stellenwert der Sache wurde am Anfang als sehr hoch eingeschätzt und wird auch noch als hoch eingeschätzt – aber der Support, der der Sache gegeben wird, ist aus der Sicht der Akteure, die das durchführen, nicht mehr so, wie er gerne sein könnte. Sprich: Budgets werden gekürzt, Empfindlichkeiten gehen in den Prozess ein, die nicht zu steuern sind, und solche Dinge. Das verursacht dann solche Höhen und Tiefen. Einerseits motiviert es, weil man an der Sache arbeitet, aber andererseits wird man durch viele Randstörfaktoren in dieser Euphorie etwas gedämpft. Interne Stimmungslagen spielen da mit rein, die momentane wirtschaftliche Lage eines Konzerns, usw.« (Projektnr. P 34).

Herausforderungen in Projekten

Dieses Zitat zeigt exemplarisch, mit welchen Problemen Projektleiter in der Praxis konfrontiert sind: Sie haben es mit Empfindlichkeiten und Widerständen nicht nur bei sich selbst zu tun, sondern auch bei anderen am Projekt beteiligten Personen. Sie müssen sich selbst und andere immer wieder motivieren und sich durch viele »Randstörfaktoren« erfolgreich manövrieren. Dabei arbeiten sie in der Regel unter **Zeit-, Termin- und Kostendruck** – nur selten erfahren sie die Unterstützung, wie sie idealerweise sein könnte, und nur selten haben sie Zugriff auf alle strategisch wichtigen Informationen und Ressourcen. Kurz: Projekte verlaufen in aller Regel anders als erwartet, und die Projektleiter bewegen sich auf unübersichtlichem und oft riskantem Terrain.

2.1 · Das Problem: Unvorhersehbares vorhersehen

Die Planung und Steuerung von Projektphasen und Zeitplänen stellt deshalb gemäß IPMA Competence Baseline, ICB 3.0 (Caupin, Knoepfel, Koch, Pannenbäcker, Pérez-Polo & Seabury, 2006), eine wesentliche Anforderung an Projektleiter dar. Dies beinhaltet auch die Kenntnis und Anwendung von Vorgehensmodellen, welche den Projektverlauf zeitlich gliedern und in Phasen aufteilen. Solche Vorgehensmodelle, die je nach Branche und Unternehmen unterschiedlich sein können, beschreiben die **Aktivitäten, Meilensteine und Meilensteinergebnisse in den unterschiedlichen Projektphasen**. Insbesondere im IT-Bereich beinhalten sie oftmals noch weitere Details wie beispielsweise Mitarbeiterqualifikationen oder Werkzeuge, die zur Durchführung der verschiedenen Aktivitäten benötigt werden (Schelle et al., 2005).

Vorgehensmodelle

Für die **Projektplanung und -überwachung** sind Vorgehensmodelle von zentraler Bedeutung. So sollte der Projektleiter beispielsweise die **Meilensteinergebnisse** für jede Phase prüfen und ggf. Phasenrücksprünge – also korrigierende Feedback-Schleifen – anordnen, wenn die Ergebnisse nicht erreicht wurden (Schelle et al., 2005). Gleichwohl sieht die Praxis anders aus, wie Schelle et al. konstatieren: Demnach würden Meilensteinergebnisse nicht sorgfältig genug kontrolliert, oder ein Phasenrücksprung unterbleibe aus firmenpolitischen Gründen. Da Phasenrücksprünge bzw. Feedback-Schleifen mit einer längeren Projektlaufzeit sowie mit **Tiefs im Projektverlauf** verbunden sind (Wastian & Schneider, 2007a), überrascht die Scheu vor notwendigen Korrekturen kaum. Denn der Projekterfolg und somit auch der Erfolg des Projektleiters bemessen sich nicht zuletzt nach einer fristgerechten Abwicklung des Projektes. Somit stellt sich also die Frage, wie Unternehmen und Projektleiter zugunsten des Zeitziels Feedback-Schleifen vermeiden können, ohne damit andere Projektziele (Leistung, Kosten, Zufriedenheit des Auftraggebers; Schelle et al., 2005) zu gefährden.

Feedback-Schleifen

Antworten auf diese Frage liefern Untersuchungen zu Projektverläufen, die seit längerem im Fokus der Innovationsforschung stehen. Auf der Basis einer systematischen Analyse des Verlaufs von 34 deutschen Projekten (Wastian & Schneider, 2007b) sowie einer jahrzehntelangen Beobachtung von 14 amerikanischen Innovationsprojekten (Van de Ven, Polley, Garud & Venkataraman, 1999) in Wirtschafts- und Verwaltungsorganisationen sollen in diesem Kapitel Risiken identifiziert und Erfolg versprechende **Ansatzpunkte für die Prozessgestaltung** ausgelotet werden. Der Blick richtet sich dabei nicht nur auf typische Phasen der Projektumsetzung, sondern auch auf erfolgskritische vorgelagerte Phasen.

Untersuchung von Projektverläufen

2.2 Hintergrund und Relevanz aus psychologischer Sicht: Vom Umgang mit Komplexität im Projektverlauf

2.2.1 Projektverläufe und Phasen

6-phasiges Prozessmodell

Die Analyse der typischen Phasen von Projekten in der genannten deutschen Untersuchung (Wastian & Schneider, 2007b) bedient sich des in ◘ Abb. 2.1 gezeigten 6-phasigen Prozessmodells, das sich an einschlägige Innovationstheorien anlehnt (s. die Synthese in von Rosenstiel & Wastian, 2001; vgl. auch ▶ Kap.13, Maier & Hülsheger). Der Startpunkt innerhalb dieses Modells wird von der Phase **Problemfindung** markiert. Hier geht es um die Problemdeckung, -konstruktion und -identifikation. Dann folgt die **Ideengenerierung**, um den Ideenpool zur Problemlösung zu schaffen bzw. zu vergrößern. In der anschließenden Phase der **Entscheidung** urteilen die Beteiligten darüber, ob die zuvor generierten Ideen umgesetzt werden sollen oder nicht. Falls ja, beginnt die **Umsetzung**, an welche sich die **Implementierung** (beispielsweise die Einführung eines Produktes) und ggf. die **Routine** (beispielsweise die Serienproduktion) anschließen.

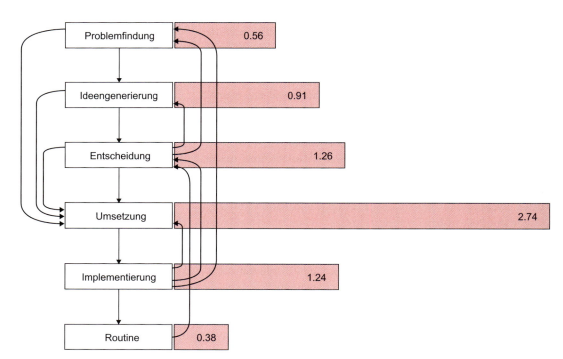

◘ **Abb. 2.1.** Verlauf von Projekten (in Anlehnung an Wastian & Schneider, 2007b). Die Abb. zeigt, dass Projekte nicht linear verlaufen, sondern dass die verschiedenen Phasen unterschiedlich häufig durchlaufen werden und korrigierende Feedback-Schleifen oftmals eine Umkehr in »frühere« Prozessphasen erfordern. Die Dicke der Feedback-Schleifen gibt verhältnisgetreu wieder, wie oft die jeweilige Feedback-Schleife in den 34 Projekten vorkam (nämlich 1-, 2-, 4-, 5- oder 7-mal)

2.2 · Hintergrund und Relevanz aus psychologischer Sicht

Nun haben empirische Befunde aber ergeben, dass Innovationsprojekte nur selten einem einfachen linearen Prozessmodell folgen (Überblick: Anderson, De Dreu & Nijstad, 2004). Vielmehr verlaufen sie meist in rekursiven Schleifen (◘ Abb. 2.1) und sind durch zahlreiche Brüche gekennzeichnet, wie auch in den oben genannten deutschen (Wastian & Schneider, 2007b) und amerikanischen (Van de Ven et al., 1999) Forschungsprojekten, auf die wir in diesem Kapitel immer wieder Bezug nehmen werden.

2.2.2 Förderliche und hinderliche Einflüsse sowie Höhen und Tiefen im Projektverlauf

Ob ein Projekt planmäßig abläuft, hängt wesentlich vom Auftreten hinderlicher und förderlicher Aspekte ab, wie in ◘ Tab. 2.1 dargestellt. Sie zu berücksichtigen oder womöglich zu gestalten, stellt deshalb eine wichtige Herausforderung für das Projektmanagement dar.

Interessanterweise spielten diese Einflussfaktoren in den von uns untersuchten Projekten recht unterschiedliche Rollen (Wastian & Schneider, 2007b). Während einige – z. B. Koordination und Logistik sowie externer Kontext – in allen 6 Phasen vorkamen, traten andere nur in spezifischen Phasen auf. So erwiesen sich individuelle Variablen wie Motive und Interessen nur bei der Problemdefinition sowie bei der Umsetzung als hinderlich. Auch unterschieden sich die Phasen in Bezug auf die Vielfalt hinderlicher und förderlicher Aspekte. Während den Berichten der Projektleiter zufolge fast alle Aspekte die Umsetzung betrafen, blieb etwa die Problemdefinition von etlichen der in ◘ Tab. 2.1 dargestellten Aspekte (nämlich vom internen Kontext, von der Kommunikation und der Kooperation sowie von den Kompetenzen und dem Verhalten der Projektbeteiligten) unbeeinflusst.

Phasenspezifische vs. projektübergreifende Einflussfaktoren

Vielfalt der Einflüsse in den verschiedenen Phasen

Bemerkenswert ist außerdem, dass die **Koordination und Logistik** sehr häufig gemeinsam mit **zeitlichen Aspekten** wie Verzögerungen, engen Terminen, aber auch Synchronisierungserfordernissen von Prozessen beschrieben wurden (Wastian & Schneider, 2007b). Beispielsweise wurde Zeitdruck in der fortgeschrittenen Umsetzung bzw. in der Implementierung mitunter positiv erlebt, weil er das Projekt außerordentlich beschleunigt habe. Beklagt wurden hingegen Rahmenbedingungen wie zu lange Abschreibungsfristen für Industrieanlagen, die zu einer verzögerten Einführung neuer Technologien führten, da für die Herstellung neuer Modelle auch neue Produktionsplattformen erforderlich seien.

Koordination und Logistik sowie zeitliche Aspekte gehen Hand in Hand

Die in ◘ Tab. 2.1 dargestellten thematischen Schwerpunkte kennzeichnen entsprechend die Höhe- und Tiefpunkten im Projektverlauf. Sowohl Tiefs als auch Hochs wurden am häufigsten auf die Koordination und Logistik, auf den externen Kontext sowie auf die Interessen- und Motivationslage der beteiligten Akteure zurückgeführt. Bei den Hochs überwogen Motive und Interessen vor allem wegen der Anfangseuphorie, von welcher typischerweise bei der Ideengenerierung be-

Ursachen von Hochs und Tiefs im Projektverlauf

Tab. 2.1. Einflussfaktoren auf den Verlauf von Projekten. (In Anlehnung an Wastian & Schneider, 2007b)

Einflussfaktor	Beispiele für förderliche und hinderliche Einflüsse
Externer Kontext	Äußere Rahmenbedingungen, die von Stakeholdern (z. B. Zulieferern, Wettbewerbern) gesetzt werden; öffentliche Meinung und Medien; Gesetze und Vorschriften; Verträge und Projektbedingungen; Markt (Ereignisse, Nachfrage, Absatzchancen) und volkswirtschaftliche Aspekte; äußere (Infra-)Strukturen
Interner Kontext	Bedingungen, die von organisationsinternen Stakeholdern (Promotoren, Management, andere Abteilungen und Kollegen) oder von den Projektdurchführenden selbst gesetzt werden; Verfügbarkeit von Ressourcen (Personal, Know-how, Material, Instrumente); projektinterne Strukturen
Koordination und Logistik	Koordination und ggf. Controlling von Strukturen (Stakeholder, Zuständigkeiten, Organisation, Infrastrukturen), Prozessen (Auftrags- und Arbeitslast, Meilensteine und Projektfortschritt, Aufgaben, Meetings, Lernen) und Projektergebnissen; Ressourcen-Management (Personal, Material, Instrumente, Wissen, Informationen); Koordination von Plänen und Konzepten
Zeitliche Aspekte	Termine und Fristen; Verzögerungen; Geschwindigkeit; Zeitdruck; zeitliche Ressourcen; Zeitmanagement; Prognosen; Arbeitszeit; Zukunftspotenzial/-fähigkeit oder Nachhaltigkeit des Projektes oder seiner Ergebnisse; (Dis-)Kontinuität; (De-)Synchronisation von Prozessen; etc.
Finanzielle Aspekte	Betriebswirtschaftliche Einflussfaktoren auf das Projekt (Geld, Kosten, Preise, Rendite, Budgets, Finanzierung, Investitionen, Angebote, Umsatz und Gewinn, steuerliche Aspekte)
Motive und Interessen	Intrinsische Motivation von Akteuren; auf eigene Vorteile ausgerichtete Ziele und Beweggründe der Akteure, welche mit den Projekt- oder Gemeinschaftszielen im Einklang, aber auch im Widerspruch stehen können
Erwartungen	Qualitativ-inhaltliche Erwartungen (im Sinne von Erwartungshaltungen) an oder von Projektbeteiligten und externen Stakeholdern an den Ablauf, die Gestaltung oder die Ergebnisse des Projektes
Kompetenzen und Verhalten	Kompetenzen (Wissen und Können), arbeits- und projektbezogene Verhaltensweisen sowie strategisches Vorgehen einzelner oder mehrerer Akteure
Projektqualität und Projektfortschritt	Qualität des Projektes, des Projektmanagements und der Prozessgestaltung; Projektzielerreichung bzw. Projektergebnisse; Projektfortschritt; ein Durchbruch nach vorangegangenen Verbesserungsmaßnahmen oder Korrekturen
Kommunikation und Kooperation	Kommunikative und kooperative Situationen sowie Bewertung von Umfang, Art (z. B. Verhandlungen, Diskussionen, Mails, Finden von Begriffen, Definitionen und Sprachregeln) und Qualität der Kommunikation und Kooperation; Einstellungen und Verhalten mit Bezug zur Kommunikation

richtet wurde. Zeitliche Probleme (vor allem Verzögerungen) und finanzielle Aspekte (etwa die Suche nach einem Geldgeber oder Kostendruck) sorgten regelmäßig für Tiefs, während vor allem in den späteren Projektphasen die **Aussicht auf einen erfolgreichen Projektabschluss** die Höhepunkte bestimmte. Abgesehen von den in Tab. 2.1 dargestellten Aspekten, die sowohl mit Hochs als auch mit Tiefs in Verbindung gebracht wurden, erwiesen sich einige Faktoren ausschließlich für Tiefs bzw. Hochs als ausschlaggebend. In einigen Projekten markierten etwa **unklare Rollen** bei den Projektbeteiligten und eine **fehlende Verantwortungsübernahme** die Tiefpunkte, während der **Transfer** von Vorleistungen, Vorkenntnissen und Ähnlichem zu Höhenflügen beitrug.

2.2.3 Prozessphasen und ihre unterschiedliche Bedeutung in Projekten

In den vorangegangenen Abschnitten klangen bereits phasentypische Herausforderungen und Unterschiede an, die es im Projektmanagement zu berücksichtigen gilt. ◘ Abb. 2.2 zeigt, dass auch Höhen bzw. Tiefen für die einzelnen Prozessphasen unterschiedlich bedeutsam sind. Dabei präsentierten sich die Umsetzungsphasen bei den Hochs und Tiefs am »ereignisreichsten«. Die Implementierung sowie die Entscheidung stellen kritische Phasen im Projektverlauf dar, während die Problemfindung und die Routine von den Interviewpartnern kaum thematisiert werden. Die Ideengenerierung ist überwiegend von Euphorie geprägt.

Phasenspezifische Unterschiede bei Hochs und Tiefs

> ❶ Offensichtlich bergen also spätere Phasen die größeren Schwierigkeiten, sofern die Projekte nicht schon im Vorfeld verworfen werden.

Darüber hinaus wurden die einzelnen Projektphasen unterschiedlich häufig durchlaufen (◘ Abb. 2.1): Spitzenreiter ist die Phase **Umsetzung**, die von den untersuchten Projekten am häufigsten passiert wurde. Diese Phase erwies sich insgesamt als die komplexeste – nicht nur, weil sie Ausgangspunkt für die meisten der Feedback-Schleifen war, sondern weil sie auch stärker ausdifferenziert werden musste; denn sie bestand vielfach aus mehreren, in sich abgegrenzten Teilprozessphasen.

Komplexität der Umsetzungsphase

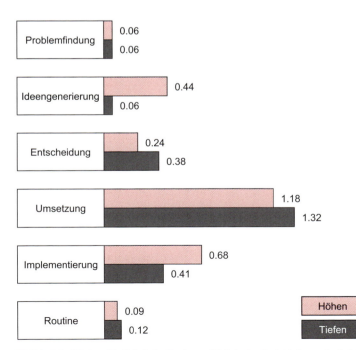

◘ **Abb. 2.2.** Mittlere Häufigkeit der Hochs und Tiefs in den Projektphasen (in Anlehnung an Wastian & Schneider, 2007b)

Die große Bedeutung der Umsetzungsphase überrascht insofern wenig, als nicht nur die Innovationsforschung (s. z. B. Van de Ven et al., 1999), sondern auch die einschlägige Literatur zum Projektmanagement gerade diese Phase als eine der zentralen Herausforderungen im gesamten Projektverlauf begreift (Schelle et al., 2005). Überraschend war hingegen ein anderes unserer Ergebnisse: Die Interviewpartner berichteten nicht in dem zu erwartenden Ausmaß über die 3 der Umsetzung vorgelagerten Phasen.

Es gab offenkundig Projekte, die ohne jedwede **Problemfindung** und ohne **Ideengenerierung** auskamen – ohne **Entscheidung** ging es jedoch in keinem Fall. Dabei unterschieden sich innovative von nichtinnovativen Projekten signifikant (Wastian & Schneider, 2007b): Forschungsprojekte sowie Produkt- oder Prozessinnovationen durchliefen zwar deutlich häufiger die Phasen der **Problemfindung** und **Ideengenerierung** als nichtinnovative Projekte wie etwa Gutachten, Planungen oder Akquisitionen. Allerdings startete auch längst nicht jedes innovative Projekt mit einer mehr oder minder elaborierten »Problemfindung«.

Vernachlässigung der Problemfindungsphase

Aller Anfang ist schwer: Von der Problemfindung zur Entscheidung

Auch wenn die Projektverantwortlichen die **Problemfindungsphase** thematisierten, schien ihnen selbst und ihren Auftraggebern (oder sogar beiden) anfangs durchaus nicht immer klar zu sein, welches Problem durch das Projekt eigentlich gelöst oder zumindest einer Klärung nähergebracht werden sollte:

> »Bei dem Projekt ging es um die Analyse eines Verkehrsentwicklungsplans ... eigentlich war uns bei der Auftragserteilung überhaupt nicht klar, was die [Auftraggeber] von uns überhaupt wollten. Wir hatten eine Anfrage und dann ein Angebot gemacht, das aber hinreichend unspezifiziert war. Mit dem Problem hat man öfters mal zu kämpfen, dass die Auftraggeber selbst gar nicht so richtig wissen, was sie von einem wollen. Man muss sich auf ein relativ riskantes Spiel einlassen und zum Schluss etwas entwickeln, was man selber gut findet, und das muss man auch entsprechend darstellen. Man weiß aber nicht so recht, ob das wirklich mit den Bedürfnissen des Auftraggebers zusammenhängt.« (Projektnr. P 29).

Problemfindungsphase: diffuse Vorstellungen der Auftraggeber und -nehmer von dem Problem und dem konkreten Bedarf

Zeitverzögerte Auswirkungen einer mangelhaften Problemfindung

Solche doch recht diffusen Vorstellungen, wie hier auf Seiten der Auftraggeber und -nehmer, von dem Problem und dem konkreten Bedarf, scheinen am Beginn von Projekten eher die Regel als die Ausnahme zu sein (vgl. auch Van de Ven et al., 1999). Ein **unzureichendes Problembewusstsein** und eine **mangelhafte Problem- und Bedarfsanalyse** sind wesentliche Ursachen für zeitverzögerte Probleme im Projektverlauf (Wastian & Schneider, 2007a). Die daraus resultierenden Tiefs und korrigierenden Feedback-Schleifen machen sich dann vor allem bei der

2.2 · Hintergrund und Relevanz aus psychologischer Sicht

Umsetzung und Implementierung bemerkbar, wenn sich beispielsweise zeigt, dass Rahmenbedingungen, Spezifikationen oder Kundenanforderungen nicht ausreichend berücksichtigt worden waren.

In der **Entscheidungsphase** kann es jedoch durchaus zur Strategie gehören, Informationen unzureichend oder verzerrt darzustellen, weil externe wie interne Stakeholder für das Projekt gewonnen werden müssen. Dominierte während der Entwicklung der ersten Ideen noch die Anfangseuphorie, so war die Entscheidungsphase in den von uns untersuchten Projekten von starker Skepsis geprägt, und die Projektleiter erlebten die Verhandlungen mit den Auftraggebern und anderen Stakeholdern oft als unangenehm und zäh (Wastian & Schneider, 2007b). Deshalb erstaunt es nicht, dass die Verfechter einer Idee in ihren Plänen den zu erwartenden Nutzen überhöht darstellten, um Kapital- bzw. Ressourcengeber zu überzeugen (Van de Ven et al., 1999).

Entscheidungsphase: Informationsdefizite

Mangelhafte oder verzerrt dargestellte Informationen sowie **Kommunikationsprobleme** bei der Meinungsbildung und Entscheidung erwiesen sich jedoch ebenfalls als Zeitbomben, die später vor allem in der Umsetzung, aber auch in der Implementierung Tiefs und Feedback-Schleifen verursachten (Wastian & Schneider, 2007a). Entsprechend münden die meisten Feedback-Schleifen, die in der Umsetzung erforderlich werden, wieder in eine Entscheidungsphase (vgl. ◘ Abb. 2.1).

Zeitverzögerte Auswirkungen von Informations- und Kommunikationsmängeln

> ❗ Besonders fatal ist offenbar die übertrieben optimistische Darstellung zeitlicher Ziele, was sich in der amerikanischen Untersuchung (Van de Ven et al., 1999) darin zeigte, dass die Entwicklungszeiten länger dauerten als die Investitionszeiträume zur Finanzierung der Entwicklung. Sie führten im Extremfall zum Scheitern des Projektes, nämlich dann, wenn die Ressourcengeber später nicht bereit waren, zusätzliche Mittel zur Vollendung der Entwicklung nachzuschießen.

Die frühen oder vorgelagerten Phasen von Projekten würden demnach entscheidende Ansatzpunkte für die Krisenprävention (► Kap. 15, Salewski & von Rosenstiel) und somit eine vorausschauende, reibungslosere und erfolgreichere Projektgestaltung ermöglichen.

Gestaltungsmöglichkeiten in frühen Phasen: Vorausplanung und Krisenprävention

Umsetzung – eine unendliche Geschichte?

◘ Abb. 2.1 und ◘ Abb. 2.2 zeigen, dass die **Umsetzungsphasen** bei den Hochs und Tiefs am »ereignisreichsten« waren und dass in dieser Phase auch die meisten Feedback-Schleifen erforderlich wurden. Es sind also vor allem Schwierigkeiten bei der Umsetzung, die dazu zwingen, nach neuen Lösungswegen zu suchen, neue Entscheidungen zu treffen bzw. frühere Entscheidungen zu hinterfragen.

Für solche Rückschläge zeichnete in den geschilderten Projekten meist ein ganzes Bündel unterschiedlichster Faktoren verantwortlich, wenn sich etwa **Projektdefizite** und **Qualitätsmängel** offenbarten, wenn sich äußere Rahmenbedingungen veränderten und oder **Koordinationsprobleme** auftraten (Wastian & Schneider, 2007b). Dies mündete bisweilen in regelrechte Krisen, in deren Folge ein Kriterienwechsel notwendig wurde. D. h., die anfänglichen Planungsgrundlagen

Umsetzungsphasen: Ursachen für Rückschläge und Folgen

und Erfolgskriterien mussten erneut ausgehandelt werden (2. Entscheidungsphase). Dabei schienen (erneute) Konflikte zwischen den Innovatoren und den Kapitalgebern geradezu vorprogrammiert: Während Letztere nämlich dazu tendierten, Investitionen neu zu überdenken, werteten Innovatoren die Krise als Zeichen dafür, dass der eingeschlagene Weg nicht konsequent genug beschritten worden war (vgl. Dornblaser, Lin & Van de Ven, 2000). Solche **Interessenkonflikte**, **ungleichen Einflussmöglichkeiten**, aber auch **sich wandelnde Rahmenbedingungen** oder **Defizite bei der Vorauskoordination** durchzogen die Umsetzung wie ein roter Faden. Auch mündeten unbemerkte Probleme mit der Zeit in Teufelskreise aufgrund der Pfadabhängigkeiten der Rückschläge (Van de Ven et al., 1999).

Die Hochs und Tiefs in der kritischen Umsetzungsphase werden zwar mit allen der in ◘ Tab. 2.1 genannten Aspekte begründet, doch entscheiden gerade hier **Koordination und Logistik** über Höhenflüge und Abstürze – wenn etwa Personal eingearbeitet oder koordiniert, Information oder Material beschafft oder der Prozess selbst gesteuert werden muss (Wastian & Schneider, 2007a). Das heißt:

> ❗ Für ein erfolgreiches Projektmanagement sind während der Umsetzung alle der in ◘ Tab. 2.1 genannten Einflussfaktoren zu berücksichtigen bzw. zu steuern, doch am wichtigsten für den Projektleiter ist die Bewältigung der koordinativen und logistischen Herausforderungen.

Gestaltungsmöglichkeiten in den Umsetzungsphasen: Reaktion statt Prävention

Anders als in den frühen und vorgelagerten Projektphasen, ließen sich in der **Umsetzung** auch keine typischen Auslöser für **zeitverzögerte Tiefs** oder Feedback-Schleifen in späteren Phasen identifizieren (Wastian & Schneider, 2007a). Somit scheinen die wesentlichen Gestaltungsmöglichkeiten bei der Umsetzung vor allem in der Bewältigung der auftretenden Probleme und weniger in deren Prävention zu liegen.

Wie gut die Problembewältigung gelingt, ist dabei nicht allein vom koordinativen Geschick des Projektleiters abhängig. Es zeigte sich auch, dass bedeutende Probleme im Projektverlauf nur durch die **Intervention von Investoren und Topmanagern** gelöst werden konnten (Van de Ven et al., 1999).

Einfluss von Geldgebern und Management

Der Einfluss von Management und/oder Investoren erklärt sich insbesondere durch die **divergierenden Ressourcen- und Entwicklungszeitlinien** beim Auftreten von Rückschlägen. Die Ressourcen und Zeitpläne mussten angepasst werden, um »Gnadenfristen« für die Anpassung der Innovation vorzunehmen (Van de Ven et al., 1999). Die Entscheidung hierüber hat meist nicht der Projektleiter, sondern das Management oder der Geldgeber. Wie im vorangegangenen Abschnitt dargestellt, rächen sich somit die Informationsdefizite der früheren Phasen in Form von Feedback-Schleifen in eine neue Entscheidungsrunde.

frühere Informations- und Kommunikationsdefizite wirken sich aus

Die späten Phasen: Top oder Flop?

Je fortgeschrittener Projekte sind, desto mehr erschöpfen sich auch die Gestaltungsspielräume für das Projektmanagement und andere Pro-

2.2 · Hintergrund und Relevanz aus psychologischer Sicht

jektbeteiligte. Lässt sich das Geschehen in den vorgelagerten und frühen Projektphasen vorausschauend planen und Krisen präventiv begegnen, so engt sich der Spielraum in der **Umsetzung** bereits auf ein zeitnahes Reagieren auf Herausforderungen ein. Für die **Implementierungsphase** beschrieben ihn die von uns befragen Projektleiter als weitgehend erschöpft (Wastian & Schneider, 2007a). Soweit keine Nachbesserungen erforderlich waren, erfolgten routinemäßige Abschlussaufgaben wie beispielsweise Inbetriebnahmeaktivitäten oder die Dokumentation. Der Erfolg der Projekte ließ sich zu diesem Zeitpunkt jedoch kaum noch beeinflussen. Wenn überhaupt noch Gestaltungsmöglichkeiten bestanden, beschränkten sie sich im Wesentlichen darauf, den Nutzen und die Brauchbarkeit der Projektergebnisse darzustellen – z. B. bei Präsentationen vor dem Geldgeber, auf Messen oder in Form von PR- und Marketingaktivitäten. Sofern eine **routinemäßige Nutzung oder Markteinführung** von Projektergebnissen erfolgte, war sie nicht mehr Teil der Projektarbeit.

> Gestaltungsmöglichkeiten in den späten Phasen: Ergebnisse und Erfolge präsentieren und kommunizieren

Auch die amerikanische Untersuchung zeigte, dass Projekte beendet wurden, wenn die darin entwickelten Innovationen implementiert oder die Ressourcen aufgebraucht waren (Van de Ven et al., 1999). Es waren die **Investoren und Topmanager**, welche der Innovation dann Erfolg oder Scheitern zuschrieben, wobei diese Zuschreibung oft fehlgeleitet waren. Gleichwohl beeinflusste sie maßgeblich das Schicksal der Innovation und die weitere berufliche Entwicklung der Innovationsteilnehmer.

> Geldgeber und Management entscheiden über das Schicksal des Projektes und der Projektbeteiligten

Sofern eine dauerhafte **Implementierung** oder **Vermarktung** nicht von vornherein ausgeschlossen ist, sollte Projektleitern also mit Blick auf ihre eigene Laufbahnentwicklung daran gelegen sein, nicht nur Kosten, Fristen und Qualitätsziele im Auge zu behalten, sondern Geldgebern und Management den Projekterfolg und den Nutzen der Projektergebnisse gelungen zu kommunizieren.

> ❗ Bemerkenswerterweise wurden der Nutzen und die Brauchbarkeit der Projektergebnisse in etlichen Innovationsprojekten jedoch – wenn überhaupt – erst zum Zeitpunkt der Implementierung durch bzw. mit dem Projektleiter thematisiert (Wastian & Schneider, 2007a).

Des Weiteren lassen Unternehmen und Projektleiter offenbar die Gelegenheit verstreichen, aus den Projekten zu lernen und künftige Projekte besser zu gestalten (vgl. auch Dornblaser et al., 2000). Lediglich einer der von uns befragten Projektleiter beschrieb **Evaluationsschleifen**, in welchen der Stand des Projektes und Verbesserungsmöglichkeiten während des gesamten Projektverlaufs reflektiert wurden (Wastian & Schneider, 2007b). Eine systematische Aufarbeitung und Nutzbarmachung der »lessons learned« nach Projektabschluss erfolgt offenbar kaum.

> Ungenutzte Gestaltungsmöglichkeit: Reflexion der »lessons learned« für künftige Projekte

2.3 Ansatzpunkte für Verbesserungen: Gestalten, Überzeugen, Berücksichtigen

Wie im ▶ Abschn. 2.2 dargestellt, nimmt der Spielraum für eine erfolgreiche Gestaltung von Projekten im Verlauf von Projekten kontinuierlich ab. Um unnötige Feedback-Schleifen und Verzögerungen zu vermeiden, müssen Ansatzpunkte für Verbesserungen bereits sehr früh, idealerweise schon **vor dem eigentlichen Projektstart** gesucht und umgesetzt werden.

Stellschrauben zeigen die Aspekte in ◘ Tab. 2.1 auf, welche sich als wichtige Einflussfaktoren auf den Verlauf von Projekten erwiesen haben. Manche von ihnen kann der Projektleiter unmittelbar gestalten. Andere stellen Rahmenbedingungen dar, die er berücksichtigen muss, sofern er nicht im Kontakt mit den Verantwortlichen steht und sie überzeugen kann, die Rahmenbedingungen in seinem Sinne zu ändern. Die Strategien, mit denen der Projektleiter an diesen Stellschrauben drehen kann – gestalten, überzeugen oder berücksichtigen –, sind abhängig von deren Beeinflussbarkeit und vom Einfluss des Projektleiters.

2.3.1 Strategischer Ansatz: Gestalten

◘ Abb. 2.3 soll dies verdeutlichen: Einflussfaktoren, welche Aufgaben, Verhaltensweisen und Einstellungen des Projektleiters sowie des Projektteams betreffen, lassen sich vom Projektleiter trotz oftmals begrenzter Positionsmacht gestalten (z. B. auch ohne disziplinarische Befugnisse). Dies betrifft die Aspekte **Koordination und Logistik, Kompetenzen und Verhaltensweisen, Kommunikation und Kooperation**, von denen auch die **Motivation des Projektteams** abhängt.

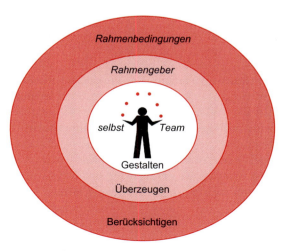

◘ **Abb. 2.3.** Strategische Möglichkeiten des Projektleiters für direkt, indirekt und nicht gestaltbare Einflussfaktoren auf den Projektverlauf

2.3 · Ansatzpunkte für Verbesserungen: Gestalten, Überzeugen, Berücksichtigen

Koordination und Logistik

Die Koordination und Logistik stellen wesentliche Aufgaben des Projektmanagements dar und erfordern Kompetenzen, welche im Rahmen von Projektmanagementausbildungen erworben werden können (Caupin et al., 2006). Gebräuchliche Standards setzen hierfür die GPM (Deutsche Gesellschaft für Projektmanagement) bzw. die IPMA (International Project Management Association). Methoden und Tools zur Bewältigung koordinativer und logistischer Aufgaben werden entsprechend in der Projektmanagementliteratur beschrieben (z. B. bei Schelle et al., 2005).

Projektmanagementausbildung

Projektmanagementmethoden

In der komplexesten aller Phasen – der Umsetzung –, aber auch bei der Implementierung, sind vielfältige Kombinationen von **koordinativen und zeitlichen Hindernissen** zu antizipieren. Das sind vor allem Verzögerungen, veränderte technische oder situative Gegebenheiten oder neue Personalkonstellationen. Ein effizientes Projektmanagement zeichnet sich deshalb dadurch aus, dass einerseits bereits in den früheren Projektphasen potenzielle Schwachstellen ausgelotet werden (beispielsweise mittels diskursiver Prozesse oder Szenario-Techniken) und andererseits die Flexibilität für den weiteren Projektverlauf und spätere Phasen erhöht wird (beispielsweise durch die Sicherstellung von Ressourcen und einflussreicher Unterstützung im Fall von Komplikationen oder unerwarteten Ereignissen). Je komplexer die Projekte sind und je weniger Erfahrung die Beteiligten mit der Projektaufgabe haben, desto ratsamer sind Projektcoachings (▶ Kap. 6, Wastian, Braumandl & Dost).

Analyse von Schwachstellen

Darüber hinaus sollten von den Projektbeteiligten **verbindliche Zieldefinitionen** mit entsprechenden Meilensteinen erarbeitet werden (▶ Kap. 11, Wegge & Schmidt). Parallel wären **Monitoring-Verfahren** und **laufende Erfolgskontrollen** zu installieren, mit der Möglichkeit, die Ziele auch an neue Erfordernisse anzupassen oder gar in Frage zu stellen, wenn sie sich als unrealistisch oder nicht mehr sinnvoll erweisen. Solche iterativen Bewertungsprozesse stehen im Einklang mit Strategien, auch unbekannte Risiken im Innovationsprozess zu minimieren (vgl. Schneider & Lerf, 2004, S. 154) und tragen somit zum Risikomanagement (▶ Kap. 15, Salewski & von Rosenstiel) in Projekten bei.

Minimierung unbekannter Risiken im Innovationsprozess

Im Zusammenhang mit zeitlichen Koordinationsaspekten erwiesen sich Terminvorgaben als effektiv (Ariely & Wertenbroch, 2002).

Gestaltung zeitlicher Koordinationsaspekte

> ❗ Was das **richtige Timing** von Beiträgen und Aufgaben anbelangt, sollte der Projektleiter neue Ideen zu Beginn des Projektes anregen. Kommen sie nämlich zu spät, behindern sie eher den Projektabschluss, als dass sie von Nutzen sind (Ford & Sullivan, 2004).

Um den subjektiv empfundenen Zeitdruck zu reduzieren, hat es sich einer Untersuchung bei Software-Entwicklern zufolge als hilfreich erwiesen, wenn mit dem Team störungsfreie Zeiträume vereinbart wurden, in denen die Entwickler nicht angesprochen werden durften (Perlow, 1999) – beispielsweise eine unterbrechungsfreie Zeit von 10–12 Uhr täglich.

Kompetenzen und Verhalten

Die Projektarbeit erfordert eine Fülle von Kompetenzen, welche in der IPMA Competence Baseline, ICB 3.0 (Caupin et al., 2006), beschrieben sind. Die ICB 3.0 unterscheidet hierbei **technische Kompetenzen** (z. B. die Fähigkeit zum Umgang mit Risiken und Chancen, die Berücksichtigung von Stakeholdern, die Information und Dokumentation im Projekt, die zeitliche und phasenbezogene Projektplanung, die Kommunikation), **Verhaltenskompetenzen** (z. B. Führung, Offenheit, Kreativität, Werte, die Fähigkeit zu beraten, zu verhandeln oder Konflikte zu lösen) sowie **Kontextkompetenzen** (z. B. Projekt-, Programm- und Portfolioorientierung, Personalmanagement).

Kompetenzanforderungen nach ICB

Selbst für hoch qualifizierte und erfahrene Projektleiter stellt die Vielfalt der notwendigen Kompetenzen – einschließlich der Fähigkeit zum Selbstmanagement (▶ Kap. 12, Kuhrts, Braumandl & Weisweiler) – eine große Herausforderung dar. Mit einer Projektmanagementausbildung und üblichen Personalentwicklungsmaßnahmen wie Trainings ist dieser Herausforderung nicht ausreichend zu begegnen, da solche Maßnahmen meist nur punktuell und zeitlich entkoppelt von den jeweils aktuellen Projektaufgaben durchgeführt werden. Auch erlaubt die Einmaligkeit der Bedingungen in Projekten (vgl. DIN 69901 zitiert in Schelle et al., 2005, S. 27) nur in begrenztem Maß erlernbare Routine. Zur Kompetenzentwicklung des Projektleiters und seines Teams bieten sich deshalb zusätzlich projekt- und arbeitsnahe Maßnahmen wie Projektleiter- und Teamcoachings an (▶ Kap. 6, Wastian, Braumandl & Dost) – nicht nur, weil sie sich ökonomisch und unterbrechungsfrei in die Projektarbeit integrieren lassen, sondern auch, weil sich situierte und authentische Lernformen als besonders wirksam erwiesen haben (vgl. Gruber, 1999). Sie können beispielsweise dazu beitragen, die **Führungskompetenz des Projektleiters** zu entwickeln. Dies würde wiederum dem **Commitment** (▶ Kap. 10, Kraus & Woschée) und **der Motivation des Projektteams** zugute kommen.

Maßnahmen zur Kompetenzentwicklung

Insbesondere in den **Umsetzungsphasen** wechselt das Personal häufig, und oftmals werden auch externe Experten wie Consultants eingebunden (Van de Ven et al., 1999). Dadurch bieten sich für alle Beteiligten und auch für die Organisation erheblich Lernchancen, die in vielen Projekten nicht genutzt werden (Dornblaser et al., 2000). Deshalb sollte der Lerntransfer bei wechselndem Personal- und Experteneinsatz sichergestellt werden. Hierfür bieten sich Methoden des Wissensmanagements an (▶ Kap. 5, Winkler & Mandl) sowie systematische Reflexionsprozesse wie Projektcoachings.

Lerntransfer herstellen

Die Reflexion von »lessons learned« (▶ Kap. 3, Brodbeck & Guillaume) – auch nach der Implementierung – trägt ebenfalls dazu bei, **individuelle und organisationale Kompetenzen** aufzubauen. Die beobachteten Defizite in der Problemfindungsphase – nämlich ein mangelndes Problembewusstsein sowie eine unzureichende Problemanalyse (▶ Abschn. 2.2) – lassen sich mithilfe von Kreativitätstechniken (▶ Kap. 14, Traut-Mattausch & Kerschreiter) eindämmen. Solche Techniken stehen auch für die **Ideengenerierung** zur Verfügung.

Kreativitätstechniken

2.3 · Ansatzpunkte für Verbesserungen: Gestalten, Überzeugen, Berücksichtigen

Abgesehen von diesen Möglichkeiten, Kompetenzen und projektförderliche Verhaltensweisen beim Projektleiter, beim Projektteam bzw. in der Organisation aufzubauen und zu erschließen, lässt sich der Kompetenzbedarf auch über die **Auswahl von Personal und externen Experten** decken. Dies ist insbesondere dann notwendig, wenn für **Personalentwicklungsmaßnahmen** die Zeit oder die Mittel fehlen. Zwar werden dem Projektleiter nicht immer Entscheidungen zur Teamzusammenstellung oder zum Einsatz externer Experten zugestanden. Dennoch ist es wichtig, dass er den Kompetenzbedarf für sich und sein Team sorgfältig analysiert und nachvollziehbar darstellt (vgl. zur Personalarbeit in Projekten ▶ Kap. 7, Moser & Galais), um das Management von seinen Anforderungen zu überzeugen. Er sollte sich deshalb nach Möglichkeit schon vor Projektbeginn mit Prozessen und Instrumenten der Personalarbeit vertraut machen, die in diesem Zusammenhang relevant sein können. Hierzu gehören insbesondere **Anforderungsprofile** (Überblick: Wastian & Maier, 2007), welche die Kompetenzanforderungen an bestimmte Stellen/Funktionen beschreiben (der Projektleiter kann sie verwenden, um seine eigenen Kompetenzanforderungen an Projektmitarbeiter in der gleichen »Sprache« zu formulieren und um ggf. Vorschläge zu geeigneten Mitarbeitern zu machen).

Personalauswahl zur Deckung des Kompetenzbedarfs

Kommunikation und Kooperation

Die Kommunikation (Lechler & Gemünden, 1998) und die Kooperation (Wastian & Schneider, 2007b) sind für Projekte zentrale Erfolgsfaktoren. Diesen Themen widmen sich mehrere Kapitel des vorliegenden Buches im Detail (zur Kommunikation ▶ Kap. 4; zu Team- und Kooperationsthemen ▶ Kap. 9, 16, 17). Deshalb beschränken wir uns an dieser Stelle auf Empfehlungen in Bezug auf die in ▶ Abschn. 2.2 beschriebenen phasenspezifischen Herausforderungen in Projekten.

Neben den bereits erwähnten Maßnahmen zur Kompetenzentwicklung bieten sich insbesondere zu Beginn der Projektarbeit **Teamentwicklungsmaßnahmen** an (▶ Kap. 9, Kauffeld, Grote & Lehmann-Willenbrock), um den Grundstein für eine **gute Kommunikation und Kooperation** im Projekt zu legen.

Teamentwicklung zum Projektstart

Unsere Untersuchung hat gezeigt, dass die meisten Feedback-Schleifen in die Phase der Entscheidung zurückführen und tendenziell hier auch mehr Tiefs als Hochs zu erwarten sind (▶ Abschn. 2.2 und ◘ Abb. 2.2). Obwohl diese Phase die Befragten offenbar mehr »Frust als Lust« erleben ließ, zeichneten sich erfolgreiche im Vergleich zu weniger erfolgreichen Projekten durch mehr **Entscheidungsphasen** aus (Wastian & Schneider, 2007b). Demnach lohnen sich also reflexive und diskursive Prozesse. Von daher ist es besonders wichtig, bereits in der ersten Entscheidungsphase vielfältige, auch kritische Meinungen einzuholen und kontroverse Diskussionen zu ermöglichen (▶ Kap. 3, Brodbeck & Guillaume).

Reflexion und Diskurs

2.3.2 Strategischer Ansatz: Überzeugen

Viele Rahmenbedingungen werden von Stakeholdern an der unmittelbaren Schnittstelle zum Projektteam abgesteckt.

> ❗ **Von herausragender Bedeutung für den Projekterfolg sind das Management (Lechler & Gemünden, 1998) und Kapitalgeber (Van de Ven et al., 1999) wie beispielsweise der Kunde. Ihnen gegenüber muss der Projektleiter Überzeugungsarbeit leisten, damit sie den internen Kontext (z. B. Personal, Instrumente und Materialien) sowie finanzielle und zeitliche Rahmenbedingungen so gestalten, dass es der Projektarbeit förderlich ist (▶ Kap. 8, Solga & Blickle).**

Überzeugen: Interner Kontext, finanzielle und zeitliche Rahmenbedingungen

Stakeholder und ihre Interessen

Wie im ▶ Abschn. 2.2 dargestellt, zeigen sich aber gerade hier erhebliche Defizite, die das Projekt ernsthaft gefährden können. Dazu gehören vor allem das Versäumnis einer frühen und gründlichen **Bedarfsklärung** sowie Informationsmängel.

Entsprechend sollte der Projektleiter – wenn möglich – bereits vor seiner offiziellen Ernennung und dem eigentlichen Projektstart mit seiner Überzeugungsarbeit beginnen bzw. die Grundlagen dafür schaffen, da zu diesem Zeitpunkt wesentliche Bedingungen für den Projekterfolg festgelegt werden. Überzeugungsstrategien sind jedoch auch im weiteren Projektverlauf bis zur **Implementierung** der Projektergebnisse erforderlich. Konkret empfiehlt sich Folgendes:

> ❗ **Der Projektleiter muss die Motive, Interessen und Erwartungen wichtiger Stakeholder kennen bzw. klären. Dies ist wichtig, um dem Risiko vorzubeugen, dass einzelne Stakeholder ihre Interessen nicht gewahrt sehen und deshalb das Projekt boykottieren.**

Motive, Interessen und Erwartungen von Stakeholdern klären

Deshalb sollten die Projektverantwortlichen möglichst frühzeitig das gesamte Projektumfeld und die Stakeholder, die es repräsentiert, analysieren (▶ Kap. 4, Streich & Brennholt) und sich – sinnvollerweise im Rahmen eines sog. systemischen Coachings – in gedanklichen Rollenspielen in die Stakeholder hineinversetzen (Schelle et al., 2005, S. 48). Deren **Erwartungen** sollten jedoch nicht nur zu Projektbeginn, sondern kontinuierlich reflektiert werden, da sie sich im Lauf der Zeit ändern können. Ergebnissen aus der Innovationsforschung zufolge ist beispielsweise zu erwarten, dass sich die Bewertungskriterien bei Ressourcengebern in der folgenden Sequenz verändern (Dornblaser et al., 2000): langfristige Ergebnisziele – Prozessziele – unmittelbare Input-Kriterien wie z. B. Kosten, Kompetenzen, Commitment der Prozessbeteiligten; bei Innovationsmanagern haben die Kriterien in der umgekehrten Reihenfolge Priorität. Da sich im Falle von Konflikten üblicherweise der Ressourcengeber aufgrund seiner höheren Positionsmacht mit seiner Meinung durchsetzt und damit den weiteren Projektverlauf beeinflusst (Dornblaser et al., 2000), sollte ihm das besondere Augenmerk bei der Überzeugungsarbeit gelten.

Darüber hinaus kann die konsequente Einbindung von Stakeholdern und deren **Interessen** in das Projekt potenzielle Konflikte entschärfen. In Innovationsprozessen kann sie zudem die Kreativität und das Ideenpotenzial in den Unternehmen steigern helfen – beispielsweise indem Kunden bereits während der **Problemfindung** und **Ideengenerierung** eine deutlich aktivere Rolle als bisher spielen (von Hippel, 2005).

Stakeholder einbinden

> ❗ In der **Entscheidungsphase** des Projektes ist es wichtig, die Risiken und Potenziale des Projektes so darzustellen, dass die Projektlaufzeit und der Ressourcenbedarf realistisch geplant werden können.

Risikokommunikation und -reflexion

Der Projektleiter wird zwar bestrebt sein, das Projekt nicht durch eine allzu schonungslose Offenlegung aller Risiken von Anfang an zu gefährden, da sonst auch seine Projektleitung gefährdet wäre. Doch kann ein Herunterspielen der Risiken sowie des Zeit- und Ressourcenbedarfs dazu führen, dass das Projekt scheitert – und mit ihm auch der Projektleiter – oder abgebrochen wird, weil es nicht lange genug und nicht ausreichend mit den erforderlichen Ressourcen ausgestattet war (Van de Ven et al., 1999). Der Projektleiter sollte deshalb die Risiken und Potenziale des Projektes sorgfältig analysieren und seine Überzeugungsarbeit so anlegen, dass sie nicht zu einer Fehlplanung der Ressourcen führt. So sollten ressourcenwirksame Risiken realistisch dargestellt werden, aber zugleich könnten beispielsweise Wege zur Risikominimierung vorgeschlagen werden. Im Hinblick auf die Potenziale könnten auch Vorteile herausgearbeitet werden, welche nicht unmittelbar mit dem Vertrieb oder der Nutzung des Projektergebnisses selbst in Verbindung stehen. Dies könnte beispielsweise die erstmalige Kooperation mit einem strategisch interessanten Geschäftspartner sein oder die Möglichkeit zum Aufbau wichtiger Kompetenzen.

Risiken und Potenziale besser analysieren und kommunizieren

Die realistische Darstellung der Risiken sowie die anfängliche und kontinuierliche Reflexion von Erwartungen und Bewertungskriterien mindert die Gefahr, dass in der Umsetzungsphase Ressourcen nachgefordert werden müssen. Auch würde eine Schieflage so frühzeitig erkannt, dass sie behoben werden könnte, bevor das Projekt in eine existenzielle Krise gerät. Doch die kontinuierliche Reflexion bietet noch weitere Vorteile: Sie erlaubt eine **Rückspiegelung geänderter Erwartungen und Bewertungskriterien** in der **Umsetzungsphase**; damit lassen sich notwendige Nachforderungen nachvollziehbar begründen und leichter durchsetzen. Darüber hinaus können die Projektziele und -aktivitäten bei Bedarf in Abstimmung mit den Beteiligten so angepasst werden, dass sie den geänderten Erwartungen und Bewertungskriterien gerecht werden.

Vorteile der Reflexion von Erwartungen und Bewertungskriterien

In der **Implementierungsphase** besteht die Überzeugungsarbeit für den Projektleiter darin, Management, Kapitalgebern und anderen wichtigen Stakeholdern den Erfolg und die Ergebnisse des Projektes so darzustellen, dass sie ihre **Erwartungen** erfüllt sehen. Den Grundstein

Stakeholder-orientierte Darstellung von Projekterfolg und Ergebnissen

hierfür hat wiederum die **kontinuierliche Reflexion der Erwartungen** gelegt. Bei der Präsentation der Ergebnisse sollte der Projektleiter die Erwartungen aufgreifen und anhand der jeweiligen **Bewertungskriterien** zeigen, auf welche Art und Weise und in welchem Ausmaß das Projekt und die Projektergebnisse die Erwartungen erfüllen.

2.3.3 Strategischer Ansatz: Berücksichtigen

Berücksichtigen: Externer Kontext und zeitliche Aspekte

Wenn auch viele der in ▢ Tab. 2.1 dargestellten Einflussfaktoren auf den Projektverlauf vom Projektleiter gestaltet oder durch Überzeugung wichtiger Stakeholder gesteuert werden können, so gibt es dennoch Rahmenbedingungen, auf welche der Projektleiter keinen Einfluss hat. Hierzu zählen typischerweise der **externe Kontext** (z. B. Gesetze, Vorschriften, Marktbedingungen) und einige **zeitliche Aspekte** (z. B. Abschreibungsfristen, Reifezeiten oder unterschiedliche Zeitzonen, welche die Koordination internationaler Teams – ▶ Kap. 16, Hößler & Sponfeldner – erschweren).

Risikoanalyse und -management

Die Strategie des Projektleiters muss sich in diesem Fall darauf beschränken, die unbeeinflussbaren Aspekte in der Projektarbeit zu berücksichtigen. Dies kann beispielsweise im Rahmen der **Risikoanalyse** über den gesamten Projektverlauf hinweg geschehen (Caupin et al., 2006). Beim **Risikomanagement** (▶ Kap. 15, Salewski & von Rosenstiel) steht das »Prinzip Fehlervermeidung […] weit oben in der Liste der Anforderungen.« (Stern & Jaberg, 2007, S. 225). Eine ihrer Komponenten ist die Projekt-FMEA (Fehlermöglichkeiten und -effektanalyse), bei welcher »potenzielle interne und externe, technische und wirtschaftliche Störereignisse identifiziert und nach Eintrittswahrscheinlichkeit sowie Schadenpotenzial bewertet werden. Daraus werden ein Frühwarnsystem sowie potenzielle Gegenmaßnahmen abgeleitet und projektbegleitend eingesetzt.« (Stern & Jaberg, 2007) Weitere Ansätze werden in der Projektmanagement-Literatur beschrieben (z. B. von Schelle et al., 2005).

systematische Reflexion

Um alle projektrelevanten Rahmenbedingungen angemessen zu berücksichtigen, empfehlen sich auch systematische Reflexionsprozesse mit dem Projektteam, zentralen Stakeholdern (z. B. das Management) und ggf. externen Experten. Beispielsweise können auf der Teamebene **teamdiagnostische Instrumente** eingesetzt werden, welche auch die Rahmenbedingungen erfassen (▶ Kap. 9, Kauffeld, Grote & Lehmann-Willenbrock).

Solche Reflexionsprozesse mindern zum einen das Risiko, wichtige Aspekte zu übersehen. Zum anderen sensibilisieren sie die einbezogenen Projektbeteiligten und Stakeholder für kritische Rahmenbedingungen. Dadurch wird es diesen ermöglicht, ihre Handlungen und Entscheidungen an die gegebenen Bedingungen anzupassen, und es erleichtert die Akzeptanz unliebsamer Maßnahmen oder nicht erfüllter Erwartungen. Wenn z. B. dem Team Ressourcenengpässe bewusst sind, wird es eher bereit sein, abgelehnte Ressourcenanforderungen zu akzeptieren oder die Engpässe gar durch Mehrleistung auszugleichen. Ein anderes Beispiel sind Lieferschwierigkeiten des Zulieferers oder die Änderung technischer Vorschriften während der Projektlaufzeit. Indem man das Management oder den Geldgeber für diese Probleme sensibilisiert, kann man ihre Akzeptanz für Verzögerungen gewinnen und ihnen die Möglichkeit geben, Beiträge zur Problemlösung zu leisten.

2.4 Literatur

Anderson, N., De Dreu, C. K. W. & Nijstad, B. A. (2004). The routinization of innovation research: A constructively critical review of the state-of-the-science. *Journal of Organizational Behavior, 25*, 147–173.

Ariely, D. & Wertenbroch, K. (2002). Procrastination, deadlines, and performance: Self-control by precommitment. *Psychological Science, 13*(3), 219–224.

Caupin, G., Knoepfel, H., Koch, G., Pannenbäcker, K., Pérez-Polo, F. & Seabury, C. (2006). *ICB IPMA Competence Baseline Version 3.0*. Nijkerk: IPMA International Project Management Association.

Dornblaser, B. M., Lin, T.-m. & Van de Ven, A. H. (2000). Innovation outcomes, learning, and action loops. In A. H. Van de Ven, H. L. Angle & M. S. Poole (Eds.), *Research on the management of innovation. The Minnesota studies* (pp. 193–217). Oxford: Oxford University Press.

Ford, C. & Sullivan, D. M. (2004). A time for everything: How the timing of novel contributions influences project team outcomes. *Journal of Organizational Behavior, 25*, 279–292.

Gruber, H. (1999). Erfahrung als Grundlage beruflicher Kompetenz. In W. Hacker & M. Rinck (Hrsg.), *Zukunft gestalten. Bericht über den 41. Kongress der Deutschen Gesellschaft für Psychologie in Dresden 1998* (S. 255–263). Lengerich: Pabst Science Publisher.

Hauschildt, J. (2003). Promotors and champions in innovations: Development of a research paradigm. In L. V. Shavinina (Ed.), *The international handbook on innovation* (pp. 804–811). New York, NY: Elsevier Science.

Hippel von, E. (2005). *Democratizing innovation*. Cambridge, MA: MIT Press.

Lechler, T. & Gemünden, H. G. (1998). Kausalanalyse der Wirkungsstruktur der Erfolgsfaktoren des Projektmanagements. *Die Betriebswirtschaft, 58*(4), 435–450.

Perlow, L. A. (1999). The time famine: Toward a sociology of work time. *Administrative Science Quarterly, 44*, 57–81.

Rosenstiel von, L. & Wastian, M. (2001). Wenn Weiterbildung zum Innovationshemmnis wird: Lernkultur und Innovation. In Arbeitsgemeinschaft Betriebliche Weiterbildungsforschung/Projekt Qualifikations-Entwicklungs-Management (Hrsg.), *Kompetenzentwicklung 2001: Tätigsein - Lernen - Innovation* (S. 203–246). Münster u. a.: Waxmann.

Schelle, H., Ottmann, R. & Pfeiffer, A. (2005). *ProjektManager*. Nürnberg: GPM Deutsche Gesellschaft für Projektmanagement.

Schneider, M. & Lerf, A. (2004). Supraleitung – Nutzungsoptionen und ihre Risiken in einem innovativen Technikfeld. In: S. Böschen, M. Schneider & A. Lerf (Hrsg.), *Handeln trotz Nichtwissen. Vom Umgang mit Chaos und Risiko in Politik, Industrie und Wissenschaft* (S. 139–158). Frankfurt: Campus-Verlag.

Stern, T. & Jaberg, H. (2007). *Erfolgreiches Innovationsmanagement. Erfolgsfaktoren – Grundmuster – Fallbeispiele*. Wiesbaden: Gabler.

Van de Ven, A. H., Polley, D. E., Garud, R. & Venkataraman, S. (1999). *The innovation journey*. New York, Oxford: Oxford University Press.

Wastian, M. & Maier, G. W. (2007). Anforderungsprofile als Grundlage der Personalarbeit. In G. W. Maier & M. John (Hrsg.), *Eignungsdiagnostik in der Personalarbeit: Grundlagen, Methoden, Erfahrungen* (S. 103–122). Düsseldorf: Symposion Publishing.

Wastian, M. & Schneider, M. (2007a). *The temporal pattern of innovating: tracing and understanding innovation stages, their chronological sequence, feedback-loops, and time-lags in innovation processes.* Paper presented at the XIIIth European Congress of Work and Organizational Psychology, Stockholm.

Wastian, M. & Schneider, M. (2007b). Zeitliche Merkmale von Innovationsprozessen und Projektverläufen – Ansatzpunkte für ein besseres Projektmanagement. In K. Weis (Hrsg.), *Zeitstrategien in Innovationsprozessen. Neue Konzepte einer nachhaltigen Mobilität* (S. 161–178). Wiesbaden: DUV.

3 Umgang mit Informationen und Meinungsbildung in Projekten

Felix Brodbeck, Yves Guillaume

3.1 Das Problem: Umgang mit Information und Meinungen – 42

3.2 Hintergrund und Relevanz von Informationsverarbeitung und Meinungsbildung aus psychologischer Sicht – 44
3.2.1 Mobilisierung von Wissensressourcen – 44
3.2.2 Stimulation und Einschränkung bei der kollektiven Informationsverarbeitung – 46
3.2.3 Soziales Lernen und kollektives Gedächtnis – 47
3.2.4 Theorie kollektiver Problemlösung und Entscheidung – 49
3.2.5 Gruppendenken – 50
3.2.6 Verteiltes Wissen nutzbar machen (Hidden Profile) – 51

3.3 Ansatzpunkte für Verbesserungen durch Komposition, Synchronisation und Lernen – 54
3.3.1 Komposition (Personal und Aufgabengestaltung) – 54
3.3.2 Synchronisation (Organisation, Führung und Motivation) – 55
3.3.3 Kollektives Lernen (Teamentwicklung und Training) – 58

3.4 Literatur – 59

tifizieren. Sie werden in den nachfolgenden Abschnitten im Einzelnen erläutert:
- Mangelnde Mobilisierung von Wissensressourcen,
- Prozessverluste durch Restriktion, fehlende Prozessgewinne durch mangelhafte Stimulation,
- zu wenig Investition in den Aufbau eines kollektives Gedächtnisses (sog. transaktives Wissenssystem),
- mangelnde Demonstrierbarkeit plausibler bzw. richtiger Lösungen,
- Gruppendenken,
- überproportionale Gewichtung von geteiltem gegenüber verteiltem Wissen (sog. Hidden Profile).

3.2 Hintergrund und Relevanz von Informationsverarbeitung und Meinungsbildung aus psychologischer Sicht

Die oben genannten Herausforderungen sind übrigens im Fallbeispiel, wie oftmals in der Realität auch, nicht ohne Weiteres erkennbar. Sie werden nun aus psychologischer Sicht und auf das Beispiel bezogen diskutiert. Auf positive Eingriffsmöglichkeiten wird im ► Abschn. 3.3 eingegangen.

3.2.1 Mobilisierung von Wissensressourcen

Das Sammeln und koordinierte Zusammenführen von Wissen, Lösungen und neuen Ideen kann sowohl individuell (d. h. in Einzeltätigkeit) als auch kollektiv (d. h. mehrere Personen arbeiten in der Gruppe zusammen) stattfinden. Aus Kapazitätsgründen kann ein Kollektiv aus mehreren Personen über mehr und **vielfältigere Wissensressourcen** verfügen als eine einzelne Person. Ob und wie eine Projektgruppe diesen Ressourcenvorteil gegenüber einem Individuum bzw. einer gleichen Anzahl in Einzelarbeit tätiger Individuen in tatsächliche Leistungsvorteile umsetzen kann, das ist eine zentrale Frage in der Gruppenforschung.

Vielfältigere Wissensressourcen

Bei der kollektiven gegenüber der individuellen Informationsverarbeitung können sowohl Prozessverluste als auch -gewinne auftreten.

> ⚠ Eine wichtige Frage für das Projektmanagement ist dabei, welche Bedingungen zu Prozessverlusten und welche zu Prozessgewinnen führen.

Praktisch gesehen geht es dabei um die Frage, welche Kombination von Einzelarbeit und kollektiver Arbeit am ertragreichsten ist.

Prozessverluste

Prozessverluste beim Umgang mit Information entstehen, wenn individuelle Wissensbestände von Projektgruppenmitgliedern in der Gruppe nicht hinreichend mobilisiert werden. Derartige Prozessverluste können motivations- oder koordinationsbedingt sein.

3.2 · Hintergrund und Relevanz von Informationsverarbeitung und Meinungsbildung

Motivationsverluste bei den Projektmitarbeitern (z. B. soziales Faulenzen, zu niedrige Leistungsnorm) können sich auf jedwedes individuelle Arbeitshandeln in Projekten auswirken. Sie sind damit auch relevant für den Umgang mit Information und Meinungsbildung. Wichtig ist, dass in Projekten die individuelle Motivation gefördert wird, sein eigenes Wissen mit anderen zu teilen (Bringschuld), relevantes Wissen von anderen zu erfragen (Holschuld) und sich auch um Verständigung und Verstandenwerden aktiv zu bemühen (▶ Kap. 4, Streich & Brennholt). Allgemein lassen sich Motivationsverluste reduzieren, indem individuelle Beiträge gut identifizierbar sind, einer Bewertung durch andere unterliegen und für den Projekterfolg als wichtig erachtet werden, ebenso, indem die Projektziele und -aufgaben sowie die Projektmitgliedschaft als attraktiv empfunden werden und die Projektmitglieder sich für den Projekterfolg in hohem Maße verantwortlich fühlen (vgl. Shepperd, 1993).

Als Beispiel für **Koordinationsverluste** im Bereich der Wissensarbeit wird häufig die Produktionsblockade beim Brainstorming angeführt, die dazu führt, dass in realen Gruppen weniger neue Ideen generiert werden, als von einer gleichen Anzahl einzeln tätiger Individuen (▶ Kap. 14, Traut-Mattausch & Kerschreiter). Auch bei anderen Wissensaufgaben sind Koordinationsverluste bekannt. So werden bei Aufgaben, bei denen es um die Identifikation des besten Einzelbeitrags in der Gruppe geht, oftmals Hinweise auf das beste Gruppenmitglied bzw. auf die beste Einzelleistung nicht erkannt oder nicht adäquat genutzt. Beispielsweise werden egalitäre Entscheidungsregeln eingesetzt – z. B. »lasst uns darüber abstimmen« – obwohl nach Expertise ausgerichtete Entscheidungsregeln vorteilhafter wären. Oft wird auch trotz demonstrierbar hoher Qualität eines Vorschlags eine suboptimale Lösung favorisiert, weil diese von einem statushohen Mitglied – etwa vom Projektleiter – vorgetragen wurde (▶ Kap. 8, Solga & Blickle).

Prozessgewinne liegen vor, wenn individuelle Wissensbestände im kollektiven Kontext der Gruppe besser mobilisiert werden können als in Einzelarbeit. Prozessgewinne können motivationsbedingt sein. Auch hier gilt, dass **Motivationsgewinne** nicht spezifisch für den Umgang mit Information und Meinungsbildung sind, sondern bei allen Tätigkeiten in Gruppen entstehen können. Köhler (1927) beobachtete bereits in den 1920iger Jahren, dass sich in Dyaden der jeweils moderat leistungsschwächere Partner stärker anstrengt als bei Einzelarbeit. **Soziale Kompensation** liegt vor, wenn sich das leistungsstärkere Mitglied im Gruppenkontext vor allem dann mehr anstrengt als bei Einzelarbeit, wenn es den Gruppenerfolg als sehr wichtig ansieht und davon ausgeht, dass der Beitrag schwächerer Mitglieder ein erzielbar gutes Gruppenergebnis gefährden könnte. Mit Motivationsgewinnen durch **sozialen Wettbewerb** ist dann zu rechnen, wenn individuelle Leistungsniveaus in etwa gleich hoch und die individuellen Leistungen gut identifizierbar und vergleichbar sind (zusammenfassend: Schulz-Hardt & Brodbeck, 2008).

Motivationsverluste

Koordinationsverluste

Prozessgewinne

Motivationsgewinne

Soziale Kompensation

Sozialer Wettbewerb

> Im eingangs beschriebenen Fallbeispiel scheinen Motivationsverluste gegenüber Motivationsgewinnen zu überwiegen. Ein konfliktarmer und schneller Projektprozess wurde bevorzugt. Dies hatte zur Folge, dass nicht alle relevanten Informationen zusammengetragen und Perspektiven diskutiert wurden. So zeigten die beiden Herren kein großes Interesse an den Gründen, warum Frau Maier sich für einen anderen Standort entschieden hat (Holschuld wurde nicht eingelöst). Aber auch Frau Maier versuchte nicht, die beiden Herren vom alternativen Standort zu überzeugen (Bringschuld wurde nicht eingelöst). Frau Maier ließ sich möglicherweise auch deshalb relativ schnell von der Majorität überzeugen, weil sie den beiden anderen promovierten männlichen Projektmitgliedern einen höheren Status zuschrieb.

3.2.2 Stimulation und Einschränkung bei der kollektiven Informationsverarbeitung

Prozessgewinne

Auf **Prozessgewinne** durch Koordinationsleistungen wird in der sozialpsychologischen Gruppenforschung nicht verwiesen (s. dazu die Diskussion von Brodbeck & Guillaume, im Druck). Allerdings stieß man in der Gruppenforschung auf einige Phänomene, die als Prozessgewinne gelten können, die jedoch weder eindeutig motivations- noch koordinationsbedingt sind: z. B. gegenseitige Fehlerkorrektur, gegenseitige kognitive Stimulation, Aufbrechen stereotyper Auffassungen und Antworttendenzen, Ausgleich unterschiedlicher Sichtweisen, Synthese einander ergänzender Beiträge verschiedener Mitglieder oder das Kompensieren mangelhafter Teilleistungen bei Aufgaben mit multiplen Teilaufgaben (vgl. Brodbeck, 1999).

Synergieeffekte

Diese Phänomene beinhalten **Synergieeffekte**, die weder rein motivationsbedingt noch dem durch die Betrachtung manueller Tätigkeiten geprägten klassischen Koordinationsbegriff (i. S. v. organisieren, abstimmen und kombinieren von Einzeltätigkeiten) zuzuordnen sind. Eine Einordnung gelingt besser, wenn man den an Informationsverarbeitungsprozessen ausgerichteten Begriff der »**Kodetermination**« heranzieht, i. S. v. sozial vermittelter Anpassung, Modifikation, Umgestaltung, Variation oder Veränderung individueller Ressourcen (Brodbeck, 1999).

Definition Kodetermination

Kodetermination kann sich als **Einschränkung** (Prozessverlust) und als **Stimulation** (Prozessgewinn) individueller Wissensressourcen auswirken. Wie beispielsweise beim **Brainstorming** in Gruppen zu beobachten, stört der jeweilige Redner die anderen beim Entwickeln und Formulieren ihrer eigenen Ideen (Einschränkung). Auch inhaltlich können sich Beiträge Einzelner als Restriktion im Gruppenkontext auswirken, etwa, indem sie die Generierung neuer Ideen einschränken (Ziegler, Diehl & Zijlstra, 2000). Kognitive Stimulation tritt beim Brain-

3.2 · Hintergrund und Relevanz von Informationsverarbeitung und Meinungsbildung

storming ebenfalls auf, beispielsweise wenn die Erkundung neuer inhaltlicher Suchräume, die bei Einzelarbeit nicht in Erwägung gezogen worden wären, in der Gruppe angeregt wird (vgl. Nijstad, Stroebe & Lodewijkx, 2002).

> In unserem Fallbeispiel wurde das Potenzial kognitiver Stimulation nicht ausgeschöpft. So hätte die Projektgruppe durch den Versuch herauszufinden, aufgrund welcher Überlegungen Frau Maier sich für einen anderen Standort entschieden hatte, auf Beurteilungskriterien aufmerksam werden können, die sie bei den übrigen beiden Standortalternativen noch gar nicht berücksichtigt hatten. Dies hätte vielleicht dazu geführt, dass man Nachteile bei anderen Standorten findet, die man vorher so nicht gesehen hatte oder aber Vorteile beim Standort von Frau Maier beachtenswert findet, die vorher von den beiden Herren nicht beachtet wurden.

Da Prozessgewinne und -verluste auf unterschiedlichen Wirkmechanismen beruhen, kann man sie in vielen Fällen auch unabhängig voneinander mit unterschiedlichen Methoden beeinflussen. Dabei gilt, dass reduzierte Prozessverluste noch nicht automatisch mit Prozessgewinnen einhergehen, und systematisch geförderte Synergieeffekte sich in der Summe nicht automatisch gegen gleichzeitig bestehende Prozessverluste durchsetzen (»Synergy is not for free«; Brodbeck, 1999).

❗ Um die Mobilisierung und Integration von Wissen zu fördern, müssen Prozessverluste reduziert und gleichzeitig Prozessgewinne gefördert werden.

Auch beim **kollektiven Problemlösen** kann es zu kognitiven Restriktions- und Stimulationseffekten kommen. Beispielsweise sind Restriktionseffekte sehr wahrscheinlich, wenn Rollenmodelle für ineffektive Strategien – beispielsweise das Verhalten des Projektleiters oder eines beliebten Teammitglieds – in der Gruppe dominieren oder wenn die Aufmerksamkeit auf wenig relevante Teilaspekte der Aufgabe eingeengt wird. Auf der anderen Seite können Projektmitglieder von anderen auf fehlerhafte Teilhandlungen (Fehlerkorrektur), sinnvolle Ergänzungen oder neue Lösungsansätze hingewiesen werden, was ihr individuelles Leistungsvermögen sowohl im Gruppenkontext als auch bei späterer Einzelarbeit verbessert. Diese Effekte verweisen auf eine Form der Kodetermination, die durch **sozial vermitteltes Lernen** (das ist Lernen mit, durch und von anderen) bedingt ist.

Effekte beim kollektiven Problemlösen

Individuelles und kollektives Lernen

3.2.3 Soziales Lernen und kollektives Gedächtnis

Unter dem Gesichtspunkt des sozial vermittelten Lernens durch Kodetermination ist die Anfangsphase von Projektgruppen als Investition

Sozial vermitteltes Lernen

Transaktive Wissenssysteme

zu betrachten, denn oftmals müssen sich Projektmitglieder eine gemeinsame Vorstellung von zentralen Aspekten der an sie gestellten neuartigen Aufgabe erst erarbeiten. Gleichzeitig müssen sie Aufwand für eine angemessene Koordination und Organisation ihrer verteilten Wissensressourcen betreiben. Das macht den Projektbeginn häufig recht zäh und die Projektmitglieder haben das Gefühl, nicht wirklich vorwärtszukommen. Jedoch ist diese Phase von besonderer Bedeutung für den späteren Projekterfolg.

Nach dem Modell **kollektiver Wissensorganisation** von Wegner (1986) schafft das Wissen eines jeden Projektmitglieds über die Expertise und Wissensressourcen der jeweils anderen Projektmitglieder die entscheidende Grundlage für eine effektive Nutzung ihrer verteilten Wissensressourcen. Durch **transaktive Wissenssysteme** sind einzelnen Mitgliedern Wissensbestände zugänglich, die andere Mitglieder gespeichert haben. Sie erlauben den Zugriff auf relevante Wissensbestände anderer (z. B. durch gezieltes Fragen oder um Hilfe bitten) und ermöglichen die Weitergabe von relevantem Wissen an Personen, die es am effektivsten für das Projekt interpretieren und weiterverarbeiten können (z. B. durch gezieltes Informieren und Aktualisieren). Dadurch wird im Projekt insgesamt weniger redundantes Wissen gespeichert und der Erwerb neuen Wissens wird beschleunigt. Das transaktive Wissen über die jeweils adäquate Wissensquelle innerhalb eines Projektes verbessert die Bearbeitungsqualität bei Produktionsaufgaben ebenso wie die Nutzung verteilter Wissensbestände beim kollektiven Entscheiden und Problemlösen (vgl. Brauner, 2001).

Aufbau transaktiver Wissenssysteme

Allerdings benötigt der Aufbau transaktiver Wissenssysteme mehr Anstrengung, Kommunikation und Zeit, z. B. muss am Anfang eines Projektes jeder sein spezifisches Wissen auch exponieren und lernen, angemessen auf die Expertise anderer Bezug zu nehmen (▶ Kap. 5, Winkler & Mandl). Auch entsteht durch das vernetzte und wenig redundante Wissen eine größere wechselseitige Abhängigkeit. Mit Ausscheiden einer Person, die eine zentrale Position im Netzwerk einnimmt, geht der Verlust eines Teils des Projektgedächtnisses einher. Man kann dem entgegenwirken, indem nicht nur ein Verantwortlicher, sondern mehrere Verantwortliche für bestimmte Projektaufgaben bestimmt werden.

> Die Projektgruppe in unserem Beispiel hat ihr kollektives Gedächtnis zu wenig genutzt, da alle Mitarbeiter versucht haben, ungeachtet ihrer eigenen Expertise und der Expertise der anderen, Vor- und Nachteile eines jeden Standorts ausfindig zu machen. Stattdessen wäre mehr und detailliertere Information zu Tage gefördert worden, wenn sich zum Beispiel Frau Maier um alle Human Resources relevanten Vor- und Nachteile, Herr Dr. Wagner um alle finanziellen Vor- und Nachteile sowie Herr Dr. Hagen um alle produktionsrelevanten
> ▼

> Vor- und Nachteile jedes Standortes gekümmert hätten. Im Meeting hätte man diese Vor- und Nachteile dann systematisch zusammentragen und die 3 Standortalternativen entsprechend priorisieren können. Dies hätte ein besseres Ausschöpfen der kollektiven Wissensbasis und der verschiedenen Expertise ermöglicht.

3.2.4 Theorie kollektiver Problemlösung und Entscheidung

Kollektive Meinungsbildungs- und Entscheidungsprozesse durch Integration individueller Wissensressourcen lassen sich auf einem Kontinuum zwischen **Schlussfolgern und Urteilen** einordnen. Beim Schlussfolgern bzw. Problemlösen gibt es eine demonstrierbar korrekte Lösung, wohingegen das Urteilen mit bewertenden Meinungen verbunden ist, deren eindeutige Korrektheit zwar nicht feststellbar ist, deren Plausibilität jedoch durch sozialen Konsens festgelegt werden kann.

Schlussfolgern und Urteilen

Ein zentrales Postulat dieser Theorie besagt, dass die Anzahl der Gruppenmitglieder, die notwendig und hinreichend ist, um eine der verfügbaren Information angemessene **kollektive Entscheidung** zu treffen, umgekehrt proportional zur Demonstrierbarkeit der Korrektheit bzw. Plausibilität der vorgeschlagenen Alternative ist. Demnach hängt es von der Demonstrierbarkeit ab, welche Entscheidungsregel bei der Wahrheitsfindung maßgeblich ist. Empirische Studien zeigen, dass bei hoher Demonstrierbarkeit nach der »Wahrheit-gewinnt«-Regel (der beste Vorschlag setzt sich durch) bzw. »Unterstützte-Wahrheit-gewinnt«-Regel (sofern der beste Vorschlag einen Unterstützer findet, setzt er sich durch) vorgegangen wird, bei niedriger Demonstrierbarkeit sind Gleichwahrscheinlichkeit (gute und schlechte Vorschläge sind gleichwahrscheinlich), Proportionalität (der Vorschlag, für den die meisten Personen stimmen, setzt sich durch) oder Mehrheitsregeln (der Vorschlag mit einfacher Mehrheit setzt sich durch) häufiger.

Treffen von kollektiven Entscheidungen

Die **Demonstrierbarkeit** der Korrektheit bzw. Plausibilität individueller Positionen und Beiträge ist nicht nur von Merkmalen der gestellten Aufgabe (Denkaufgabe vs. Beurteilungsaufgabe) abhängig, sondern auch von weiteren Faktoren. Sie steigt zum Beispiel mit dem Konsens über ein konzeptionelles System (z. B. einer Theorie, einer Fachsprache, eines Kriterienkataloges), mit der Menge an entscheidungsrelevanter Information, die in der Gruppendiskussion auf den Tisch kommt, mit der Fähigkeit, Motivation und Zeit, die von Mitgliedern mit falschen oder unplausiblen Auffassungen eingesetzt werden, um korrekte bzw. plausiblere Positionen zu erkennen, und mit der Fähigkeit, Motivation und Zeit, die von Mitgliedern mit korrekten bzw. plausiblen Vorschlägen eingesetzt werden, um andere von ihren Vorschlägen zu überzeugen.

Faktoren der Demonstrierbarkeit

> Im eingangs geschilderten Fallbeispiel haben es sich die Projektmitglieder durch Anwendung der simplen »Mehrheit-gewinnt«-Regel bei der Wissensintegration zu einfach gemacht. Die Demonstrierbarkeit bezog sich lediglich auf den subjektiv »eingeschätzten« Attraktivitätsgrad der Alternativen und weniger auf eine faktenbasierte, schlussfolgernde Analyse aller verfügbaren Informationen, die für oder gegen die Alternativen sprechen, z. B. wurden zu jeder Alternative nur unterstützende Plädoyers vorgetragen. Es stand vor allem die Präferenzverteilung der Standorte (B, B, C) zur Debatte, weshalb proportional betrachtet zu wenig Zeit in das Mobilisieren einer möglichst umfangreichen Menge an Information und in die Bewertungen von Fakten, Kriterien und Alternativen investiert wurde. Weil vor allem die Frage »Wer hat Recht?« im Raum stand, war primär der soziale Einfluss (v. a. der Status höherer Parteien) ausschlaggebend. Die Diskussion der Frage »Was ist richtig?« hätte den für eine optimale Leistung notwendigen informationalen Einfluss gestärkt.

3.2.5 Gruppendenken

Auswirkungen von Ergebnis, Kosten- und Zeitdruck

Zentrale Merkmale in Projekten sind die hohe Komplexität der zu bearbeitenden Aufgaben, Zeit- und Termindruck sowie Unsicherheit über den Projekterfolg, was zu hohen Anstrengungen unter starkem Erfolgsdruck führen kann. Dies sind Bedingungen für das **Entstehen von Stress**. Stress führt zum Verzicht auf eine umsichtige Analyse, zu unsystematischem Experimentieren mit Ad-hoc-Lösungsansätzen, zu einer unnötigen Beschränkung auf nächstliegende oder besonders dringend oder leicht lösbar erscheinende Teilprobleme sowie zur Lösungssuche nur im gewohnten Rahmen und zu unkritischer Nachahmung anderer.

Gruppendenken

Versucht sich eine Projektgruppe unter Zeitdruck und Stress an der Lösung wichtiger und komplexer Entscheidungsaufgaben, dann muss man mit den von Janis (1982) beschriebenen Fehlreaktionen des **Gruppendenkens** (engl. »group think«) rechnen, die sich negativ auf die Qualität von Meinungsbildungs- und Entscheidungsprozessen auswirken (▶ Kap. 15, Salewski & von Rosenstiel).

Um dem Gruppendenken entgegenzuwirken, empfehlen wir folgendes (vgl. Esser, 1998):
— Strukturelle Faktoren so gestalten, dass ein Absondern von der Außenwelt unterbunden und
— auf bewährte Verfahren der Informationsgewinnung, Meinungsbildung und Entscheidungsfindung zurückgegriffen wird.
— Zeitdruck und direktive Führung vermeiden und
— eine meinungsdivergente Gruppenzusammensetzung anstreben.

> Den Projektmitgliedern aus unserem Fallbeispiel war sehr an einer schnellen Bearbeitung des Projektauftrags gelegen und sie entwickelten ein starkes Einmütigkeitsstreben, u. a. um vergangene Konflikte nicht aufleben zu lassen. Gruppendenken ist unter diesen Bedingungen sehr wahrscheinlich. Auch verzichteten die Projektmitglieder auf den Einsatz bewährter und der Aufgabe angemessener Verfahren der Informationsgewinnung und Meinungsbildung (s. oben), was in der Praxis übrigens häufiger der Fall ist, als man annehmen möchte.

3.2.6 Verteiltes Wissen nutzbar machen (Hidden Profile)

Eine wesentliche Rolle in Projekten spielt die Integration von Wissensressourcen, die auf verschiedene Personen verteilt sind. Wie die Hidden-Profile-Forschung zeigt, nutzen Gruppen ihr verteiltes Wissen in der Regel nicht optimal (Brodbeck, Kerschreiter, Mojzisch & Schulz-Hardt, 2007). Um das Phänomen zu verdeutlichen, vergegenwärtigen wir uns das eingangs geschilderte Fallbeispiel: Die Projektgruppe des Unternehmens Müller, bestehend aus den Projektmitgliedern X, Y und Z, soll entscheiden, an welchem von 3 Standorten (A, B und C) das Unternehmen eine neue Produktionsstätte errichten soll.

Die Informationen über mögliche Standorte, d. h. deren Vor- und Nachteile und die Art und Weise, wie diese Informationen im Projekt unter **Hidden-Profile-Bedingungen** verteilt wären, kann man tabellarisch (◨ Tab. 3.1) und auch grafisch (◨ Abb. 3.1) veranschaulichen.

Wenn alle in der Projektgruppe verfügbaren Informationen (rechte Spalte, X∪Y∪Z) berücksichtigt werden, ist der Standort A die beste Wahl mit 3 Vorzügen (A1+, A2+, A3+) und 2 Nachteilen (A4-, A5-) verglichen mit dem Standort B (B1+, B2+, B3-, B4-, B5-) und C (C1+,

◨ Tab. 3.1. Informationsverteilung eines Hidden Profile

Projektmitarbeiter		X	Y	Z	X∪Y∪Z
Standort A	pro	A1+	A2+	A3+	A1+, A2+, A3+
	kontra	A4-, A5-	A4-, A5-	A4-, A5-	A4-, A5-
Standort B	pro	B1+, B2+	B1+, B2+	B1+, B2+	B1+, B2+
	kontra	B3-	B4-	B5-	B3-, B4-, B5-
Standort C	pro	C1+, C2+	C1+, C2+	C1+, C2+	C1+, C2+
	kontra	C3-	C4-	C5-	C3-, C4-, C5-
Daraus folgende Entscheidung		B/C besser als A	B/C besser als A	B/C besser als A	A besser als B/C

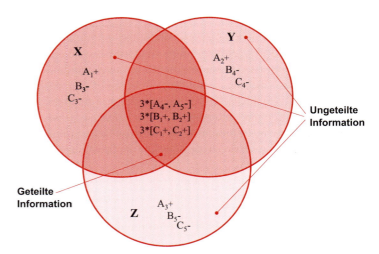

◘ **Abb. 3.1.** Verteilung von Informationen in einem Hidden Profile

C2+, C3-, C4-, C5-) mit jeweils nur 2 Vorzügen und 3 Nachteilen. Wie aus den ersten 3 Spalten **X**, **Y** und **Z** jeweils ersichtlich ist, verfügt unter dieser Informationsverteilung keines der Projektmitglieder individuell über alle Informationen. So kommt jeder Einzelne zu anderen Präferenzen (C und B sind besser als A) als es auf Basis der Gesamtinformation angezeigt wäre (A ist besser als B und C). Wird in dieser Situation lediglich auf Basis der Präferenzverteilung im Projekt entschieden (»Wer hat Recht?«) und nicht auf Basis des verfügbaren Gesamtwissens (»Was ist richtig?«), dann kommt es zu schlechten Entscheidungen, in diesem Fall: »B oder C sind besser als A«.

In der grafischen Darstellung lässt sich erkennen, dass die Informationen, die für Standort A sprechen, »ungeteilt« sind, d. h. sie sind auf verschiedene Personen verteilt, wohingegen die Informationen, welche für Alternative B oder C sprechen, »geteilt« sind, d. h. alle Personen verfügen über diese Informationen. **Geteilten Informationen** kommt in Gruppenentscheidungen ein wesentliches stärkeres Gewicht bei der Entscheidungsfindung zu als **ungeteilten Informationen**. Dies führt zu Fehlentscheidungen, wenn die kritischen Informationen ungeteilt sind, wie im Falle unseres Beispiels (◘ Tab. 3.1).

Scheitern von Hidden-Profile-Situationen

Die Forschung zeigt, dass es Gruppen in der Regel nicht schaffen, Hidden-Profile-Situationen zu lösen (z. B. Stasser & Birchmeier, 2003). Nach der von Brodbeck et al. (2007) präsentierten Theorie, lässt sich dieses Scheitern durch 3 typische Mechanismen der kollektiven Informationsverarbeitung erklären:
- Verhandlungsfokus,
- Diskussionsverzerrung und
- Bewertungsverzerrung.

Verhandlungsfokus

Verhandlungsfokus. Bei Face-to-face-Meinungsbildung und Entscheidungsfindung in Gruppen existiert ein durchaus vernünftiger Trend zur Nutzenmaximierung, der sich darin äußert, nicht alle Informationen im Einzelnen zu diskutieren, sondern sich im Wesentlichen auf die individuellen Entscheidungspräferenzen und ihre Verteilung innerhalb der Gruppe zu konzentrieren. Wenn alle individuellen Entscheidungsträger einer Gruppe über vollständige Informationen verfügen, dann ist diese Vorgehensweise in der Regel auch zielführend. Der Trend, sich zunächst an den individuellen Entscheidungspräferenzen zu orientieren, anstatt die gesamte Informationsgrundlage zu analysieren, ist in Gruppen sehr stark ausgeprägt, allerdings auch dann, wenn den individuellen Entscheidern jeweils nur Teilbereiche der gesamten Information bekannt, bewusst oder wichtig sind. Sofern diese Teilbereiche keine Zufallsauswahl aus allen relevanten Informationen darstellen, sondern die Informationsauswahl absichtlich oder unabsichtlich eingeschränkt wurde, besteht die Gefahr eines Hidden Profile.

Diskussionsverzerrung. Selbst wenn der Verhandlungsfokus überwunden bzw. auf einen späteren Zeitpunkt der Diskussion verschoben wird, kommt es beim kollektiven Informationsaustausch noch zu weiteren Verzerrungen, die hochwertige Gruppenentscheidungen vereiteln können. Sind Informationen verteilt, folgt aus rein statistischen Gründen, dass geteilte Information (d. h. mehrere oder alle Mitglieder verfügen über dieselbe Information) häufiger zur Sprache kommt, als ungeteilte (nur eine Person verfügt über eine bestimmte Information). Solche geteilten Informationen werden im weiteren Verlauf der Diskussion auch häufiger wiederholt als ungeteilte. Diese 2-fache Bevorzugung führt zu einer insgesamt stärkeren Gewichtung von geteilten Informationen in der Gruppendiskussion und Entscheidung. Sofern ungeteilte und geteilte Informationen gleichermaßen relevant für die Entscheidungsqualität sind, besteht ein gewisses Risiko, dass Fehlentscheidungen getroffen werden. Noch größer ist dieses Risiko, wenn die ungeteilten Informationen (also jene Fakten, die nur von wenigen oder einem Protagonisten vorgetragen werden können) für die kollektive Entscheidungsqualität wichtiger sind als die geteilten Informationen.

Diskussionsverzerrung

Risiko von Fehlentscheidungen

Bewertungsverzerrung. Selbst wenn es Gruppen schaffen sollten, den Verhandlungsfokus und Diskussionsverzerrungen zu vermeiden und alle relevanten geteilten und ungeteilten Informationen auszutauschen, kann es bei der **individuellen Bewertung der ausgetauschten Informationen** zu weiteren ungünstigen Verzerrungen kommen. Zum einen werden geteilte Informationen vom individuellen Entscheidungsträger für glaubwürdiger und relevanter erachtet als ungeteilte Informationen. Zum anderen werden Informationen, wenn sie mit der eigenen bzw. Gruppenpräferenz übereinstimmen, weniger kritisch beurteilt, als wenn dies nicht der Fall ist. Beide Verzerrungstendenzen führen dazu, dass den geteilten Informationen bei Vorliegen eines Hidden Profile am Ende bei der individuellen Entscheidung (im Gruppenkontext) ein stärkeres Gewicht zugebilligt wird, als den ungeteilten Informationen.

Bewertungsverzerrung

Individuelle Informationsverzerrungen

> ⚠ Hierdurch verursachen, quasi unabhängig von den zuvor beschriebenen kollektiven Verzerrungstendenzen, individuelle Informationsverzerrungen eine weitere Verschlechterung der Gruppenentscheidung.

Die Mechanismen der kollektiven Informationsverarbeitung, die zu Verhandlungsfokus, Diskussions- und Bewertungsverzerrung führen, vereiteln **unabhängig voneinander** (also besonders stark in Kombination), dass Projektgruppen unter Hidden-Profile-Bedingungen Entscheidungen treffen, die die prinzipiell verfügbare Informationsgrundlage angemessen berücksichtigen.

> Für unser Fallbeispiel bedeutet diese Befundlage, dass gerade die einmütige, Konflikt vermeidende Haltung der Projektmitglieder die für das Lösen eines Hidden Profile wichtige Diskussion der Meinungsverschiedenheiten verhindert. Obwohl sich die Projektmitglieder anfangs nicht einig waren (die Standorte B, B und C wurden individuell bevorzugt), haben alle Parteien den Konflikt gescheut und sind deshalb nicht auf die beste Standortalternative A aufmerksam geworden. Keine der so eben genannten Techniken kam zum Einsatz.

3.3 Ansatzpunkte für Verbesserungen durch Komposition, Synchronisation und Lernen

Aus den psychologischen Erkenntnissen zur kollektiven Informationsverarbeitung und Meinungsbildung lassen sich 3 wesentliche Ansatzpunkte für Verbesserungen von Projektarbeit ableiten:
- Gruppenkomposition,
- Synchronisation und
- Lernen (vgl. Schulz-Hardt & Brodbeck, 2008).

Komposition bezieht sich auf die personelle Zusammensetzung und Gestaltung von Teamaufgaben in Projekten (▶ Kap. 7, Moser & Galais), Synchronisation auf Organisation, Führung und Motivation der Projektmitarbeiter (▶ Kap. 11, Wegge & Schmidt) und Lernen auf Teamentwicklungs- und Trainingsmaßnahmen (▶ Kap. 6, Wastian, Braumandl & Dost; ▶ Kap. 9, Kauffeld, Grote & Lehmann-Willenbrock).

3.3.1 Komposition (Personal und Aufgabengestaltung)

Personelle Gruppenzusammensetzung

Eine optimale **personelle Gruppenkomposition** im Hinblick auf bestmögliche kollektive Informationsverarbeitung ist in der Praxis selten frei wählbar. Sachzwänge, Knappheit bestimmter Humanressourcen und oft auch politische Erwägungen schränken Freiheitsgrade bei der Personalauswahl ein.

Dennoch, aktuelle Forschungsbefunde zeigen (vgl. Fay & Guillaume, 2007), dass eine demografisch und funktional heterogene Gruppenkomposition kollektives Problemlösen, Urteilen und Entscheiden fördern kann, da einer solchen Gruppe oft mehr Wissen und Informationen zur Verfügung stehen. Dies kann jedoch vor allem am Anfang zu Koordinationsproblemen und Konflikten führen. Dadurch müssen solche Gruppen oft einen höheren Entwicklungsaufwand bewältigen (z. B. um ein kollektives Gedächtnis zu entwickeln, Vertrauen aufzubauen, Konflikte zu bewältigen) bis die Projektgruppe ihr **Leistungspotenzial** voll und ganz realisieren kann. Um das Potenzial heterogener Gruppen besser zu nutzen empfehlen wir:

Leistungspotenzial von Projektgruppen

— Teamentwicklungsmaßnahmen,
— Einigkeit darüber herzustellen, dass Diversität und Dissens und die damit einhergehenden, aufgabenbezogenen Konflikte dem Projekterfolg dienen,
— eine interdependente Aufgabengestaltung.

3.3.2 Synchronisation (Organisation, Führung und Motivation)

Zur effektiven **Synchronisation** muss die Projektleitung besondere Führungsfunktionen wahrnehmen und versuchen, die Autonomie und Selbstverantwortlichkeit der Projektmitarbeiter bei der Mobilisierung und dem Austausch von Wissen zu befördern (vgl. Schulz-Hardt & Brodbeck, 2008; Brodbeck & Guillaume, im Druck):

> **Checkliste:** Dinge, die bei der Organisation, Führung und Motivation zu beachten sind
> 1. Motivieren und Inspirieren, sodass die unterschiedlichen Wissensressourcen und Perspektiven im Projekt auch mobilisiert werden.
> 2. Aktives Wissens- und Informationsmanagement (▶ Kap. 5, Winkler & Mandl), indem Produktionsblockaden und kognitive Restriktion aufgelöst werden und kognitive Stimulation gefördert wird.
> 3. Bedingungen schaffen, die z. B. Gruppendenken vermeiden, sodass insgesamt auch ein Mehrwert aus der aufwändigen sozialen Interaktion zwischen den Projektmitarbeitern entstehen kann.

Wissensressourcen mobilisieren

Es wurde bereits darauf hingewiesen, dass Wissensressourcen vor allem dann optimal genutzt und zum Einsatz gebracht werden, wenn Projektaufgaben und die Projektmitgliedschaft als attraktiv empfunden werden und sich die Projektmitarbeiter für den Projekterfolg in hohem Maße verantwortlich fühlen, ebenso, wenn Beiträge einzelner Projektmitarbeiter der Bewertung durch andere unterliegen und diese für den Projekterfolg als wichtig erachtet werden.

Um das **Commitment** (▶ Kap. 10, Kraus & Woschée) eines jeden Einzelnen sowie das der ganzen Gruppe zu erhöhen und damit die individuelle Mobilisierung von Wissensressourcen als auch den Austausch von Wissen innerhalb der Gruppe zu fördern, sollten Projektleiter zum Beispiel unter Verwendung des ProMES-Zielvereinbarungssystems (Pritchard, 1995)

Ziele und Feedback

— gemeinsam mit einzelnen Projektmitarbeitern, als auch mit dem ganzen Projektteam Ziele vereinbaren und diesen den Grad der Zielerreichung regelmäßig rückspiegeln,
— bei der Wahl der Mittel jedem einzeln als auch der Gruppe ausreichend Autonomie gewähren,
— individuelle sowie Gruppenanreize einsetzen, z. B. in Form individueller und gruppenbasierter Entlohnungssysteme (vgl. Lawler, 2000).

Um die Identifikation der Mitarbeiter mit der Projektgruppe, als auch mit der Aufgabe zu fördern, sowie die negativen Wirkungen von Emotionen, die als Folge von Barrieren bei der Arbeit (z. B. technische Probleme, mangelnde Verfügbarkeit von Arbeitskräften, Konflikte, Arbeitsüberlastung) entstehen, zu reduzieren und damit u. a. die Mobilisierung und den Austausch von Wissen nachhaltig zu verbessern, sollte die Projektleitung einen transformationalen Führungsstil verwenden (▶ Kap. 10, Kraus & Woschée; ▶ Kap. 11, Wegge & Schmidt), indem sie

— eine gemeinsame Vision vermittelt,
— durch Inspiration motiviert,
— intellektuell stimuliert und
— sowohl die einzelnen Mitarbeiter als auch die Gruppe als ganzes coacht.

Produktionsblockaden überwinden und kognitive Stimulation fördern

Um Produktionsblockaden zu reduzieren und kognitive Stimulation zu fördern, sollten beim Zusammenführen relevanter Informationen und dem Generieren neuer Ideen (▶ Kap. 13, Maier & Hülsheger), Lösungsansätze oder auch neuartiger Problemstellungen (Brainstorming) folgende Dinge in Betracht gezogen werden:

Umgang mit Informationen

— Kombinierter Einsatz von Face-to-face- und computergesteuerten Verfahren (▶ Kap. 17, Hertel & Orlikowski).

Einzel- und Gruppenarbeit

— Kombination von Einzel- und kollektiver Arbeit, etwa beim Brainstorming:
    — Schritt 1: In Einzelarbeit Projektmitarbeiter nachdenken und Ideen aufschreiben lassen.

- Schritt 2: In Gruppenarbeit Projektmitarbeiter diese Ideen austauschen lassen.
- Schritt 3: In erneuter Einzelarbeit Projektmitarbeiter bitten, über diese Ideen nachzudenken, diese weiterzuentwickeln, auszuformulieren und aufzuschreiben.
- Schritt 4: Alle Ideen in einem Dokument zusammenführen.
- Weitere Möglichkeiten neuartige Wissensbestände zu mobilisieren bestehen darin, Themen und Suchbereiche vorzugeben, z. B., indem man semantische Kategorien bildet und entsprechend homogene oder diverse Ideen zur Stimulation an die Gruppenmitglieder weitergibt, wie dies bei verschiedenen Kreativitätstechniken der Fall ist (▶ Kap. 14, Traut-Mattausch & Kerschreiter).

Mobilisierung neuer Wissensbestände

Wissensintegration am Beispiel kollektiver Entscheidungen bei verteilter Information

Damit Projektgruppen mit einer höheren Wahrscheinlichkeit gut informierte Entscheidungen in Hidden-Profile-Situationen treffen, empfiehlt es sich (vgl. Brodbeck, et al., 2007),

- dass Projektmitarbeiter unterschiedliche Entscheidungspräferenzen besitzen und diese auch intensiv diskutieren. Dadurch verschiebt sich der Verhandlungsfokus zeitlich nach hinten, und es werden proportional mehr ungeteilte Informationen zusammengetragen und verarbeitet, was zu qualitativ besseren Entscheidungen führt. Dies ist sogar dann der Fall, wenn alle Projektmitglieder eingangs eine falsche bzw. suboptimale Entscheidung bevorzugen (vgl. Schultz-Hardt, Brodbeck, Kerschreiter, Mojzisch & Frey, 2006);
- die soziale Norm »Was ist richtig?« oder »Was ist am besten?« (anstatt »Wer hat Recht?«) zu stärken. Dadurch werden Verhandlungsfokus und Diskussionsverzerrungen verringert;
- die Ausbildung eines transaktiven Wissenssystems (s. oben) zu fördern, wodurch die aktive und gezielte Nachfrage nach ungeteilter Information verbessert wird;
- partizipative Führung und aktive Steuerung des Diskussionsverlaufs zu praktizieren, indem
    - eine gleiche Beteiligung aller Anwesenden gefördert wird,
    - Diskussionen über Präferenzen, die wenig faktisch Neues erbringen, freundlich unterbunden werden,
    - bisher nicht vorgetragene Information durch wiederholtes Nachfragen hervorgeholt werden,
    - auf selten vorgetragene Information besonders aufmerksam reagiert wird
    - und Entscheidungsalternativen, die selten oder gar nicht angesprochen werden, erneut ins Gespräch gebracht werden.

Unterschiedliche Entscheidungspräferenzen

Transaktives Wissenssystem

Partizipative Führung

(weitere Techniken, s. Brodbeck et al., 2007).

3.3.3 Kollektives Lernen (Teamentwicklung und Training)

Nach der Devise »Synergy is not for free« ist individuelles und **kollektives Lernen** in Projekten als Investition zu begreifen, die vor allem in Projekten mit hoher Diversität zu einer besseren Nutzung von verteiltem Wissen führt. Lernen kann sowohl während der Vorbereitungsphase bzw. Initiierung von Projekten erfolgen, als auch während des Projektverlaufes (vgl. Hackman & Wageman, 2005).

Vorbereitungsphase von Projekten

In der Vorbereitungsphase bzw. bei der Initiierung von Projekten eignen sich vor allem folgende Maßnahmen:
- Training und Teamentwicklungsmaßnahmen, indem u. a. individuell zugeschnittene Entwicklungsmöglichkeiten angeboten werden sollten sowie entsprechende Trainings und Coachings, um vor allem soziale Kompetenzen, aber auch aufgabenspezifische Kompetenzen (wie z. B. das Erlernen von Projektmanagement-Software) zu vermitteln.
- Etablierung entsprechend der Normen bzw. eines entsprechenden Teamklimas sicherstellen (▶ Kap. 9, Kauffeld, Grote & Lehmann-Willenbrock). Hier sind vor allem Coachings (▶ Kap. 6, Wastian, Braumandl & Dost) und Meetings, in denen während des Projektverlaufes immer wieder über Prozesse und Aufgabenausführung reflektiert wird, förderlich.
  - Besonderes Augenmerk sollte dabei auf **Normen** gelegt werden, die eine **Fehler- und Lernkultur** befördern. Diese sind von einem wachsenden Vertrauen zwischen den Projektmitarbeitern gekennzeichnet, welches es erlaubt, dass häufiger konstruktive Kritik geübt, ungeteiltes Wissen ausgetauscht und insgesamt ein größerer Mehrwert durch soziale Interaktion erzeugt wird.
  - Wichtig ist es auch, eine **kollaborative Lernorientierung** zu fördern, sodass die Gruppenmitglieder motiviert und fähig sind, sich gegenseitig zu unterstützen und voranzubringen, ihre individuellen Ressourcen im kollektiven Handlungskontext voll zu entfalten und durch systematische Reflexion des Gruppengeschehens ihr transaktives Wissenssystem und ihre kollektiven Arbeitsstrategien weiterzuentwickeln.

Während des Projektverlaufes eignen sich vor allem folgende Maßnahmen, die die Koordination zwischen den Projektmitarbeitern und die Ausbildung eines kollektiven Gedächtnisses befördern:

Systematische Reflexion von Prozessen

- Systematische Reflexion von Prozessen (wie der Qualität der Zusammenarbeit) und Ergebnissen (d. h. des bisher Erreichten) im Team (vgl. Schippers, 2003). Derartiges Reflektieren kann sehr einfach in wenigen Minuten in Projektmeetings eingebaut werden. Dabei sollten »lessons learned« identifiziert werden, indem diskutiert wird, was wie hätte besser gemacht werden können (▶ Kap. 5, Winkler & Mandl).

– Solche Reflexionen schaffen vor allem dann Mehrwert, wenn sich die Projektmitarbeiter sicher fühlen, wenn sie ihre Meinungen frei äußern können, das Projekt also eine **Fehler- und Lernkultur** entwickelt hat.

3.4 Literatur

Brauner, E. (2001). Wissenstransfer in Projekgruppen. Die Rolle des transaktiven Gedächtnisses. In R. Fisch, D. Beck & B. Englich (Hrsg.). *Projektgruppen in Organisationen* (S. 237–248). Verlag für angewandte Psychologie: Göttingen.

Brodbeck, F. C. (1999). *'Synergy is not for free': Theoretische Modelle und experimentelle Untersuchungen über Leistung und Leistungsveränderung in aufgabenorientierten Kleingruppen.* Habilitationsschrift, Ludwig-Maximilians-Universität München.

Brodbeck, F. C., & Guillaume, Y. R. F. (im Druck). Arbeit in Gruppen. In U. Kleinbeck & K.-H. Schmidt (Hrsg.). *Arbeitspsychologie. Enzyklopädie der Psychologie.* Hogrefe.

Brodbeck, F. C., Kerschreiter, R., Mojzisch, A., & Schulz-Hardt, S. (2007). Group decision making under conditions of distributed knowledge: The information asymmetries model. *Academy of Management Review, 19,* 195–229.

Eberhard, D. (2001). Kleingruppenorientiertes Projektmanagement (KPM): Das Management komplexer Projekte durch das Zusammenspiel in und von Projektgruppen. In R. Fisch, D. Beck & B. Englich (Hrsg.). *Projektgruppen in Organisationen* (S. 91–102). Verlag für angewandte Psychologie: Göttingen.

Esser, J. K. (1998). Alive and well after 25 years: A review of groupthink research. *Organizational Behavior and Human Decision Processes, 73,* 116–141.

Fay, D., & Guillaume, Y. (2007). Team Diversity. In S. Clegg & J. R. Bailey (Eds.), *International Encyclopedia of Organization Studies* (pp. 1510–1513). Thousand Oaks, CA: Sage.

Hackman, J. R. & Wageman, R. (2005). A theory of team coaching. *Academy of Management Review, 30,* 269–287.

Janis, I. L. (1982). *Groupthink: Psychological studies of policy decisions and fiascoes* (2nd edn.). Boston, MA: Houghton Mifflin.

Köhler, O. (1927). Über den Gruppenwirkungsgrad der menschlichen Körperarbeit und die Bedingung optimaler Kollektivkraftreaktion. *Industrielle Psychotechnik, 4,* 209–226.

Laughlin, P. R., & Hollingshead, A. B. (1995). A theory of collective induction. *Organizational Behavior and Human Decision Processes, 61,* 94–107.

Lawler, E. E. (2000). Rewarding Excellence: Pay Strategies for the New Economy. San Francisco, CA: Jossey-Bass.

Nijstad, B. A., Stroebe, W., & Lodewijkx, H. F. M. (2002). Cognitive stimulation and interference in groups: Exposure effects in an idea generation task. *Journal of Experimental Social Psychology, 38,* 535–544.

Pritchard, R. D. (1995). Organizational productivity. In M. D. Dunette & L. M. Hough (Eds.), *Handbook of industrial/organizational psychology* (2nd edn., Vol. 3, pp. 443–471). Palo Alto, CA: Consulting Psychologists Press.

Schippers, M. (2003). *Reflexivity in teams.* Unpublished doctoral thesis, Amsterdam, The Netherlands.

Schulz-Hardt, S., & Brodbeck, F. C. (2008). Group performance and leadership. In M. Hewstone, W. Stroebe & K. Jonas (Eds.), *Introduction to Social Psychology* (4th edn.). Oxford: Blackwell.

Schulz-Hardt. S., Brodbeck, F. C., Mojzisch, A., & Kerschreiter, R., & Frey, D. (2006). Group decision making in hidden profile situations: Dissent as a facilitator for decision quality. *Journal of Personality and Social Psychology, 91*(6), 1080–1093.

Shepperd, J. A. (1993). Productivity loss in performance groups: A motivation analysis. *Psychological Bulletin, 113,* 67–81.

Stasser, G. & Birchmeier, Z. (2003). Group creativity and collective choice. In P. B. Paulus & B. Nijstad (Eds.), *Group creativity* (pp. 132–172). New York: Oxford University Press.

Wegner, D. M. (1986). Transactive memory: A contemporary analysis of the group mind. In B. Mullen & G. R. Goethals (Eds.), *Theories of group behaviour* (pp. 85–208). Berlin Heidelberg New York Tokio: Springer.

Ziegler, R., Diehl, M., & Zijlstra, G. (2000). Idea production in nominal and virtual groups: Does computer-mediated communication improve group brainstorming? *Group Processes and Intergroup Relations*, *3*, 141–158.

4 Kommunikation in Projekten

Richard Streich, Jens Brennholt

4.1 Das Problem der Kommunikation in Projekten aus systemischer Sicht – 62

4.2 Psychologischer Hintergrund und dessen Relevanz im Kontext problemhafter Kommunikation in Projekten – 65
4.2.1 Anforderungen an Kommunikationsstrukturen und -verfahren – 65
4.2.2 Anforderungen an das Kommunikationsverhalten – 67
4.2.3 Kommunikationsdefizite – 70

4.3 Ansatzpunkte für die Verbesserung der Kommunikation in Projekten – 72
4.3.1 Kommunikationsstrategie und -inhalte – 72
4.3.2 Kommunikationsstrukturen und -verfahren – 74
4.3.3 Kommunikationskultur und -verhalten – 77
4.3.4 Fazit – 82

4.4 Literatur – 82

Basierend auf einer systemischen Perspektive werden im Folgenden die Herausforderungen und Probleme sowie Verbesserungsmöglichkeiten der Kommunikation in Projekten aufgezeigt. Zunächst erfolgt eine Einbettung der Projektkommunikation in das Unternehmensgeschehen. Es werden Beziehungen hergestellt zwischen den Erfolgfaktoren des Projektmanagements und der Bedeutung einer entsprechenden Projektkommunikation sowie die Anforderungen an zielführende Kommunikationsstrukturen, -verfahrens- und -verhaltensweisen aufgezeigt. Konkreten Ansatzpunkten für eine effektive und effiziente Kommunikation in Projekten wird – mit Praxisbeispielen unterstützt – breiter Raum gewährt. Insbesondere das adäquate Kommunikationsverhalten der Beteiligten und Betroffenen wird als ein Erfolgsfaktor thematisiert.

4.1 Das Problem der Kommunikation in Projekten aus systemischer Sicht

Untersuchungen zeigen, dass Kommunikation den Erfolg von Projekten maßgeblich beeinflusst (Lechler, 1994). Kommunikation in Projekten ist deshalb nicht nur eine große Herausforderung, sondern eine wichtige Managementaufgabe für Projektleiter und ihre Projektteams. Kommunikationsmanagement bedeutet jedoch mehr als »das rechtzeitige und sachgerechte Erzeugen, Sammeln, Verteilen, Speichern, Abrufen und Verwenden von Projektinformationen« (Project Management Institute [PMI], 2004, S. 221). Wichtig ist insbesondere, dass »alle am Projekt beteiligten Personen […] verstehen, wie Kommunikation den Erfolg des gesamten Projektes beeinflusst.« (ebd., S. 221). Dabei lässt sich Kommunikation in ähnlichen Zusammenhängen verstehen wie eine erfolgreiche Unternehmensführung oder Projektleitung.

Eine erfolgreiche Unternehmensführung spiegelt sich wider in einem effektiven und effizienten Wechselspiel der 3 Unternehmensebenen Strategie, Struktur und Kultur unter Berücksichtigung des Unternehmensumfeldes. Klassischerweise stellt sich die **Unternehmensleitung** nach einem Strategiefindungsprozess die Frage, mit welchen Strukturen sie die strategischen Optionen erreichen will und im Weiteren, welche Strukturen kulturadäquat sind beziehungsweise kulturverändernd im Zeitablauf wirksam werden. Diese systemische Perspektive der Unternehmensführung (Malik, 2000) kann übertragen werden auf die Ebenen des Projektmanagements in Organisationen. Die **Projektleitung** hat das Ziel, aus der Unternehmensstrategie abgeleitete Projektinhalte mit adäquaten Projektverfahren zu einem zielgerichteten Projektverhalten der Beteiligten und Betroffenen des Projektes zu überführen (Projektebenen). Dabei hat die Projektführung die Aufgabe, die einzusetzenden Projektverfahren unter Berücksichtigung der vorhandenen Unternehmensstruktur (Aufbau- und Ablauforganisa-

3 Unternehmensebenen

tion) zu realisieren. Das Projektverhalten ist wiederum eingebettet in die herrschende Unternehmenskultur. Die Projektverantwortlichen werden somit Systemelement **und** Systemträger im Rahmen einer ganzheitlichen Unternehmensführung.

In einer differenzierten Form unterliegt auch die Thematik »Kommunikation in Projekten« dem oben beschriebenen systemischen Dreiklang. Es gilt, die Kommunikationsstrategie und -inhalte des Projektes festzulegen unter Berücksichtigung beziehungsweise Erarbeitung projektkonformer Kommunikationsstrukturen und -verfahrensweisen, die wiederum die Kommunikationskultur und das Kommunikationsverhalten in der Projektwirklichkeit mitbestimmen. Erst eine entsprechende Berücksichtigung und permanente Durchdringung **aller 3 Kommunikationsebenen** sichert den Kommunikationserfolg und stellt damit einen wesentlichen Baustein für ein erfolgreiches Projektmanagement dar (Streich, 2002). Es entstehen **Lernkurven** (t_{n+1}), indem die gewonnenen Erkenntnisse ständig im Wechselspiel der Systemebenen über den Projektzeitraum hinweg optimiert werden. Hierdurch wird ein Beitrag für den Auf- und Ausbau eines Wissensmanagements (▶ Kap. 5, Winkler & Mandl) im Unternehmen geleistet (◘ Abb. 4.1).

Da diese systemische Perspektive dabei hilft, sowohl Handlungsfelder für das Projekt- und Kommunikationsmanagement zu erkennen, als auch Kommunikationsinhalte zu strukturieren, wird sie in den weiteren Darstellungen immer wieder präsent sein und für die Verbesserungsansätze den »roten Faden« bilden.

Diese 3 Ebenen, auf der Makroebene Unternehmen ebenso wie auf der Mikroebene Projekt oder im Fokus Kommunikation, sind unverzichtbare Handlungsfelder erfolgreichen Projekt- und Kommunikationsmanagements. Sie sind aber auch steter Auslöser für Kommunikation im Projekt. So werden im Projekt z. B.
- Strategien und Ziele hinterfragt, Projektaufträge und -inhalte konkretisiert,
- Strukturen, Prozesse und Verfahren definiert und deren Umsetzung kommunikativ begleitet sowie
- Kulturaspekte und Verhalten von Projektbeteiligten, wie z. B. der individuelle Umgang mit Pünktlichkeit, thematisiert und besprochen.

Unter Einsatz definierter Zeit-, Kosten- und Qualitätskriterien sowie adäquater Ressourcen zur vertragsmäßigen Realisierung sind Projekte erfolgreich zu planen, zu steuern und abzuschließen. Dabei existiert Projektmanagement vielfach neben der Stammorganisation, konkretisiert durch eine Projektgruppe mit einer intern formellen oder informellen Ordnung (Streich, 1996).

Die vorgenannten Systemebenen, Aktionsfelder, Projektkriterien und die Einordnung beziehungsweise Nebenordnung des Projektmanagements zu der Stammorganisation zwingen zu spezifischen Kommunikationsanforderungen zur erfolgreichen Bewältigung der Projektaufgabe. Hierbei sind insbesondere maßgebliche interne und

Marginalien:
3 Kommunikationsebenen

Lernkurven

3 Projektebenen

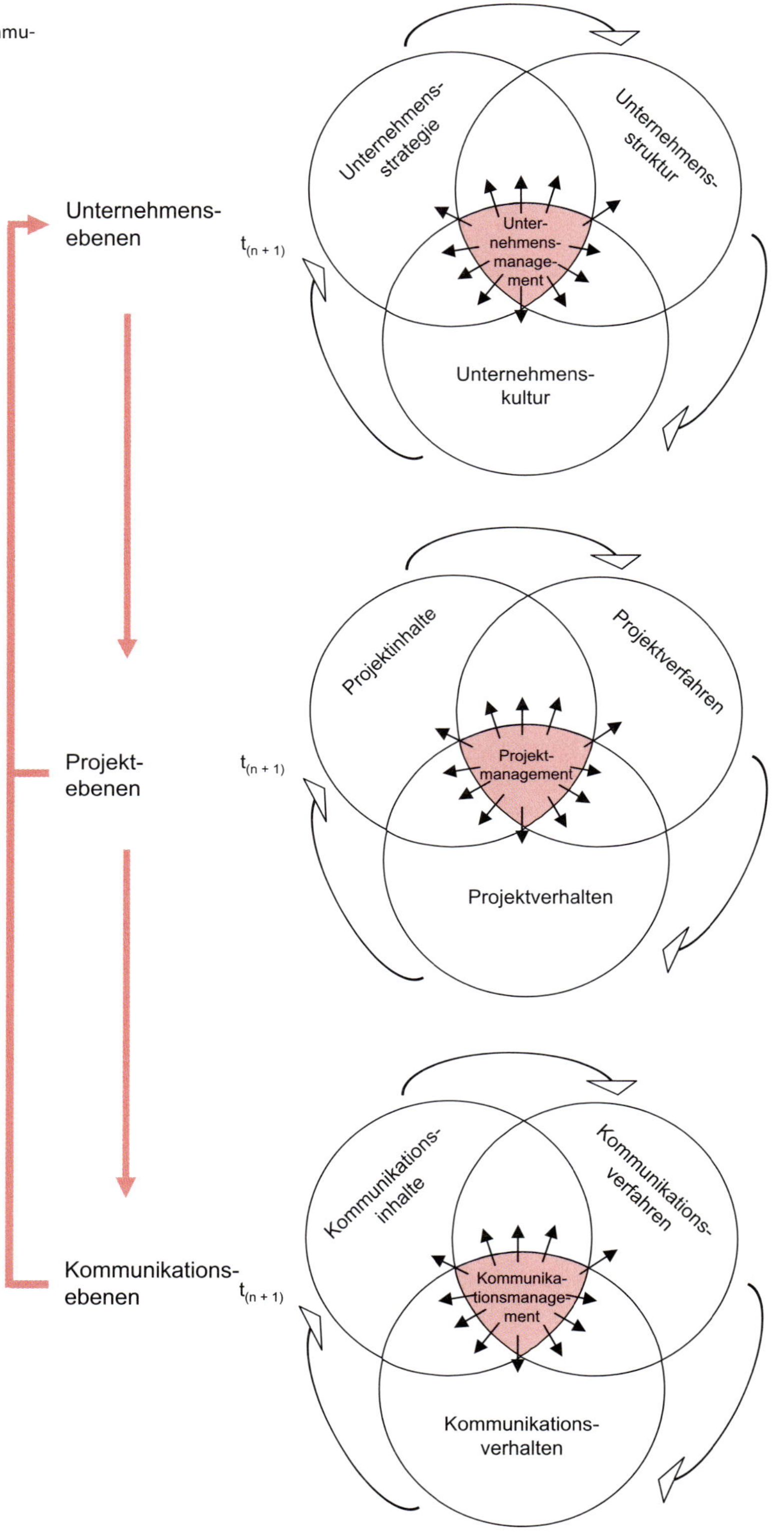

Abb. 4.1. Systemebenen des Unternehmens-, Projekt- und Kommunikationsmanagements

externe Beteiligtengruppen und deren Kommunikation adäquat zu berücksichtigen.

Kommunikation interner und externer Beteiligtengruppen

4.2 Psychologischer Hintergrund und dessen Relevanz im Kontext problemhafter Kommunikation in Projekten

Im Rahmen von Projekten kommt es fast immer zu internen Informationslücken, Spannungen und Konflikten (▶ Kap. 3, Brodbeck & Guillaume; ▶ Kap. 9, Kauffeld, Grote & Lehmann-Willenbrock). Die Arbeitskoordination durch das Projektmanagement kann sich hier als wichtige Motivationsquelle erweisen, und zwar unter anderem durch die Gewährleistung klarer Informationsflüsse und Zuständigkeiten, effektiver und effizienter Besprechungen sowie funktionierender Verbindungen zu anderen Organisationseinheiten bzw. Abteilungen (Wunderer & Küpers, 2003, S. 211).

> ❗ Kennzeichen demotivierender Projektteamsitzungen sind in erster Linie Störungen in der Kommunikation zwischen den Akteuren. Eine unzureichende Sender-Empfänger-Passung, z. B. zwischen den Sach-, Beziehungs-, Selbstoffenbarungs- und Appellebenen der Kommunikation (Schulz von Thun, Ruppel & Stratmann, 2001; ▶ Abschn. 4.2.2), und eine inadäquate Aufarbeitung von Kommunikationsinhalten verhindern effiziente Projektteamsitzungen.

Durch neue Informations- und Kommunikationstechnologien treten Einflüsse auf, die psychologische Hemmschwellen und persönliche Bindungen reduzieren. Allein der Faktor der zeitlichen Befristung und somit eine projektabhängige Partnerschaft innerhalb eines Projektteams, gepaart mit der zunehmenden Virtualisierung (▶ Kap. 17, Hertel & Orlikowski) führen zu Kommunikations- und Informationslücken und letztlich auch zur Demotivation der Akteure (Wunderer & Küpers, 2003, S. 212).

4.2.1 Anforderungen an Kommunikationsstrukturen und -verfahren

Projektmanagement ist gekennzeichnet durch eine hohe Verhandlungsaktivität, in der die beteiligten Parteien versuchen, trotz oftmals unterschiedlicher Bedürfnisse und Sichtweisen (z. B. Linienführungskräfte versus Projektleitungen) zu einer gemeinsamen Lösung zu gelangen. Verhandeln ist somit eine zentrale Tätigkeit im Rahmen eines Projektmanagements. Die Projektleitung befindet sich in einer **»Sandwich«-Position** zwischen Auftraggeber beziehungsweise Entscheidungsbefugten, der ausführenden Ebene seiner Projektteammitglieder und weiteren externen Partnern. Dabei erleben Auftraggebende und -ausführende unterschiedliche Welten, z. B. bezüglich Klarheit der Projektziele

»Sandwich«-Position

und -strukturierung, Wahrnehmung von Entscheidungskompetenzen, Qualifikation der Projektbeteiligten, Dauer für diverse Projektmaßnahmen etc. Der Projektleitung kommt damit eine **Schnittstellen- und Brückenbaufunktion** zwischen der auftraggebenden und -ausführenden Ebene zu (Racine, 2006).

Im Rahmen der unmittelbaren Interaktion können unterschiedliche **Kommunikationsstrukturen** der Projektarbeit zum Einsatz kommen. Das sind z. B. Informationsketten und -kreise oder eine total vernetzte Kommunikation zwischen allen Beteiligten, die insbesondere bei komplexen Aufgabenstellungen eines Projektteams zu besseren Leistungen führen. Diese Kommunikationsstrukturen sind nicht grundsätzlich mit den Entscheidungsstrukturen innerhalb der Projektarbeit gleichzusetzen. So können z. B. ausstehende Entscheidungen mittels einer totalen vernetzten Kommunikationsstruktur innerhalb des Projektteams beraten und die endgültige Entscheidung dennoch bei dem Projektleiter belassen werden. Die Entscheidungsform wäre somit zentralistisch, die Kommunikationsstruktur konsultativ (von Rosenstiel, 2004).

Neben der erfolgreichen Berücksichtigung der Kommunikationsstrukturen in Projekten kann die Kommunikation auch nachhaltig durch die Kommunikationsmöglichkeiten, -instrumente und -partner beeinflusst werden. Insbesondere die »virtuelle« Projektarbeit ohne direkte Möglichkeit der **Face-to-Face-Kommunikation** stellt besondere Kommunikationsanforderungen (▶ Kap. 17, Hertel & Orlikowski).

Zentrales Ziel eines Kommunikationsmanagements im Projekt ist es, dass alle **Stakeholder** die für die erfolgreiche Durchführung und den zielgemäßen Abschluss des Projektes notwendigen Informationen zeit- und sachgerecht erhalten (▶ Kap. 8, Solga & Blickle).

Vier Prozesse des PMBOK-Guide im Rahmen des Projekt-Kommunikationsmanagements (Project Management Institute, 2004, S. 221f)
1. Kommunikationsplanung
2. Informationsverteilung
3. Fortschrittsberichtswesen
4. Stakeholdermanagement

Schelle et al. (2005, S. 405) führen demgemäß aus, dass eine lose Ansammlung von Aktionen nicht befriedigt. Es soll ein kontinuierlicher Verbesserungsprozess institutionalisiert und die Feedbackfunktion des Stakeholder-Dialogs genutzt werden. Sie raten Unternehmen, die ein integriertes Managementsystem haben oder einrichten wollen, die Stakeholder-Kommunikation genau wie andere Querschnittsfunktionen (z. B. Projekt-, Qualitäts- oder Umweltmanagement) mit diesem System zu verzahnen.

4.2.2 Anforderungen an das Kommunikationsverhalten

Neben den strukturellen und verfahrensseitigen Anforderungen an die Kommunikation, lassen sich auch Anforderungen an das **Kommunikationsverhalten** beschreiben.

Psychologische Barrieren für eine effiziente Kommunikation im Projektgeschehen sind vielfältig beobachtbar. Wörter und Sätze bedeuten nicht für jeden handelnden Akteur dasselbe. Verschiedene Menschen ordnen gleichen Kommunikationsinhalten jeweils andere Bedeutungen zu. So werden durch unterschiedliche Werdegänge und Fachhintergründe der Projektmitarbeiter vermeintlich »gleiche Kommunikationsinhalte« unterschiedlich interpretiert und akzentuiert. Der Empfänger erhält eine Nachricht, die für ihn anders aussieht, als sie vom Sender abgeschickt und beabsichtigt wurde.

Kommunikationsverhalten

> **Mögliche Kommunikationsbarrieren zwischen Personen**
> — Filtermechanismen
> — Selektive Wahrnehmung
> — Informationsüberlastung
> — Abwehrmechanismen

Filtermechanismen liegen vor, wenn der Sender eine Nachricht manipuliert, um z. B. negative Inhalte zu verschleiern. Dies kann etwa in Form von Relativierungen geschehen. Im Projektzusammenhang werden beispielsweise Informationen »nach oben« mehrfach gefiltert und durch persönliche Interessen der beteiligten Personen und Hierarchieebenen mit beeinflusst (▶ Kap. 3, Brodbeck & Guillaume).

Barriere der Filtermechanismen

> ❗ Je mehr Hierarchieebenen in einer Organisation existieren, desto stärker werden in aller Regel Informationen gefiltert. Dies ist insbesondere für die Rolle des Projektleiters im Rahmen seiner Informations- und Kommunikationsverpflichtung gegenüber der Hierarchie bedeutsam.

In der Regel ist der Auftraggeber zum Teil wesentlich höher positioniert als der Projektleiter in der Rolle als Auftragnehmer. Die Gefahr der Kommunikationsfilterung verstärkt sich zudem noch, wenn unterschiedliche Fachbereiche und damit unterschiedliche Interessenslagen im Projektteam konstituiert sind.

Die Barriere der selektiven Wahrnehmung wirkt im Rahmen der Kommunikation sowohl auf der inhaltlichen als auch auf der Gruppen- und Organisationsebene. Der Empfänger sieht, hört und liest aus einem Kommunikationsinhalt entsprechend seiner Bedürfnisse, Motive oder Erwartungen »selektiv heraus«. Im Umkehrschluss produziert er eigene Interessen und Erwartungen in die Nachricht hinein, gemäß dem Motto: »Realität ist, was wir als Realität interpretieren.« Vielfach ent-

Barriere der selektiven Wahrnehmung

Barriere des Informations-Overflows

steht auch eine Kommunikationsbarriere durch einen Informations-Overflow. So ist in der Regel der Informationsbedarf in der Rolle des Projektleiters sehr groß, die Informationsverarbeitungskapazität stellt jedoch eine endliche Größe dar. Kommunikation muss dementsprechend selektiert, priorisiert und zum Teil auch ignoriert werden, um die eigene Handlungsfähigkeit zu erhalten.

Zu berücksichtigen sind ferner die Beziehungen zwischen Interaktionspartnern und der Umstand, dass Kommunikation nicht nur im Gespräch, sondern auf vielfältige Art und Weise erfolgt. Entsprechend den Grundsätzen oder »Axiomen« der Kommunikation von Watzlawick, Beavin und Jackson (2000), ist es nicht möglich, **nicht** zu kommunizieren.

Beispielsweise kann im Rahmen eines Konfliktdialogs eine größere kommunikative Wirkung entstehen, wenn eine der Parteien schweigt, statt die andere mit Gegenargumenten zu überhäufen. Auch dominiert der Beziehungsaspekt den inhaltlichen Aspekt einer Kommunikation, wobei Beziehungsaspekte »zwischen den Zeilen« kommuniziert werden und Inhaltsaspekte mittels einer logischen Syntax (die Autoren sprechen hier von »analoger« beziehungsweise »digitaler« Kommunikation). Reaktion und Gegenreaktion der Interaktionspartner bedingen sich außerdem gegenseitig, sodass im Konfliktfall eine »Negativspirale« entstehen kann. Werfen sich z. B. 2 Kollegen wechselseitig vor, dass sich der jeweils andere Kollege unkollegial verhält, so bewertet jeder der beiden Dialogpartner die eigene Unkollegialität nur als Reaktion auf das vorangegangene Verhalten des Gegenübers. Einem weiteren »Axiom« zufolge entscheidet das Gleichgewicht der Interaktionspartner darüber, ob ihre Kommunikation komplementär oder symmetrisch verläuft, ob es also ein Gefälle in der Kommunikation gibt oder ob sie »auf gleicher Augenhöhe« stattfindet. Bei einer Sachdiskussion auf kollegialer Ebene erfolgt in der Regel eine symmetrische Kommunikation. Liegt jedoch formal oder informell ein hierarchisches Verhältnis zu Grunde, zeigen sich vielfach Kommunikationsunterschiede der Gestalt, dass der höhergestellte Partner die überlegene Position einnimmt und somit die Kommunikation zur Manifestation seiner hierarchischen Macht einsetzt.

> ❗ **Kommunikation besteht somit nicht nur durch den Austausch von Fakten (Sachebene). Über die Sachbotschaft hinaus werden verschiedene andere Beziehungsaspekte mitkommuniziert.**

4-seitiges Kommunikationsmodell

Entsprechend differenziert das **4-seitige Kommunikationsmodell** von Schulz von Thun et. al. (2001) zwischen der rationalen und der emotionalen Ebene der Kommunikation.

4.2 · Psychologischer Hintergrund und dessen Relevanz

> **Kommunikation als Wechselspiel verschiedener Aspekte**
> - Sachinhalt (Inhalt der Nachricht)
> - Selbstoffenbarung (Was sagt der Sender mit der Nachricht über sich selbst aus?)
> - Beziehung (Was vermittelt der Sender, wie er sich und die anderen in der gemeinsamen Beziehung sieht?)
> - Appell (Wozu will der Sender den Empfänger mit seiner Nachricht aktivieren?)

Im Rahmen der Projektarbeit gilt es, zur Absicherung der Kommunikation in einer Analyse von verbaler und nonverbaler Kommunikation innerhalb des Projektteams jeweils zu prüfen,
a) was unter der 4fachen Perspektive gesendet und
b) was unter der 4fachen Perspektive verstanden wurde.

Das Ergebnis dieser Betrachtung sollte den Projektbeteiligten in Form eines **Feedbacks** widergespiegelt werden, um durch den steten Abgleich zwischen Selbst- und Fremdbild das Kommunikationsverhalten kontinuierlich zu verbessern und den Kommunikationserfolg nachhaltig zu sichern (Ruppert, 1999, S. 540f.). Die Sicherstellung eines auch emotional befriedigend empfundenen Kommunikationsaktes kann andererseits auch über **Metakommunikation**, die Kommunikation über die Kommunikation, als Auseinandersetzung über die Art und Weise des kommunikativen Umgangs miteinander, erfolgen (Ruppert, 1999, S. 545ff.).

Feedback

Metakommunikation

Weiterhin ist zu berücksichtigen, dass die Interessen innerhalb des Projektteams durchaus recht unterschiedlich sein können, beispielsweise wenn Ressourcen und Belohnungen ungleich verteilt werden (von Rosenstiel, 2004) oder Projektmitarbeiter »versteckte Aufträge« ihrer Linienvorgesetzten im Kopf haben (»Sie können alles zusagen, nur nicht …!«). Hierdurch können neben den intrapersonalen auch interpersonale Konflikte in das Projektteam oder die Zusammenarbeit mit der Linienorganisation getragen werden. Häufig führen die oben genannten Rahmenbedingungen zu einer **Double-Bind-Kommunikationssituation,** wie unser Beispiel zeigt (Bateson, 2001).

Double-Bind-Kommunikationssituation

> Ein Projektmitarbeiter hat sich inzwischen sehr mit der Projektaufgabe und dem -team identifiziert. Er arbeitet mit großem Engagement an der Erfüllung der Projektziele mit. Leider hat er von seinem Linienvorgesetzten einen versteckten Auftrag erhalten, der darauf abzielt, dem Projektteam keine Kapazitäten der eigenen Abteilung zuzusagen. Nun erhält er vom Projektleiter die Anfrage, ob er Ressourcen und Kapazitäten seiner Abteilung für das Projekt zur Verfügung stellen könne.
> ▼

> Auf der Beziehungsebene möchte er die Kapazitäten zusagen, da er sich mit dem Projekt identifiziert. Auf der Sachebene müsste er die Anfrage ablehnen, da er die klare, aber nicht öffentlich bekannte Anweisung seines Vorgesetzten hat. Dieses Dilemma lässt ihn unter Unterständen mit Double-Bind-Aussagen antworten, z. B. mit Ausflüchten in vermeintliche Sachargumente, warum derzeit keine Ressourcen zur Verfügung gestellt werden können, verbunden mit körpersprachlichen Signalen, die seine Vorwände enttarnen. Dies kann sogar eine bewusste Reaktion des Mitarbeiters sein, in der Hoffnung, die anderen Projektteammitglieder mögen seine Notlage erkennen.

Das Beispiel zeigt, wie intensiv die Projektbeteiligten das Kommunikationsverhalten ihrer Kommunikationspartner beobachten müssen. Jede Wahrnehmung sollte thematisiert, dadurch aus dem »Versteck« gezogen und besprech- und bearbeitbar gemacht werden.

4.2.3 Kommunikationsdefizite

Die vorangegangenen Darstellungen verdeutlichen, dass Funktionsträger in Projektorganisationen im »geregelten« und beeinflussbaren Raum agieren und kommunizieren. Projektleiter und ihre Teams müssen die an sie gestellte Projektaufgabe innerhalb vorgegebener Strukturen und Prozesse sowie unter Nutzung definierter Instrumente und Kommunikationsmittel bewältigen. Hierbei zeigen die Kommunikationspartner möglicherweise ein individuelles, nicht situations- oder rollenadäquates Kommunikationsverhalten, oft verursacht durch unklare Kommunikationsziele. Das beeinflusst den potenziellen Kommunikationserfolg – und damit den Projekterfolg – in starkem Maße.

> ❗ **Erfolgreiche Projektarbeit basiert auf dem Austausch relevanter Informationen zur Erfüllung der im Projektauftrag definierten (Kunden-)Anforderungen und ist damit in hohem Maße kommunikationsabhängig.**

Interner und externer Informationsaustausch

Informationsmanagement

Gerade in komplexen interdisziplinären, aber vor allem in multinationalen Projekten, stellen die hohen qualitativen und quantitativen Anforderungen an die Projektarbeit alle Projektbeteiligten immer wieder vor schwierige kommunikative Herausforderungen (▶ Kap. 16, Hößler & Sponfeldner). Deshalb ist ein tragfähiger **interner und externer Informationsaustausch** sicherzustellen. So können Teambesprechungen oder Kundengespräche ergebnisorientiert geführt, Abstimmungsprozesse effektiv gestaltet und schnell die richtigen Entscheidungen getroffen werden. Eine wichtige Basis dafür ist ein effizientes **Informationsmanagement**, welches jedem Projektbeteiligten den Zugang zu allen Informationen erlaubt, die für die erfolgreiche Projektdurchführung notwendig sind. Darüber hinaus müssen der Projektleiter und das Team durch ein adressatengerechtes **Projektmarketing** eine umfassende Unterstützung für das Projekt seitens des Auftraggebers, der Mitarbeiter und Kollegen im Unternehmen, der Lieferanten, zukünftigen Nutzer und sonstiger Stakeholder absichern.

Untersuchungen zeigen, dass viele Projektleiter der Kommunikation nicht die notwendige Aufmerksamkeit widmen und versuchen sich dieser »Fleißaufgabe« zu entziehen – mit teilweise fatalen Folgen für den Projekterfolg (Engel, Menzer & Nienstedt, 2006, S. 20). Gerade mangelnde projektteaminterne und -externe Kommunikation wird immer wieder als einer der Schlüsselfaktoren für das Scheitern von Projekten genannt (Lechler, 1994, S. 3f.).

Die Ursachen erfolgloser Kommunikation sind vielfältig und sowohl bei den Kommunikationspartnern selbst, als auch bei ihren verwendeten Kommunikationsverfahren und -mitteln zu finden. Wichtigste Aufgabe des Topmanagements in diesem Zusammenhang ist es, erforderliche Kommunikationswege und -mittel bereitzustellen. Vor allem die nachfolgenden Ursachen werden wiederholt genannt (Lomnitz, 1994, S. 913, ergänzt um Kerzner, 2003, S. 199ff.):

Projektmarketing

Ursachen erfolgloser Kommunikation

> **Checkliste:** Ursachen erfolgloser Kommunikation im Projektmanagement
> — Unzureichende Einbeziehung von Projektbeteiligten und Stakeholdern durch Information, Kommunikation und Beteiligung an Projektentscheidungen (Beziehungsmanagement)
> — Oberflächliche Zieldefinition und unzulängliche Auftragsklärung
> — Ungeeignete Kommunikationswege und/oder -mittel
> — Mangelndes Vertrauen in den Kommunikationspartner
> — Geringe Akzeptanz des Kommunikationspartners aus Positions- und Statusgründen (Hierarchieunterschiede und »Standesdünkel«)
> — Vorgefasste Meinungen und selektive Wahrnehmung (»Experten-Scheuklappen«)
> — Unterschiedliche Interpretation und/oder Priorisierung der vorliegenden Informationen (»Blinde Flecke«)
> — Vom Projektziel divergierende persönliche Interessen
> — Verwendung mehrdeutiger Begriffe und divergierende Sprachinhalte
> — Überlagerung der Kommunikation mit Emotionen und Konflikten
> — Situations- und rolleninadäquates Kommunikations- oder Führungsverhalten
> — Undiszipliniertes Verhalten im Verlauf der Kommunikation
> — Geringe Motivation und Identifikation mit Projektaufgabe und -team
> — Unausgeprägte Konfliktbereitschaft und -fähigkeit sowie destruktives Konfliktmanagement

Wie nicht anders zu erwarten, sind die Misserfolgsfaktoren auf allen 3 Managementebenen – Strategie/Inhalte, Struktur/Verfahren und Kultur/Verhalten – zu finden. Deshalb sollten sich Projektleiter und Team möglichst zu Beginn des Projektes um die Gestaltung des Kommunikationsmanagements kümmern. Hierzu gilt es, Antworten auf folgende Fragen zu finden und diese in Maßnahmen umzusetzen.

> **Checkliste: Analysefragen zur Verbesserung des Kommunikationsmanagements im Projekt**
> - Durch die Kommunikation welcher Inhalte möchten wir welche Ziele erreichen?
> - Welche Zielgruppen (alle Stakeholder beachten!) müssen wir erreichen und welche Bedeutung haben diese für unser Projekt?
> - Welche Anforderungen und Bedürfnisse stellen unsere Zielgruppen nach Information, Kommunikation und Beteiligung?
> - Mittels welcher Kommunikationsmedien, -mittel und -wege erreichen wir unsere Zielgruppen adressatengerecht und zielorientiert?
> - Welches Kommunikationsverhalten erwarten unsere Zielgruppen und welches wollen wir zeigen?

Systemebenen der Projektkommunikation

Diese Fragen liefern unter Bezugnahme auf die Systemebenen der Projektkommunikation (◘ Abb. 4.1) Ansatzpunkte für Verbesserungen: Es gilt, daraus Strukturen, Werkzeuge und Maßnahmen sowie Verhaltensaspekte abzuleiten.

4.3 Ansatzpunkte für die Verbesserung der Kommunikation in Projekten

4.3.1 Kommunikationsstrategie und -inhalte

Kommunikationsinhalte und -ziele/-zielgruppen bedingen einander gegenseitig. Je klarer die Ziele der Kommunikation(sstrategie) sind, desto einfacher ist es, die relevanten Zielgruppen und die erforderlichen Kommunikationsinhalte zu bestimmen. Andererseits wird die Projektorganisation manches Mal mit unerwartet auftretenden Stakeholdern konfrontiert, für die noch keine Kommunikationsziele und -inhalte festgelegt wurden. Neben der **Qualität der Information** muss hierbei auch sehr auf die **Quantität der Information** geachtet werden. So kann z. B. ein Zuviel an Kommunikation und Information den Projektfortschritt aufgrund des immensen Arbeitsaufwandes für Kommunikation bremsen. Auf der anderen Seite kann eine vielleicht gut gemeinte »Überflutung« mit Information Zielgruppen verärgern, zumindest jedoch dazu führen, dass die wirklich wichtigen Informationen in der Datenflut untergehen (▶ Kap. 3, Brodbeck & Guillaume).

Qualität der Information

Quantität der Information

Informationsüberflutung

4.3 · Ansatzpunkte für die Verbesserung der Kommunikation in Projekten

> ❗ Das Projektteam muss sich deshalb stets des bei ihm und der Zielgruppe tatsächlich geschaffenen Nutzens durch die Kommunikation im Verhältnis zu deren Aufwand bewusst sein (Schelle et al., 2005).

Aber was sind Ziel und Aufgabe der Projektkommunikation? In der Literatur finden sich einige pragmatische Ziel- und Aufgabenformulierungen:

Ziel und Aufgabe der Projektkommunikation

> **Checkliste: Ziel und Aufgabenformulierungen der Projektkommunikation**
> - Die Kommunikationsbedürfnisse der Stakeholder erfüllen (Project Management Institute [PMI], 2004)
> - Den Stakeholdern den Nutzen des Projektes verdeutlichen (Schelle et. al., 2005)
> - Der Projektsteuerung und dem Wissensmanagement dienen (Schelle et. al., 2005)
> - Informieren und motivieren (Kerzner, 2003)
> - Nach oben, unten, horizontal und diagonal, d. h. 360 Grad, gerichtet sein (Kerzner, 2003)

Basierend auf den oben genannten Ziel- und Aufgabenformulierungen lassen sich unter zusätzlicher Berücksichtigung der Unterscheidung in leitende und führende Projektmanagementaktivitäten die Kommunikationsinhalte schnell differenzieren.

Kommunikationsinhalte

> **Kommunikationsinhalte**
> a) **Aus leitender (sachorientierter) Projektmanagementaktivität**
>   - Informationen über den Projektgegenstand, z. B. Lasten- und Pflichtenheft, Spezifikationen etc.
>   - Informationen über die Erreichung und den Status von Zielen im Spannungsdreieck Qualität, Kosten, Termin (QKT-Ziele), etc.
> b) **Aus führender (mitarbeiterorientierter) Projektmanagementaktivität**
>   - Entwicklung von Spielregeln für die Zusammenarbeit
>   - Konfliktlösung
>   - Mitarbeiterführung
>   - Feedback- und Coachinggespräche bezüglich Verhalten, Disziplin und Zusammenarbeit, etc.

4.3.2 Kommunikationsstrukturen und -verfahren

Der Versuch, Kommunikation zu strukturieren und Verfahren zu standardisieren, führt in Projektorganisationen häufig dazu, dass man sich fast ausschließlich auf die formalen Kommunikationsaspekte konzentriert. Ein klassisches Beispiel dafür sind **EDV-basierte Projektinformations- oder -managementsysteme**, in denen Projektstatusberichte durch das Setzen von Kontrollhäkchen oder »Projektstatusampeln« erstellt werden. Auf Seiten der Stakeholder entstehen jedoch im Projektverlauf Informationsbedürfnisse, die nur zum Teil durch formale Kommunikation befriedigt werden können. Gerade die Spontaneität und der dialogische Charakter informaler Kommunikation leisten einen hohen Beitrag zur Zielerreichung im Projektmanagement (Kraut, Fish, Root, & Chalfonte, 1990).

> ❶ Erfolgreiche Projektkommunikationsstrukturen müssen sich durch das förderliche Nebeneinander des formalen Systems mit informalen Kommunikationsbeziehungen auszeichnen. Dabei sollten die Kommunikationspartner die Projektmanagementkultur und die Kommunikationskultur (▶ Abschn. 4.3.4) berücksichtigen.

Darüber hinaus empfiehlt es sich, unter anderem die Menge der Schnittstellen gering zu halten, kurze Kommunikationswege mit wenigen Zwischenstationen zu wählen und häufiger die **Schriftform** zur Informationsweitergabe zu verwenden. Dies gilt für die Umsetzung klassischer Strukturelemente der Projektkommunikation – wie Projektbesprechungen, -berichte und -präsentationen, -PR-Medien, -Hotline, etc. – ebenso wie für die allgemeine Kommunikation im Projekt.

Projektteamexterne Betrachtung

Ein in vielen Projekten vernachlässigtes Tätigkeitsfeld ist die projektteamexterne Kommunikation oder auch **Stakeholderkommunikation**. Hierbei kann auf die oben genannten Strukturelemente der Projektkommunikation zurückgegriffen werden.

Unabhängig vom Projekttypus lassen sich einige **klassische Stakeholder** nennen.

> **Klassische Steakholder (in Anlehnung an Project Management Institute, 2004, S. 26)**
> - Interner und/oder externer Projektauftraggeber
> - Endkunde, Benutzer
> - Anrainer, Öffentlichkeit
> - Politik und Verwaltung
> - Projektleiter
> - Projektteammitglieder
> - Teilprojektleiter und -teams
> ▼

4.3 · Ansatzpunkte für die Verbesserung der Kommunikation in Projekten

- Restliche Projektorganisation, insbesondere Projektlenkungskreis, andere Projektleiter beziehungsweise -teams und das Projektbüro
- Führungskräfte, Kollegen und Mitarbeiter im Unternehmen, insbesondere die Ressourceninhaber und Führungskräfte der Projektteammitglieder sowie der Betriebsrat/die Mitarbeitervertretung
- Lieferanten, Kooperationspartner

Wie die Stakeholderkommunikation gestaltet wird, muss das Projektteam auf Basis einer **Stakeholderanalyse** individuell und situativ entscheiden. Für die Stakeholderanalyse stehen 2 klassische Wege zur Verfügung:
1. Die quantitative Stakeholderanalyse und
2. die qualitative Stakeholderanalyse.

Stakeholderanalyse

Quantitative Stakeholderanalyse

Hinter der quantitativen Stakeholderanalyse verbirgt sich die reine Identifikation von Stakeholdern im spezifischen Projektumfeld.

> **Checkliste: Schlüsselfragen zur quantitativen Stakeholderanalyse**
> - Welche Organisationen oder Personen sind in direkter oder indirekter Weise durch das Projekt betroffen (im eigenen Unternehmen und/oder außerhalb)?
> - Welche Organisationen oder Personen stehen durch gesetzliche, markt- beziehungsweise wettbewerbsbezogene, politische, finanzielle oder technologische Rahmenbedingungen oder Auswirkungen des Projektes mit dem Projekt in Beziehung?

Als Darstellungsform für die quantitative Stakeholderanalyse haben sich das **Stakeholdermindmap** oder das tabellarische **Stakeholderregister** beziehungsweise die **Stakeholderliste** (Stakeholder zzgl. Beschreibungen und Anmerkungen) bewährt.

Qualitative Stakeholderanalyse

Handlungsfähig in Richtung einer erfolgreichen Projektkommunikation wird das Projektteam jedoch erst durch die qualitative Stakeholderanalyse. Sie macht deutlich, welchen Einfluss die identifizierten Stakeholder auf das Projekt nehmen (können). Schon zu Beginn des Projektes sollte sich das Projektteam der quantitativen und qualitativen Stakeholderanalyse zuwenden – eine stete Überarbeitung im weiteren Verlauf des Projektes ist dringend anzuraten, da das Stakeholder-System im Zeitverlauf oft einem steten (Meinungs-)Wandel unterworfen ist (▶ Kap. 8, Solga & Blickle).

Der Einfluss eines Stakeholders auf das Projekt definiert sich über 3 Ausprägungen:
1. Interesse am/durch das Projekt (Betroffenheit),
2. Wirkungsmöglichkeit auf das Projekt (Macht),
3. Auswirkung auf das Projekt (Reaktion).

Zunächst werden die ersten beiden Ausprägungen mittels einer quantitativen Skala mit den Werten »niedrig«, »mittel« und »hoch« bewertet. Anschließend wird die positive (unterstützende) oder negative (hindernde beziehungsweise ablehnende) Richtung des Stakeholdereinflusses (die Reaktion), durch die qualitativen Aussagen »negativ«, »neutral/indifferent« und »positiv« visualisiert.

Diese Informationen lassen sich gut in einem Stakeholderregister (Tab. 4.1) abbilden. Anschließend ist es dann ein Einfaches, die Stakeholder in Bezug auf das Projekt zu priorisieren und Schlüsselstakeholder für den Projekterfolg zu ermitteln. Nun können zu jedem Stakeholder präventive und/oder reaktive Maßnahmen auf dessen Auswirkungen auf das Projekt definiert werden.

Neben dem Stakeholderregister und den daraus abgeleiteten Maßnahmen für die Stakeholderkommunikation kann aus der quantitativen und qualitativen Stakeholderanalyse auch die **Kommunikations- und Beteiligungsmatrix** (in Abwandlung zu Schelle et al., 2005, S. 408) abgeleitet werden, um festzulegen, wie intensiv bestimmte Stakeholder in die Kommunikation und Entscheidungsfindung im Projekt eingebunden werden müssen.

Der Kommunikations- und Beteiligungsgrad ist für verschiedene Sachverhalte bzw. Kommunikationsinhalte unterschiedlich stark ausgeprägt. Deshalb empfiehlt es sich, die jeweiligen Inhalte in die Spalten zu schreiben (Tab. 4.2).

Projektteaminterne Betrachtung

Natürlich muss auch die projektteaminterne Kommunikation mit Strukturen und Verfahren abgesichert werden. Die wichtigste strukturelle Klärung, die für ein Projektteam vorliegen muss, ist ihre klar definierte Rolle **mit Befugnissen und Kompetenzen im Rahmen der**

Tab. 4.1. Beispiel eines Stakeholderregisters inkl. Priorisierung und Maßnahmenplan

Stakeholder	Interesse/ Betroffenheit	Wirkungs- möglichkeit/ Macht	Auswirkung/ Reaktion	Priorität	Maßnahmen	Anmerkungen
Stakeholder 1	gering	mittel	positiv	C	keine Maßnahmen notwendig	
Stakeholder 2	hoch	mittel	negativ	A	vorab informieren, einbinden, …	Meinungsmacher!
Stakeholder 3	mittel	hoch	unentschieden	A	Vorteile des Projektes darstellen, als Unterstützer gewinnen, …	

Tab. 4.2. Beispiel einer Kommunikations- und Beteiligungsmatrix (Mod. nach Schelle et al. 2005, S. 408)

Stakeholder	Muss informiert werden	Muss gehört werden	Muss mit diskutieren	Muss (mit) entscheiden
Betriebsrat	Projektstatusbericht (auf »cc«)	Personalentscheidungen		
Geschäftsführung	Projektstatusbericht			Änderungen des Projektauftrages
Projektlenkungskreis	Projektstatusbericht			Meilensteinfreigaben, Eskalation ungeklärter Konflikte
Fachabteilung X	Projektstatusbericht		technische Lösung zum Teilbereich X	Kapazitätsplanung und Ressourcennutzung im Bereich X
Medien	Pressebericht (unregelmäßig bei Bedarf)			
Andere Projektleiter	Projektstatusbericht (auf »cc«)			Kapazitäts- und Ressourcenkonflikte

Projektorganisation (▶ Abschn. 4.3.4), ihre Teilnehmer in Anzahl und Fachkompetenz sowie die Berichtswege und Zusammenarbeit mit den Fachabteilungen.

Die Anforderungen an das Projektteam definieren die zu wählende gruppeninterne Kommunikationsstruktur. Besteht die Anforderung an die Projektteamsitzung darin allein, Informationen an die Teammitglieder weiterzugeben (»One-way«-Kommunikation, »Befehlsausgabe«), ohne dass eine weitergehende Diskussion mit den Teammitgliedern gewünscht ist, reicht eine zentralistische **Sternkommunikationsstruktur** aus, in der alle Kommunikation vom Absender an die Adressaten ausgeht, ohne dass diese untereinander in Kontakt stehen. Sind jedoch in der Teamsitzung Probleme kreativ und kooperativ zu lösen, Entscheidungen gemeinsam zu treffen und Maßnahmen gemeinschaftlich zu planen, dann – so zeigen entsprechende Untersuchungen von Vroom und Yetton (1976) – ist die **»totale« Kommunikationsstruktur** angeraten, in der alle Beteiligten miteinander in Kommunikationsbeziehung stehen.

> Sternkommunikationsstruktur

> »totale« Kommunikationsstruktur

❗ Das Schlüsselinstrument für die Gestaltung der Kommunikationsstruktur und Definition der Spielregeln für die Zusammenarbeit (▶ Abschn. 4.3.4) ist die **interne Projekt-Kick-Off-Veranstaltung**. Der Kardinalfehler bei der Durchführung von Kick-Off-Veranstaltungen ist, dass bereits zu intensiv am Projektgegenstand gearbeitet wird.

> Projekt-Kick-Off

4.3.3 Kommunikationskultur und -verhalten

Die besten Strukturen und Verfahren zur Projektkommunikation können sich nicht effektiv auswirken, wenn das **Verhalten der Projektbe-**

Verhalten der Projektbeteiligten und Stakeholder

teiligten und Stakeholder diese ad absurdum führt. Schaut man sich Projekte in der Praxis an, so sind in Unternehmen viele Prozesse, Strukturen und Rollen im Projektmanagement teilweise sehr klar und eindeutig definiert und beschrieben – z. B. in Projektmanagementhandbüchern wie von Schelle et al. (2005); gelebt werden sie oft nicht so eindeutig. Werden externe Berater zur Projektunterstützung eingeschaltet, sind es überdies vor allem Fachexperten, weniger jedoch Organisationspsychologen, die als Coaches und Kommunikationsexperten Projektleiter unterstützen und Projekte begleiten könnten (▶ Kap. 6, Wastian, Braumandl & Dost).

Projektteamperspektive

Projektarbeit ist Teamarbeit, deren Vorteile sich nur auf einer tragfähigen Kultur – vor allem Kommunikationskultur – realisieren lassen (▶ Kap. 9, Kauffeld, Grote & Lehmann-Willenbrock).

Spielregeln für die Zusammenarbeit und das Kommunikationsverhalten

Im Rahmen des Projekt-Kick-Offs sollten deshalb **Spielregeln für die Zusammenarbeit und das Kommunikationsverhalten** entwickelt werden. Doch jeder Einzelne muss an sich und seinem Kommunikationsverhalten stets arbeiten. Mit folgenden einfachen Verhaltenshinweisen und Techniken lässt sich der Kommunikationserfolg besser absichern:

> **Checkliste: Einfache Kommunikationstechniken (in Anlehnung an Ruppert, 1999, S. 540, ergänzte Darstellung)**
> - Senden von kurzen Mitteilungen (das wenige Wichtige)
> - Einfache Aussagen machen
> - Langsam artikulieren, laut sprechen
> - Deutlich visualisieren
> - Mehrfache Codierung (mündlich, bildlich, schriftlich) der wichtigen Botschaft
> - Einsatz anschaulicher Beispiele zur Unterstützung abstrakter Sachverhalte
> - Redundanz sicherstellen, indem besonders wichtige Nachrichten wiederholt oder/und auf verschiedene Art und Weise dargeboten werden
> - Einfordern und Geben von Rückmeldung – hierdurch Kontrolleffekt einführen, ob Mitteilungen adäquat angekommen und verstanden wurden
> - direkte Form der Ansprache; besser ein Gespräch oder Telefonat als eine E-Mail oder ein Fax
> - Empathie für die Reaktionen und Gefühle der Gesprächspartner
> - Wahrnehmen körpersprachlicher Signale
> - Auswahl des passenden Zeitpunktes und Ortes für die Kommunikation.
> - Kommunikationsziel klarmachen
> - Wertschätzung der Gesprächspartner – auch und gerade im Konflikt

4.3 · Ansatzpunkte für die Verbesserung der Kommunikation in Projekten

Rollenperspektive einzelner Mitarbeiter

Nach Dahrendorf (1966) lässt sich die Gesamtheit der Erwartungen von Personen oder Organisationen hinsichtlich des Verhaltens an einen Positionsinhaber als dessen Rolle bezeichnen.

Der Träger einer sozialen Rolle sieht sich demnach mit Ansprüchen an sein Handeln ebenso wie an seine Erscheinung und seine Persönlichkeit konfrontiert. Diese sind »objektiv«, d. h. unabhängig vom jeweiligen Akteur, und beziehen sich allein auf die Position. Das durch die Rollenerwartungen beschriebene Rollenbild ist für den Rolleninhaber nahezu verbindlich, da es durch das Umfeld determiniert und durch ihn nur bedingt änderbar ist.

Soziale Rolle

Das Zusammenspiel der ziel-/auftragsorientierten Projektorganisation mit der tagesgeschäftlich orientierten Stamm- bzw. Linienorganisation ist durch eine Vielzahl von unterschiedlichen Rollen gekennzeichnet. Je nach Unternehmensgröße kann dies dazu führen, dass Personen mehrere Rollen erfolgreich und trennscharf ausfüllen und leben müssen. In einer klassischen Matrixprojektorganisation ist es nicht ungewöhnlich, wenn sich Rollenunklarheiten durch die Konzentration mehrerer Rollen auf einzelne Personen entwickeln, wie unser Beispiel zeigt:

> In der Muster KG ist Herr Beispiel als Produktbereichsleiter im Forschungs- und Entwicklungsbereich auch Leiter und damit Ressourcenverantwortlicher des Konstruktionsbereiches. Seine Mitarbeiter sind als Teammitglieder in einigen Projekten eingebunden. Einige ausgewählte Konstrukteure sind neben ihrem Tagesgeschäft als Konstrukteur auch als Projektleiter oder Teilprojektleiter eingesetzt. Wichtige A-Projekte werden teilweise durch Herrn Beispiel selbst betreut. Damit ist er nicht nur der Programmmanager seines Produktbereiches, sondern gleichzeitig auch A-Projektleiter. Da er mehrere Projekte betreut, hat er ebenfalls die Rolle eines Multiprojektleiters inne. Als Leiter des Produktbereiches ist er zudem Mitglied des Projektlenkungskreises, des Programmausschusses und im Rahmen des Projektportfoliomanagements im Unternehmen aktiv. Damit erteilt er auch die innerbetrieblichen Projektaufträge – teilweise an sich selbst und an ihm, in der Linienfunktion unterstellte, Konstrukteure. Einige seiner herausragenden Konstrukteure, sind ebenfalls als A-Projektleiter eingesetzt und somit gleichberechtigte Kollegen auf gleicher Stufe in der Projektorganisation – obwohl er in der Stammorganisation deren Disziplinarvorgesetzter ist. Herr Beispiel berichtet direkt an den technischen Geschäftsführer, der neben dieser linienorganisatorischen Rolle in der Projektorganisation als Mitglied des Projektportfoliokreises, der verschiedenen Programmausschüsse und im Rahmen der Projektlenkung in Erscheinung tritt. In der linienorganisatorischen Rolle führt
> ▼

Programmmanager

Disziplinarvorgesetzter

> der Geschäftsführer regelmäßig Zielvereinbarungsgespräche mit seinem Produktbereichsleiter, Herrn Beispiel. In seiner Rolle als Führungskraft des Konstruktionsbereiches steuert Herr Beispiel die Ressourcen dieses Bereiches und diskutiert deren Verteilung mit den anderen gleichberechtigten A-Projektleitern. Die A-Projektleiter sind seine disziplinarischen Untergebenen und stellen gleichzeitig die Ressource »Konstrukteur« dar, die es in diesem Gespräch zu verteilen gilt.

Komplexes Rollensystem

Rollenadäquate Kommunikation

Dieses Praxisbeispiel zeigt die »Schizophrenie« auf, in der sich Mitglieder der Projektorganisation häufig wiederfinden. Wird in diesem komplexen Rollensystem **nicht** rollenadäquat kommuniziert, sind Konflikte und Demotivation bei allen Beteiligten geradezu vorprogrammiert. Es erfordert von allen ein trennscharfes Verständnis ihrer unterschiedlichen Rollen, der damit verbundenen Befugnisse und Kompetenzen sowie der Rollenerwartungen verschiedener Stakeholder.

> Wie hat denn ein Konstrukteur, der gleichzeitig A-Projektleiter eines Entwicklungsprojektes ist, seine disziplinarische Führungskraft, Produktbereichsleiter Herrn Beispiel (gleichzeitig Programmausschussmitglied, Projektlenkungskreismitglied, A-Projektleiter etc.) zu verstehen, der ihn fragt: »Wie steht es eigentlich um den Zeitplan in Ihrem Projekt und die Nutzung der für Ihr Projekt reservierten Konstruktionskapazitäten?« Wer, d. h., welche **Rolle** spricht zu ihm?
> a) Ist es der ressourcenverantwortliche Leiter der Konstruktion in der Linienorganisation, der seine Mitarbeiterplanung überprüfen oder überarbeiten möchte?
> b) Ist es der Disziplinarvorgesetzte, der einen Eindruck über die Leistung seines Mitarbeiters für das nächste Beurteilungsbeziehungsweise Zielvereinbarungsgespräch gewinnen möchte?
> c) Ist es die Führungskraft oder der Kollege – egal ob aus der Linien- oder Projektorganisation – der im Rahmen von begleitendem Coaching den A-Projektleiter unterstützen möchte?
> d) Ist es ein anderer A-Projektleiter, der dringend frei gewordene Konstruktionsressourcen sucht?

Dies verdeutlicht, dass an alle Beteiligte – hier vor allem an die Führungskraft – hohe Anforderungen im Sinne einer rolleneindeutigen und rollenadäquaten Kommunikation gestellt werden. Die Motivation und das Vertrauen des Mitarbeiters in seine Führungskraft leiden, wenn der A-Projektleiter-Kollege auf der Suche nach Konstruktions-

4.3 · Ansatzpunkte für die Verbesserung der Kommunikation in Projekten

kapazitäten aus einem unklaren Rollenmix von Disziplinarvorgesetztem, Ressourcenverantwortlichem, Projektlenkungskreismitglied und A-Projektleiter heraus dem anderen A-Projektleiter seine Kapazitäten entzieht und selbstständig, ohne Rücksprache mit der operativen und strategischen Projektlenkung, Projektprioritäten verschiebt.

Um nicht unbedacht in die Falle der rollenvermischenden Kommunikation zu treten, empfiehlt es sich, sich vor der Kommunikation gedanklich mit ein paar wenigen **Vorbereitungsfragen** richtig auf ein Gespräch einzustellen (▶ Kap. 2, Schneider & Wastian; ▶ Kap. 7, Moser & Galais; ▶ Kap. 10, Kraus & Woschée).

»Falle der rollenvermischenden Kommunikation«

Checkliste: Vorbereitungsfragen im Hinblick auf eine rollenadäquate Kommunikation im Projekt
1. Betrifft der **Kommunikationsinhalt** einen
   – Projekt- oder
   – Linienaspekt?
2. Aus welcher **Rolle** heraus möchte/muss ich kommunizieren?
3. Welche Rolle soll mein **Adressat** inne haben?
4. Welche Folgen lösen mein Kommunikationsinhalt und -stil **langfristig bezogen** auf
   – den diskutierten Aspekt selbst,
   – meine Rolle und die Rolle meines Kommunikationspartners und
   – ggf. andere Stakeholder aus?

Rollenunklarheit in der Kommunikation hat jedoch nicht nur einen kulturellen, verhaltensseitigen Aspekt (Ebene **Kommunikationsverhalten**), sondern führt auch oft zu verwaschenen Strukturen (Ebene **Kommunikationsverfahren**), die die Effektivität und Effizienz sowohl der Linien-, als auch der Projektorganisation gefährden. So lässt sich sehr häufig erleben, dass in Unternehmen linienorganisatorische Besprechungen (z. B. die Bereichsbesprechung) genutzt werden, um ebenfalls über Projekte zu sprechen und sich deren Status melden zu lassen (Projektlenkungskreis), da die Teilnehmerkreise der unterschiedlichen Besprechungen identisch sind und ja sowieso gerade zusammensitzen. Durch solche »Eh-da-Besprechungen« wird aus einer vermeintlichen Einsparung einer weiteren Sitzung der Grundstein für uneindeutige Rollen in der Kommunikation gelegt. Das führt auch dazu, dass der Teilnehmerkreis häufig umfangreicher gewählt wird, als es bei den einzelnen Besprechungen nötig wäre. So sitzen zum Beispiel die Projektleiter einen Großteil der linienorganisatorischen Besprechung ohne Funktion und Beitrag dabei, während es anderen Beteiligten in der Phase der projektorganisatorischen Besprechung so ergeht. Schnell sinkt die Motivation beider Teilnehmerkreise an dem »viel zu langen, unorganisierten Meeting« teilzunehmen (Ebene **Kommunikationsverhalten**).

»Falle Besprechungen«

»Eh-da-Besprechungen«

4.3.4 Fazit

Die vorangegangenen Ausführungen haben gezeigt, dass eine umfassende, breite und vor allem **richtige Information und Kommunikation** innerhalb und außerhalb der Projektorganisation die Basis eines nachhaltigen Projekterfolges darstellt (Lechler, 1994). Gestaltungsansätze bieten sich auf den Ebenen der Kommunikationsstrategien, -strukturen, der Kommunikationskultur und dem -verhalten. Psychologische Projektcoaches und Prozessbegleiter können die entsprechenden Maßnahmen unterstützen (► Kap. 6, Wastian, Braumandl & Dost).

Somit lässt sich zusammenfassend sagen:

> Erfolgreiches Projektmanagement ist vor allem Kommunikationsmanagement!

4.4 Literatur

Bateson, G. (2001). *Ökologie des Geistes*. Frankfurt a. M.: Suhrkamp.
Dahrendorf, R. (1966). *Homo Sociologicus*. Köln und Opladen: Westdeutscher Verlag.
Engel, C., Menzer, M. & Nienstedt, D. (2006). *GPM/PA-Studie*. Nürnberg: GPM.
Kerzner, H. (2003). *Projektmanagement. Ein systemorientierter Ansatz zur Planung und Steuerung*. Bonn: mitp-Verlag.
Kraut, R., Fish, R., Root, R. & Chalfonte, B. (1990). Informal communication in organisations: Form, function and technology. In S. Oskamp & S. Spacapan (Eds.), *People's reactions to technology: In factories, offices and aerospaces* (pp. 145–199). Newbury Park: Sage.
Lechler, T. (1994). Erfolgsfaktoren des Projektmanagements. In H. Schelle, H. Reschke, R. Schnopp & A. Schub (Hrsg.), *Projekte erfolgreich managen*. Köln: TÜV Media.
Lomnitz, G. (1994). Der Projektvereinbarungsprozeß von der Projektidee zum klaren Projektauftrag: Sage mir wie dein Projekt beginnt, und ich sage dir, wie es endet. In H. Schelle, H. Reschke, R. Schnopp & A. Schub (Hrsg.), *Projekte erfolgreich managen*. Köln: TÜV Media.
Malik, F. (2000). *Systemisches Management*. Bern: Haupt.
Project Management Institute (PMI) Inc. (2004). *A Guide to the Project Management Body of Knowledge (PMBOK® Guide)*. Newton Square: PMI Publications.
Racine, J. (2006). Projektmanagement ist Verhandlungsmanagement. *Projekt-MANAGEMENT aktuell, 3*, 26–33.
Rosenstiel v., L. (2004). Kommunikation in Arbeitsgruppen. In H. Schuler (Hrsg.), *Lehrbuch Organisationspsychologie*. Bern: Huber.
Ruppert, F. (1999). Kommunikation, Kooperation und Gesprächsführung in Arbeitsbeziehungen. In C. Graf Hoyos & D. Frey (Hrsg.), *Arbeits- und Organisationspsychologie*. Weinheim: Beltz Psychologische Verlags Union.
Schelle, H., Ottmann, R. & Pfeiffer, A. (2005). *ProjektManager*. Nürnberg: GPM.
Schulz von Thun, F., Ruppel, J. & Stratmann, R. (2001). *Miteinander reden: Kommunikationspsychologie für Führungskräfte*. Reinbek: Rowohlt.
Streich, R. K. (1996). Erfolgs- und Misserfolgsfaktoren. In R. K. Streich, M. Markquardt & H. Sanden (Hrsg.), *Projektmanagement, Prozesse und Praxisfelder*. Stuttgart: Schäffer-Poeschel.
Streich, R. K. (2002). Verfahrens- und Verhaltensweisen im Veränderungsmanagement. In *Handbuch Personalentwicklung*. Köln: Deutscher Wirtschaftsdienst.
Vroom, V. & Yetton, P. (1976). *Leadership and decision-making*. Pittsburgh: University of Pittsburgh Press.
Watzlawick, P., Beavin, J. H. & Jackson, D. D. (2000). *Menschliche Kommunikation*. Bern: Huber.
Wunderer, R. & Küpers, W. (2003). *Demotivation – Remotivation*. München, Kriftel und Neuwied: Luchterhand.

5 Wissensmanagement für Projekte

Katrin Winkler, Heinz Mandl

5.1 Das Problem: Der Umgang mit Wissen in Projekten – 84

5.2 Hintergrund und Relevanz aus psychologischer Sicht:
Der theoretische Rahmen für Wissensmanagement – 85
5.2.1 Was versteht man unter Wissensmanagement im Projektkontext? – 85

5.3 Ansatzpunkte für Verbesserungen – Instrumente zur Unterstützung des Wissensmanagements in Projekten – 86
5.3.1 Wissensmanagementinstrumente zur Unterstützung der Projektplanung – 86
5.3.2 Wissensmanagementinstrumente zur Unterstützung der Teamzusammenstellung – 89
5.3.3 Wissensmanagementinstrumente zur Unterstützung der Projektdurchführung – 90
5.3.4 Wissensmanagementinstrumente zur Unterstützung der Projektkontrolle – 92
5.3.5 Ausblick – 94

5.4 Literatur – 95

Betrachtet man die aktuelle Diskussion in Unternehmen zum Thema Wissensmanagement, so zeigen sich häufig Zweifel am tatsächlichen Nutzen dieses Konzepts für die Praxis. Malik beispielsweise weist mit dem Ausspruch: »Wissensmanagement – auch dieser Kaiser ist nackt« deutlich auf diese Entwicklung hin (Malik, 2001).

Im Rahmen dieses Beitrags soll neben der Darstellung konkreter Wissensmanagementinstrumente beispielhaft erörtert werden, inwieweit Wissensmanagement lediglich zum Selbstzweck verkommt, oder ob es im Kontext von Projektmanagementaktivitäten tatsächlich einen Mehrwert leisten kann.

5.1 Das Problem: Der Umgang mit Wissen in Projekten

Schaut man die nachfolgende Definition von Wissensmanagement an, so wird schon hier ausgeschlossen, dass Wissensmanagement nur zum Selbstzweck umgesetzt wird.

Definition Wissensmanagement

Nach einer allgemeinen Definition von Bullinger, Wörner und Prieto (1998) versteht man unter Wissensmanagement grundsätzlich den bewussten, verantwortungsvollen und systematischen Umgang mit der Ressource Wissen und den zielgerichteten Einsatz von Wissen in Organisationen. Wissensmanagement in Organisationen ist also kein Selbstzweck, sondern dient als Grundlage zur Optimierung bereits bestehender Geschäftsprozesse. Auch Projekte in Unternehmen dienen der Unterstützung oder Optimierung der Geschäftsprozesse, indem im Rahmen des Projektmanagements komplexe Gesamtaufgaben in kleine, überschaubare Elemente zergliedert werden (Rinza, 1998). Um Projekte möglichst effizient und im angemessenen Zeitrahmen umsetzen zu können, ist der Umgang mit der **Ressource Wissen** von großer Bedeutung. Dies wird durch die sehr pragmatische Beschreibung von Wissensmanagement durch Gorelick, April und Milton (2004) deutlich, die Wissensmanagement als systematischen Ansatz definieren, durch den der Zugang zu relevantem Wissen und Erfahrungen für Individuen und Teams optimiert wird.

> **Wissensmanagement ist ein systemischer Ansatz, durch den Zugang zu relevantem Wissen und Erfahrungen für Personen und Teams optimiert wird.**

Was Wissensmanagement im Projektkontext bedeutet, wird im ersten Abschnitt exemplarisch dargelegt. Im zweiten Teil des Beitrags werden Wissensmanagementinstrumente vorgestellt, die die Umsetzung von Wissensmanagement in Projektmanagementaktivitäten unterstützen. Abschließend wird die Implementierung von Wissensmanagement im Kontext realer Projekte reflektiert.

5.2 Hintergrund und Relevanz aus psychologischer Sicht: Der theoretische Rahmen für Wissensmanagement

5.2.1 Was versteht man unter Wissensmanagement im Projektkontext?

Neben den klassischen Aufgaben des Projektmanagements, wie Planungs-, Steuerungs- und Überwachungsaufgaben, gehören zur erfolgreichen Implementierung von Projekten vor allem Aufgaben wie die Führung der am Projekt beteiligten Mitarbeiter und die Koordination der Zusammenarbeit (Rinza, 1998). Gerade diese Aufgaben, die in allen Phasen des Projektablaufs von Bedeutung sind, entscheiden vielfach über Erfolg oder Misserfolg eines Projektes (▶ Kap. 4, Streich & Brennholt). Grundsätzlich kann man Projektabläufe grob in die folgenden 4 übergeordneten Phasen gliedern (vgl. zu Projektphasen auch ▶ Kap. 2, Schneider & Wastian; ▶ Kap. 13, Maier & Hülsheger):

Implementierung von Projekten

Projektablaufphasen

Projektablaufphasen nach Rinza (1998)
— Projektplanung
— Teamzusammenstellung
— Projektdurchführung
— Projektkontrolle

Wissensmanagement ist kein Allheilmittel für Projektmanagement, sondern eine flankierende Maßnahme, die bei der Optimierung von Projektprozessen in allen **Projektphasen** hilfreich ist.

Das Münchener Wissensmanagementmodell umfasst 3 Komponenten: Mensch, Organisation und Technik (Reinmann-Rothmeier, Mandl & Erlach, 1999).

Diese 3 Aspekte sind auch für Projektmanagementaktivitäten in allen Projektphasen von zentraler Bedeutung (◘ Abb. 5.1). Im Hinblick auf den **Menschen** geht es aus Wissensmanagementperspektive im Projektkontext beispielsweise darum, bei der Zusammenstellung des Projektteams diejenigen Organisationsmitglieder auszuwählen, die die relevanten Kenntnisse, Fähigkeiten und Kompetenzen haben, um ein Projekt effizient durchzuführen sowie die Fähigkeit mitbringen, **kontinuierliche Lernprozesse** in Projekten anzustoßen (Milton, 2005; ▶ Kap. 7, Moser & Galais). Auf der Ebene der **Organisation** ist es aus Projektsicht von zentraler Bedeutung, dass die notwendigen strukturellen Anforderungen zum Austausch von Wissen innerhalb des Projektes bereitgestellt und die Rahmenbedingungen geschaffen werden, die den Umgang mit der Ressource Wissen erleichtern (▶ Kap. 4, Streich & Brennholt). Die dritte Komponente, die **Technik**, bezieht sich auf die Implementierung und Gestaltung von Informations- und Kommunikationsinfrastrukturen und Werkzeugen, die wissensbasierte Prozesse ef-

Münchener Wissensmanagementmodell

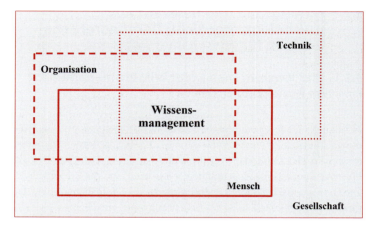

Abb. 5.1. Drei Komponenten des Wissensmanagements. (Nach Reinmann-Rothmeier & Mandl, 2000)

fizient und nutzerfreundlich unterstützen (Reinmann-Rothmeier, Erlach, Mandl & Neubauer, 2000; ▶ Kap. 3, Brodbeck & Guillaume). Diese technischen Werkzeuge sind die Basis für eine erfolgreiche Projektarbeit vor allem in global operierenden Unternehmen (▶ Abschn. 5.3).

Nach dieser Einführung in das Wissensmanagement im Projektkontext werden im nächsten Abschnitt Instrumente zur Unterstützung von Wissensmangement in den verschiedenen Projektphasen vorgestellt.

5.3 Ansatzpunkte für Verbesserungen – Instrumente zur Unterstützung des Wissensmanagements in Projekten

Wissensmanagementinstrumente sind vielseitig einsetzbar. Im Folgenden werden die Instrumente in der Projektphase beschrieben, in der sie den größten Einfluss auf den Projekterfolg haben.

5.3.1 Wissensmanagementinstrumente zur Unterstützung der Projektplanung

Phase: Projektplanung

Um ein Projekt gemeinsam mit einer Projektgruppe zielgerecht planen und definieren zu können, ist es unbedingt notwendig, ein gemeinsames Verständnis der Komplexität der anstehenden Themen zu entwickeln (Milton, 2005). Hier können Instrumente der **Wissensrepräsentation**, wie beispielsweise Mapping-Techniken, besonders hilfreich sein, da diese als gemeinsame Ausgangsbasis für Diskussionen zur Projektdefinition dienen können.

Mapping-Techniken bieten eine hervorragende Möglichkeit, große Mengen an Informationen zu verdichten und zueinander in Bezug zu

Mind Mapping: Ideensammlung und Vorstrukturierung

Die von Tony Buzan (2002) entwickelte Mind-Map-Methode eignet sich zur Sammlung von Ideen, zur Strukturierung und Vertiefung eines Themas sowie zum Aufzeigen von Zusammenhängen und Beziehungen. Das Mind Map liefert schnell einen guten, verlässlichen und vollständigen Überblick über verzweigte Themen (Buzan & Buzan, 2002). Die Ideen werden bei dieser Methode von Anfang an strukturiert. Beispielsweise eignet sich die Methode dazu, sich bei einem Vortrag oder Seminar schnell und effizient Notizen zu machen. Im Projektkontext ist die Methode z. B. hilfreich, um sich zu Beginn eines Projektes einen ersten Überblick darüber zu verschaffen, woran man bei dem Vorhaben denken muss (◘ Abb. 5.2). Das Programm »MindManager« bietet die Möglichkeit, Mind Maps am Computer zu erstellen. Der besondere Vorteil liegt darin, dass die Äste schnell und unkompliziert umgeordnet und verändert werden können. ◘ Abb. 5.2 zeigt eine mit dem MindManager erstelltes Mind Map zum Thema Mind Mapping.

Mind Mapping

Konzeptkarten: Strukturierung komplexer Prozesse oder Probleme

Novak (1998) entwickelte **Konzeptkarten**, die sich zur Strukturierung komplexer Situationen oder Probleme eignen, um diese so besser erläutern zu können (◘ Abb. 5.3). Im Rahmen von Projektsitzungen kann diese Vorgehensweise die Darstellung von komplexen Problemzusammenhängen erleichtern. Im Gegensatz zum Mind Mapping werden im Rahmen der Konzeptkarten logische Zusammenhänge und Verknüpfungen aufgezeigt. In ◘ Abb. 5.3 wird beispielsweise deutlich, dass man zum Umgang mit dem Internet ein Training zum Thema HTML benötigt.

Konzeptkarten

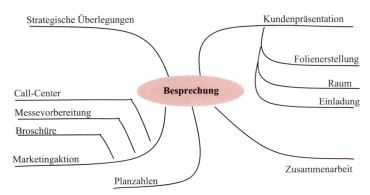

◘ **Abb. 5.2.** Beispiel einer Mind Map

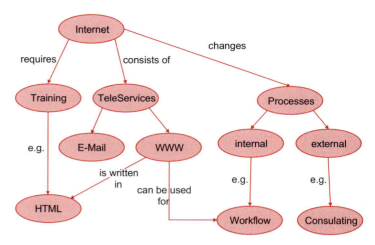

Abb. 5.3. Beispiel Konzeptkarte. (Nach Probst, Deussen, Eppler & Raub, 2000)

Integrationskarten: Integration alle wichtigen Informationen und Ableitung zentraler Prioritäten

Integrationskarten

Diese Art der Mapping-Technik kann dazu dienen, eine Vielzahl von Informationen zu integrieren und zentrale Aussagen herauszuarbeiten. Nach Eppler (1999) wird das Kernthema im mittleren Kreis fixiert (Abb. 5.4). Dieses wird von 4 Blickwinkeln in den Rahmenblöcken flankiert. Die 4 Felder dienen dazu, die Informationen einzutragen, die 2 Blickwinkel miteinander verbinden. Vor allem in komplexen Projekten ist es vielfach von zentraler Bedeutung, alle Beteiligten mit ihren unterschiedlichen Perspektiven einzubeziehen, um Reaktanz zu vermeiden (vgl. hierzu auch Tarlatt, 2001). Die Integrationskarten bieten ein Hilfsmittel, um verschiedene Perspektiven transparent zu machen und miteinander zu verbinden. Beispielsweise sind die Verknüpfungen der Themen »Betriebswirtschaftslehre, Psychologie und Informatik« beim Thema »Wissensmanagement« nicht immer sofort eindeutig erkennbar. Durch Beispiele, welche die zunächst einmal sehr unterschiedlich erscheinenden Blickwinkel verknüpfen, kann die Interdependenz der einzelnen Bereiche schnell verdeutlicht werden (Abb. 5.4). In Projekten kann dieses Vorgehen vor allem im Anfangsbereich oder bei Konflikten hilfreich sein, um eine gemeinsame Verständigungsbasis unter den Projektmitarbeitern zu erarbeiten. Dadurch können z. B. Missverständnisse vermieden werden.

Die hier vorgestellten Mapping-Techniken bilden nur eine kleine Auswahl an Möglichkeiten. Bei Probst et al. (2000) finden sich weitere Beispiele.

Abb. 5.4. Beispiel Integrationskarte. (Nach Probst, Deussen, Eppler & Raub, 2000)

5.3.2 Wissensmanagementinstrumente zur Unterstützung der Teamzusammenstellung

Zur Projektdefinition gehören neben der Definition des **Projektziels** Aspekte wie die Organisation des Projektes und die Organisation der Prozesse (Rinza, 1998).

Vor allem in Hinblick auf die Klärung der Projektorganisation – und hierbei speziell für die Zusammensetzung des Projektteams – kann das Instrument »**Wissenskarten**« hilfreich sein. Mit Hilfe von Wissenskarten lässt sich ein Überblick über die zentralen Kompetenzbereiche der möglichen Projektmitarbeiter gestalten und somit die Personalarbeit im Projektmanagement unterstützen (► Kap. 7, Moser & Galais).

Phase: Teamzusammenstellung

Wissenkarten: Übersicht vorhandenen Wissens für das Projekt

Wissenskarten dienen der Steigerung der Wissenstransparenz in Unternehmen. Zusätzlich ermöglichen sie das Auffinden von **Wissensträgern** oder -quellen und erleichtern das Einordnen von neuem Wissen. In der Praxis hat sich eine Vielzahl verschiedener Wissenskarten entwickelt. Nach Eppler (1997) sind Wissenskarten – allgemein formuliert – grafische Verzeichnisse von Wissensträgern, -beständen, -quellen, -strukturen oder -anwendungen. Die verschiedenen Arten von Wissenskarten vereinen in sich den Ansatz der Visualisierung von Wissen, das Hypermedia-Konzept sowie vielfach die technologiegestützte Gestaltung von Geschäftsprozessen mittels Workflow-Systemen, Groupware oder Intranet. Eine grafische Darstellungsweise von Wissen ist dabei der Ausgangspunkt der Kodifizierung.

Wissenskarten

Wissensträgerkarten

Wissensträgerkarten: Übersicht vorhandenen Wissens pro Projektmitarbeiter

Im Zusammenhang mit Projektmanagement sind vor allem die sog. Wissensträgerkarten (Wissenstopografien) von Bedeutung, da diese einen Überblick über die Kompetenzen möglicher Projektmitarbeiter bieten. Wissensträgerkarten veranschaulichen, welche Wissensart (z. B. Marketingkenntnisse) in welcher Ausprägung bei welchen Wissensträgern vorhanden ist. Mit einem solchen System kann man sich relativ rasch einen Überblick verschaffen, was von wem in welchem Detaillierungsgrad gewusst oder beherrscht wird. Je genauer der Überblick ist, den man über das Wissen und die Kompetenzen möglicher Projektteilnehmer hat, desto schneller kann man ein geeignetes und schlagkräftiges Projektteam zusammenstellen. In vielen komplexen Projekten ist ein interdisziplinärer Ansatz, d. h. das Einbeziehen möglichst verschiedener Hintergründe der Mitarbeiter für Projekte sehr hilfreich, weil dadurch multiple Perspektiven in der Projektarbeit berücksichtigt werden können. ◘ Abb. 5.5 gibt einen exemplarischen Überblick über Unternehmensmitarbeiter und die Schwerpunktbereiche, in denen diese auf Kompetenzen und Wissen zurückgreifen können.

5.3.3 Wissensmanagementinstrumente zur Unterstützung der Projektdurchführung

Phase: Projektdurchführung

Im Rahmen der Projektdurchführung spielt vor allem die Kommunikation und Koordination unter den Teammitgliedern eine zentrale Rolle (▶ Kap. 4, Streich & Brennholt). Die Mind-Mapping-Technik kann auch hier bei der Gestaltung von Face-to-face-Meetings als Strukturierungshilfe dienen. Zunehmend findet Teamarbeit jedoch in global verteilten Teams in Unternehmen statt (▶ Kap. 16, Hößler & Sponfeldner; ▶ Kap. 17, Hertel & Orlikowski). In diesem Zusammenhang kön-

Personen	EDV-Einsatz	Technologie-transfer	Rechnungs-legung	Marketing
Goltz, Karl	▬	▬		
Borer, André		▬		▬
Brenner, Otto	▬		▬	
Deller, Max				▬
Krause, Uli	▬	▬	▬	▬
Gross, Peter	▬			▬
Isler, Tanja			▬	▬

◘ **Abb. 5.5.** Beispiel einer Wissensträgerkarte

nen Groupware und Group-Information-Management-Systeme aus Wissensmanagementperspektive die Kommunikation und Koordination im Team unterstützen (Hopfenbeck, Müller & Peisl, 2001).

Groupware und Group-Information-Management

Die Begriffe »Groupware« oder auch »Group-Information-Management« umfassen das Konzept »Computer Supported Collaborative Work« (CSCW). Ziel dieser Technologien ist die Nutzung der Informations- und Kommunikationstechnik für die Unterstützung der Zusammenarbeit von Personen und Gruppen im Netz sowie der Transfer und das Teilen von Wissen (Hopfenbeck, Müller & Peisl 2001).

Das Interaktionsmedium in solchen Systemen ist zumeist die textbasierte Kommunikation (CVK). Im englischsprachigen Raum wird der Begriff Computer-Mediated Communication (CMC) verwendet. Hierzu können lokale (LAN), organisationsinterne (Intranet) oder globale Kommunikationsnetze (Internet) herangezogen werden (Thiedeke, 2000). Im Rahmen computervermittelter Kommunikation sind 2 Formen zu unterscheiden: Die asynchrone (zeitversetzte) und die synchrone (zeitgleiche) Kommunikation (vgl. Döring, 2003).

Bei **asynchroner computervermittelter Kommunikation** gelangt die Botschaft mit zeitlicher Verzögerung zum Kommunikationspartner, da sie meist aufgeschrieben oder aufgezeichnet wird (z. B. E-Mail, Mailinglisten, Newsgroups).

Bei **synchroner computervermittelter Kommunikation** besteht eine wechselseitige Kommunikationsverbindung, d. h. die beteiligten Kommunikationspartner sind zur gleichen Zeit aktiv, wodurch unmittelbare Rückkopplung ermöglicht wird (z. B. Chat).

Teams – gleichgültig, ob face-to-face oder virtuell – brauchen Orte, an denen sich die Teammitglieder treffen können. Bei vornehmlich virtuellen Teams kommen alle möglichen Kommunikationskanäle von Mailinglisten über Chatrooms bis hin zu eigenen Team-Webseiten etc. zum Einsatz.

Im besten Fall kombiniert man die asynchronen und synchronen Kommunikationsmöglichkeiten in Online-Tools zur Unterstützung der Teammitglieder. Nach Bach, Österle und Vogler (2000) können Groupware-Systeme in 4 Teilbereiche eingeteilt werden, dargestellt in nachfolgender Übersicht.

Vier Teilbereiche der Groupware-Systeme (nach Bach, Österle & Vogler 2000)
- **Kommunikation**, z. B. über E-Mail, Videokonferenzsysteme und Bulletin-Board-Systeme für geschlossene Gruppen
- **Gemeinsame Informationsräume**, z. B. über Hypertext-Systeme, Mehrbenutzerdatenbanken und Bulletin-Board-Systeme für geschlossene Gruppen

▼

> - **Workflow Management**, d. h. Systeme zur Unterstützung von Modellierung, Simulation, Ausführung und Steuerung von Workflows
> - **Workgroup Computing**, z. B. Terminverwaltungs- und -vereinbarungssysteme, Gruppeneditoren, Entscheidungs- und Sitzungsunterstützungssysteme

Verschiedenste Anbieter, wie z. B. Lotus, Opentext oder Microsoft, bieten umfassende Groupware-Systeme für die Unterstützung von Teams an.

5.3.4 Wissensmanagementinstrumente zur Unterstützung der Projektkontrolle

Die permanente Reflexion des Status quo im Projektprozess (▶ Kap. 6, Wastian, Braumandl & Dost) sowie die Identifikation möglicher Problemfelder sind ein zentrales Element des Projektmanagements in allen Projektphasen. Ein Wissensmanagementinstrument, das speziell für diese formativen Reflexionsprozesse entwickelt wurde, sind die sog. Lessons Learned (▶ Kap. 3, Brodbeck & Guillaume). Das Instrument fördert die Entwicklung von kritischem Projektwissen bei den Projektmitarbeitern und den Erfahrungs- und Wissensaustausch unter den Mitarbeitern.

Lessons Learned: Reflexion von Erfahrungswissen der Projektmitarbeiter

Lessons Learned

Im Rahmen von **Lessons Learned** werden Erfahrungen, die im Rahmen eines Projektabschnitts gesammelt werden, im nächsten Abschnitt für die Prozessoptimierung genutzt.

Als Lessons Learned bezeichnet man Wissen aufgrund von Erfahrungen (z. B. Projekterfahrungen). Diese Erfahrungen können positiv oder negativ sein. Somit sind sowohl Fehler als auch Erfolgsgeschichten die Quelle für Lessons Learned. Lessons Learned müssen den folgenden Anforderungen genügen:
- Lessons Learned müssen z. B. Relevanz für Folgeprojekte und eine reale Auswirkung auf eine Handlung haben.
- Lessons Learned müssen faktisch und technisch korrekt sein.

Die ◘ Abb. 5.6 veranschaulicht die Integration der Erstellung von Lessons Learned im Rahmen eines traditionellen Projektprozesses.

Im Rahmen des traditionellen Projektkreislaufs analysieren die Teammitglieder die Ergebnisse des Projektes und schreiben diese nieder. Dabei stellen sich die Projektmitglieder die Frage, welche kritischen Erfahrungen im Projekt gemacht wurden und worauf zukünftige Teams bei ähnlichen Fragestellungen achten sollten (vgl. Milton,

5.3 · Ansatzpunkte für Verbesserungen

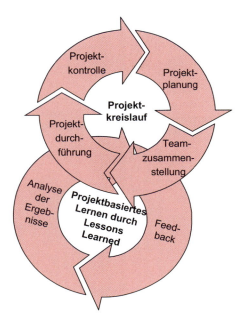

Abb. 5.6. Erstellung von Lessons Learned

2005). Denn erst durch solche Überlegungen werden die unterschiedlichen Einschätzungen sichtbar und können für die Mitarbeiter von Vorteil sein. Um die Projekterfahrungen sinnvoll dokumentieren zu können, wird im Vorfeld eine einheitliche Struktur zur Dokumentation der Projekterfahrungen geschaffen. Darüber hinaus wird jeweils ein Verantwortlicher im Projekt bestimmt, der für die Eingabe der Informationen (z. B. in eine Datenbank) verantwortlich ist. Der Lessons-Learned-Beauftragte kann z. B. durch die Projektmitglieder gewählt werden.

> Durch das Vorgehen Lessons Learned werden kritische Erfolgsfaktoren systematisch aufgedeckt, die für zukünftige Projekte bei ähnlicher Problemstellung relevant sein könnten. Weiter bieten Lessons Learned die Möglichkeit, die gemachten Erfahrungen zu nutzen. Um Lessons Learned über verschiedene Projekte hinweg auszutauschen, ist eine Dokumentation der Berichte in einer Lessons-Learned-Datenbank unabdingbar (Milton, 2005).

Zentral für die Dokumentation von Lessons Learned ist jedoch die Bereitschaft aller Beteiligten, Fehler zuzugeben und zu kommunizieren. Hierfür ist ein Mindestmaß an Fehlerkultur notwendig. Um diese zu entwickeln, kann durch Vorbilder und Anreize ein konstruktiver Umgang mit Fehlern initiiert werden (Reinmann-Rothmeier, Mandl, Erlach & Neubauer 2001).

Fehlerkultur

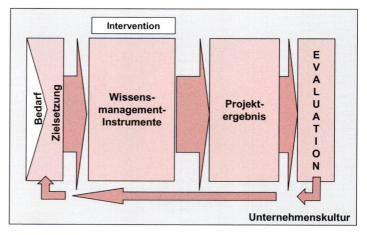

☐ **Abb. 5.7.** Wissensmanagement Prozessmodell

5.3.5 Ausblick

Die dargestellten Wissensmanagementinstrumente bieten nur einen Ausschnitt an möglichen Interventionen zur Unterstützung des Projektmanagements aus Wissensmanagementperspektive. Im Hinblick auf die tatsächliche Implementierung von Wissensmanagementinterventionen in ein Projekt kann ein Wissensmanagementprozessmodell hilfreich sein (☐ Abb. 5.7).

Wissensmanagement ist nach Probst, Raub und Romhard (2006) kein Selbstzweck, sondern dient der Unterstützung und Optimierung von Geschäftsprozessen. Im Zentrum dieses Beitrags steht die Unterstützung des Projektmanagements, um ein konkretes Unternehmensprojekt schnell und effektiv ans Ziel zu führen. Der Bedarf für den Einsatz von Wissensmanagementmaßnahmen ist somit bereits – zumindest auf normativer Ebene – formuliert. Im realen Projekt sollte die Bedarfsklärung so konkret wie möglich erfolgen, z. B. Verkürzung der Projektlaufzeit um x Tage. Aus dem Bedarf leitet sich eine konkrete Zielsetzung für das Projektmanagement ab, z. B. Verminderung der Face-to-face-Treffen der Teammitglieder bei gleichbleibend hoher Qualität der Projektkoordination. Um tatsächlich die Verbesserung des Projektmanagements durch den Einsatz von Wissensmanagementaktivitäten messen zu können, müssen die Anzahl der Treffen und das, was unter hoher Qualität zu verstehen ist, noch genauer spezifiziert werden.

Vor dem Hintergrund dieser Zielsetzung werden je nach Bedarf und Zielsetzung in der Projektgruppe verschiedene Wissensmanagementinstrumente implementiert. Durch die Nutzung dieser Instrumente, z. B. durch die Nutzung der Erfahrungen aus den Lessons Learned und der damit einhergehenden ständigen Optimierung der Projektabläufe, wird die Zielerreichung, die schnelle und effektive Projektumsetzung, vorangetrieben. Im Anschluss kann dann überprüft werden, ob das Ergebnis, in diesem Beispiel die Verringerung der Projektlaufzeit um x Tage, erreicht wurde.

Betrachtet man die Grafik (◘ Abb. 5.7), so wird deutlich, dass der Erfolg nicht am guten oder weniger guten Einsatz der Wissensmanagementinstrumente gemessen wird, sondern daran, inwieweit das übergeordnete Ziel erreicht wurde (vgl. hierzu auch Milton, 2005). Nur in dieser Konstellation kann Wissensmanagement zur Optimierung von Geschäftsprozessen beitragen und verkommt nicht zum Selbstzweck.

> **Kern des Wissensmanagements ist die Optimierung von Geschäftsprozessen. Je spezifischer die Bedarfsklärung erfolgt, desto effizienter kann Wissensmanagement in Projekten unterstützen.**

5.4 Literatur

Bach, V., Österle, H. & Vogler, P. (Hrsg.). (2000). *Business Knowledge Management in der Praxis: Prozessorientierte Lösungen zwischen Knowledge Portal und Kompetenzmanagement*. Berlin Heidelberg New York Tokio: Springer.

Bullinger, H.-J., Wörner, K. & Prieto, J. (1998). Wissensmanagement-Modelle und Strategien für die Praxis. In H. D. Bürgel (Hrsg.), *Wissensmanagement. Schritte zum intelligenten Unternehmen* (S. 21–39). Berlin Heidelberg New York Tokio: Springer.

Buzan, T. & Buzan, B. (2002). *Das Mind-Map-Buch. Die beste Methode zur Steigerung Ihres geistigen Potentials*. Landsberg: mvg.

Döring, N. (2003). *Sozialpsychologie des Internets. Die Bedeutung des Internets für Kommunikationsprozesse, Identitäten, soziale Beziehungen und Gruppen*. Göttingen: Hogrefe.

Eppler, M. J. (1999). *Conceptual management tools: A guide to essential models for knowledge workers (working paper)*. St. Gallen: Universität St. Gallen.

Fischer, F. & Mandl, H. (2000). Strategiemodellierung mit Expertenmaps. In H. Mandl & F. Fischer (Hrsg.), *Wissen sichtbar machen, Wissensmanagement mit Mapping-Techniken* (S. 37–53). Göttingen: Hogrefe.

Gorelick, C., April, K. & Milton, N. (2004). *Performance through learning: Knowledge management in practice*. Burlington: Butterworth Heinemann.

Hopfenbeck, W., Müller, M. & Peisl, T. (2001). *Wissensbasiertes Management: Ansätze und Strategien zur Unternehmensführung in der Internet-Ökonomie*. Landsberg: Moderne Industrie.

Malik, F. (2001). Wissensmanagement – auch dieser Kaiser ist nackt. *Manager-magazin*. http://www.manager-magazin.de/koepfe/mzsg/0,2828,169723,00.html (11.11.07).

Milton, N. (2005). *Knowledge management for teams and projects*. Oxford: Chandos.

Novak, J. D. (1998). *Learning, creating, and using knowledge: Concept maps as facilitative tools in schools and corporations*. Mahwah, NJ: Erlbaum.

Nückles, M., Gurlitt, J., Pabst, T. & Renkl, A. (2004). *Mind-Map und Concept-Maps. Visualisieren – Organisieren – Kommunizieren*. München: Beck.

Probst, G., Deussen, A., Eppler, M. & Raub, S. (2000). *Kompetenzmanagement. Wie Individuen und Organisationen Kompetenz entwickeln*. Wiesbaden: Gabler.

Probst, G., Raub, S. & Romhardt, K. (2006). *Wissen managen. Wie Unternehmen ihre wertvollste Ressource optimal nutzen*. Wiesbaden: Gabler.

Reinmann-Rothmeier, G. & Mandl, H. (2000). *Individuelles Wissensmanagement. Strategien für den persönlichen Umgang mit Information und Wissen am Arbeitsplatz*. Bern: Huber.

Reinmann-Rothmeier, G., Mandl, H. & Erlach, C. (1999). Wissensmanagement in der Weiterbildung. In R. Tippelt (Hrsg.), *Handbuch Erwachsenenbildung/Weiterbildung* (S. 753–768). Opladen: Leske + Budrich.

Reinmann-Rothmeier, G., Erlach, C., Mandl, H. & Neubauer, A. (2000). Der Knowledge Master. Ein kooperatives Weiterbildungsangebot zum Wissensmanagement. *Grundlagen der Weiterbildung,* 5, 221–224.

Reinmann-Rothmeier, G., Mandl, H., Erlach, C. & Neubauer, A. (2001). Der Knowledge Master. Ein kooperatives Weiterbildungsangebot zum Wissensmanagement. *Grundlagen der Weiterbildung,* 5, 221–224.

Rinza, P. (1998). *Projektmanagement: Planung, Überwachung und Steuerung von technischen und nichttechnischen Vorhaben.* Berlin Heidelberg New York Tokio: Springer.

Tarlatt, A. (2001). *Implementierung von Strategien im Unternehmen.* Wiesbaden: Gabler.

Thiedeke, U. (2000). Virtuelle Gruppen: Begriff und Charakteristika. In U. Thiedeke (Hrsg.), *Virtuelle Gruppen: Charakteristika und Problemdimensionen* (S. 23–73). Wiesbaden: Westdeutscher Verlag.

6 Projektcoaching als Weg zum erfolgreichen Projekt

Monika Wastian, Isabell Braumandl, Brigitte Dost

6.1 Das Problem: Projekte stellen vielfältige und hohe Anforderungen an alle Beteiligten – 98
6.1.1 Stakeholder und ihr Einfluss im Projekt – 99

6.2 Hintergrund und Relevanz aus psychologischer Sicht: Formen, Anwendungsfelder, Merkmale und Effekte von Projektcoaching – 101
6.2.1 Projektcoaching – eine Reflexionsmethode zur systematischen Unterstützung von Projekten und Projektbeteiligten – 101
6.2.2 Spezifische Merkmale des Projektcoachings – 103
6.2.3 Wirksamkeit von Projektcoaching – 105

6.3 Ansatzpunkte für Verbesserungen: Implementierung und Anwendung von Projektcoaching – 107
6.3.1 Voraussetzungen für den Erfolg von Projektcoaching – 107
6.3.2 Die Auswahl des Projektcoachs – 108
6.3.3 Timing von Projektcoaching im Projektablauf – 109
6.3.4 Ablauf des Projektcoachings – 110
6.3.5 Erfolgsbewertung von Projektcoaching – 112

6.4 Literatur – 116

Die Anforderungen an alle Beteiligten in Projekten sind in den letzten Jahren erheblich gestiegen und komplexer geworden. Projektcoaching bietet vielfältige Möglichkeiten, um Projektbeteiligte und -initiatoren bei der Bewältigung dieser Herausforderungen zu unterstützen und Prozesse im Projekt besser zu gestalten. Das Kapitel beschreibt, was Projektcoaching ist, wie es wirkt und wie es zum Erfolg von Projekten beiträgt.

6.1 Das Problem: Projekte stellen vielfältige und hohe Anforderungen an alle Beteiligten

Projektdefinition nach DIN

Ein Projekt ist nach DIN 69901 ein »Vorhaben, das im Wesentlichen durch die Einmaligkeit der Bedingungen in ihrer Gesamtheit gekennzeichnet ist, zum Beispiel Zielvorgabe, zeitliche, finanzielle, personelle und andere Begrenzungen, Abgrenzung gegenüber anderen Vorhaben, projektspezifische Organisation« und bei welchem mehrere oder zahlreiche Menschen, Arbeitsgruppen, Unternehmen oder Institutionen beteiligt sind (Schelle, Ottmann & Pfeiffer, 2005, S. 27f.). Dies legt den Schluss nahe, dass die meisten Projekte mit Problemen zu kämpfen haben, da innerhalb dieses komplexen Netzwerks an Beteiligten etwas Neues geschaffen werden soll, und selten zu Beginn bereits alle Rahmenbedingungen vollständig bekannt sind.

Erfolgsfaktoren in Projekten

Entsprechend zeigen Untersuchungen, dass der Verlauf (Wastian & Schneider, 2007) und der Erfolg von Projekten (Lechler & Gemünden, 1998) von den **Kompetenzen und Verhaltensweisen** der Projektbeteiligten, von der **Gestaltung von Prozessen** (Projektmanagement, Kommunikation, Information, Kooperation) sowie von vielfältigen **Rahmenbedingungen** beeinflusst wird. Störanfällig und oftmals verbesserungsbedürftig sind beispielsweise die Kommunikation (▶ Kap. 4, Streich & Brennholt) und der Austausch von Informationen (▶ Kap. 3, Brodbeck & Guillaume). Sie stellen jedoch die wichtigsten Prozesse in Projekten dar, da sie mehr noch als die ebenfalls erfolgskritische Planung und Steuerung zum Projekterfolg beitragen (Lechler & Gemünden, 1998).

Übersicht über dieses Kapitel

Im Folgenden gehen wir auf den Einfluss von Stakeholdern in Projekten ein – sei es, dass sie als Projektbeteiligte unmittelbar die Prozesse gestalten oder als Rahmen gebende Stakeholder den Kontext und Erwartungen an das Projekt vorgeben. Anschließend stellen wir Projektcoaching als eine Methode vor, die Projektbeteiligte bei der Gestaltung von Prozessen unterstützt und sie für erfolgskritische Rahmenbedingungen sensibiliert (▶ Abschn. 6.2). Denn auch wenn die Rahmenbedingungen nicht oder nur eingeschränkt kontrollierbar sind, ist es für die Projektbeteiligten von essenzieller Bedeutung, sich ihrer bewusst zu sein und damit auch die Restriktionen des Projektes zu kennen und sie in die Planung mit einzubeziehen. Schließlich beschreiben wir, wie

Projektcoaching erfolgreich implementiert und genutzt werden kann (▶ Abschn. 6.3).

6.1.1 Stakeholder und ihr Einfluss im Projekt

Management

Das Topmanagement hat den größten Einfluss auf den Projekterfolg, indem es u. a. auf die Zusammensetzung des Projektteams und dessen Beteiligung an Entscheidungen Einfluss nimmt oder formale Kompetenz auf den Projektleiter überträgt (Lechler & Gemünden, 1998). Die somit vom Management definierte **Positionsmacht des Projektleiters**, d. h. das Ausmaß seiner formalen Entscheidungs- und Weisungsbefugnisse, ist für den Projekterfolg ebenfalls wichtig. Von ihr hängen die Steuerung der Teamzusammensetzung sowie der Informations- und Kommunikationsaktivitäten im Projekt ab, welche wiederum den Projekterfolg beeinflussen (Lechler & Gemünden, 1998).

Auch entscheidet das Management über die Zuteilung notwendiger **Ressourcen** (Mitarbeiter, Geld, Zeit, Macht), deren Mangel Projekte ernsthaft gefährden kann (Van de Ven, Polley, Garud & Venkataraman, 1999). Es setzt also wesentliche Rahmenbedingungen für die Initiierung, den Verlauf und die Durchführbarkeit von Projekten.

Management als Rahmengeber und Initiator

Personalentscheidungen

Ressourcen

Projektleiter (Projektmanager)

Der Projektleiter ist die zentrale Person im Projekt. Ihm obliegt das Projektmanagement, also gemäß DIN 69901 »die Gesamtheit von Führungsaufgaben, -organisation, -techniken und -mitteln für die Abwicklung eines Projektes« (zitiert in Schelle et al., 2005, S. 30). Projekte zu leiten, umfasst also nicht nur die »technischen« Aspekte des Projektmanagements wie Planen, Budgetieren, Analysieren, Controlling und dergleichen mehr, sondern auch die Führung von Menschen.

Entsprechend liefert die International Project Management Association (IPMA) mit der ICB V3.0 (IPMA Competence Baseline Caupin et al., 2006) einen umfangreichen Katalog verschiedenster und vornehmlich überfachlicher Kompetenzen, welche der Projektleiter aufweisen sollte. Dazu gehören beispielsweise **soziale und mikropolitische Fähigkeiten** (▶ Kap. 8, Solga & Blickle) sowie ein **situations- und rollenadäquates Führungsverhalten** (▶ Kap. 11, Wegge & Schmidt). Da der Projektleiter selten disziplinarischen Einfluss auf die Projektmitarbeiter hat, sollte er auch über adäquate Strategien verfügen, um die **Projektmitarbeiter motivieren** zu können und um deren Commitment zu fördern (▶ Kap. 10, Kraus & Woschée). Diese Anforderungen kontrastieren mit dem Umstand, dass viele Projektleiter Fachlaufbahnen entstammen, wo sie wenig Gelegenheit hatten, sozialkommunikative und Führungskompetenzen im erforderlichen Umfang zu entwickeln.

Außerdem befindet sich der Projektleiter in einer Sandwichposition zwischen Auftraggeber und Team (▶ Kap. 4, Streich & Brennholt), wobei die Berücksichtigung unterschiedlicher Interessen zu **Rollen-**

Projektleiter als Führungskraft

Kompetenzanforderungen an Projektleiter

Positionsmacht

Rollenambiguität

ambiguität führen kann (▶ Kap. 9, Kauffeld, Grote & Lehmann-Willenbrock). Dem Druck und den vielfältigen Anforderungen Stand zu halten, erfordert mitunter erhebliche **Selbstmanagementfähigkeiten** (▶ Kap. 12, Kuhrts, Braumandl & Weisweiler).

> ❗ Die Förderung überfachlicher Kompetenzen, die Reflexion der eigenen Rolle sowie die Verbesserung des Durchsetzungsvermögens und Selbstmanagements von Projektleitern stellen entsprechend wichtige Anliegen im Projektcoaching dar.

Projektteam

Projektteams nur zeitlich befristet

Projektteams unterscheiden sich von anderen Teamformen, z. B. von Arbeitsteams, im Wesentlichen dadurch, dass sie nur **zeitlich befristet** bestehen und ihre Mitglieder meist aus unterschiedlichen Unternehmensbereichen und Disziplinen rekrutieren. Sie sind nicht nur mit neuartigen, einmaligen und meist komplexen Aufgaben konfrontiert, sondern auch mit fachlicher und kultureller Diversität, für welche die Teammitglieder

Kompetenzanforderungen an Teammitglieder

oftmals nicht die erforderliche interkulturelle Kompetenz mitbringen (▶ Kap. 16, Hößler & Sponfeldner). In jedem Fall stellt eine hohe Diversität – so förderlich sie für das Projekt sein kann – den Gruppenzusammenhalt auf eine Belastungsprobe (▶ Kap. 13, Maier & Hülsheger). Zudem führen unklare Rollen- und Kompetenzaufteilungen leicht zu **Rollenkonflikten** im Team (▶ Kap. 9, Kauffeld, Grote & Lehmann-Willenbrock).

Gruppenprozesse und Konflikte

Abgesehen vom Konfliktpotenzial in Teams können dysfunktionale Gruppenprozesse (z. B. »Group Think« oder »Hidden Profile«; vgl. ▶ Kap. 3, Brodbeck & Guillaume) die Kommunikation und Meinungsbildung beeinträchtigen und dadurch den Projekterfolg gefährden.

> ❗ Das Arbeiten in virtuellen Teams stellt dabei eine besondere Herausforderung dar, denn ein hoher Anteil an elektronisch vermittelter Kommunikation kann dazu führen, dass psychologische Hemmschwellen und persönliche Bindungen reduziert werden (▶ Kap. 17, Hertel & Orlikowski). Zudem sind die Möglichkeiten für ein informelles Kennenlernen bei virtuellen Teams stark reduziert.

Da das Projektteam wesentlich und in Bezug auf die Effizienz sogar herausragend zum Projekterfolg beiträgt (Lechler & Gemünden, 1998), gilt es, die Kompetenzen der Teammitglieder wie auch Gruppen- und Kommunikationsprozesse entsprechend zu entwickeln und zu fördern. Auch ist zu verhindern, dass die Arbeit den falschen Personen zugeteilt wird oder dass die Teamnormen nicht mit Organisationsnormen kompatibel sind (▶ Kap. 7, Moser & Galais). Die entsprechende **Personalentwicklung und -auswahl**, **Teamentwicklung** sowie die **Prozessverbesserung** stehen dann im Fokus des Projektcoachings.

Weitere Stakeholder

Kunden

Laut ICB V3.0 ist der Projektmanagementerfolg »die Wertschätzung der Projektergebnisse durch die interessierten Parteien und Umwelten« (Caupin et al., 2006, S. 30). Neben dem Management, dem Projektleiter oder dem Projektteam entscheiden auch andere Stakeholder, insbesondere Kunden, über den Verlauf und den Erfolg von Projekten (▶ Kap. 2, Schneider & Wastian).

Dennoch werden oft nicht alle wichtigen Stakeholder von Anfang an in angemessenem Rahmen in das Projekt mit eingebunden, was im weiteren Projektverlauf zu Konflikten führen kann. Außerdem können sich Erwartungen und Bedürfnisse der Stakeholder im Projektverlauf ändern, oder die unterschiedlichen Stakeholder verfolgen möglicherweise unvereinbare Ziele (Van de Ven et al., 1999).

Veränderliche oder unvereinbare Ziele

Die **Berücksichtigung der Stakeholderbedürfnisse** und ein **systematisches Stakeholdermanagement** (▶ Kap. 8, Solga & Blickle) lassen sich ebenfalls durch Projektcoachings unterstützen.

6.2 Hintergrund und Relevanz aus psychologischer Sicht: Formen, Anwendungsfelder, Merkmale und Effekte von Projektcoaching

6.2.1 Projektcoaching – eine Reflexionsmethode zur systematischen Unterstützung von Projekten und Projektbeteiligten

In der Projektmanagementliteratur wird in den letzten Jahren zunehmend der Einsatz von Projektcoachings empfohlen (z. B. bei Schelle et al., 2005). Allerdings findet man dort unter diesem Begriff kaum eine genaue und noch weniger eine einheitliche Definition des Begriffs »Projektcoaching«. Sie ist jedoch eine notwendige Voraussetzung, um die Einsatzmöglichkeiten, Potenziale, aber auch Grenzen von Coaching in der Projektarbeit einschätzen und den größtmöglichen Nutzen aus Projektcoachings ziehen zu können. Eine gute Grundlage hierfür liefern die differenzierten Definitionen aus der organisationspsychologischen Coachingliteratur, etwa bei Greif (2008, S. 300).

Wir beziehen uns auf diese begrifflichen Auffassungen und führen die thematische Eingrenzung im Falle des Projektcoachings noch weiter, indem wir es wie folgt definieren:

Projektcoaching ist eine durch psychologische Methoden geleitete, systematische Förderung ergebnisorientierter Selbst-, Prozess-, Problem- bzw. Lösungsreflexionen sowie Beratung von Personen, Gruppen oder Organisationseinheiten im Kontext von oder in Zusammenhang mit Projekten. Dabei unterscheiden wir 3 Formen des Projektcoachings: **Einzel, Team- und Prozesscoaching** (◯ Abb. 6.1).

Definition Projektcoaching

Projektcoaching soll dazu beitragen:
- Selbst-, team- und projektkongruente Ziele zu erreichen,
- die bewusste Selbstveränderung und -entwicklung von Projektbeteiligten (z. B. Projektleiter, das Projekt initiierende und budgetierende Führungskräfte, Projektmitarbeiter) und Projektteams bzw.
- Projektprozesse zu verbessern und zu fördern.

Formen des Projektcoachings
Ziele des Projektcoachings

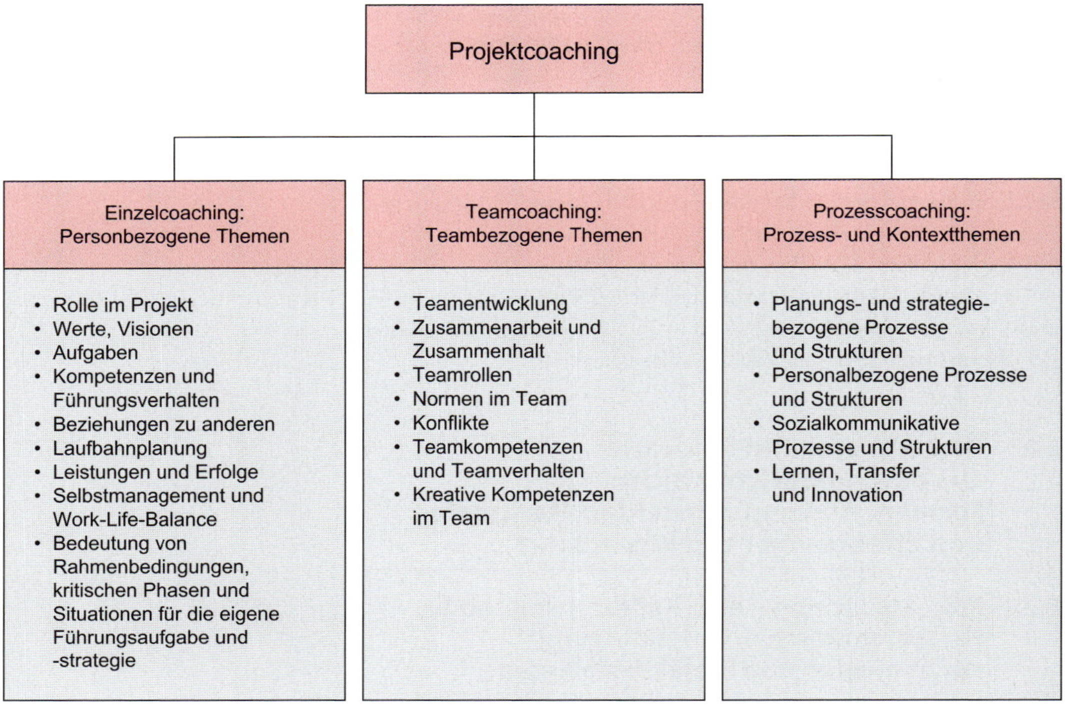

```
                        ┌─────────────────┐
                        │ Projektcoaching │
                        └─────────────────┘
```

Einzelcoaching: Personbezogene Themen	Teamcoaching: Teambezogene Themen	Prozesscoaching: Prozess- und Kontextthemen
• Rolle im Projekt • Werte, Visionen • Aufgaben • Kompetenzen und Führungsverhalten • Beziehungen zu anderen • Laufbahnplanung • Leistungen und Erfolge • Selbstmanagement und Work-Life-Balance • Bedeutung von Rahmenbedingungen, kritischen Phasen und Situationen für die eigene Führungsaufgabe und -strategie	• Teamentwicklung • Zusammenarbeit und Zusammenhalt • Teamrollen • Normen im Team • Konflikte • Teamkompetenzen und Teamverhalten • Kreative Kompetenzen im Team	• Planungs- und strategiebezogene Prozesse und Strukturen • Personalbezogene Prozesse und Strukturen • Sozialkommunikative Prozesse und Strukturen • Lernen, Transfer und Innovation

Abb. 6.1. Formen des Projektcoachings

> Projektcoaching unterstützt die Vorbereitung, Durchführung und Nachbereitung von Projekten, wobei die verschiedenen Formen des Projektcoachings je nach Anliegen und Zeitpunkt im Projektverlauf auch parallel und überlappend durchgeführt werden können (▶ Abschn. 6.3.3).

Prozesscoachings

Das komplexe Feld der Prozesscoachings lässt sich dabei noch weiter herunterbrechen, wie in nachfolgender Übersicht dargestellt.

Planungs- und strategiebezogene Prozesse und Strukturen

Themen von Prozesscoaching
— **Planungs- und strategiebezogene Prozesse und Strukturen:**
  – Projektziele und deren Bezug zu übergeordneten strategischen Zielen
  – Einbettung des Projektes in den organisationalen Kontext
  – Steuerung und Gremien
  – Projektplanung
  – Prozessqualität, Projektfortschritt und -zielerreichung
  – Risiken und Krisen (▶ Kap. 15, Salewski & von Rosenstiel)
▼

- **Personalbezogene Prozesse und Strukturen** (▶ Kap. 7, Moser & Galais):
  - Zuständigkeiten, Befugnisse, Funktionen
  - Personalauswahl (Projektleiter, Team)
  - Prozesse und Methoden zur Leistungsbeurteilung und Personalentwicklung (Projektleiter, Team)
  - Ressourcen und Rahmenbedingungen
  - Arbeitsbedingungen
- **Sozialkommunikative Prozesse und Strukturen:**
  - Stakeholder einbinden, Erwartungen klären, Konsens sichern (▶ Kap. 4, Streich & Brennholt)
  - Zusammenarbeit und Kommunikation mit externen Experten (z. B. Consultants), Subunternehmern und anderen Kooperationspartnern
  - Konfliktmoderation
  - Kommunikationsprozesse, Informationsverarbeitung und Meinungsbildung (▶ Kap. 3, Brodbeck & Guillaume), Dissens- u. Konsensregulierung, Akzeptanzsicherung
- **Lernen, Transfer und Innovation:**
  - Lernbedingungen
  - Kreativitätsförderliche Prozesse und Rahmenbedingungen
  - Sicherung des Lerntransfers
  - Ermittlung des aktuellen und künftigen Lernbedarfs
  - Wissensmanagement (▶ Kap. 5, Winkler & Mandl)
  - Identifikation von Innovationspotenzialen, Zukunftschancen, künftige Projektideen
  - Identifikation von Schwachstellen und Verbesserungsansätzen für künftige Projekte

Personalbezogene Prozesse und Strukturen

Sozialkommunikative Prozesse und Strukturen

Lernen, Transfer und Innovation

Der Weg von der Reflexion zur Zielerreichung in Bezug auf die in ◘ Abb. 6.1 genannten Themen umfasst im Projektcoaching die Schritte **Diagnose**, **Zieldefinition**, **Planung der Umsetzung** und **Umsetzungsbegleitung**, die kontinuierliche und abschließende **Bewertung der Zielerreichung** sowie idealerweise **Maßnahmen zur nachhaltigen Sicherung des Coachingerfolgs**.

6.2.2 Spezifische Merkmale des Projektcoachings

Projektcoachings leisten einen eigenständigen Beitrag zur Unterstützung von Projekten, der durch andere Beratungsformen wie etwa Consultings bzw. durch übliche Maßnahmen der Personalentwicklung nicht abgedeckt wird.

> ⓘ Die besonderen Merkmale des Projektcoachings bestehen im Wesentlichen in der psychologischen Expertise, in der systematischen Anregung zur Reflexion, in der Einbettung in den Projektkontext und in der Prozessnähe sowie in der Erschließung klienteneigener Ressourcen.

Psychologische Expertise. Projektcoaching setzt bei überfachlichen Themen rund um den »Faktor Mensch« und an der Schnittstelle Mensch/Prozess im Projekt an – nämlich am menschlichen Verhalten und Erleben selbst bzw. an Prozessen, die der Mensch gestaltet oder die auf ihn Einfluss nehmen. Die psychologische Expertise von Projektcoaches (zu den Anforderungen an Projektcoaches ► Abschn. 6.3.2) deckt die Themengebiete ab, welche Gegenstand dieses Buches sind. Sie stellt darüber hinaus eine wichtige **Ergänzung zum projektspezifischen Fachwissen** der Projektmitarbeiter oder externer Consultants dar und erleichtert den Brückenschlag zwischen fachlichen und überfachlichen Anforderungen im Projekt.

Brückenschlag zwischen fachlichen und überfachlichen Anforderungen

Systematische Anregung zur Reflexion. In Innovationsprojekten finden trotz zahlreicher Gelegenheiten kaum Lernprozesse statt: Die internen und externen Experten wechseln häufig, und die Möglichkeiten zum **Transfer der Expertise** bleiben ungenutzt (Dornblaser, Lin & Van de Ven, 2000). Mit Hilfe von Projektcoachings kann dieses Potenzial erschlossen werden, denn die systematische Anregung zur Reflexion ermöglicht ein **Lernen höherer Ordnung** (Greif, 2008).

Erschließen von Lernpotenzial

Einbettung in den Projektkontext und Prozessnähe. Anders als üblicherweise bei Trainings oder ähnlichen Maßnahmen der Personalentwicklung werden Projektleiter- und Teamcoachings im Projektkontext durchgeführt. Das heißt, die **Lerninhalte sind identisch mit den Anforderungen des Projektes**, sodass das Erlernte unmittelbar im Projektalltag angewandt werden kann. Diese Art des situierten und authentischen Lernens hat sich als besonders wirksam und nachhaltig erwiesen (Gruber, Law, Mandl & Renkl, 1995).

Unmittelbarer Praxistransfer

Erschließung klienteneigener Ressourcen. Im Projektcoaching werden keine vorgefertigten Lösungen oder Ratschläge angeboten. Vielmehr versteht sich der **Projektcoach als Katalysator**, der Klienten ihr eigenes »ungedachtes Wissen« (Diamond, 2008) zugänglich macht und sie darin unterstützt, eigene Ressourcen zu identifizieren, situativ anzupassen und erfolgreich einzusetzen. Diese Vorgehensweise trägt dazu bei, den Widerstand gegen Veränderungen beispielsweise bei Organisationsentwicklungsprojekten zu minimieren (Diamond, 2008), denn der Klient findet sich in den Lösungen wieder, die implementiert werden.

Nutzung eigener Ressourcen

6.2.3 Wirksamkeit von Projektcoaching

Für Einzelcoachings in Projekten ist der Forschungsstand zum Führungskräftecoaching relevant. Zwar besteht diesbezüglich noch ein großer Nachholbedarf, da viele Untersuchungen Einschränkungen aufgrund des Forschungsdesigns aufweisen bzw. die Ergebnisse meistens auf nicht quantifizierten oder nachprüfbaren Erfolgseinschätzungen der Coachingklienten beruhen (Feldman & Lankau, 2005). Doch abgesehen von Nachweisen einer **hohen Klientenzufriedenheit** mehren sich auch die Belege für die Wirksamkeit von Coaching (Überblick: Greif, 2008). So zeigten sich beispielsweise die in nachfolgender Übersicht dargestellten positiven Effekte von Coaching.

Wirksamkeit von Einzelcoaching

Positive Effekte von Coaching (nach Greif, 2008)
- Ziele setzen und erreichen, Entscheidungsfindung
- Problemwahrnehmung und -lösung
- Arbeits- und Lebenszufriedenheit sowie subjektives Wohlbefinden
- Selbstvertrauen, Selbstwahrnehmung und Selbstverstehen
- Offenheit für Erfahrungen und Extravertiertheit
- Führungsverhalten und Effektivität der Führung
- Sozial-kommunikative Kompetenzen und Konfliktmanagement
- Fachkompetenz
- Leistung und Produktivität
- Zeiteinsparungen aufgrund von Verhaltensänderungen nach Coachings, deren Wert die Investitionen für das Coaching um ein Vielfaches übertraf
- Steigerung der Effekte anderer Interventionen (z. B. bei Coaching nach Führungstrainings oder nach 360°-Feedbacks)

Während die Forschung zu Einzelcoachings noch in den Kinderschuhen steckt, beschäftigt sich die Psychologie schon seit vielen Jahren mit Ansätzen zur Verbesserung von Teamprozessen sowie der Leistung in Teams. Dabei bestätigte sich die Wirkung von Teamcoachings in zahlreichen Untersuchungen – meist etikettiert als »**Teamtraining**« oder »**Teamentwicklung**«, da der Coachingbegriff in den 1970er- und 1980er-Jahren wenig gebräuchlich war. So ergab die zusammenfassende Analyse von über 48 verschiedenen Studien deutliche bis starke Effekte von Teamtrainings und -entwicklungsmaßnahmen auf Teamprozesse sowie auf die Verhaltensweisen, Leistung und Einstellungen von Teammitgliedern (Klein et al., 2006). Nach Salas, Nichols und Driskell (2007) erwiesen sich dabei solche Maßnahmen am wirkungsvollsten, bei denen die Teammitglieder lernten, ihre **Koordinationsstrategien zu ändern** und die **Kommunikation zu reduzieren**, entsprechend den jeweiligen Erfordernissen. Darüber hinaus konnte die Teamleistung

Wirksamkeit von Teamcoaching

gesteigert werden, wenn die **Diagnose und Lösung von Teamproblemen** im Fokus des Teamcoachings stand (vgl. zur Teamdiagnose ▶ Kap. 9, Kauffeld, Grote & Lehmann-Willenbrock). Für sog. Cross-Trainings – sie beinhalten die Aufgabenrotation für die Teammitglieder, um sie mit den verschiedenen Anforderungen im Team vertraut zu machen – ließ sich hingegen keine Wirkung nachweisen.

> **!** Es sind also vor allem die reflexionsbetonten Maßnahmen und damit spezifisch die Ansätze, welche der Definition von Teamcoaching entsprechen (▶ Abschn. 6.2.1), die am effektivsten sind.

Wirksamkeit von Prozesscoaching

Über die Wirksamkeit von Prozesscoachings lässt sich weniger leicht eine zusammenfassende Aussage machen, da die thematische Vielfalt hier wesentlich größer ist als bei Projektleiter- oder Teamcoachings. So unterschiedlich Projekte sind, so heterogen sind auch die Gegenstände des Prozesscoachings. Jedes Prozesscoaching stellt einen Einzelfall dar und erfordert meist ein komplexes Bündel prozess-, organisations- und auftragsspezifischer Einzelmaßnahmen. Es gibt jedoch sowohl Belege zur **Wirksamkeit spezifischer Vorgehensweisen**, welche beim Prozesscoaching elementar sind, als auch Nachweise zur **Effektivität komplexer Prozessinterventionen**, welche aus Prozesscoachings bestehen oder diese beinhalten – nämlich Organisationsentwicklungsmaßnahmen.

Wirksamkeit spezifischer Vorgehensweisen

So hat sich etwa die im Prozesscoaching übliche Vorgehensweise einer sorgfältigen Bedarfsanalyse (Istzustand, Zielzustand), Festlegung von Messkriterien zur Zielerreichung, Rückmeldung und Reflexion als erfolgreich erwiesen. Dies zeigt sich beispielsweise in einem verbesserten **Commitment** (▶ Kap. 10, Kraus & Woschée) gegenüber der Organisation, einer Verbesserung des **Führungsstils** von Vorgesetzten (z. B. zum Survey-Feedback-Ansatz: Björklund, Grahn, Jensen & Bergström, 2007) sowie in einer gestiegenen **Produktivität** (vgl. zum ProMES-Verfahren: Pritchard, Harrell, Diazgranados & Guzman, 2008).

Wirksamkeit von Organisationsentwicklungsmaßnahmen

Von Organisationsentwicklungsmaßnahmen weiß man, dass sie sich positiv auf die Zufriedenheit sowie die Einstellung der Mitarbeiter gegenüber Dritten, ihrer Tätigkeit und der Organisation auswirken (Neuman, Edwards & Raju, 1989). Außerdem steigern sie die Produktivität in Unternehmen (Guzzo, Jette & Katzell, 1985). Offenbar sind es auch in diesem Fall vor allem Prozesscoachingansätze im Rahmen der Organisationsentwicklung, welche allein oder in Kombination mit anderen Verfahren am effektivsten sind. Denn Interventionen bei organisatorischen Prozessen, welche von Menschen gesteuert werden – sog. **human-prozessuale Ansätze** – übertrafen in ihrer Wirkung **techno-strukturelle Ansätze**, welche Änderungen in der Tätigkeit oder Arbeitsumgebung beinhalten; am effektivsten – sowohl im Hinblick auf Zufriedenheits- und Einstellungsmaße (Neuman et al., 1989) als auch auf die Produktivität (Guzzo et al., 1985) – waren kombinierte Maßnahmen, die sowohl human-prozessuale als auch techno-strukturelle Elemente enthielten.

6.3 Ansatzpunkte für Verbesserungen: Implementierung und Anwendung von Projektcoaching

6.3.1 Voraussetzungen für den Erfolg von Projektcoaching

Basierend auf den Erkenntnissen der Trainingsforschung (Überblick: Alvarez, Salas & Garofano, 2004) sowie der Coachingforschung (Überblick: Greif, 2008), kann davon ausgegangen werden, dass folgende Voraussetzungen zur Wirksamkeit des Coachings von Individuen und Projektteams beitragen:

Voraussetzungen bei Einzel- und Teamcoachings

> **Checkliste: Voraussetzungen für den Erfolg von Einzel- und Teamcoaching**
> 1. Die Analyse des Projektcoachingdedarfs zu Beginn der Maßnahme: Aus ihr leiten sich nicht nur die Methode und die Inhalte des Coachings ab, sondern auch die Kriterien zur Messung des Coachingserfolgs.
> 2. Individuelle Eigenschaften und Voraussetzungen, welche die Teilnehmer mitbringen. Beharrlichkeit, Veränderungsmotivation und Reflexivität werden dabei als besonders wichtig betrachtet.
> 3. Der Kontext des Projektcoachings und organisationale Rahmenbedingungen (Klima, Auswahl der Teilnehmer, Gepflogenheiten und Regeln im Unternehmen, etc.).
> 4. Merkmale des Coachings selbst, welches auf die Analyse, die individuellen Eigenschaften der Teilnehmer sowie auf den Kontext abgestimmt werden muss. Bei individuellen Coachings kommt es zudem darauf an, dass der Coach den Klienten wertschätzt und unterstützt, seine Ressourcen aktiviert und ihn zur ergebnisorientierten Problem- und Selbstreflexion anregt.
> 5. Merkmale des Coaches (▶ Abschn. 6.3.2).

Beim Prozesscoaching sind darüber hinaus neben Planung und der Integration der Betroffenen folgende Voraussetzungen erfolgskritisch (Gebert, 1974, zitiert in von Rosenstiel, 2007):

Voraussetzungen beim Prozesscoaching

> **Checkliste: Voraussetzungen für den Erfolg von Prozesscoaching**
> 1. Das Management muss das Vorgehen unterstützen (vgl. auch Joo, 2005).
> 2. Es muss bereits während des Prozesses ein Verhalten zeigen, welches dem Ziel der Maßnahmen entspricht.
> 3. Das Prozesscoaching sollte auf breiter Basis ansetzen – also möglichst viele Betroffene einbeziehen – und über möglichst viele hierarchische Ebenen gehen.

Timing von Projektcoaching

Bei allen 3 Formen von Projektcoaching sind außerdem die Bedeutung des Timings von Maßnahmen sowie die Abstimmung der Maßnahmen und Methoden auf die Projektphase zu bedenken, da je nach Projektphase (► Kap. 2, Schneider & Wastian) bzw. je nach Dauer des Teambestehens (Salas, Stagl, Burke & Goodwin, 2007) unterschiedliche Anforderungen zu bewältigen sind.

6.3.2 Die Auswahl des Projektcoachs

Feldman und Lankau (2005) kommen in ihrem Forschungsüberblick zum Führungskräftecoaching zu dem Schluss, dass Coaches
— **Psychologen** sein sollten,
— das Arbeitsumfeld des Coachingklienten (z. B. Führung, Geschäfts- und Führungsprinzipien, Politik in Organisationen) kennen und
— über ausreichend **Arbeitserfahrung** verfügen sollten.

Anforderungen an Coaches

Studien zeigen, dass die Coaches im Schnitt 24 Jahre Arbeitserfahrung haben und 49 Jahre alt sind. **Erfahrung**, **Integrität**, **Vertrauenswürdigkeit** wie auch eine hohe **persönliche Reife** gelten als erfolgskritische Eigenschaften von Coaches (Joo, 2005). Schelle und Kollegen (2005, S. 388) fordern darüber hinaus spezifisch von Projektcoaches gute **Projektmanagementkenntnisse**, umfassende **Erfahrung in der Projektarbeit und Projektleitung** sowie **Prozesskompetenz**.

Passung von Klient, Anliegen, Coachingmethode und Coach

Es ist zudem davon auszugehen, dass diese Eigenschaften wie auch die **Ausbildung** eines Coachs darauf Einfluss nehmen, welchen **methodischen Ansatz** dieser wählt und welche Coachingergebnisse folglich erzielt werden (Joo, 2005). Die Passung des Coachingklienten und seines Anliegens mit der Erfahrung und dem methodischen Hintergrund des Coachs sollten demnach ein wichtiger Aspekt bei der Coachauswahl sein. Sie wird von den Auftraggebern jedoch oftmals nicht oder nur unzureichend hinterfragt. Vielmehr verlassen sich sowohl Klienten als auch die Coachingexperten in Personalabteilungen am häufigsten auf Referenzen und ihr »Bauchgefühl«, wenn sie einen Coach auswählen, wie eine noch laufende Untersuchung zeigt (Wastian, in Vorb.).

Externer oder unternehmensinterner Coach?

Eine weitere Überlegung betrifft die Frage, ob Projektcoachings besser von einem externen oder einem unternehmensinternen Coach durchgeführt werden sollen. Forschungsergebnisse belegen, dass externe Coachings erfolgreicher sind als interne Coachings und auch einen höheren Return on Investment haben (Überblick: Greif, 2008). Dem Vorteil der besseren Kenntnis des organisationalen Umfelds bei internen Coaches steht eine Reihe von Nachteilen gegenüber. Sie betreffen vor allem die Aspekte
— Vertraulichkeit und Selbstöffnung,
— Coachingkompetenz,

— Rollenkonflikte und Neutralität,
welche für den Coachingerfolg und für die Akzeptanz des Projektcoachs sowie der im Projektcoaching erarbeiteten Ergebnisse eine wichtige Rolle spielen.

So können insbesondere die Einschränkung der Vertraulichkeit und Möglichkeit zur Selbstoffenbarung den Coachingprozess und den Lernerfolg beeinträchtigen. Dies trifft vor allem auf Coachinganliegen zu, bei welchen es um die Behebung von Kompetenzmängeln oder um Themen geht, bei denen der Coachingklient seine Ziele und Einstellungen als nicht vereinbar mit den organisationalen Zielen und Leitbildern sieht.

6.3.3 Timing von Projektcoaching im Projektablauf

Projektcoaching kann zu unterschiedlichen Zeitpunkten eines Projektes und damit auch mit unterschiedlichen Zielsetzungen im Projekt eingesetzt werden, also vor, während und zum Abschluss bzw. bei Abbruch eines Projektes (Gregor-Rauschtenberger & Hansel, 2001).

Zeitpunkte für Coachingmaßnahmen
- **Vorbereitendes Projektcoaching:**   *Vorbereitendes Projektcoaching*
    - Einzelcoaching des Projektleiters: Vorbereitung auf die Projektleitung bei unerfahrenen Projektleitern oder kritischen und wichtigen Projekten
    - Einzelcoaching auf Managementebene: Reflexion von Werten und Visionen und deren Bedeutung für Strategien und anstehende Projekte
    - Prozesscoaching auf Managementebene: Meinungsbildung und Strategieentwicklung zur Initiierung eines Projektes oder Alternativen dazu; Vorbereitung von Prozessen und Strukturen für die Implementierung eines Projektes
- **Begleitendes Projektcoaching zum Projektstart und in entscheidenden Projektphasen:**   *Begleitendes Projektcoaching*
    - Einzelcoaching des Projektleiters und ggf. anderer Projektbeteiligter
    - Teamcoaching
    - Prozesscoaching: Begleitung des Projektleiters und des Teams bei Projektstart; Begleitung bei der Vorbereitung und ggf. bei der Durchführung von Kick-off- und Start-Workshops sowie von Meilenstein-Workshops; Prozessbegleitung zur Reflexion des Projektverlaufs und zur Qualitätssicherung
- **Coaching bei Projektabschluss oder -abbruch:**   *Coaching bei Projektabschluss oder -abbruch*
    - Zur Reflexion der Lessons Learned, Sicherung des Lerntransfers und Planung nächster Schritte oder Ziele

▼

> - Einzelcoaching des Projektleiters und ggf. anderer Projektbeteiligter: individuelle Themen
> - Teamcoaching: Teamthemen
> - Prozesscoaching: Planung und Durchführung von Projekten, Prozessqualität, förderliche und hinderliche Rahmenbedingungen inkl. Ressourcen und Arbeitsbedingungen, Innovationschancen

In der Projektmanagementliteratur wird **Projektcoaching für alle Projektphasen** empfohlen (z. B. von Schelle et al., 2005, S. 388) und betont, dass es nicht nur während des laufenden Projektes genutzt werden soll. So sei Projektcoaching aufgrund der sozialen Komplexität des Projektstarts und dessen Bedeutung für den Projekterfolg bereits zum Beginn eines Projektes anzuraten (Gregor-Rauschtenberger & Hansel, 2001).

Projektcoaching nach Projektabschluss

Projektcoaching empfiehlt sich aber auch **nach** Abschluss eines Projektes, da jedes Projekt – ob erfolgreich oder nicht – erhebliche **Lern- und Verbesserungschancen** für die Projektbeteiligten wie auch für die Organisation bietet, die jedoch kaum genutzt werden (Dornblaser et al., 2000). Die Reflexionen im Prozesscoaching könnten nicht nur helfen, dieses brachliegende Potenzial zu erschließen. Sie würden auch dazu beitragen, **frühzeitig Chancen auf Produkt- oder Prozessinnovationen wahrzunehmen** oder **Synergien mit anderen Prozessen im Unternehmen zu erkennen** (beispielsweise mit Auditierungsprozessen im Rahmen von Normierungen).

6.3.4 Ablauf des Projektcoachings

Den typischen Ablauf von Projektcoachings in Form von Einzel- und Teamcoachings zeigt ◘ Abb. 6.2.

Ablauf von Einzel- und Teamcoachings

Beim **Erstkontakt** werden der Coachinganlass geklärt und grundsätzliche Aspekte beim Coaching besprochen. Hierzu gehört neben der **Freiwilligkeit** auch die **Vertraulichkeit**, die bei Berufspsychologen sogar durch die gesetzlich verankerte **Schweigepflicht** gewährleistet ist (§ 203 StGB). Anschließend erfolgen die Klärung der Rollen, Erwartungen und Aufgaben aller Coachingbeteiligten, die Information über Ablauf, Grenzen und Möglichkeiten des Coachings sowie im nächsten Schritt der Vertragsabschluss.

> ❗ Da die Bewertung des Coachingerfolgs nicht erst am Schluss der Intervention oder des gesamten Coachings stattfinden sollte, sondern prozessbegleitend, nehmen die Evaluation und das Feedback an den oder die Klienten eine zentrale Stellung im Coachingprozess ein.

Evaluation und Feedback dienen der **Qualitätssicherung** des Coachings und **unterstützen die Reflexion**, indem sie es sowohl dem

6.3 · Ansatzpunkte für Verbesserungen

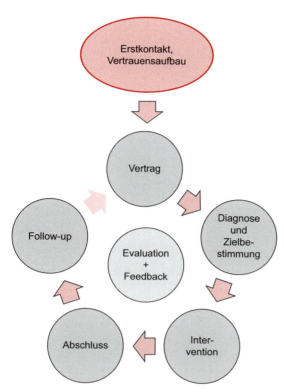

Abb. 6.2. Typischer Ablauf eines Projektcoachings

Coach als auch dem Klienten ermöglichen, laufend den Zielfortschritt zu kontrollieren und Ziele oder Interventionsmethoden zu reflektieren und bei Bedarf anzupassen. Dies setzt jedoch voraus, dass bei der **Diagnose und Zielbestimmung** der Coachingbedarf sorgfältig analysiert und messbare Kriterien der Zielerreichung bestimmt wurden.

Einige Monate nach Abschluss des Coachings empfiehlt sich ein **Follow-up-Gespräch** zwischen Coach und Klient, um den nachhaltigen Coachingerfolg zu sichern und um nächste Schritte oder neue Ziele des Klienten zu reflektieren. Gegebenenfalls wird ein weiterer Coachingvertrag vereinbart, falls neue Themen behandelt werden sollen.

Der Ablauf beim Prozesscoaching ist hiermit grundsätzlich vergleichbar (vgl. z. B. die Ablaufmodelle zur Organisationsentwicklung im Überblick bei von Rosenstiel, 2007), wenngleich meist aufwändiger (z. B. intensivere Vorgespräche und mehrere Durchläufe der genannten Phasen, falls der Auftrag aus mehreren Arbeitspaketen bzw. Einzelaufträgen besteht). Das heißt, an die Vorgespräche und den Vertragsabschluss schließen sich die Diagnose und Zielbestimmung in Bezug auf die Prozesse, das Interaktionsnetzwerk (z. B. Stakeholderanalyse) sowie die Rahmenbedingungen an. Bei dieser Gelegenheit werden auch die Kriterien bzw. Instrumente für die Evaluation des Prozesscoachinger-

Ablauf von Prozesscoachings

folgs spezifiziert, sofern in den Vorgesprächen hierzu noch keine ausreichenden Informationen verfügbar waren.

Dabei können **Fragebögen** oder **qualitative Verfahren** (z. B. Interviews oder Workshops mit den Prozessbeteiligten und anderen Experten, Beobachtungen) zum Einsatz kommen. An jede Datenerhebung bzw. Evaluation schließt sich das **Feedback** an den Auftraggeber bzw. die Prozessbeteiligten an, bei welchem die Ergebnisse präsentiert, diskutiert und reflektiert werden. Das Feedback stellt somit sowohl eine Validierung der erhobenen Daten als auch eine erste wichtige Intervention dar. Auf dieser Basis werden die weiteren Maßnahmen geplant, durchgeführt und bei Bedarf optimiert.

> **Einsatz von Coachteams/ Berater-Coach-Teams**

Bei komplexen Prozessen ist es durchaus vorstellbar und nicht unüblich, dass mehrere Projektcoaches – ggf. im Wechsel mit (Fach-)Beratern oder mit unternehmensinternen Experten – involviert sind.

6.3.5 Erfolgsbewertung von Projektcoaching

Greift man auf die Erkenntnisse aus der Trainingsforschung zurück (z. B. zusammenfassend Alvarez et al., 2004), so lässt sich die Wirksamkeit von Interventionen auf folgenden Ebenen bewerten:

1. Auf der Ebene der Teilnehmerreaktionen: Beispielsweise kann mit **Fragebögen** erhoben werden, wie **nützlich** der Projektleiter bzw. die Teammitglieder das Coaching fanden oder wie **zufrieden** sie damit waren. Oftmals geben sich Unternehmen, Klienten und leider auch Coaches (Feldman & Lankau, 2005) mit einer Erfolgsmessung auf dieser Ebene zufrieden. Dies ist insofern unzureichend, als insbesondere Zufriedenheitsbewertungen nicht sehr stark mit den tatsächlichen Lernerfolgen zusammenhängen (Arthur, Bennett, Edens & Bell, 2003).

> **Ebene der Teilnehmerreaktionen**

2. Auf der Ebene des Lernens: Im Verlauf des Coachings und bei der abschließenden Bewertung des Lernerfolgs sollten sich bei den gecoachten Klienten oder Teams Veränderungen in den Bereichen messen lassen, welche im Fokus des Coachings standen. Übliche Kriterien sind dabei **Verhaltensweisen**, **Wissensaspekte** sowie das **Zutrauen der Teilnehmer in die eigene Fähigkeit, eine Aufgabe zu bewältigen**. Die Veränderungen laufend zu erheben, muss nicht dem Coach allein überlassen bleiben. Für die Gecoachten ist es sinnvoll, ihre Fortschritte anhand der Zielkriterien in einem **Coachingtagebuch** festzuhalten. Die Veränderungen – oder auch deren Ausbleiben – sollten in jedem Fall im Coaching thematisiert und reflektiert werden, um das Coaching laufend an die Klientenbedürfnisse anzupassen und deren Lernerfolge zu sichern.

> **Ebene des Lernens**

3. Auf der Ebene des Verhaltens am Arbeitsplatz: Gelingt der **Transfer des Erlernten aus der Übungssituation in den Arbeitsalltag**, lassen sich dort Veränderungen in den gleichen Zielkriterien feststellen wie im Coachingkontext. Sie können in ähnlicher Art und Weise erhoben werden wie auf der Ebene des Lernens – beispiels-

> **Ebene des Verhaltens am Arbeitsplatz**

6.3 · Ansatzpunkte für Verbesserungen

weise durch den Coach im Rahmen von **Follow-up-Befragungen**, durch die Klienten selbst, indem sie ihr Coachingtagebuch weiterführen oder durch die Führungskraft durch Beobachtungen des Arbeitsverhaltens.

4. Auf der Ebene der Resultate für das Projekt oder die Organisation: Mit der Zeit kann sich die Anwendung des Erlernten am Arbeitsplatz in **messbaren Ergebnissen für das Projekt oder die Organisation** niederschlagen, beispielsweise in Kostensenkungen, geringeren Fehlerquoten, einer Verkürzung der Projektdauer, aber auch in einem besseren Teamklima, einer höheren Mitarbeiterzufriedenheit, niedrigeren Fehlzeiten usw.

> ❗ Neben den klassischen Kriterien – Kosten, Termine und Leistung – gemäß dem magischen Dreieck im Projektmanagement (Schelle et al., 2005, S. 89) können auch »weiche« Resultate zur Bewertung des Erfolgs von Projektcoachings herangezogen werden.

Ebene der Resultate für das Projekt oder die Organisation

Ein Projektleiter nimmt Coaching in Anspruch, weil er mit der Leistung einiger Projektmitglieder unzufrieden ist. Das Coaching soll es ihm ermöglichen, seine Kritik so zum Ausdruck zu bringen, dass die Mitarbeiter ihre Aufgaben besser erfüllen. Bei einer anfänglichen Analyse erarbeitet der Coach mit ihm auch eine Präzisierung dieses Ziels: Der Projektleiter möchte u. a. **Kritikgespräche mit seinen Mitarbeitern besser führen**. Dies sollte sich darin zeigen, dass er seine Kritik ruhig und sachlich vorbringt, dass er dem Mitarbeiter die Gründe seiner Unzufriedenheit erläutert und ihm erklärt, was er wie besser machen kann. Es sollte sich auch darin zeigen, dass seine Mitarbeiter ihre Aufgaben künftig pünktlich und vollständig erledigen und dass sie in Eigeninitiative und frühzeitiger auf Schwachstellen, Verbesserungsmöglichkeiten und Schwierigkeiten bei der Aufgabenbearbeitung hinweisen.

Das Erreichen der letztgenannten Ziele fragt der Coach auf der **Ebene der Resultate** in einem vereinbarten telefonischen Follow-up auch nach dem Coaching noch systematisch beim Projektleiter ab und gibt ihm dazu Feedback. Auch der Projektleiter selbst stellt im Projektverlauf fest, dass die Ziele meistens nicht nur erreicht, sondern sogar übertroffen wurden: Die Mitarbeiter erbringen Zusatzleistungen und springen füreinander ein, wenn es Engpässe gibt.

Auf der **Ebene des Lernens** lässt sich der Coachingerfolg während bzw. nach dem Coaching wie folgt feststellen: Das erlernte **Verhalten** des Projektleiters in Rollenspiel- oder Übungssituationen entspricht den genannten Verhaltenszielen (Beobachtung durch den Coach oder den Klienten selbst). Der Projektleiter kann erworbenes **Wissen** – z. B. erarbeitete Feedbackregeln oder Leitfäden für die Vorbereitung und Gestaltung von Kritikgesprächen –

▼

Ebene der Resultate

Ebene des Lernens

> wiedergeben. Sein **Zutrauen**, dass er die angestrebten Verhaltensweisen bei künftigen Kritikgesprächen zeigen wird, steigt im Verlauf des Coachingprozesses (eine einfache Form der Messung ist die regelmäßige Abfrage des Zutrauens auf einer Skala von 0–100%, sodass sich Veränderungen von Sitzung zu Sitzung erkennen lassen).
>
> *Ebene des Verhaltens im Arbeitskontext*
>
> Auf der **Ebene des Verhaltens im Arbeitskontext** erweist sich, dass der Projektleiter die angestrebten Verhaltensweisen nicht nur im Rollenspiel und in Übungssituationen zeigt, sondern auch in Kritikgesprächen im Projektalltag; der Lerntransfer und der Coachingerfolg sind damit erwiesen.
>
> *Ebene der Reaktionen*
>
> Auf der **Ebene der Reaktionen** erhebt der Coach mit einem Fragebogen, wie zufrieden der Projektleiter mit dem Coaching ist und wie nützlich er das Coaching empfindet. Zu Beginn des Coachings sind die Antworten des Projektleiters geradezu euphorisch, getrieben von hohen Erwartungen aufgrund der ersten Einsichten. Die Zufriedenheitswerte sinken in der Mitte des Coachingprozesses, weil die Rollenspiele den Projektleiter mit inneren Widerständen konfrontieren, die zu erkennen und zu überwinden ihm zunächst schwerfällt. Zum Schluss und auch ein halbes Jahr nach dem Coaching sind die Zufriedenheits- und Nützlichkeitsbewertungen wieder hoch, da er die erzielten Erfolge wesentlich auf die Verhaltensweisen zurückführt, die er im Coaching erlernt hat.

Unterschiede bei der Ergebnisbewertung von Prozess-, Team- und Einzelcoaching

Ergebnisbewertung beim Prozesscoaching

Bei Prozesscoachings liegt der Schwerpunkt der Evaluation auf der Ebene der Reaktionen (Zufriedenheit oder Nutzenbewertungen durch Projektbeteiligte und Stakeholder) sowie auf der Ebene der Resultate (einschließlich Bewertung der Prozessqualität). Die Ebenen des Lernens sowie des Verhaltens werden durch Prozesscoachings jedoch selten unberührt bleiben. Die Reflexion von Prozessen gemeinsam mit dem Coach ermöglicht dem Projektteam und ggf. auch anderen Organisationsmitgliedern **intensive Lernerfahrungen**, die in anderen Projekten gewinnbringend eingesetzt werden können. Die meisten Unternehmen berücksichtigen dies allerdings oftmals nicht und verzichten auf die Evaluation auf den Ebenen des Lernens und des Verhaltens am Arbeitsplatz.

Ergebnisbewertung beim Einzel- oder Teamcoaching

Umgekehrt wird in der Praxis die Wirksamkeit von Einzel- oder Teamcoachings selten auf der Ebene der Resultate gemessen, was mitunter wohl begründet sein kann. Denn eine Evaluation des Coachingerfolgs auf dieser Ebene setzt voraus, dass im Vorfeld bekannt ist – und sowohl bei der Definition der Coachingziele als auch bei der Messung der Zielerreichung berücksichtigt wird –, welche Verhaltensweisen oder andere Lernziele mit welchen Ergebnissen zusammenhängen. Dies erfordert einen hohen konzeptionellen Aufwand, der in der Praxis insbesondere dann zu rechtfertigen ist, wenn viele Projektcoachings

6.3 · Ansatzpunkte für Verbesserungen

ähnlichen Inhalts durchgeführt werden sollen. Selbst wenn im Einzelfall die Ergebnisse von unerwarteten und nicht steuerbaren Rahmenbedingungen des Projektes beeinflusst werden können, ließe sich nämlich anhand einer kontinuierlichen Evaluation vergleichbarer Coachingprozesse dennoch feststellen, ob die Projektcoachings wirksam sind oder nicht. Eine Evaluation auf der Ebene der Resultate gibt dem Unternehmen Aufschluss über das Verhältnis von Aufwand und Nutzen der Projektcoachinginvestitionen. Dies gewinnt an Bedeutung, je mehr das Unternehmen für Projektcoachings investiert.

> ❗ Im Idealfall wird das Projektcoaching auf allen 4 Ebenen evaluiert: der Ebene der Resultate, der Ebene des Lernens, der Ebene des Verhaltens im Arbeitskontext sowie der Ebene der Reaktionen.

Verfahren und Instrumente zur Messung des Coachingerfolgs

Welche Verfahren und Instrumente zur Messung des Coachingerfolgs eingesetzt werden sollen, hängt von der **Art des Coachings** und den darin festgelegten **Zielen** ab, sowie von den **Möglichkeiten und der Evaluationsexpertise** dessen, der den Erfolg bewertet. In jedem Fall sollte der Coach die Wirksamkeit des Coachings evaluieren – und zwar idealerweise prozessbegleitend, abschließend und zur nachhaltigen Transfersicherung auch noch in einem zeitverzögerten Follow-up nach dem Coaching – und die Ergebnisse mit dem Klienten reflektieren.

Verfahren und Instrumente zur Messung des Coachingerfolgs

Klientenspezifisch angepasste Verfahren zur Erfolgsmessung

Hierzu eignen sich insbesondere Verfahren, bei welchen die Erfolgskriterien klientenspezifisch definiert und erhoben werden, weil sie für den Klienten in Bezug auf sein Anliegen besonders valide sind. Beispiele sind das Goal Attainment Scaling (s. z. B. Spence, 2007), das in allen Arten von Projektcoachings eingesetzt werden kann, oder das ProMES-Verfahren (Pritchard et al., 2008), welches in Prozesscoachings zur Erhöhung der Produktivität Anwendung findet.

Goal Attainment Scaling

ProMES-Verfahren

Solche Verfahren haben nicht nur eine bewertende Funktion, sondern stellen einen wichtigen und im Prozesscoaching sogar einen zentralen Teil der Intervention dar. Die klientenspezifische Zieldefinition und die prozessbegleitende Reflexion der Zielfortschritte sind die Grundlage für zielorientierte Verbesserungsansätze und deren erfolgreiche Umsetzung.

Auch lassen sich daraus **Instrumente ableiten, die der Klient selbst einsetzen kann**, um seine Zielfortschritte und die Zielerreichung laufend zu überprüfen und damit zum Coachingerfolg beizutragen. Das einfachste Beispiel hierfür ist ein Coachingtagebuch, in welchem der Klient in Bezug auf die in der Bedarfsanalyse festgelegten Ziele den **Grad der Zielerreichung**, seine **Zufriedenheit mit dem Zielfortschritt** sowie die Wichtigkeit des Ziels zum Messzeitpunkt bewertet (der Coach sollte ihn jedoch dabei unterstützen, die Ziele bzw. Zielerreichungskriterien bewertbar zu formulieren).

Coachingtagebuch

Standardisierte Verfahren zur Erfolgsmessung

Darüber hinaus kann der Coach standardisierte psychologische Testverfahren einsetzen, um **Vorher-Nachher-Veränderungen** darzustellen – beispielsweise in der Selbstwirksamkeitserwartung, bei verschiedenen Kompetenzen oder in Bezug auf Indikatoren des Wohlbefindens beim Einzelcoaching. Auch für Team- und Prozesscoachings stehen standardisierte Verfahren zur Verfügung, welche beispielsweise das **Teamklima** (▶ Kap. 13, Maier & Hülsheger), das **Commitment der Teammitglieder** (▶ Kap. 10, Kraus & Woschée), die Zusammenarbeit, den **Informationsfluss**, die **Projektplanung** und andere team- bzw. prozessrelevante Kriterien für die Bewertung des Coachingerfolgs erheben (▶ Kap. 9, Kauffeld, Grote & Lehmann-Willenbrock).

standardisierte psychologische Testverfahren

Anschluss der Erfolgsmessung an andere Prozesse und Verfahren

Bei Prozesscoachings sollte bereits bei der Definition der Coachingziele in Betracht gezogen werden, die Coachingevaluation an das im Unternehmen durchgeführte Qualitätsmanagement anschlussfähig zu machen. Dies gilt umso mehr, je weitreichender das Prozesscoaching angelegt ist. Beispielsweise könnten ergebnisbezogene Erfolgskriterien mit Bezug zu **Balanced Score Cards** oder anderen **Controllingsystemen** definiert werden. Auch die Einbindung in Verfahren zur Bewertung der Projektqualität wie **Projektreviews** oder »**Project Excellence**« (Überblick: Schelle et al., 2005) empfiehlt sich.

Anschluss der Coachingevaluation an das Qualitätsmanagement

Inbesondere bei Einzelcoachings kann erwogen werden, den Coachingerfolg anhand von Standardinstrumenten der Personalarbeit zu bewerten, sofern diese messen, was Ziel des Coachings war und sofern die Messenden – z. B. die Personalentwicklung oder die Führungskraft des Gecoachten – bei der Festlegung der Coachingziele eingebunden waren. Beispiele sind **Vorher-Nachher-Vergleiche bei Leistungsbeurteilungen oder 360°-Feedbacks** (Luthans & Peterson, 2003). Da die meisten dieser Instrumente nur in größeren Zeitabständen eingesetzt werden, eignen sie sich jedoch nur zur abschließenden Bewertung des Coachingerfolgs, nicht jedoch zur Begleitung und Optimierung des Coachingprozesses.

Anschluss der Coachingevaluation an Standardinstrumente der Personalarbeit

6.4 Literatur

Alvarez, K., Salas, E. & Garofano, C. M. (2004). An integrated model of training evaluation and effectiveness. *Human Resource Development Review, 3*(4), 385–416.

Arthur, W., Bennett, W., Edens, P. S. & Bell, S. T. (2003). Effectiveness of training in organizations: A meta-analysis of design and evaluation features. *Journal of Applied Psychology, 88*(2), 234–245.

Björklund, C., Grahn, A., Jensen, I. & Bergström, G. (2007). Does survey feedback enhance the psychosocial work environment and decrease sick leave? *European Journal of Work and Organizational Psychology, 16*(1), 76–93.

Caupin, G., Knoepfel, H., Koch, G., Pannenbäcker, K., Pérez-Polo, F. & Seabury, C. (2006). *ICB IPMA Competence Baseline Version 3.0*. Nijkerk: IPMA International Project Management Association.

6.4 · Literatur

Diamond, M. A. (2008). Telling them what they know: Organizational change, defensive resistance, and the unthought known. *The Journal of Applied Behavioral Science, 44*(3), 348–364.

Dornblaser, B. M., Lin, T.-m. & Van de Ven, A. H. (2000). Innovation outcomes, learning, and action loops. In A. H. Van de Ven, H. L. Angle & M. S. Poole (Eds.), *Research on the management of innovation. The Minnesota studies* (pp. 193–217). Oxford, New York: Oxford University Press.

Feldman, D. C. & Lankau, M. J. (2005). Executive coaching: A review and agenda for future research. *Journal of Management, 31*(6), 829–848.

Gregor-Rauschtenberger, B. & Hansel, J. (2001). *Innovative Projektführung. Erfolgreiches Führungsverhalten durch Supervision und Coaching* (2. Aufl.). Berlin Heidelberg New York Tokio: Springer.

Greif, S. (2008). *Coaching und ergebnisorientierte Selbstreflexion. Theorie, Forschung und Praxis des Einzel- und Gruppencoachings*. Göttingen: Hogrefe.

Gruber, H., Law, L. C., Mandl, H. & Renkl, A. (1995). Situated learning and transfer. In P. Reimann & H. Spada (Eds.), *Learning in humans and machines: Towards an interdisciplinary learning science* (pp. 168–188). Oxford: Pergamon.

Guzzo, R. A., Jette, R. D. & Katzell, R. A. (1985). The effects of psychologically based intervention programs on worker productivity: A meta-analysis. *Personnel Psychology, 38*(2), 275–291.

Joo, B.-K. B. (2005). Executive coaching: A conceptual framework from an integrative review of practice and research. *Human Resource Development Review, 4*(4), 462–488.

Klein, C., Salas, E., Burke, C. S., Goodwin, G. F., Halpin, S. M., Diazgranados, D. et al. (2006). Does team training enhance team processes, performance, and team member affective outcomes? A meta-analysis. *Academy of Management Proceedings*, 1–6.

Lechler, T. & Gemünden, H. G. (1998). Kausalanalyse der Wirkungsstruktur der Erfolgsfaktoren des Projektmanagements. *Die Betriebswirtschaft, 58*(4), 435–450.

Luthans, F. & Peterson, S. J. (2003). 360-degree feedback with systematic coaching: Empirical analysis suggests a winning combination. *Human Resource Management, 42*(3), 243–256.

Neuman, G. A., Edwards, J. E. & Raju, N. S. (1989). Organizational development interventions: A meta-analysis of their effects on satisfaction and other attitudes. *Personnel Psychology, 42*(3), 461–483.

Pritchard, R. D., Harrell, M. M., Diazgranados, D. & Guzman, M. J. (2008). The Productivity Measurement and Enhancement System: A meta-analysis. *Journal of Applied Psychology, 93*(3), 540–567.

Rosenstiel, L. von (2007). *Grundlagen der Organisationspsychologie* (6. Aufl.). Stuttgart: Schäffer-Poeschel.

Salas, E., Nichols, D. R. & Driskell, J. E. (2007). Testing three team training strategies in intact teams: A meta-analysis. *Small Group Research, 38*(4), 471–488.

Salas, E., Stagl, K. C., Burke, C. S. & Goodwin, G. F. (2007). Fostering team effectiveness in organizations: Toward an integrative theoretical framework. *Nebraska Symposium on Motivation, 52*, 185–243.

Schelle, H., Ottmann, R. & Pfeiffer, A. (2005). *ProjektManager* (2. Aufl.). Nürnberg: GPM Deutsche Gesellschaft für Projektmanagement.

Spence, G. (2007). GAS powered coaching: Goal attainment scaling and its use in coaching research and practice. *International Coaching Psychology Review, 2*(2), 155–165.

Van de Ven, A. H., Polley, D. E., Garud, R. & Venkataraman, S. (1999). *The innovation journey*. New York, Oxford: Oxford University Press.

Wastian, M. (in Vorb.). Inside and outside the coaching process. An empirically derived approach to improving and managing quality in executive coachings.

Wastian, M. & Schneider, M. (2007). Zeitliche Merkmale von Innovationsprozessen und Projektverläufen – Ansatzpunkte für ein besseres Projektmanagement. In K. Weis (Hrsg.), *Zeitstrategien in Innovationsprozessen. Neue Konzepte einer nachhaltigen Mobilität* (S. 161–178). Wiesbaden: DUV.

Management des Projektumfeldes

7 Personalpsychologie im Projektmanagement – 121
Klaus Moser, Nathalie Galais

8 Macht und Einfluss in Projekten – 145
Jutta Solga, Gerhard Blickle

7 Personalpsychologie im Projektmanagement

Klaus Moser, Nathalie Galais

7.1 Das Problem: Drei Besonderheiten des Projektmanagements – 122

7.2 Hintergrund und Relevanz aus psychologischer Sicht: Personalpsychologische Teilaufgaben – 128
7.2.1 Rekrutierung – 128
7.2.2 Personalauswahl – 130
7.2.3 Leistungsbeurteilung – 132
7.2.4 Projektcontrolling – 135
7.2.5 Personalentwicklung und Karrieremanagement – 136

7.3 Ansatzpunkte für Verbesserungen: Unternehmensstrategie und Projektmanagement – 138

7.4 Zusammenfassung – 140

7.5 Literatur – 143

»Are you in or out?« Diese Frage stellt Danny Ocean seinen »11 Spezialisten« in dem Hollywood-Blockbuster, um sie für sein Projekt zu gewinnen, einen Coup, bei dem es um 150 Mio. Dollar eines Las Vegas Casinos geht – und die Rückeroberung einer Frau. »Das Team« ist handverlesen und besteht nur aus Spezialisten. Es sind die Besten, die sich hier zusammenfinden: Vom Meister-Taschendieb über den genialen Fälscher bis hin zum Pyrotechniker. Jeder trägt seine Expertise zum Projekt bei. Die Zusammenarbeit läuft reibungslos, keiner kommt dem anderen ins Gehege, alle stehen hinter dem Ziel und sie geben ihr Bestes.

Das ist der Traum eines jeden Projektmanagers. Denn auch wenn bei den meisten Projekten weniger als 150 Mio. auf dem Spiel stehen, sind die Rekrutierung, die Zusammenarbeit und der Erfolg eines Projektes eine spannende Angelegenheit. Wenn es beispielsweise darum geht, ein E-Learning-System zu entwickeln, bei dem Mitarbeiter eines Zeitarbeitsunternehmens dezentral an Schulungen teilnehmen können, wird ein Projektteam gegründet. Auch in diesem Fall sind unterschiedliche Experten beteiligt: Das Projektteam mag z. B. aus Personalern, Textern, Grafikern und Programmierern bestehen. Aber die Rekrutierung wird meist nicht nach dem »Are you in or out?«-Prinzip ablaufen und auch das »happy end« ist nicht garantiert.

7.1 Das Problem: Drei Besonderheiten des Projektmanagements

Drei besondere Anforderungen an den Projektmanager

Viele personalpsychologische Fragestellungen sind im Projektmanagement keine anderen als in anderen Bereichen: Es geht darum, die Anforderungen an den Projektleiter und die weiteren Mitarbeiter zu ermitteln, sie auszuwählen, zu qualifizieren, durch diverse Methoden zu motivieren und zu führen. Die zeitliche Begrenztheit von Projekten, verbunden mit einer deutlichen Ergebnisorientierung, die Heterogenität des Projektteams und die Komplexität der Aufgaben sowie eine ungewöhnliche Autoritätshierarchie stellen besondere Herausforderungen an eine Personalpsychologie des Projektmanagements dar.

Es sind 3 Herausforderungen, die das Projektmanagement von vielen anderen Situationen in Unternehmen unterscheiden:
1. Projekte sind mit einem sehr klaren zeitlichen Rahmen und hohem Erfolgsdruck verbunden und haben einen Einmaligkeitscharakter.
2. Es handelt sich um komplexe Aufgaben, für die fachlich heterogene Teams eingesetzt werden.
3. Solche Projektteams benötigen einen Projektleiter, der allerdings kein klassischer Vorgesetzter ist.

Warum dies Herausforderungen für die Personalpsychologie darstellt, soll im Folgenden verdeutlicht werden.

7.1 · Das Problem: Drei Besonderheiten des Projektmanagements

> Projektmanager und Projektmitarbeiter zu sein heißt, gemeinsam an einer eng verzahnten Aufgabe zu arbeiten. Dies gilt sowohl, wenn Projekte den Arbeitsalltag im Unternehmen bestimmen, als auch, wenn Projekte eigens definiert werden, um eine »außerordentliche« Aufgaben im Unternehmen zu lösen. Während im ersten Fall bereits Projektleiter im Unternehmen zuständig sind, die Erfahrung mit Projektmanagement haben, werden Projektmanager in letzterem Fall erst im Kontext des Projektes bestimmt. Bleiben wir beim Beispiel des Zeitarbeitsunternehmens, welches ein E-Learning-System für seine Mitarbeiter aufbauen möchte. Ein solches Projektteam könnte sich zusammensetzen aus: Mitarbeitern der Personalabteilung, die die Lerninhalte definieren und entwickeln, Mitarbeitern der IT-Abteilung, die die technische Umsetzung übernehmen, Grafikern aus einem externen Unternehmen, welche die Gestaltung des Materials bearbeiten sowie weiteren Mitarbeitern der Personalabteilung, die für die Implementierung des Systems im gesamten Unternehmen zuständig sind. Weiterhin könnten Mitglieder des Betriebsrates in das Projekt miteinbezogen werden. Dieses Projekt hätte eher den Charakter des Besonderen und die Projektleitung könnte von einer Mitarbeiterin der Personalabteilung übernommen werden, die möglicherweise noch nie ein interdisziplinäres Projekt geleitet hat. Das skizzierte Projekt besteht aus unzähligen Teilaufgaben und -schritten und die inhaltliche und zeitliche Abstimmung stellt eine echte Herausforderung für die Projektleitung sowie die Mitarbeiter dar. Die Festlegung der Teilprojekte, die Budgetierung und Einplanung der zeitlichen wie finanziellen Ressourcen werden nun notwendig.

Beispiel des Zeitarbeitunternehmens

Bedenkt man diese Herausforderung, ist man geneigt zu sagen: »Es gibt nichts, was ein Projektmanager nicht können muss.« Lassen sich demnach gewisse Schwerpunkte identifizieren, aus denen sich besondere Anforderungen ableiten lassen?

Anforderungen an das Projektmanagement

Ergebnisorientierung

Zunächst ist hier die starke Ergebnisorientierung zu nennen (IPMA, 2006). Evaluations- und Controllingprozesse sind wesentliche Bestandteile des Projektmanagements. Im Rahmen der Projektabwicklung werden sowohl die kontinuierliche Beurteilung des Projektes eingeplant als auch die bilanzierende Bewertung der Projekteffektivität nach dessen Abschluss. Die wichtigsten »Stellgrößen« eines Projektes, nach denen der aktuelle Fortschritt beurteilt wird, ergeben sich aus dem sog. magischen Dreieck des Projektmanagements, bestehend aus: Kosten, Zeit und Projektziel. Bei der Beurteilung des aktuellen Stands eines Projektes wird überprüft, inwiefern der Projektfortschritt im Rahmen des vorgegebenen Zeitplans liegt, das finanzielle Budget eingehalten und die (Teil-)Ziele erreicht bzw. die Aufgaben umgesetzt wurden. Im

Anforderung: Ergebnisorientierung

Meilensteine definieren

Rahmen der Planung eines Projektes werden Meilensteine definiert, also wichtige Zwischenziele auf dem Weg zur Projekterfüllung, die als Sollgrößen der Einschätzung der Projekteffektivität dienen. Zentrales Element in diesem Kontext ist die Kalkulation der notwendigen Personentage, der anfallenden Kosten für Material und Technik sowie für interne und externe Dienstleistungen.

> **!** Es ist die Aufgabe der Projektleiter, im Rahmen einer Feedbackschleife kontinuierlich den aktuellen Stand des Projektes mit dem Sollstand zu vergleichen und gegenzusteuern, wenn es zu einem Ungleichgewicht von aufgewendeter Zeit, Kosten und Projektrealisation gekommen ist.

Projektplanung

Anforderung: Projektplanung

Die Projektplanung ist daher ein zweites wesentliches Element des Projektmanagements, sie enthält die Projektdefinition bezüglich der Projektziele und -inhalte sowie die Organisation und Strukturierung der Aufgabe. Der Umsetzungsplan enthält die Aufteilung der Projektschritte und Teilaufgaben auf verschiedene Projektmitglieder. Die Einteilung in überprüfbare Zwischenziele ist hierbei zentral (Packendorff, 1995). Im Rahmen der Projektdefinition ist es üblich, das Endprodukt bzw. das Ziel konkret zu formulieren. Effektivitäts- und Leistungskriterien sind ebenfalls Bestandteile des Projektplans, an denen sich das Projekt messen lassen muss. Projektmanager weisen daraufhin, dass im Rahmen der Projektdefinition auch festgelegt werden sollte, welche Aufgaben nicht Teil des Projektes sind. Hierbei ist die Erfahrung der Projektmanager wichtig, um mögliche implizite oder projektemergente Erwartungen der Projektauftraggeber antizipieren und von der eigentlichen Projektaufgabe abgrenzen zu können.

Typischerweise kommt es im Laufe der kontinuierlichen Projektevaluation zu Redefinitionen, Nachbesserungen und Anpassungen aufgrund unvorhersehbarer Probleme, neuer Informationen, oder veränderter Projektanforderungen (▶ Kap. 2, Schneider & Wastian).

Abweichungen vom Projektplan

Sofern es zu starken Abweichungen vom Projektplan kommt, ist eine Korrektur mit einer Aktualisierung des Projektplans beziehungsweise eine Adaption der Projektziele notwendig. Eine solche Korrektur ist zwar zeitaufwändig und bindet personelle Ressourcen, sie ist jedoch wesentlicher Bestandteil eines professionellen Projektmanagements.

Teameffektivität

Da eine Grundidee diejenige des – hoffentlich gut funktionierenden – Projektteams ist, kann man als eine zentrale Herausforderung die Bestimmung von Faktoren der Teameffektivität betrachten. Tannenbaum et al. (1996) sehen folgende Merkmale als relevant an:

Bestimmung von Faktoren der Teameffektivität

- Aufgabenmerkmale (z. B. Organisation der Arbeitsaufgaben, Aufgabentyp, Komplexität),
- die Struktur der Arbeitsgruppe (z. B. Arbeitsaufteilung, Normen in der Gruppe, Kommunikationsstrukturen),

7.1 · Das Problem: Drei Besonderheiten des Projektmanagements

— Eigenschaften der Teammitglieder (z. B. Kompetenzen, Motivation, Einstellungen, Persönlichkeit, mentale Modelle)
— sowie Teammerkmale (z. B. Heterogenität der Mitglieder, Teamklima, Zusammenhalt)
— und Prozesse im Team (z. B. Kommunikation, Konflikte).

Im Zusammenhang mit diesen Merkmalen kann es jeweils zu spezifischen Problemen kommen, die die Effektivität eines Teams beeinträchtigen können.

In ◘ Tab. 7.1 sind einige Beispiele für Probleme in Teams aufgeführt. In Anbetracht dieser vielfältigen Herausforderungen an Projektteamarbeit kann man nun über **verschiedene Personalinstrumente** beziehungsweise **personalpsychologische Maßnahmen** nachdenken, etwa welche Merkmale bei der Rekrutierung der Teammitglieder zu beachten sind oder wie der Projektfortschritt zu kontrollieren ist. Ob sich Projektteams zweckmäßig organisieren, kann regelmäßig hinterfragt werden (▶ Kap. 9, Kauffeld, Grote & Lehmann-Willenbrock), zumal ihnen meistens nicht viel Zeit für ein »Zusammenfinden« gelassen wird.

Probleme in Teams

Die oben aufgeführten Probleme, die sich bei der Arbeit von Teams ergeben können, sind vor allem für Projektteams relevant, da hier meist unter hohem Zeitdruck an komplexen Aufgaben gearbeitet wird und die Teammitglieder zumindest zu Beginn noch nicht eingespielt sind.

◘ **Tab. 7.1.** Beispiele für Probleme in Teams (in Anlehnung an Tannenbaum et al., 1996, S. 509)

Einflussfaktoren	Problematische Symptomatik	Ursache des Problems
Aufgabenmerkmale	— Die Aufgabe ist zu komplex oder wird von den Teammitgliedern nicht richtig verstanden	— Aufgabenkomplexität
	— Die Organisation der Aufgabe ist suboptimal	— Aufgabenorganisation
Struktur der Arbeit	— Die Arbeit ist nicht gut aufgeteilt beziehungsweise ist den falschen Personen zugeteilt worden	— Aufgabenverteilung
	— Die Teamnormen sind inkompatibel mit den Normen der Organisation	— Teamnormen
Eigenschaften der Teammitglieder	— Teammitglieder haben nicht die nötigen Kompetenzen	— Kompetenzen
	— Die Teammitglieder wissen nicht, welche Rolle sie und die anderen Teammitglieder haben	— Mentale Modelle
	— Teammitglieder sind wenig motiviert	— Motivation und Einstellungen
Teammerkmale	— Die Zusammensetzung hinsichtlich der Erfahrung, den Kompetenzen und den Einstellungen ist suboptimal	— Heterogenität im Team
	— Der Zusammenhalt im Team ist gering	— Gruppenzusammenhalt
Teamprozesse	— Konflikte werden im Team schlecht gelöst	— Konfliktmanagement
	— Das Team trifft schlechte Entscheidungen, löst Probleme suboptimal	— Problemlöseverhalten

In der Taxonomie von Tannenbaum werden zunächst die Aufgabenmerkmale als mögliche Quelle von Problemen genannt. Hierunter fallen zum einen Eigenschaften, die der Aufgabe inhärent sind und die nicht einfach beeinflusst werden können, wie etwa die Komplexität des Projektes. Es liegt jedoch in der Hand der Projektleiter, diese Aufgabenmerkmale zu optimieren. Es muss ihnen gelingen, geeignete Teilprojekte zu definieren und dadurch Komplexität zu reduzieren oder die Schnittstellen zwischen den Arbeitsbereichen der verschiedenen Teammitglieder zu definieren. Projektleiter sind hierbei auf die **Partizipation der Teammitglieder** angewiesen. Insbesondere bei der Planung, der operativen Umsetzung und der Koordination der Aufgaben müssen Projektleiter Partizipationsprozesse initiieren, moderieren und kanalisieren können. Eine wichtige Führungsaufgabe von Projektleitern ist somit die Interaktion mit den Teammitgliedern und beteiligten Experten, die Strukturierung der Informationen und die Festlegung und Planung der Projektschritte.

Aufgabenmerkmale optimieren

Bei der Zusammenarbeit im Team kann es zu Problemen aufgrund der Eigenschaften einzelner Teammitglieder kommen, wenn beispielsweise die Teammitglieder nicht geeignet sind, weil ihnen die notwendigen Kompetenzen oder die Erfahrung fehlen oder es ihnen an Motivation und Commitment mangelt. Dies zu erkennen und ggf. gegenzusteuern, ist ebenso die Aufgabe von Projektleitern. Die Zusammenarbeit in Teams zu organisieren und zu gestalten ist ebenfalls entscheidend, um Konflikte, Missverständnisse und Informationsverlust in der Gruppe zu verhindern. Dies erfordert den **Aufbau geeigneter Kommunikationsstrukturen** wie etwa regelmäßige Meetings, die zum Austausch der Mitarbeiter dienen. Weiterhin sollten Projektleiter Diversitätsmanagement betreiben und dafür sorgen, dass Unterschiede zwischen den Mitarbeitern nicht zu Vorurteilen und gegenseitigen Abwertungen führen. Es ist wichtig für das Gelingen eines Projektes, dass die Teammitglieder sich gegenseitig wertschätzen.

Eigenschaften einzelner Teammitglieder und Passung zur Aufgabe erkennen

Zusammenarbeit in Teams aktiv gestalten

Eine adäquate Planung des Aufwands für Projektteile ist eine wichtige Aufgabe für die Projektmanager, und sie sollte in Zusammenarbeit mit den Mitarbeitern, die diese Teile bearbeiten werden, geschehen. Hier muss allerdings beachtet werden, dass es weder zu »Angstschätzungen« noch zu einer überambitionierten Planung kommt. Während junge und unerfahrene Mitarbeiter häufig den Aufwand und die Dauer ihrer Teilprojekte unterschätzen und ambitionierte, kaum einzuhaltende Zeitpläne vorschlagen, ist es bei älteren und erfahrenen Mitarbeitern häufiger der Fall, dass sie zu großzügig Puffer einplanen. Beide Planungsstrategien gefährden die Rentabilität eines Projektes, und die Aufgabe des Projektleisters ist es, eine realistische Einschätzung und Planung vorzunehmen (Kendrick, 2006).

Adäquate Aufwandsplanung

Eine hohe Aufgabeninterdependenz ist zentrales Merkmal von Projektteams, da Mitarbeiter jeweils Teilaufgaben des Gesamtprojektes übernehmen. Es gibt unterschiedliche Befunde zum Effekt von Aufgabeninterdependenz auf die Effektivität von Teams. Es kann zu Frustrationen kommen, wenn Projektmitarbeiter ihre Aufgabe nicht wie

Aufgabeninterdependenz

geplant bearbeiten und abschließen können, weil ihre Projektkollegen ihren Teil der Aufgabe noch nicht erledigt haben. Insbesondere die Projektmanager sind abhängig von der reibungslosen Zusammenarbeit der einzelnen Mitarbeiter.

> Wenn einzelne Projektschritte zu scheitern drohen, sollten Projektleiter Entscheidungen über die weiteren Schritte »eskalieren lassen«, was bedeutet, dass sie die Verantwortung an die Stakeholder des Projektes abgeben. Dies stellt eine wichtige Absicherung der Projektleiter dar, da sie ansonsten grundsätzlich für alle Abweichungen vom Projektplan verantwortlich gemacht werden.

Autoritätskonstellation

Eine dritte spezifische Anforderung an Projektmanager ergibt sich aus der Autoritätskonstellation. Sie haben nur eine eingeschränkte Autorität gegenüber den Projektmitarbeitern (Kendrick, 2006). Projektmanager übernehmen zwar Koordinations- und Kontrollfunktionen, aber sie haben keine echte Führungsfunktion. Ihre Einflussmöglichkeiten hängen daher davon ab, wie viel Rückhalt sie von den Entscheidungsträgern im Unternehmen erhalten und inwiefern sie interne **Sponsoren für ihr Projekt** und ihre Entscheidungen gewinnen können. Beispielsweise sollten die direkten Vorgesetzten der Projektmitarbeiter diese für die Erledigung der Projektaufgaben freistellen.

Anforderung: Autoritätskonstellation

> Projektmanager müssen quasi interne Lobbyarbeit für ihr Projekt betreiben und dafür sorgen, dass die Mitarbeiter für die »temporäre Organisation Projektteam« (Packendorff, 1995) die Umsetzung des Projektes priorisieren.

Projektteams setzen sich aus Spezialisten unterschiedlicher Abteilungen einer Organisation zusammen, die für eine begrenzte Zeit »zusammengebracht« werden, damit sie zur Umsetzung des Projektes beitragen. Die Mitarbeiter sind auf der einen Seite dem Projekt verpflichtet, andererseits sind sie aber weisungsgebunden gegenüber ihren Vorgesetzten in ihrer Herkunftsabteilung. Projektmitarbeiter sind somit neben ihrer Projektarbeit in ihrer eigenen Organisationseinheit tätig oder sie können auch noch in weiteren Projekten aktiv sein. Dies kann zu einer Konkurrenzsituation zwischen den Projektaufgaben und den anderen Aufgaben der Projektmitarbeiter führen, was eine weitere Herausforderung für den verantwortlichen Projektleiter sein kann.

Betrachtet man die grundlegenden Prinzipien der Einflussnahme und Macht in Unternehmen, nämlich: Positionsmacht, Belohnungs- und Bestrafungsmacht, Expertenmacht sowie charismatische Macht (Raven & French, 1958), wird deutlich, dass Projektmanager sich von Vorgesetzten in der hierarchischen Matrixorganisation eines Unternehmens deutlich unterscheiden. So haben Projektmanager zwar in ihrer Funktion als Verantwortliche des Projektes ein gewisses Maß an Positionsmacht, diese ist aber eher gering ausgeprägt, da sie nicht mit einer hohen Belohnungs- und Bestrafungsmacht einhergeht, weil Pro-

Einflussnahme und Macht von Projektleitern

jektleiter eben keine »echte« Führungs- und Personalverantwortung haben (▶ Kap. 11, Wegge & Schmidt). Projektleiter haben vor allem einen **Expertenstatus**, insbesondere was die Projektaufgabe angeht. Zudem können sie versuchen, die Mitarbeiter für die Ziele des Projektes zu gewinnen und sie zu hohen Arbeitsleistungen anzuspornen, was dem Prinzip der charismatischen Einflussnahme entspricht.

Projektleiter haben keine klassische Führungsrolle inne, ihre Einflussmöglichkeiten begründen sich allein durch die Legitimierung als Verantwortliche des Projektes und ihre Expertise, Personalverantwortung haben sie meist nicht. Dennoch ist ihr Führungsverhalten entscheidend für die Identifikation der Projektmitarbeiter mit dem Projekt und dem Projektteam und somit für dessen Erfolg (vgl. Burke, Stagl, Klein, Goodwin, Salas & Halpin, 2006).

Projektteam zusammenhalten

Projektmanager haben die Aufgabe, das Projektteam zusammenzuhalten und auf das gemeinsame Projekt einzuschwören. Dies ist besonders wichtig, da Mitglieder des Projektteams nicht durch formale Funktionsbereiche verbunden sind, sondern allein durch die gemeinsame Sache, nämlich das Projekt, zueinander in Beziehung stehen. Der temporäre Charakter des Teams ebenso wie eine mögliche **räumliche und soziale Trennung der Mitarbeiter** über verschiedene Abteilungen hinweg, eine hohe Heterogenität der Projektmitarbeiter bezüglich ihres beruflichen Hintergrundes beziehungsweise ihrer Expertise, ebenso wie die eventuelle Einbindung von unternehmensexternen Mitarbeitern, stellen eine Herausforderung für die Teamentwicklung dar.

7.2 Hintergrund und Relevanz aus psychologischer Sicht: Personalpsychologische Teilaufgaben

Die Zusammenstellung eines Projektteams läuft anders ab als die Rekrutierung von neuem Personal für eine auf Dauer einzurichtende Stelle. Neben der Frage »Wer wird im Projektteam gebraucht?« stellt sich die Frage, inwiefern überhaupt freie Kapazitäten für das Projekt existieren. Müssen auch externe Mitarbeiter in das Team integriert werden? Anders als Danny Ocean kann sich beispielsweise eine Projektleiterin, deren Aufgabe es ist, ein E-Learning-System für die Mitarbeiter ihres Unternehmens auf die Beine zu stellen, ihr Team oft nicht frei zusammenstellen. Vielmehr ergibt sich die Teamzusammensetzung in aller Regel aus den Gegebenheiten und Zuständigkeiten im Unternehmen.

7.2.1 Rekrutierung

Anders als bei der Personalauswahl für eine bestimmte Position im Unternehmen, findet bei der Zusammenstellung von Projektteams in der Praxis bisher kaum eine systematische Selektion statt, die die Zusammensetzung des Teams berücksichtigen würde (West, Borrill & Unsworth, 1998). Diese orientiert sich vielmehr an dem Beitrag, den die Einzelnen für das Projekt leisten können und danach, wer freie Kapazitäten hat. Insofern scheint es keine ernsthafte Frage danach zu geben, auf welchem Wege bzw. mit welchen Methoden Erfolg versprechende Projektteammitglieder rekrutiert werden. Teilweise ist sogar damit zu rechnen, dass die betreffenden Personen schlicht und einfach »abgeordnet« werden.

Hieraus ergibt sich ein gewisser »Zwang zur Zusammenarbeit«. Hinzu kommt, dass die Zusammenarbeit in Projektteams durch eine hohe **Diversität der Teammitglieder** erschwert werden kann (▶ Kap.16, Hößler & Sponfeldner). Es liegt in der Natur von Projektteams, dass die Mitarbeiter unterschiedlich sind, beispielsweise im Hinblick auf soziodemografische Aspekte (Alter, Geschlecht, ethnische Zugehörigkeit) oder ihren Erfahrungshintergrund, die Ausbildung oder ihre Expertise. Gerade letzteres ist zudem meistens die Voraussetzung, um der Komplexität eines Projektes gerecht zu werden.

Eine hohe Diversität von Teammitgliedern kann sowohl negative als auch positive Effekte auf die Leistung eines Teams haben. Grundsätzlich haben die Merkmale der Teammitglieder Einfluss auf soziale Kategorisierungsprozesse – wie sich die Teammitglieder gegenseitig wahrnehmen – und auf die Informationsverarbeitung im Team (Van Knippenberg, De Dreu & Homan, 2004; ▶ Kap. 3, Brodbeck & Guillaume). Homogenität und Heterogenität können, je nachdem, welche Prozesse sie im Team auslösen, negative wie positive Effekte auf die Teamleistung haben.

»Zwang zur Zusammenarbeit«

Diversität von Teammitgliedern

Effekte auf die Teamleistung

❗ Heterogenität im Sinne einer großen Informations- und Kompetenzvielfalt der Projektmitglieder ist Grundlage für die Effektivität von Projektteams, sie kann aber auch Ursache von Missverständnissen und Aufgabenkonflikten sein.

Soziale Kategorisierungsprozesse können Vorurteile aktivieren und zu Auf- oder Abwertung einzelner Mitarbeiter führen. Im Rahmen der Zusammenarbeit in interdisziplinär angelegten Projekten kann es beispielsweise zu Vorurteilen gegenüber einem Mitglied aufgrund dessen beruflichen Hintergrunds oder dessen Funktion im Unternehmen kommen. Klassische **Konflikte** in der Praxis sind beispielsweise unterschiedliche Sichtweisen von Entwicklern und Verkäufern. Ebenso kann es zu Stereotypen im Hinblick auf das Geschlecht, Alter und die ethnische Zugehörigkeit kommen, die sich meist negativ auf die Zusammenarbeit und die Effektivität von Teams auswirken.

Daher ist es von großer Bedeutung, mit Teamentwicklungsmaßnahmen möglichst früh zu beginnen und eventuell sogar die Teammitglieder an der Rekrutierung zu beteiligen. Die Projektleiter sollten sich als Diversitätsmanager verstehen und sich bewusst sein, dass sich eine gute Zusammenarbeit nicht von selbst ergibt.

Projektleiter als Diversitätsmanager

Dort, wo es tatsächlich möglich ist, ernsthaft Rekrutierung für ein Projektteam in dem Sinn zu betreiben, dass es zu einer echten Entschei-

Attraktivität von Projektteams

dung auf Seiten der Kandidaten kommen kann, stellt sich die Frage der Attraktivität des Projektteams. Die Attraktivität eines Projektteams hängt stark von seiner Zusammensetzung ab. Teams, die einen hohen Anteil von Personen mit geringem Status haben, sind wenig attraktiv (Chattopadhyay, George, & Lawrence, 2004). Inwiefern individuelle Eigenschaften mit einem geringen oder einem hohen Status verbunden bzw. als negativ oder positiv angesehen werden, hängt von den Einstellungen des Beurteilers ab. Diese sind wiederum Resultat der individuellen Sozialisationsgeschichte sowie der sozialen und kulturellen Umwelt. Grundsätzlich sind Menschen, die **Minoritäten** angehören, meist von negativen Bewertungen betroffen. In der Studie von Chattopadhyay et al. (2004) hat sich beispielsweise gezeigt, dass sich ein hoher Frauenanteil in Teams negativ auf die Identifikation der Mitarbeiter mit dem Team auswirkte. Die Autoren erklären sich dies dadurch, dass Frauen in der Beschäftigungswelt eher eine Minorität darstellen, insbesondere was statushohe Positionen angeht.

> ❗ Im Kontext der Projektarbeit kann sich eine geringe Identifikation mit dem Projektteam in einer geringeren Priorisierung der Projektaufgaben niederschlagen. Jedes Mitglied des Projektteams stellt somit auch einen Attraktivitätsfaktor für zukünftige Teammitglieder dar.

7.2.2 Personalauswahl

Wenn die Option besteht, tatsächlich zwischen Kandidaten wählen zu können, stellt sich die Frage nach zentralen Kriterien und optimalen Personalauswahlverfahren. Für alle Mitglieder des Projektteams sollte gelten, dass sie überdurchschnittlich intelligent sind und hohe fachspezifische Expertise haben. Die bisherige Berufserfahrung, darin entwickelte Kompetenzen und bisherige Arbeitsergebnisse sind oftmals Entscheidungsgrundlagen für die Personalauswahl. Die in ◘ Tab. 7.2 angeführten Aspekte (► Kap. 12, Kuhrts, Braumandl & Weisweiler) können z. B. als Grundlage für ein **strukturiertes Auswahlinterview**

Kompetenzanforderungen an den Projektleiter

dienen. Für den prospektiven Projektleiter kann auch an Merkmale gedacht werden, die sich als erfolgsrelevant für Führungskräfte erwiesen haben (insbes. Intelligenz, Selbstvertrauen, Integrität; Schuler, 2006). Hierfür gibt es gut überprüfte Persönlichkeitstests.

Improvisationstalent

Beispielsweise ist das Improvisationstalent der Projektleiter und -mitarbeiter von großer Bedeutung für das Gelingen von Projekten. Projekte müssen dynamisch und flexibel auf veränderte Bedingungen reagieren können. Es ist eher selten, dass die Aufgaben im Projekt »rigide« nach der anfänglichen Planung abgearbeitet werden können. Projektmanager verweisen in diesem Kontext gerne auf das Zitat »Planung ist das Ersetzen von Zufall durch Irrtum«, um den Charakter ihrer Arbeit zu beschreiben, bei der das Einhalten der anfänglichen Planungen eher die Ausnahme als die Regel darstellt. Daher darf ver-

7.2 · Hintergrund und Relevanz aus psychologischer Sicht

Tab. 7.2. Herausfordernde Situationen für Projektmanager und Lernbereiche

Situationscharakteristik	Lernbereich
Neue Situation mit ungewohnter Verantwortung	Breitere Sichtweise haben
	Bereitschaft, sich auf andere zu verlassen
	Wirtschaftliches und technisches Wissen
	Mit Unklarheiten umgehen können
Gestaltung von Wandel und Beziehungen aufbauen	Bereitschaft, volle Verantwortung für eine Gruppe oder ein Projekt zu übernehmen
	Verhandlungsfähigkeit
	Wissen, wie Kooperation erzielt werden kann
	Fähigkeit, sich in andere hineinzuversetzen
	Bereitschaft, andere in Entscheidungen einzubeziehen
Hohe Verantwortung und Freiheit	Entschiedenheit
	Entscheidungs- und Organisationsfähigkeit
	Fähigkeit, das »Gesamtbild« zu sehen
Negative Erfahrungen	Eigene Grenzen und Fehler erkennen
	Belastende Situationen bewältigen
	Motivation zur eigenen Karriereentwicklung

mutet werden, dass Projektleiter über reichhaltiges strategisches Wissen verfügen sollten.

> Abweichungen im Projekt schnell zu erkennen und gegenzusteuern und gleichzeitig Raum für kreative Veränderungen und Projektanpassungen zu lassen, ist eine zentrale Handlungskompetenz von Projektleitern. Weiterhin wird ihnen der konstruktive Umgang mit Misserfolgen, Fehleinschätzungen und Fehlinformationen abverlangt.

Aus der Anforderung »Einfluss zu nehmen ohne formale Hierarchie« lässt sich ableiten, dass es für Projektleiter von großer Bedeutung ist, adäquate Motivationsstrategien für ihre Teammitglieder zu finden, hohe soziale Kompetenz beim Umgang mit anderen aufzuweisen und gleichzeitig über Networkingfähigkeiten zu verfügen, um im Unternehmen Rückhalt und Unterstützung für die Umsetzung ihres Projektes zu erhalten.

Die Art der Zusammensetzung von Teams spielt eine wesentliche Rolle für den Erfolg eines Projektes. Einer der stabilsten Prädiktoren für den Teamerfolg sind die intellektuellen Fähigkeiten der Teammitglieder (Bell, 2007). Außerdem sind Teams, deren Mitglieder hohe Ausprägungen an Persönlichkeitseigenschaften wie Verträglichkeit, Offenheit für Neues, Gewissenhaftigkeit und Kollektivismus und eine

Kompetenzanforderungen an Mitarbeiter im Projektteam

Vorliebe für das Arbeiten im Team aufweisen, erfolgreicher als andere Teams (Bell, 2007).

Bisher gibt es nur wenige stichhaltige Belege dafür, dass die Persönlichkeiten in erfolgreichen Teams möglichst unterschiedlich sein sollten. Dagegen ist die fachliche Heterogenität eines Teams bei der Bearbeitung von hoch komplexen Aufgaben von Vorteil. Teams, die in der Forschung und Entwicklung aktiv sind, profitieren beispielsweise von der Zusammenarbeit von Mitarbeitern mit unterschiedlicher Expertise, da jedes Teammitglied ungeteilte Informationen zur Problemlösung beitragen kann. Ungeteilte Informationen sind im Gegensatz zu geteilten jene Informationen, über die nur ein Teammitglied verfügt. Durch den Beitrag solcher **ungeteilten Informationen** erhöht sich der Informations- und Wissensstand der gesamten Gruppe (▶ Kap. 5, Winkler & Mandl).

Fachlich heterogene Zusammensetzung von Teams

7.2.3 Leistungsbeurteilung

Neben der Personalauswahl ist die Unterstützung bei der Vorbereitung und Durchführung von Leistungsbeurteilungen ein weiterer wichtiger personalpsychologischer Beitrag zum Projektmanagement. Berufliche Leistung kann definiert werden als Beitrag von Akteuren zum Erfolg des Unternehmens, für das sie arbeiten. Der »Natur« des Projektmanagements entspricht der Gedanke, dass die Leistung eines Projektteams am Erfolg der Projekte gemessen wird. Eine solche Neigung findet sich interessanterweise auch im Bereich der Beurteilung von Gruppen. Während einige Autoren die **Leistung von Teams** allgemein als den Grad der Zielerreichung definieren, existiert parallel dazu eine Debatte darüber, welche Kriterien sich für die Einschätzung der Effektivität von Teams eignen. Cohen und Bailey (1997) unterscheiden die folgenden 3 Aspekte von Teameffektivität:
1. Leistung gemessen durch Quantität und Qualität des Produktes,
2. positive Mitarbeitereinstellungen (z. B. Zufriedenheit, Vertrauen etc.) sowie
3. Verhaltensmerkmale der Mitarbeiter (z. B. Absentismus, Fluktuation).

Bei der Bewertung eines Projektes stellen die Quantität und die Qualität des Produktes sicherlich die zentralen Effektivitätskriterien dar. Im Rahmen des Soll-Ist-Vergleichs werden kaum Aspekte wie etwa die Einstellungen der Mitarbeiter oder deren Verhalten betrachtet. Aus personalpsychologischer Sicht ist allerdings die Idee, den Projekterfolg zum alleinigen Gradmesser der erbrachten Leistung zu machen, aus verschiedenen Gründen zu kritisieren, wie in nachfolgender Übersicht dargestellt.

Ergebnisorientierte Leistungsbeurteilung

7.2 · Hintergrund und Relevanz aus psychologischer Sicht

> **Probleme ergebnisorientierter Leistungsbeurteilung**
> 1. Ergebniskriterien sind kontaminiert und defizient: Ergebnisse hängen auch von den Anstrengungen Unbeteiligter, Zufall und nicht beeinflussbaren Entwicklungen (z. B. politischen Einflussnahmen) ab. Zudem spiegeln sie nicht vollständig Anstrengung und Kompetenzen der Beteiligten wider.
> 2. Es wird auf verhaltensorientierte Motivierungsmöglichkeiten verzichtet: Wenn nur Ergebnisse zählen, wird darauf verzichtet, Feedback über erfolgreiche Teilschritte oder erfolgsversprechendes Verhalten zu geben und es werden keine Ratschläge zur Korrektur gegeben.
> 3. Die Chance, aus Misserfolgen zu lernen, wird komplett ignoriert: Fehler und Misserfolge können eine wichtige Quelle für das Lernen der Beteiligten sein.
> 4. Die Gefahr von »eskalierendem Commitment« steigt: Wenn nur »das Ergebnis zählt«, neigen die Beteiligten dazu, auch an offensichtlich desaströsen Projekten sehr lange festzuhalten, ihre Bindung (Commitment) an das Ziel »eskaliert«.

Dass gerade das »Zählbare« oft ein schlechtes Maß für die eigentliche Leistung darstellt, ist für Personalpsychologen eine zentrale Erkenntnis. Kontaminiert sind Ergebniskriterien, da sie von (zu) vielen nicht kontrollierbaren Bedingungen abhängen. So kann es auch dazu kommen, dass ein erfolgreiches Projekt abgebrochen oder als nicht gelungen betrachtet wird, weil es aufgrund von Marktveränderungen, politischen, ökonomischen oder strategischen Erwägungen im Unternehmen nicht mehr als lohnenswert erscheint und keine Priorität mehr besitzt. **Abbruch erfolgreicher Projekte**

Dass Ergebniskriterien regelmäßig wichtige Komponenten eines langfristigen Erfolgs vernachlässigen – nämlich Feedback über Kompetenzen und Anreize, diese weiterzuentwickeln –, kann nicht genug betont werden. Wenn z. B. ergebnisorientiertes Projektmanagement bedeutet, dass die längerfristige Weiterentwicklung und Qualifizierung der Mitarbeiter, da nicht unmittelbar ergebnisrelevant, vernachlässigt wird, kann dies kaum im Interesse der Organisation sein. **Vernachlässigte Weiterentwicklung und Qualifizierung der Mitarbeiter**

Hinzu kommt, dass aufgrund der Einzigartigkeit von Projekten – und damit auch der Einzigartigkeit vieler Anforderungen – eine ergebnisorientierte Leistungsbeurteilung nicht unbedingt Aufschluss darüber gibt, ob ein Projektleiter/-mitarbeiter in einem künftigen Projekt oder in seiner angestammten Linienfunktion wieder vergleichbare Ergebnisse erbringt. Bei schlechten Ergebnissen kann ein entsprechendes Feedback zudem die Motivation und Karriere des Mitarbeiters beeinträchtigen, ohne ihm wirkliche Ansatzpunkte für eine Verbesserung aufzuzeigen. **Begrenzte Prognosekraft von Leistungen für die Zukunft**

Demgegenüber können verhaltensorientierte Beurteilungen mit Interventionen verknüpft werden, das Feedback dient dann zur Verhaltenssteuerung. Hierzu sollten schon zu Projektbeginn gemeinsam **Verhaltensorientierte Leistungsbeurteilung**

Kriterien entwickelt werden, die zur Beurteilung der Projektleiter und der Teammitglieder dienen. Hilfreich sind etwa Beurteilungsskalen, die spezifisches erwünschtes Verhalten beschreiben und eine Referenz für das tatsächlich gezeigte Verhalten liefern.

Damit wird deutlich: Es geht nicht um die »holistische« Bewertung einer Person, sondern um die sachliche Auseinandersetzung mit deren Verhaltensweisen und der Qualität des Arbeitsprodukts. Eine inhaltliche Auseinandersetzung mit den erbrachten Leistungen ermöglicht eine konstruktive Evaluation und ist Voraussetzung für individuellen und organisationalen Lerngewinn.

Nun könnte man entgegnen, dass durch ein angemessenes Projektmanagement solche Probleme einer unzulänglichen ergebnisorientierten Beurteilung gar nicht erst entstehen werden. Hierzu zählt insbesondere die klare Definition von Aufgaben, Zuständigkeiten, Fristen, Schnittstellen etc. Abgesehen davon, dass dies schon aus Gründen hoher Komplexität nur eingeschränkt möglich ist, sind hiervon allerdings auch **demotivierende Effekte** zu erwarten. Wenn den einzelnen Mitarbeitern eine klar definierte Teilaufgabe übertragen wird, die sie für das Projekt erledigen sollen, sie aber keine unmittelbare Verantwortung für das Gelingen des Gesamtprojektes tragen (Tannenbaum et al., 1996), kann es sein, dass sie eher ein transaktionales denn ein relationales Verhältnis gegenüber dem Projektteam ausbilden. Das heißt, während eine transaktionale Beziehung sich durch gegenseitiges Nehmen und Geben im Rahmen von Abmachungen kennzeichnen lässt, basieren relationale Verträge auf gegenseitiger Loyalität und hoher Identifikation der Mitarbeiter mit dem Projekt. Eine transaktionale Beziehung kann sich durch die erwähnte Einteilung in abgegrenzte Teilaufgaben ergeben. Im Rahmen von Projektvereinbarungen werden genaue Abmachungen getroffen, die die Anforderung sowie den nötigen Arbeitsaufwand definieren.

Transaktionales versus relationales Verhältnis

Beziehung von Projektmitarbeitern zu dem Projekt

Die Beziehung von Projektmitarbeitern zu dem Projekt kann dann einen stark kalkulativen Charakter haben, der von Kosten-Nutzen-Überlegungen geprägt ist. Die Identifikation mit dem Projektziel rückt in den Hintergrund. Eine transaktionale Beziehung zum Projekt lässt sich dadurch beschreiben, dass die Mitarbeiter zwar ihre Teilaufgaben »ordnungsgemäß« umsetzen, aber wenig Bereitschaft zu weitergehendem Engagement zeigen. Das heißt, dass sie nicht bereit sind, sich freiwillig über das Maß der vereinbarten Ziele und Aufgabenverteilung hinaus zu engagieren (Hertel, Bretz & Moser, 2000).

> ❗ Die Identifikation mit den Projektzielen, das Commitment (▶ Kap. 10, Kraus & Woschée) und eine hohes freiwilliges Engagement (»organizational citizenship behavior«) der Mitarbeiter sind wichtige Voraussetzungen für die Effektivität eines Projektteams.

»This is not my business«-Syndrom

Das »This is not my business«-Syndrom kann eine große Gefahr für das Gelingen von Projekten sein, die davon leben, dass die Projektmitarbeiter bereit sind, ggf. ihre Teilaufgabe im Sinne des Projekterfolges zu redefinieren beziehungsweise sich über das übliche Maß hinaus anzustrengen. Da die Personentage, also der Aufwand je Projektschritt, genau definiert sind, stellt aber gerade Letzteres ein Problem dar. Wenn der Aufwand größer als geplant ist, ist es für interne und externe Projektmitarbeiter nur begrenzt möglich, zusätzliche Ressourcen zur Verfügung zu stellen, ohne für ihre Herkunftsabteilung, ein anderes Projekt beziehungsweise ihr Herkunftsunternehmen an Rentabilität einzubüßen.

Extrem ausdifferenzierte Projektplanung ist nur in Ausnahmefällen möglich und angemessen. Dies setzt auch der Anwendbarkeit von ergebnisorientierter Leistungsbeurteilung Grenzen. Diese durch verhaltensorientierte Beurteilungen zu ersetzen, zumindest aber zu ergänzen, ist ein wichtiges Steuerungsinstrument für Projekte. Hierdurch wird zudem demotivierenden Effekten einer extensiven Planung vorgebeugt.

Verhaltensorientierte Beurteilung als wichtiges Steuerungsinstrument

7.2.4 Projektcontrolling

Auch wenn die Endevaluation eines Projektes nach dessen Abschluss eine wichtige Lernmöglichkeit für das Unternehmen darstellt, läuft diese selten systematisch ab. Insbesondere wenn das Projekt zur Zufriedenheit der Stakeholder des Projektes fertiggestellt wurde, werden weder das Projekt noch das Projektmanagement systematisch evaluiert (Packendorff, 1995). Projekte, die aus dem Lot geraten sind, weil sie ihre Ziele nicht (vollständig) erreicht haben, zu teuer waren und/oder der Zeitrahmen nicht eingehalten wurde, werden zwar häufiger einer kritischen Beurteilung unterzogen, eine systematische Evaluation im Sinne einer Ursachenanalyse ist aber auch dann eher selten. Meist wird alleine die Person des Projektleiters für den Erfolg oder Misserfolg eines Projektes verantwortlich gemacht (Packendorff, 1995).

Evaluation eines Projektes

Die Verantwortung der Projektmanager ist entsprechend hoch, und sie stehen unter starkem **Erfolgsdruck**. Dies erklärt auch, warum Projektmanager teilweise zurückhaltend sind, wenn es darum geht, Probleme und Schwierigkeiten des Projektes zu kommunizieren (Smith & Kell, 2003).

> ❗ Eine der wichtigsten Kompetenzen von Projektmanagern ist es zu erkennen, wann das Projekt »aus dem Ruder zu laufen« droht und dies schnellstmöglich an die Entscheidungsträger im Unternehmen weiterzugeben.

Problematisch wird es allerdings, wenn das Projekt nicht erfolgreich zum Abschluss gebracht werden kann. Bei IT-Projekten wird beispielsweise davon ausgegangen, dass lediglich 26% der Projekte im Rahmen des vorgegebenen Budgets, der geplanten Zeit und den inhaltlichen Zielvorgaben erfolgreich beendet wurden, während in 46% aller Projekte der Zeit- oder Kostenplan verfehlt wurde beziehungsweise die vorgegebenen inhaltlichen Ziele nicht vollständig umgesetzt wurden; 28% der Projekte scheiterten ganz und wurden endgültig abgebrochen (Smith & Keil, 2003).

Scheitern von Projekten

In der Tat zeigt die Grundlagenforschung, dass ein starker Fokus auf Ergebnisorientierung ein **eskalationsfördernder Faktor** ist (Kernan & Lord, 1989). Ein Projekt als gescheitert zu erklären, ist für Projektleiter und Stakeholder des Projektes eine prekäre Angelegenheit, insbesondere dann, wenn schon sehr viel, meist zuviel Zeit, Geld und Arbeit in das Projekt investiert wurden. Menschen realisieren ungern versunkene Kosten, investieren stattdessen weiter, auch wenn die Projektziele kaum noch zu erreichen sind und verschwenden somit noch mehr Ressourcen. Dies ist insbesondere dann der Fall, wenn ein hoher Rechtfertigungsdruck bezüglich der Ergebnisse besteht (Kernan & Lord, 1989). Vor sich selbst und vor anderen das Scheitern einzugestehen und die versunkenen Kosten zu akzeptieren, wird als extrem aversiv erlebt.

Ressourcenverschwendung

Im Projektalltag ist es nicht immer leicht zu erkennen, inwiefern es sich lohnt, durchzuhalten und an dem Projekt festzuhalten und wann es sich eher um ein »verzweifeltes« Festhalten an dem Projekt handelt, nur um keinen Misserfolg eingestehen zu müssen. Dies ist umso schwieriger wenn man bedenkt, dass der Projekterfolg häufig auch politische Aspekte hat. Nicht nur die Projektleiter, sondern auch die Stakeholder des Unternehmens und teilweise das ganze Unternehmen können ihre Reputation durch ein erfolgloses Projekt gefährden (▶ Kap. 8, Solga & Blickle).

> **❗ Zum Management von Projekten kann also auch ein rechtzeitiger Abbruch gehören. Aufgrund der Ergebnisverantwortung des Projektleiters stellt dies hohe Anforderungen an dessen Verantwortungsbewusstsein.**

7.2.5 Personalentwicklung und Karrieremanagement

Personalentwicklung umfasst sämtliche Maßnahmen, die der Förderung der Mitarbeiter dienen. Beispielsweise können Personalentwicklungsmaßnahmen – etwa ein Projektmanagementtraining – dazu beitragen, Mitarbeiter auf die Projektarbeit vorzubereiten. Während ältere Ansätze den Schwerpunkt meist auf formelle Trainings legten, umfassen neuere Ansätze (beispielsweise Projektcoaching; vgl. ▶ Kap. 6, Wastian, Braumandl & Dost) die gesamte Bandbreite von Interventionen und Prozessen, die der Steigerung der Leistung von Mitarbeitern dienen, wobei »der Fokus der Veränderung dabei auf überdauernden persontypischen, kognitiven, motivationalen und emotionalen Strukturen oder Schemata liegt, die den Prozess des menschlichen Verhaltens und Handelns regulieren« (Sonntag, 2002, S. 60).

Personalentwicklung

Bei Personalentwicklung geht es somit um Wissensvermittlung, Verhaltensmodifikation und Persönlichkeitsentwicklung. Personalentwicklungsmaßnahmen umfassen sowohl formelle Interventionsmaßnahmen, wie beispielsweise Trainings, als auch informelle Prozesse wie etwa das Lernen am Arbeitsplatz. Insofern stellt auch die Projektarbeit selbst eine wichtige Möglichkeit zur Personalentwicklung dar, denn da die Mitarbeiter aus unterschiedlichen Abteilungen und Organisationseinheiten stammen und zumindest zeitweise aus ihrem üblichen Arbeitsalltag herausgezogen werden, um mit unbekannten Teamkollegen an einer meist einmaligen Aufgabe zusammenzuarbeiten, kann dies einen hohen Lerneffekt für die Individuen sowie für das Unternehmen haben (vgl. Packendorff, 1995).

Lerneffekte für Personal und Unternehmen

Entwicklungsmöglichkeiten

Die Lernmöglichkeiten für die Projektmitglieder ergeben sich quasi »on the job«, indem sie mit den Anforderungen des Projektes mitwachsen. Formale Weiterbildungen sind hingegen im Rahmen der Projektarbeit eher selten, da die Projektmitarbeiter über ein hohes Maß an projektspezifischer Expertise verfügen.

Es ist demnach die Aufgabe von Projektleitern, Lernmöglichkeiten im Projekt zu schaffen, die der Entwicklung der Mitarbeiter dienen beziehungsweise den Mitarbeitern Gelegenheit geben, ihre Kompetenzen zu entfalten. Dies mag zwar trivial klingen, aber gerade im Kontext der Projektumsetzung steht die gezielte Förderung von Mitarbeitern eher im Hintergrund, wichtiger ist der optimale Einsatz der vorhandenen Humanressourcen. Denn die Projektleiter werden an den Projektergebnissen gemessen, nicht an der Entwicklung der Mitarbeiter. Der Einsatz in einem Projekt ist allerdings als solcher schon als Lern- und Entwicklungsmöglichkeit zu verstehen. Im Projekt erworbene Kompetenzen können für die Herkunftsabteilung ein großer Gewinn sein.

Lernmöglichkeiten für Mitarbeiter

> ❗ Die Platzierung in einem Projektteam kann als eine Maßnahme zur Personalentwicklung gesehen werden, denn die Mitarbeit in einem Projekt stellt eine gute Möglichkeit dar, die eigenen Kompetenzen zu erhalten und aktiv zu entwickeln. Dies ist die Voraussetzung für die Erhöhung der individuellen Beschäftigungsfähigkeit, sowohl was die interne als auch die organisationsübergreifende Karriere angeht.

Mitarbeiter können durch die Leistung, die sie in Projekten erbringen, ihre Fertigkeiten ausbauen und ihre Reputation im Unternehmen erhöhen. Dem kann allerdings auch der Nachteil entgegengehalten werden, dass die Projektmitglieder ihre bisherigen Beziehungen verlieren (▶ Kap. 17, Hertel & Orlikowski).

Projektleiter sind bei der Kommunikation und Entwicklung der Kompetenzen ihrer Mitarbeiter gefordert, denn sie arbeiten häufig intensiver als die Linienvorgesetzten mit ihren Projektmitarbeitern zusammen. Andererseits sind es aber die Linienvorgesetzten, die für Karriereentscheidungen zuständig sind. Daher ist es die Aufgabe der Projektleiter, die Leistungen der Projektmitarbeiter »festzuhalten« und intern zu kommunizieren und das Geleistete zu dokumentieren.

Personalentwicklung durch den Projektleiter

Feedback

Insbesondere in Unternehmensberatungen, bei denen das Kerngeschäft in Projektarbeit umgesetzt wird, sind daher standardisierte Be-

Standardisierte Bewertungs- und Feedbacksysteme

wertungs- und Feedbacksysteme, die im Projektablauf integriert sind, die Regel. Hier werden die Fertigkeiten und Erfahrungen der Mitarbeiter festgehalten. Diese Informationen können für eine spätere Platzierung und das Matching mit Projektanforderungen ebenso wie für die Feststellung von Weiterbildungsbedarfen genutzt werden. In Unternehmen, in denen die Projektarbeit parallel zur Abteilungsarbeit existiert, ist die systematische Erfassung der Leistungen der Mitarbeiter eher die Ausnahme. Es bleibt den Projektleitern und den Mitarbeitern selbst überlassen, wie sie die Leistungen im Projekt kommunizieren und wie diese dokumentiert werden.

Karriereplanung durch Linienvorgesetzte

Projektleiter können keine Karriereentscheidungen für die Projektmitarbeiter treffen, da sie nicht deren formale Vorgesetzte sind. Entsprechend sind es auch die Linienvorgesetzten, die Aufgaben im Rahmen der Personalentwicklung, wie beispielsweise Mitarbeiter- oder Feedbackgespräche beziehungsweise die Karriereplanung, übernehmen. Projektleiter stellen zwar eine wichtige Feedbackquelle für die Leistungsbeurteilung der Projektmitarbeiter dar, ob diese jedoch von den formalen Führungskräften genutzt wird, bleibt diesen überlassen.

Projektmanager als Feedbackquelle

Projektmanager haben auch eine wichtige Funktion als Feedbackquelle für die Teammitglieder. Hierbei gilt es aber zu bedenken, dass negatives Feedback zwar eine wichtige Information für die Teammitglieder darstellt, es gleichzeitig aber auch abträglich sein kann. Negatives Feedback kann zu Beziehungskonflikten innerhalb der Teams führen, die sich wiederum negativ auf die Leistung von Teams auswirken (Peterson & Behfar, 2003). Wobei sich gezeigt hat, dass ein hohes Vertrauen im Team die unerwünschten Auswirkungen von negativem Feedback abmildert.

7.3 Ansatzpunkte für Verbesserungen: Unternehmensstrategie und Projektmanagement

Klassische Projektmanagementsituationen kann man bei Forschungs- und Entwicklungsteams finden, die in einer begrenzten Zeitspanne ein anspruchsvolles Problem zu lösen haben. Es handelt sich dabei um erfahrene Spezialisten mit heterogenem fachlichen Hintergrund, die nach Abschluss des Projektes wieder in ihre angestammte Herkunftsabteilung zurückkehren. Dieses Beispiel stellt gewiss nur eine Variante dar, wie Projektmanagement motiviert und organisiert werden kann. Um dies zu veranschaulichen, greifen wir auf ein 4-Felder-Schema zurück (◘ Abb. 7.1) und erweitern dieses. Sonnenfeld und Peiperl (1988) schlagen vor, dass sich Organisationen in Abhängigkeit von strategischen Überlegungen für unterschiedliche Karrieresysteme entscheiden.

4 Karrieresysteme

◘ Abb. 7.1 beschreibt die 4 Karrieresysteme auf den beiden Dimensionen »Versorgungsweg« (interne vs. externe Rekrutierung) und »Zuteilungsprinzip« (individueller vs. Gruppenbeitrag). Beispiele für »Festungen« sind Einzelhandelsläden, für »Baseballteams« Beratungsfir-

7.3 · Ansatzpunkte für Verbesserungen: Unternehmensstrategie und Projektmanagement

Abb. 7.1. Eine Typologie von Karrieresystemen. (Mod. nach Sonnenfeld & Peiperl, 1988)

men, für »Clubs« Regierungsbehörden und für »Akademien« Pharmaunternehmen.

Für welches dieser Karrieresysteme sich Organisationen entscheiden, ergibt sich aus ihrer »strategischen Mission«. Hoch innovative Unternehmen, die unabhängige und kreative Experten für ihren Erfolg benötigen (z. B. Unternehmensberatungen, Werbeagenturen, Filmindustrie), werden sich als »Baseballteams« am Markt aufstellen. Etablierte Unternehmen, die oftmals begrenzte Produkte und/oder Märkte dominieren und nur selten fundamentale Veränderungen vornehmen, benötigen vor allem verlässliche und loyale Mitarbeiter (»Clubs«). Eine dritte Form beziehungsweise Version von Unternehmen (»Akademien«) versucht, Innovation und Commitment zu vereinen, das Karrieresystem muss also diejenigen belohnen, die sowohl (moderate) Risiken übernehmen als auch Loyalität zeigen. »Festungen« eine »strategische Mission« zu unterstellen, mag euphemistisch klingen, nach Sonnenfeld und Peiperl (1988) handelt es sich oft auch um solche Unternehmen, die zuvor eine andere Mission hatten und denen die Kontrolle über ihre Umgebung (vorübergehend) verloren ging. Natürlich gibt es auch die Möglichkeit, dass ein Unternehmen verschiedene Karrieresysteme kombiniert.

Hoch innovative Unternehmen

Etablierte Unternehmen

Unternehmen, die auf Innovation und Commitment setzen

Unternehmen mit fundamentalem Visions- und Strategiewechsel

Die eingangs beschriebenen Projektteams in Forschung und Entwicklung findet man typischerweise in Unternehmen vom Typ »Akademie«. Projektteams und Projektmanagementaufgaben finden sich – in modifizierter Form – aber auch in den anderen 3 Typen von Organisationen. So können die organisationalen Strukturen der Organisationen vom Typ »Baseball-Team« so charakterisiert werden, dass sie sogar aus Projektteams bestehen.

Es gibt also keine »Heimatabteilung«, Teams werden nach Ende des Projektes aufgelöst und dann wieder neu zusammengestellt. Ein Beispiel hierfür sind Unternehmensberatungen. Deren Mitarbeiter sind nicht in festen Teams organisiert, sondern in Projektgruppen, die passend zum jeweiligen Kundenauftrag zusammengestellt werden. Der tägliche Arbeitsplatz von Unternehmensberatern ist beim jeweiligen Kunden; in der Unternehmensberatung besteht ihr Arbeitsplatz meist nur aus einem Rollcontainer und einem Laptop. Unternehmensberatern wird eine sehr hohe räumliche, zeitliche, fachliche und auch soziale Flexibilität abverlangt. Sie arbeiten in unterschiedlich langen Einsätzen in verschiedenen Unternehmen, mit unterschiedlichen Arbeitszeiten, an verschiedenen Standorten mit wechselnden Kollegen und wechselnden Aufgabenschwerpunkten. Teilweise arbeiten sie sogar gleichzeitig in verschiedenen Projektteams für mehrere Kunden.

Für Organisationen vom Typ »Club« sind Projektteams eher Ausnahmeerscheinungen, auch wenn die Idee des Projektteams ihren historischen Ursprung ausgerechnet in solchen Organisationen hatte. Beispielhaft seien hier »task forces« genannt, die im Bereich der Polizeiarbeit dann gebildet wurden, wenn es besonders kritische Probleme zu lösen galt. In einem entsprechenden Projekt zu arbeiten, kann primär als Unterbrechung der bürokratischen Routine bezeichnet werden, und sie resultiert aus einer Problem-, Krisen- beziehungsweise Ausnahmesituation.

Organisationen vom Typ »Festung« für Krisenintervention

Auch Organisationen vom Typ »Festung« kennen Projektmanagement, hier allerdings erneut eher im Sinne einer Krisenintervention. Ob der Projektleiter überhaupt ein Projektteam hat oder ein »Ein-Mann-Projekt« ist, muss offenbleiben. Beispiele hierfür sind Konkursverwalter und Interimsmanager.

7.4 Zusammenfassung

In diesem Kapitel haben wir einige personalpsychologische Fragestellungen des Projektmanagements behandelt. Es hat sich gezeigt, dass die Personalpsychologie im Kontext des Projektmanagements nicht neu erfunden werden muss und dass sie sich in weiten Teilen kaum von den üblicherweise angewandten Maßnahmen unterscheidet. Allerdings existieren einige Besonderheiten von Projektteams, die Konsequenzen für die Personalpsychologie haben:

Temporäre Rekrutierung. Bei Projektteams handelt es sich um temporäre soziale Einheiten, die hoch komplexe Aufgaben zu lösen haben, nach deren Umsetzung und Abschluss sie wieder »zerfallen«. Die zeitliche Begrenztheit des Projektes ist daher ein wesentliches Merkmal von Projektteams. Weiterhin stellt die Gruppenzusammensetzung eines Projektteams besondere Herausforderungen an die Rekrutierung der Mitarbeiter und an die Zusammenarbeit innerhalb des Teams. Projektteams sind meist durch eine hohe Heterogenität der Mitarbeiter gekennzeichnet.

Ansatz: Rekrutierung

Personalauswahl. Für den Erfolg eines Projektteams garantieren zum einen bekannte Prädiktoren für den Berufserfolg wie hohe Intelligenz und ausgeprägte fachliche Expertise, hinzu kommen jedoch auch Merkmale wie Verträglichkeit und Improvisationstalent, die sich für Projektteams als erfolgreich erwiesen haben.

Ansatz: Personalauswahl

Verhaltensorientierte Leistungsbewertung. Projektarbeit zeichnet sich durch eine hohe Ergebnisorientierung aus. Dies impliziert kontinuierliche Evaluations- und Controllingprozesse, die durch Zwischen- und Endberichte begleitet werden. Problematisch ist, dass der Ergebnischarakter stark dominiert und Lernaspekte im Sinne einer nachhaltigen Ableitung von »Learnings« für Folgeprojekte fehlen. Weiterhin reduziert sich die Effektivitätsmessung meist auf leicht ermittelbare Kennzahlen, Faktoren wie die Mitarbeiterentwicklung werden zu wenig beachtet.

Ansatz: Verhaltensorientierte Leistungsbewertung

Unmittelbare Verantwortlichkeit der Projektmitarbeiter am Gesamterfolg. Projektleiter befinden sich in einem Spannungsverhältnis, das sich aus der hohen Projektverantwortung und Entscheidungskompetenz und gleichzeitig geringer Autorität gegenüber den Projektmitarbeitern ergibt. Projektleiter haben eine ambivalente Führungsrolle, auf der einen Seite bestimmen sie die Arbeitsschritte im Projekt, auf der anderen Seite aber haben sie meistens keine formelle Führungsverantwortung für die Projektmitarbeiter.

Ansatz: Unmittelbare Verantwortlichkeit der Projektmitarbeiter am Gesamterfolg

Lobbyarbeit für das Projekt. Projektleiter verfügen günstigenfalls über Expertenmacht und charismatische Macht, wenn es ihnen gelingt, ihre Mitarbeiter für das Projekt zu begeistern. Sie haben aber vergleichsweise wenig Belohnungs- und Bestrafungsmacht gegenüber ihren Projektmitarbeitern.

Ansatz: Lobbyarbeit für das Projekt

Unternehmensstrategische Karrieresysteme. Projektteams können in ganz unterschiedlichen Organisationsstrukturen zu finden sein. Je nachdem, welche »strategische Mission« ein Unternehmen hat, wird es sich unterschiedlich am Markt aufstellen und Projekte werden aus unterschiedlichen Gründen initiiert werden. In Organisationen des Typs »Club« werden Projektteams meist nur für die Umsetzung von Sonderaufgaben zusammengestellt. Die Projektgruppen werden dann meist parallel zu den Funktionsteams gebildet. Die Projektmitarbeiter sind in diesem Fall neben ihrer Rolle im Projekt noch mit ihrer Her-

Ansatz: Unternehmensstrategische Karrieresysteme

kunftsabteilung verbunden. Andere Organisationen, die sich eher nach dem Prinzip des Baseballteams organisieren, sind meist vollständig auf der Basis von Projektteams organisiert, die flexibel auf verschiedene Projekte zugeschnitten werden können.

Die nachfolgende Checkliste fasst noch einmal die zentralen Punkte des Projektmanagements aus personalpsychologischer Sicht zusammen.

> **Checkliste: Was sind die zentralen Punkte des Projektmanagements aus personalpsychologischer Sicht?**
> - Durchsetzungskraft aufbauen: Projektmanager haben meist keine Personalverantwortung, brauchen aber Autorität, um die Projektziele durchzusetzen.
> - Prioritäten und Sponsoren: Projektleiter müssen sicherstellen, dass ihr Projekt im Unternehmen die notwendige Unterstützung findet und ausreichend Ressourcen bereitgestellt werden.
> - Mitarbeiter einbeziehen: Die Definition von Teilaufgaben und deren Zuordnung auf Mitarbeiter sollte unter Rücksprache bzw. Partizipation der Projektmitarbeiter erfolgen.
> - Weg und Ziel im Auge behalten: Projektleiter sollten sowohl ergebnisorientiert als auch stark prozessorientiert vorgehen.
> - Spielräume lassen: Überdefinierte Teilprojekte können kontraproduktiv wirken, da sie die Mitarbeiter zu stark auf das »Notwendige« festlegen und Projekte auch vom »Darüber hinaus« leben.
> - Das richtige Maß finden: Vorsicht vor Angstschätzungen oder überambitionierten Schätzungen des Aufwands von Teilprojekten seitens der Mitarbeiter.
> - Plan B und C bereithalten: Projektplanungen müssen im Laufe der Arbeit häufig modifiziert werden. Sollbruchstellen und mögliche Probleme daher schon zu Beginn des Projektes einkalkulieren.
> - Scheitern und Absichern: Projektleiter sollten Problemen klar ins Auge sehen und diese auch frühzeitig im Team und »nach oben« kommunizieren.
> - Teams brauchen Führung: Projektmanager sind verantwortlich für die gute Zusammenarbeit im Team.
> - Diversität im Team managen: Positive Effekte von Diversität von Teammitgliedern sollten genutzt werden.
> - Erfolg ist relativ: Der Erfolg eines Projektes liegt nicht alleine in der Hand des Projektleiters. Ergebniskriterien sind kontaminiert, da sie auch von unkontrollierbaren Bedingungen abhängen.
> - Erfolg ist facettenreich: Erfolgskriterien zu Beginn des Projekts festlegen. Hierbei sollte darauf geachtet werden, dass neben Quantitäts- und Qualitätsaspekten des »Endproduktes« auch
> ▼

Aspekte wie Einstellungen und Verhalten von Mitarbeitern Beachtung finden.
- Feedback geben und einholen: Projektleiter sollten sich als Feedbackquelle für die Projektmitarbeiter verstehen und auch selbst aktiv Feedback bei den Mitarbeitern einholen.
- Lernmöglichkeiten im Projekt bieten: Projektarbeit kann für die Entwicklung der Mitarbeiter genutzt werden.
- Projekte sind organisationsspezifisch: Projektarbeit gliedert sich in das System der Organisation ein und kann unterschiedlichen Charakter haben – sie kann Arbeitsalltag oder Ausnahmesituation sein.

7.5 Literatur

Bach, N. (2008). Triebkräfte im Markt für Interim Management. In H. Dahl (Hrsg.), *Interim Management*. Frechen: Datakontext Verlag.

Bell, S. T. (2007). Deep-level composition as predictors of team performance: A meta-analysis. *Journal of Applied Psychology, 92,* 595–615.

Burke, C. S., Stagl, K. C., Klein, C., Goodwin, G. F., Salas, E. & Halpin, S. (2006). What type of leadership behaviors are functional in teams? A meta-analysis. *Leadership Quarterly, 17,* 288–307.

Chattopadhyay, P., George, E. & Lawrence S. A. (2004). Why does dissimilarity matter? Exploring self-categorization, self-enhancement, and uncertainty reduction. *Journal of Applied Psychology, 89,* 892–900.

Cohen, S. G. & Bailey, D. E. (1997). What makes teams work: Group effectiveness research from the shop floor to the executive suite. *Journal of Management, 23,* 239–290.

Galais, N. (2008). Erfahrungen von Interim Managern in Deutschland – Ergebnisse einer empirischen Studie. In H. Dahl (Hrsg.), *Interim Management*. Frechen: Datakontext Verlag.

Hertel, G., Bretz, E. & Moser, K. (2000). Freiwilliges Arbeitsengagement: Begriffsklärung und Forschungsstand. *Gruppendynamik und Organisationsberatung, 31,* 121–140.

IPMA (2006). *ICB – IPMA Competence Baseline, Version 3.0*. International Project Management Baseline.

Kendrick, T. (2006). *Results without authority. Controlling a project when the team doesn't report to you*. New York: Amacon.

Kernan, M.C. & Lord, R.G. (1989). The effects of explicit goals and specific feedback on escalation processes. *Journal of Applied Social Psychology, 13,* 1125–1143.

McCauley, C. D., Ruderman, M. N., Ohlott, P. J. & Morrow, J. (1994). Assessing the developmental components of managerial jobs. *Journal of Applied Psychology, 79,* 544–560.

Packendorff, J. (1995). Inquiring into the temporary organization: New directions for project management research. *Scandinavian Journal of Management, 11,* 319–333.

Peterson, R. S. & Behfar, K. J. (2003). The dynamic relationship between performance feedback, trust, and conflict in groups: A longitudinal study. *Organizational Behavior and Human Decision Processes, 92,* 102–112.

Raven, B. H. & French, R. P. (1958). Legitimate power, coercive power, and observability in social influence. *Sociomentry, 21,* 83–97.

Schuler, H. (2006) (Hrsg.). *Lehrbuch der Personalpsychologie*. Göttingen: Hogrefe.

Smith, H. J. & Kell, M. (2003). The reluctance to report bad news on troubled software projects: A theoretical model. *Information Systems Journal, 13,* 69–95.

Sonnenfeld, J. A. & Peiperl, M. A. (1988). Staffing policy as a strategic response: A typology of career systems. *Academy of Management Review, 13*, 588–600.

Sonntag, K. (2002). Personalentwicklung und Training. Stand der psychologischen Forschung und Gestaltung. *Zeitschrift für Personalpsychologie, 2,* 59–79.

Tannenbaum, S. I., Salas, E. & Cannon-Bowers, J. A. (1996). Promoting team effectiveness. In M. A. West (Ed.), *Handbook of Work Group Psychology* (pp. 503–529). Chichester: John Wiley & Sons.

Van Knippenberg, D., De Dreu, C. K.W. & Homan, A. C. (2004). Work group diversity and group performance: An integrative model and research agenda. *Journal of Applied Psychology, 89,* 1008–1022.

West, M. A., Borrill, C. S. & Unsworth, K. I. (1998). Team effectiveness in organizations. In C. L. Cooper & I. T. Robertson (Eds.), *International Review of Industrial and Organizational Psychology* (Vol. 13, pp. 1–48). Chichester: Wiley.

8 Macht und Einfluss in Projekten

Jutta Solga, Gerhard Blickle

8.1 Das Problem: Die politische Dimension im Projektmanagement – 146

8.2 Hintergrund und Relevanz aus psychologischer Sicht: Mikropolitik, Macht, Einfluss – 149
8.2.1 Mikropolitik – 149
8.2.2 Macht und Einfluss – 152

8.3 Verbesserung der mikropolitischen Kompetenz – 159

8.4 Literatur – 164

Politische Handlungen sind im Projektalltag allgegenwärtig. Ursächlich hierfür sind erstens das Vorliegen von Handlungs-, Planungs- und Entscheidungsunsicherheiten, zweitens die häufig unzureichende Ausstattung mit notwendigen Ressourcen und drittens die Abhängigkeit von unterschiedlichen Stakeholdergruppen, die häufig sich widersprechende Interessen verfolgen. Das Wesen der Projektarbeit erfordert somit von der Projektleitung ein hohes Maß an politischem Geschick. Durch die Stärkung der eigenen politischen Kompetenz, den Ausbau der verfügbaren Machtressourcen und durch die genaue Analyse der Bedürfnisse der beteiligten Gruppen kann jeder Projektleiter lernen, sich geschickt, kompetent und zielführend im Projektnetzwerk zu bewegen.

8.1 Das Problem: Die politische Dimension im Projektmanagement

Die politische Dimension der Projektarbeit ist bisher selten hervorgehoben und untersucht worden; dies mag in erster Linie an ihrem negativen Beigeschmack liegen. Im Alltag wird die Tragweite der politischen Dimension, also der Einsatz von Macht und Einfluss zur Sicherung von Ressourcen bzw. persönlicher Vorteile und zur Erweiterung eigener Handlungsspielräume, stark unterschätzt. Unsere These lautet – gestützt auf empirische Befunde –, dass gerade der kompetente Umgang mit den komplexen politischen Randbedingungen eines Projektes die individuell erlebten Belastungen reduzieren kann und für den Projekterfolg entscheidend ist.

Ursächliche Faktoren für politische Prozesse in Projekten

Fasst man die zahlreichen Randbedingungen zusammen, die ursächlich für die politischen Prozesse in Projekten sind und ein politisches Agieren der Projektteilnehmer erforderlich machen, dann lassen sich 3 Hauptfaktoren benennen, in nachfolgender Übersicht dargestellt.

> **Ursachen für politische Prozesse in Projekten**
> 1. Das Vorliegen von Handlungs-, Planungs- und Entscheidungsunsicherheiten (Ambiguität)
> 2. Eine häufig unzureichende Ausstattung mit notwendigen Ressourcen (Mitarbeitern, Geld, Zeit, Macht)
> 3. Die Abhängigkeit von unterschiedlichen Anspruchsgruppen (Stakeholdern), die mitunter unvereinbare Interessen verfolgen

Handlungs-, Planungs- und Entscheidungsunsicherheiten

Ambiguität

Die Randbedingungen eines Projektes sind gerade zu Beginn in den seltensten Fällen klar formuliert: der Projektauftrag bzw. das Projektziel

8.1 · Das Problem: Die politische Dimension im Projektmanagement

ist vage gehalten oder mit anderen Projektzielen stark verwoben; es liegen nur unvollständige oder widersprüchliche Informationen vor; die Beteiligten haben keine klar definierten Aufgaben; das Management unterstützt das Projektvorhaben nur oberflächlich. All diese Faktoren führen dazu, dass die Situation als unklar und mehrdeutig erlebt wird und so Handlungs-, Planungs- und Entscheidungsunsicherheiten entstehen. Neuberger (2006) bezeichnet diese mehrdeutigen Situationen als **organisationale Ungewissheitszonen**, die Handlungsspielräume für die Durchsetzung eigener Vorstellungen und Interessen eröffnen.

Unzureichende Ausstattung mit notwendigen Ressorcen

Projektleiter werden zudem häufig unzureichend mit notwendigen Ressourcen ausgestattet (Mitarbeiter, Geld, Zeit, Macht; Pinto, 1998). So sind Projekte zumeist außerhalb der traditionellen Organisationsstruktur verankert. Dadurch fehlt Projektmanagern die Autorität, Mitarbeiter durch Monitoring- und Leistungsbeurteilungsprozesse zu führen; ihnen wird also eine wichtige Quelle hierarchischer Macht verwehrt. Die funktions- und abteilungsübergreifende Natur vieler Projekte hat zusätzlich die unwillkommene Nebenwirkung, dass um die knappe Ressource Projektmitarbeiter gestritten wird und dass eine Abhängigkeit von anderen Abteilungen entsteht, die wiederum zu Reibungen führen kann. Der Zeitdruck, der zudem in vielen Projekten vorherrscht und auf den die Projektleitung oft nur geringen Einfluss hat, birgt schließlich ein nicht unerhebliches Konfliktpotenzial.

Unzureichende Ausstattung mit den notwendigen Ressoucen

Abhängigkeit von Stakeholdern

Die unternehmensinternen und -externen Stakeholder knüpfen ganz unterschiedliche, oft einander widersprechende Erwartungen und Interessen an ein und dasselbe Projekt. Sie alle sind in der Regel vom Ergebnis des Projektes betroffen und haben deshalb ein begründetes Interesse an den Projektergebnissen. Dabei sind einige Stakeholder mächtiger als andere und können direkter auf die Projektleitung und den Projektverlauf Einfluss nehmen. Dies zeigten Pan und Flynn (2003) in einer Studie: die Aktivitäten einer mächtigen Stakeholdergruppe brachten das gesamte Projekt zum Scheitern. Dem Projektleiter stellt sich die Aufgabe, die Interessen, Ansprüche und Ziele der Beteiligten sorgsam zu analysieren, richtig einzuschätzen und in Einklang zu bringen, den externen ebenso wie den internen Erwartungen gerecht zu werden und Konflikte sowie zähe Verhandlungen zu vermeiden, d. h. eine zielführende **Stakeholderpolitik** zu entwickeln (Graham, 1996).

Abhängigkeit von Stakeholdergruppen

> Herr Wagner ist seit einem Jahr Vorsitzender eines der 16 Landesverbände (LVs) eines großen deutschen Verbandes. Um sich für ein Amt im Bundesvorstand (BV) zu empfehlen, erklärte sich Herr Wagner vor einigen Monaten bereit, die Leitung des Projektes »Strategie
> ▼

Beispiel: Das Projekt

2015« zu übernehmen, das vom BV stark protegiert wird. Das Projekt genießt beim BV höchste Priorität, die einzelnen LVs sehen dem Projekt insgesamt eher skeptisch entgegen. Gerade die Vertreter der LVs Baden-Württemberg und Bayern sind entschiedene Gegner, da sie empfindliche Kürzungen ihrer Einflussbereiche befürchten; kleinere, weniger einflussreiche LVs wie Hamburg oder Bremen befürworten aber gerade diesen Aspekt des Projektes. Da der Verband zudem erhebliche Zuschüsse aus dem Bundesetat erhält, muss Herr Wagner auch Vertreter aus dem zuständigen Ministerium mit einbeziehen. Diese begrüßen das Projekt »Strategie 2015« zwar grundsätzlich, setzen allerdings einen deutlich anderen Akzent als der BV.

Beispiel: Die Probleme des Projektleiters

Herr Wagner steht vor der Schwierigkeit, sich noch nie intensiv mit dem Thema »Strategie« beschäftigt zu haben. Zudem hat er bisher noch kein ähnlich großes Projekt geleitet. Da er außerdem noch nicht lange im Verband tätig ist, kennt er die anderen Landesvorstände kaum.

Die Projektleitung erhält er nur gegen den Willen der anderen Landesvorsitzenden. Als Unterstützung sucht sich Herr Wagner ein Beratungsunternehmen aus, das den anderen Mitgliedern des Verbandes aber unbekannt ist. Der Bundesvorsitzende hat ihm hierfür in einem informellen Gespräch ein Budget zugesagt, allerdings weiß Herr Wagner nicht, wie groß dieses Budget letztlich sein wird. Daher kann er mit der Beratungsfirma noch keinen Vertrag abschließen.

Der Zeitplan sieht vor, dass bis zum Ende des Jahres die wesentlichen Meilensteine des Projektes formuliert sein sollen und anschließend die Mitglieder des Verbandes über die zukünftigen Entwicklungen informiert werden. Diese Zeitplanung wird allerdings ständig durch den BV verändert und durch die LVs verzögert.

Der Lenkungsausschuss setzt sich aus 7 Mitgliedern zusammen. Bei der Vergabe dieser Posten fühlten sich besonders die Mitglieder aus den nord- und ostdeutschen LVs übergangen, da sie jeweils nur ein Mandat erhielten. Grund hierfür war die relativ geringe Anzahl ihrer zudem einkommensschwachen Mitglieder. Für die erste Sitzung des Lenkungsausschusses melden sich 4 der 7 Mitglieder kurzfristig ab, die anderen erscheinen unvorbereitet. Herr Wagner bittet daraufhin den BV, die Mitglieder persönlich anzusprechen und zur Kooperation zu bewegen. Außerdem begründet Herr Wagner in einer E-Mail seine Vorgehensweise noch einmal ausführlich und setzt konkrete Termine für die Abgabe der anzufertigenden Entwurfsvorlagen. In den nachfolgenden Sitzungen zeigt sich aber ein ähnliches Bild wie in der ersten. Den gesetzten Termin für die Präsentation erster Ergebnisse kann Herr Wagner daher nicht einhalten. Seither sind keine wesentlichen Fortschritte im Projekt zu verzeichnen.

Dieses Beispiel, welches im Folgenden zur Veranschaulichung weiter herangezogen wird, zeigt, dass Projektmanagement und organisationale Politik untrennbar miteinander verbunden sind (Pinto, 1998).

Projektmanagement und Politik – untrennbar verbunden

> ❶ Projektmanager stehen vor der Aufgabe, die Rolle von Macht und Einfluss in Projekten zu verstehen sowie mit den sich stellenden Herausforderungen politisch kompetent und effektiv umzugehen.

Im nachfolgenden Abschnitt werden zunächst wichtige theoretische Hintergrundinformationen vermittelt; im anschließenden Teilkapitel sollen einige praktische Handlungsempfehlungen aufgezeigt werden.

8.2 Hintergrund und Relevanz aus psychologischer Sicht: Mikropolitik, Macht, Einfluss

Die Diskussion über die **politische Dimension von Projekten** ist in der Regel emotionsgeladen – fast jeder verfügt über (negative) Erfahrungen. Wesentlich für die Betrachtung der politischen Dimension in Projektnetzwerken ist aber, dass der Begriff Politik nicht negativ verstanden werden darf. Vielmehr sollen im Nachfolgenden die ganz alltäglichen, häufig unauffälligen Feinstrukturen politischen Handelns beleuchtet werden, die **jedem** Organisationsmitglied und damit auch Projektleitern und ihren Mitarbeitern geläufig sind.

8.2.1 Mikropolitik

Die wissenschaftliche Auseinandersetzung mit **sozialen Einflussprozessen in Organisationen** findet im Rahmen der organisationspsychologischen Forschung unter dem Überbegriff »Mikropolitik« statt (Blickle & Solga, 2006). »Mikropolitisch handeln heißt, durch gezieltes Handeln Andere zu instrumentalisieren, um in organisationalen Ungewissheitszonen eigene Vorstellungen und Interessen erfolgreich geltend zu machen« (Neuberger, 2006, S. 191). Die Ziele der alltäglichen Einflussprozesse können sehr unterschiedlich sein – Zusagen von Ressourcen, Vermeidung von Aufgaben, Erlangung von Unterstützung oder Einschüchterung anderer Personen. Resultat erfolgreicher Einflussprozesse ist aber in jedem Fall der Gewinn von Vorteilen und die Erweiterung eigener Handlungsspielräume. Mikropolitisches Handeln ist geplant und absichtsvoll; es beruht auf der gezielten Aktualisierung von Machtbasen und weist ein hohes soziales Konfliktpotenzial auf.

(Mikro-)Politik: Begriffsbestimmung

Ziele und Resultate mikropolitischer Prozesse

Mikropolitik: Gut oder böse?
Bei der Mehrzahl der Definitionen des Begriffes Mikropolitik fällt auf, dass mikropolitisches Verhalten als dysfunktional, manipulativ, selbst-

süchtig und konfliktträchtig beschrieben wird. So weist beispielsweise Mintzberg (1983) darauf hin, dass Mikropolitik sich in der Regel im Verborgenen abspiele, häufig Konflikte heraufbeschwöre und allgemein nicht akzeptiert sei.

Neuberger (2006) widersetzt sich dieser Betrachtungsweise – ohne dabei die hässliche Seite der (Mikro-)Politik beschönigen zu wollen – und tritt für eine erweiterte Auffassung ein. Seiner Ansicht nach ist **Mikropolitik ist weder eindeutig positiv noch eindeutig** Mikropolitik weder eindeutig positiv noch eindeutig negativ. Manipulatives oder habgieriges Verhalten sieht Neuberger vielmehr als das eine Ende einer Normalverteilung an, Spontanität, eigenverantwortliches Handeln und rückhaltloser Einsatz für die Ziele der Organisation als das andere. In dem großen Bereich dazwischen liegt **alltägliches Verhalten** wie das Dehnen von Vorschriften, das Akzeptieren von Notlügen, das gezielte Pflegen bestimmter Beziehungen und das Aussprechen von Komplimenten.

Ursachen für das Entstehen von Mikropolitik

Insgesamt bietet der organisationale Kontext den Organisationsmitgliedern mit seinen zahlreichen autonomen Handlungszentren, unzähligen Handlungsträgern, komplexen Problemen und dem ständigen Zeitdruck zahlreiche Gelegenheiten, mikropolitisch zu handeln (Cohen, March & Olsen, 1972).

> ❗ **Hauptursachen für das Entstehen von politischem Verhalten in Organisationen sind zum einen mehrdeutige und zum anderen konflikthafte Situationen.**

Mehrdeutige Situationen

Mehrdeutige Situationen, d. h. Situationen, die unterschiedliche Einschätzungen zulassen und in denen Handlungs-, Planungs- und Entscheidungsunsicherheiten vorherrschen (▶ Abschn. 8.1), entstehen beispielsweise, wenn Ressourcenzusagen vage gehalten werden, wenn die Unterstützung durch eine andere Abteilung nur zurückhaltend gewährt wird, die Interessen der unterschiedlichen Stakeholdergruppen weit auseinandergehen oder Informationen kalkuliert vieldeutig formuliert werden. In einer solchen Lage fürchtet das Organisationsmitglied entweder eine Bedrohung seiner Interessen oder es ist überzeugt, günstige Chancen zu haben, etwas erfolgreich zum eigenen Vorteil in Angriff nehmen zu können. In jedem Fall fühlt es sich zu Handlungen veranlasst, die dem Erreichen eigener Interessen dienen.

Konflikthafte Situationen

In **konflikthaften Situationen**, d. h. Situationen, in denen die Positionen der Beteiligten als gegensätzlich oder unvereinbar erlebt werden und in denen zumindest eine Partei das Gefühl hat, durch die Aktivitäten der Gegenseite beeinträchtigt zu werden (u. a. Jehn & Bendersky, 2003), kann ebenfalls ein Ausgangspunkt für mikropolitische Aktivitäten liegen. Gerade in Projekten bieten die schwierigen Rahmenbedingungen und der mit Projekten verbundene Veränderungsdruck zahlreiche Reibungsflächen und Konfliktquellen (Rattay, 2003; ◘ Abb. 8.1). Von besonderer Relevanz ist hier der Zusammen-

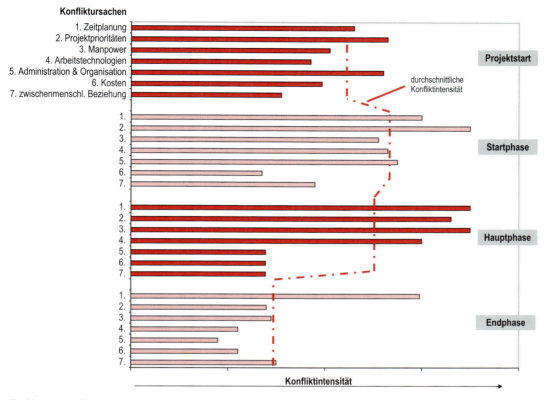

Abb. 8.1. Konfliktintensität im Projektverlauf. (Mod. nach Thamhain & Wilemon, 1975)
Anm.: Zur besseren Übersicht sind die Konfliktursachen nur für die erste Projektphase (Projektstart) ausgeschrieben. Die Zuordnung in den folgenden Phasen entspricht der Beschriftung der ersten Phase.

hang zwischen Verteilungskonflikten und mikropolitischen Handlungsweisen. Ein **Verteilungskonflikt** entsteht, wenn sich Parteien um die Verteilung knapper Ressourcen streiten, wobei es sich bei diesen Ressourcen um Mittel der Aufgabenbewältigung oder um Anreize – Positionen, attraktive Aufgaben etc. – handeln kann (▶ Abschn. 8.1). Wer sich in organisationalen Verteilungskonflikten aufgrund von Willkürentscheidungen (Stimmungen, Launen, wechselnde Sympathien) als Verlierer erlebt, wird mit erhöhter Wahrscheinlichkeit mikropolitisch aktiv werden. Die wahrgenommene Rechtmäßigkeit der Entscheidung, die Möglichkeit, an Entscheidungen zu partizipieren, und ihre Transparenz reduzieren allerdings die Wahrscheinlichkeit mikropolitischer Reaktionen.

> **❗ Durch klare und transparente Vorgehensweisen sowie die Beteiligung anderer Stakeholder an wichtigen Entscheidungen kann die Entstehung von (Verteilungs-)Konflikten und daraus entstehenden mikropolitischen Aktivitäten merklich verringert werden.**

Beispiel: Unklarheiten und Konflikte

> Die unklaren Budgetzusagen durch den BV und der sich häufig ändernde Zeitplan machen es Herrn Wagner schwer, zu planen und verbindliche Entscheidungen zu treffen. Die Interessen der verschiedenen Stakeholdergruppen (LVs, BV, Ministeriumsmitglieder) gehen in unterschiedliche Richtungen und stehen miteinander im Konflikt.

8.2.2 Macht und Einfluss

Definition »Macht«

Macht ist die Möglichkeit, mithilfe des Einsatzes geeigneter Ressourcen auf die Empfindungen, Überzeugungen und Verhaltensweisen eines Gegenübers bewusst einzuwirken (Blickle & Solga, 2006). Wesentlich bei dieser Definition ist, dass Macht als ein dynamisches Merkmal einer sozialen Beziehung angesehen wird.

Definition »Einfluss«

Einfluss kann als die gezielte Realisierung von Macht verstanden werden – also die tatsächliche Nutzung der Machtressourcen für die angestrebten Ziele. Gegenstand der Einflussnahme sind nicht nur die Handlungen, sondern auch die Überzeugungen, Erwartungen, Einstellungen, Werthaltungen, Stimmungen, Emotionen und Befindlichkeiten anderer Personen.

Grundlagen der Macht
Machtbasen-Modell

Die Ressourcen, die eingesetzt werden, um auf den Interaktionspartner einzuwirken, werden als **Machtgrundlagen oder Machtbasen** bezeichnet. Die von French und Raven (1959) vorgeschlagene Typologie der »bases of power« stellt die weitaus bekannteste und auch heute noch in der einschlägigen Literatur am häufigsten zitierte Zusammenstellung von Machtbasen dar.

Machtbasen-Modell nach French und Raven

> **Klassifikation der Machtbasen (in Erweiterung von French & Raven, 1959)**
> 1. **Belohnungsmacht**: Fähigkeit des Machtausübenden, Belohnungen zu vergeben. Neben materiellen, formellen oder finanziellen Belohnungen (unpersönliche Belohnungsmacht) können auch Aufmerksamkeit, Lob und Zuwendung zur Anwendung kommen (persönliche Belohnungsmacht).
> 2. **Bestrafungsmacht**: Fähigkeit des Machtausübenden, den Interaktionspartner zu bestrafen. Neben dem Entzug oder dem Vorenthalten greifbarer Ressourcen wie z. B. Geld, Dienstgrad (unpersönliche Bestrafungsmacht) können auch der Entzug oder das Vorenthalten von nicht fassbaren Ressourcen wie z. B.
> ▼

8.2 · Hintergrund und Relevanz aus psychologischer Sicht: Mikropolitik, Macht, Einfluss

> Aufmerksamkeit und Lob zur Anwendung kommen (persönliche Bestrafungsmacht).
> 3. **Legitimationsmacht:** Sobald ein rechtmäßiger Anspruch besteht, Einfluss zu nehmen, entsteht legitime Macht. Dieser Anspruch entsteht typischerweise aus einer formalen Position innerhalb eines Systems, z. B. aus der hierarchischen Stellung innerhalb eines Unternehmens (formale Positionsmacht). Legitime Macht ist identisch mit Autorität und ist abhängig von der Akzeptanz allgemein anerkannter Normen, Strukturen und Werte.
> 4. **Expertenmacht:** Macht, die durch situationsbezogene, wertvolle Kenntnisse und Fertigkeiten des Machtausübenden entsteht. Anders als die anderen Machtbasen ist diese hochspezifisch und auf den speziellen Bereich eingeschränkt, auf welchem der Experte erfahren und qualifiziert ist.
> 5. **Identifikations-/Beziehungsmacht:** Fähigkeit des Machtausübenden, bei den Bezugspersonen ein Gefühl der Verbundenheit, z. B. aufgrund gegenseitiger Sympathie oder Respekt, hervorzurufen. Basiert sie auf einer besonderen Attraktivität oder Ausstrahlung des Machtausübenden, wird von charismatischer Macht gesprochen.
> 6. **Informationsmacht:** Der Machtausübende verfügt über relevante Informationen und eine besondere Argumentationskraft.

Projektleiter verfügen oftmals nur über eingeschränkte Machtbasen. So sind sie nur in sehr seltenen Fällen gegenüber den Projektmitarbeitern weisungsbefugt und können so kaum auf ihre formale Positionsmacht setzen. Auch ihre Belohnungs- und Bestrafungsmacht erschöpft sich in der Aussprache von Lob und Tadel. Da Projektleiter zudem im Laufe gerade größerer Projekte sehr verschiedene Rollen einnehmen müssen, ändern sich die Machtgrundlagen zudem je nach Situation (▶ Kap. 7, Moser & Galais).

Machtgrundlagen von Projektleitern

Das Fehlen einer formalen Machtposition kann durch Reputation kompensiert werden. **Reputation** ist der Gesamteindruck, der innerhalb eines Beziehungsnetzwerks aus den Einzelwahrnehmungen der Interaktionspartner resultiert (Zinko, Ferris, Blass & Laird, 2007). Eine Person mit hoher Reputation gilt als integer (ehrlich und pflichtbewusst), gutwillig (freundlich und hilfsbereit) und effektiv. Macht durch Reputation entsteht durch das besondere Vertrauen, das einer hoch angesehenen Person entgegengebracht wird: Je höher die Reputation, desto größer die Bereitschaft, den Akteur gewähren zu lassen, d. h. seine Entscheidungen, sein Verhalten und seine Handlungsanweisungen zu akzeptieren.

Reputation kompensiert fehlende formale Macht

> ❗ Expertenmacht, Identifkationsmacht und Reputation sind für Projektleiter von besonderer Bedeutung. Es gilt, diese zu stärken und ein Bewusstsein für die sich im Projektkontext ständig ändernden Machverhältnisse zu entwickeln.

Beispiel: Machtgrundlagen des Projektleiters

> Herr Wagner verfügt über so gut wie keine Machtressourcen, mit deren Hilfe er auf die Empfindungen, Überzeugungen und Verhaltensweisen der Projektmitglieder einwirken könnte. Weder kann er inhaltliche Expertise vorweisen (Expertenmacht), noch kann er auf das Gefühl der Verbundenheit (Beziehungsmacht) der anderen Landesvorsitzenden bauen. Er ist zwar formal gesehen der Projektleiter (Positionsmacht), dies scheint die anderen aber wenig zu beeindrucken.

Modell der intraorganisationalen Machtverteilung

Machtverteilung zwischen Abteilungen/Projekten

Die dem Machtbasen-Modell zugrundeliegende Überlegung, dass die Kontrolle wichtiger Ressourcen dem Ressourceninhaber Macht verleiht, wird im Rahmen der »strategic contingencies theory of intraorganizational power« (Modell der intraorganisationalen Machtverteilung; Hickson, Hinings, Lee, Schneck & Pennings, 1983) auf das Machtverhältnis zwischen unterschiedlichen Abteilungen oder Arbeitsgruppen innerhalb einer Organisation übertragen und damit von der individuellen auf die organisationale Ebene gehoben. Auch auf dieser Ebene geht es darum, auf die organisationalen Ziele, die Bewilligung von Ressourcen oder andere Prozesse Einfluss zu nehmen.

Voraussetzungen für Abteilungsmacht: Bewältigung von Unsicherheit, Nichtersetzbarkeit, Zentralität

Das Modell geht davon aus, dass die Macht einer Abteilung/Organisation davon abhängt (**Abteilungsmacht**),
1. wie es ihr gelingt, die Handlungs-, Planungs- und Entscheidungsunsicherheiten anderer Abteilungen kompetent zu bewältigen (Unsicherheitsbewältigung),
2. wie schwer sie in dieser Funktion ersetzbar ist (Nichtersetzbarkeit),
3. wie wichtig ihre Tätigkeit für andere ist und wie viele Abhängigkeiten bestehen (Zentralität).

Um mächtig zu sein, muss eine Abteilung also kritische Ressourcen (Bewältigung der Unsicherheit, Nichtersetzbarkeit und Zentralität) kontrollieren. Je besser ihr dies gelingt, desto mächtiger ist sie innerhalb der Organisation.

> ❗ **Projektteams müssen vor allem über Informations- und die Expertenmacht verfügen, um ihren Einfluss auf andere Untereinheiten erfolgreich geltend machen zu können.**

Beispiel: Einfluss der LVs

> Im Fallbeispiel scheinen die LVs Bayern und Baden-Württemberg besonders einflussreich zu sein. Entscheidend ist hier sicherlich, dass sie über viel Geld und viele Mitglieder verfügen und daher für den Verband elementar wichtig sind (Nichtersetzbarkeit). Zudem erhöhen sie ihre Zentralität über die Mitwirkung im Lenkungsausschuss.

Tabelle 8.1. Wichtige Einflusstaktiken

Einflusstaktiken	Beispiele
Druck machen	Anweisungen geben, nachdrücklich Forderungen stellen, konkrete Termine setzen
Blockieren	Widerstand leisten durch Rückzug, Dienst nach Vorschrift, Aufkündigung der gewohnten Kooperation, die andere Person ignorieren
Sanktionen	Strafen androhen, z. B. Lohnerhöhung zurückhalten
Tauschangebote	Etwas hergeben, um etwas anderes zu bekommen (»eine Hand wäscht die andere«), einen kleinen Gefallen anbieten
Einschmeicheln	Freundlich sein, Komplimente machen, Übereinstimmungen mit den Ansichten des Einflussadressaten äußern
Rationalität	Logische Argumente vortragen, durch Sachargumente überzeugen, eigene Auffassungen durch nachgewiesene Tatsachen stützen, zusätzliche Informationen geben
Koalitionsbildung	Sich mit anderen zusammenschließen, die Unterstützung der Kollegen aktivieren
Höhere Instanzen einschalten	Vorgesetzte dazu veranlassen, einen Widersacher in die Schranken zu weisen
Inspirierende Appelle	An Emotionen, Ideale und Wertehaltungen appellieren, um Begeisterung hervorzurufen
Konsultation	Den Einflussadressaten um Rat fragen, seine Meinung einholen, Vorschläge erbitten
Legitimation	Sich auf die eigene Autorität oder Stellung innerhalb der Organisation berufen, auf formale Regeln pochen
Persönliche Appelle	Appell an die Gefühle der Freundschaft und Loyalität
Self-Promotion	Die eigene Person als kompetent, fleißig und erfolgreich darstellen

Einflusstaktiken

Einfluss wurde oben als die Realisierung von Macht und als Manifestation von Mikropolitik definiert. In hochkomplexen sozialen Interaktionsprozessen üben Menschen in Organisationen und im Alltag tagtäglich auf andere Personen Einfluss aus, um deren Meinungen, Handeln, Erleben oder Gefühle zu formen, zu stabilisieren oder zu verändern. Im Folgenden werden die **am häufigsten untersuchten Taktiken** im Überblick dargestellt (Tab. 8.1).

In Organisationen beobachtbare Einflusstaktiken: ein Überblick

Die bereits geschilderten Machtbasen finden sich in den gerade dargestellten Einflusstaktiken wieder: Der Wirkmechanismus, der hinter den Einflusstaktiken Druck machen, Blockieren und Sanktionen liegt, beruht z. B. primär in der Ankündigung oder dem Einsatz von Bestrafungsmacht sowie der Wirkung des Prinzips der Gegenseitigkeit. Durch Schmeicheln kann hingegen die Identifikations- oder Beziehungsmacht gestärkt werden, Rationalität festigt neben der Expertenmacht vor allem einen Aspekt der Informationsmacht, die Argumentationskraft. Wird ein Tauschangebot angenommen, impliziert dies für den Tauschpartner im Sinne der sozialen Norm eine starke Gegenleistungspflicht. Koalitionen gewinnen ihre Durchsetzungskraft durch 2 Quellen (Blickle & Solga, 2006):

Einflusstaktiken und Machtbasen

— Bündelung der Machtressourcen und
— zusätzliche Entstehung neuer Machtressourcen.

Einflusstaktiken haben nachweisbaren Einfluss auf relevante Erfolgskriterien

Higgins, Judge und Ferris (2003) haben die **Effektivität wichtiger Einflusstaktiken** untersucht. Sie konnten zeigen, dass insbesondere die Taktiken Schmeicheln, rationales Argumentieren und (moderate) Self-Promotion positiv mit den erhobenen Erfolgsfaktoren zusammenhängen; Druck machen ist hingegen wesentlich weniger Erfolg versprechend. Besonders effektiv scheint die Kombination von Schmeicheln und dem rationalen Argumentieren zu sein. Der Einsatz von Einflusstaktiken steht also in einem bedeutsamen Zusammenhang mit praktisch relevanten Größen wie Leistungsbeurteilungen, Gehaltserhöhungen oder Beförderungen.

Beispiel: eingesetzte Einflusstaktiken

> Nach der ersten Projektsitzung wendet sich Herr Wagner an den Bundesvorstand (Einschalten höherer Instanzen) und bittet diesen um Hilfe. Gleichzeitig versucht er, sein Vorgehen zu erklären (Rationalität) und durch konkrete Fristensetzungen Druck auszuüben (Druck machen).

Mikropolitische Kompetenz

Gerade die Schnittstellenfunktion zwischen auftraggebenden und -ausführenden Ebenen fordert der Projektleitung ein hohes Maß an Verständnis und Gefühl für die Situation ab. Um die eigenen Ziele zu erreichen (Zusagen von notwendigen Ressourcen, Anerkennung des Erfolges, gutes Standing innerhalb der Organisation etc.), gilt es, die Bedürfnisse der Stakeholder zu erfassen, sich in der Organisation gut zu vernetzen und andere Personen zielführend zu beeinflussen.

Wichtiger Faktor für den Erfolg der Einflussnahme: mikropolitische Kompetenz

Die Untersuchung der Bedingungen, die Einflussversuche erfolgreich werden lassen, rücken erst langsam in den Fokus. Die aktuelle Forschungsliteratur (u. a. Ferris, Treadway, Perrewé, Brouer, Douglas & Lux, 2007) geht davon aus, dass der Erfolg der Einflussnahme sowohl abhängig ist von der situationsspezifischen Art und Weise ihrer Umsetzung als auch vom adäquaten Gebrauch des in verschiedenen Situationen erworbenen Einflusswissens. Die hierfür notwendige Kompetenz wird als **mikropolitische Kompetenz** (»political skill«) bezeichnet (u. a. Ferris et al., 2007; ◘ Abb. 8.2).

Definition »Mikropolitische Kompetenz«

> **Mikropolitische Kompetenz bezeichnet die Fähigkeit und Bereitschaft**
> - sich in andere Personen einzufühlen und
> - das eigene Verhalten in Beziehungsnetzwerken flexibel und situationsangemessen so zu steuern,
> - dass es aufrichtig und vertrauenswürdig erscheint und
> - das Verhalten anderer Personen im Sinne der eigenen Ziele beeinflusst.

8.2 · Hintergrund und Relevanz aus psychologischer Sicht: Mikropolitik, Macht, Einfluss

Mikropolitische Kompetenz setzt sich somit aus 4 Dimensionen zusammen:

Die vier Dimensionen der mikropolitischen Kompetenz

Soziale Scharfsinnigkeit. Sozial scharfsinnige Personen sind aufmerksame, sensible und genaue Beobachter anderer. Diese Fähigkeit erlaubt es ihnen, das Verhalten ihrer Interaktionspartner akkurat zu interpretieren und zugleich das eigene Verhalten ohne Anstrengung situationsangemessen zu steuern.

Netzwerkfähigkeit. Networking kennzeichnet die Aktivitäten des Aufbaus, der Pflege und Nutzung sozialer Beziehungen im beruflichen Kontext. Durch ihre besondere Netzwerkfähigkeit bauen Personen mit politischer Kompetenz leicht vertrauensvolle Beziehungen auf; sie können sich in einer Organisation schnell gut positionieren und – in der Konsequenz – ihren organisationalen Machtausbau vorantreiben. Sie unterstützen andere aus eigenem Antrieb und orientieren sich am Gegenseitigkeitsprinzip (»eine Hand wäscht die andere«).

Wahrgenommene Aufrichtigkeit. Einflussversuche können nur erfolgreich sein, wenn die Akteure als frei von anderweitigen Motiven wahrgenommen werden. Hier setzt die Wirkkraft der wahrgenommenen Aufrichtigkeit ein: sie bewirkt, dass Einflussversuche nicht als manipulativ interpretiert werden. Dabei wird nicht davon ausgegangen, dass mikropolitisches Handeln im eigenen Interesse erfolgt, sondern dass dieses Verhalten typisch für die Person ist.

Interpersonelle Einflussnahme. Personen, deren Fähigkeit zur interpersonellen Einflussnahme hoch ausgeprägt ist, können Einflusstaktiken flexibel auswählen und an die jeweilige Situation anpassen. Durch diese Flexibilität können sie ihre Umwelt kontrollieren, ohne dabei manipulativ oder unfair zu erscheinen.

Alle 4 Dimensionen stellen zusammen wichtige Facetten **arbeitsbezogener sozialer Kompetenz** dar (Ferris et al., 2007). Ist sie bei einer Führungskraft hoch ausgeprägt, dann beeinflusst sie die Teamleistung und in der Folge auch das Arbeitsklima positiv. Hoch ausgeprägte mikropolitische Kompetenz kann zudem die negativen Effekte beruflicher Belastungen wie z. B. Stress oder Arbeitsunzufriedenheit vermindern und den Umgang mit Emotionen wie beispielsweise Ärger, Wut oder Freude, die im Zusammenhang mit politischen Aktivitäten innerhalb einer Organisation entstehen können, erleichtern.

Mikropolitische Kompetenz: positive Auswirkung auf das Arbeitsklima, Verminderung von Stress

> ❗ Mikropolitische Kompetenz beeinflusst maßgeblich den beruflichen Erfolg und vermindert die negativen Effekte beruflicher Belastungen.

Mikropolitisch kompetentes Verhalten ist zum Teil dispositional angelegt, viele Aspekte können aber erlernt werden. Ferris und Kollegen (2007) empfehlen, zur Entwicklung von mikropolitischer Kompetenz im Trai-

Mikropolitische Kompetenz: zum Teil veranlagt, zum Teil erlernbar

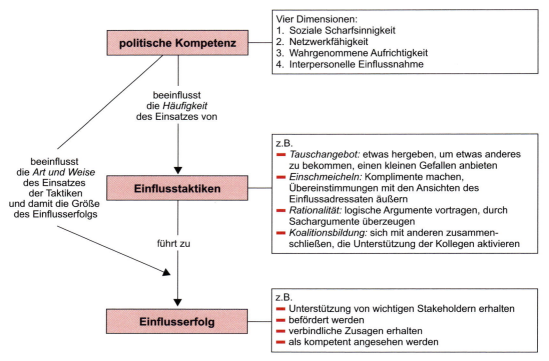

Abb. 8.2. Die Wirkung mikropolitischer Kompetenz auf den Einflusstaktik-Erfolgs-Zusammenhang

ning neben Rollenspielen vor allem das Lernen am Modell und – speziell bei höher in der Hierarchie stehenden Führungskräften – das Coaching zu wählen (▶ Kap. 6, Wastian, Braumandl & Dost). Blickle und Solga (2006) weisen zudem darauf hin, dass auch die Begleitung von Nachwuchsführungskräften durch beruflich erfahrene Personen (Mentoren) zu einer Verbesserung ihres mikropolitischen Handelns führen kann.

Beispiel: mikropolitische Kompetenz

Herr Wagner versucht, nach der ersten Sitzung des Lenkungsausschusses auf die anderen Mitglieder Einfluss zu nehmen. Allerdings ist dieser Versuch nicht von Erfolg gekrönt. Grund hierfür mag sein, dass er die Bedürfnisse der einzelnen Mitglieder nicht erkennt und auf diese nicht entsprechend reagiert (soziale Scharfsinnigkeit), im Verband generell schlecht vernetzt und schlecht positioniert ist (Netzwerkfähigkeit) und die für die Situation unpassenden Einflusstaktiken auswählt (interpersonelle Einflussnahme). Der scharfe und sehr bestimmende Ton, den er in seinem Schreiben an die LVs anschlägt, verstärkt bei den anderen Mitgliedern des Ausschusses nur die Meinung, dass Herr Wagner die Projektleitung einzig und allein aus karrieretaktischen Gründen übernommen hat (fehlende wahrgenommene Aufrichtigkeit).

8.3 Verbesserung der mikropolitischen Kompetenz

Bei der Diskussion über die politische Dimension des Projektmanagements wird eines klar: nicht allen behagt es, bewusst politisch aktiv zu sein. Wie oben erläutert, sind Projektmanagement und Mikropolitik aber im Alltag nicht voneinander zu trennen (▶ Abschn. 8.1). Eine Auseinandersetzung mit der politischen Dimension eines Projektes ist daher also immer notwendig.

> ❗ Das Wesen der Projektarbeit erfordert von der Projektleitung ein hohes Maß an mikropolitischer Kompetenz. Nur durch ein umsichtiges, vernünftiges mikropolitisches Verhalten können die gesetzten Ziele erreicht werden.

Da aber die wenigsten Personen »geborene« Politiker sind, stellt sich die Frage, wie dieses Verhalten erworben werden kann. Wo kann man ansetzen, um sich geschickt, kompetent und zielführend im Projektnetzwerk zu bewegen? Aus den weiter oben ausführlich dargestellten Überlegungen lassen sich 3 Lern- und Entwicklungsziele ableiten, die nachfolgend kurz erläutert werden:

Lern- und Entwicklungsziele für Projektleiter

1. Genauere **Analyse** der Bedürfnisse und Ziele der **Stakeholder**,
2. Ausbau der verfügbaren **Machtressourcen**,
3. Stärkung der eigenen **mikropolitischen Kompetenz**.

Analyse der Bedürfnisse und Ziele der Stakeholder

Die verschiedenen internen und externen Stakeholdergruppen treten in der Regel mit sehr unterschiedlichen, häufig in direktem Konflikt zueinander stehenden Anforderungen an den Projektmanager heran. Es gilt, in formellen und informellen Auseinandersetzungen die zahlreichen Bedürfnisse in Einklang zu bringen. Um Konflikte von Anfang an zu vermeiden (▶ Abschn. 8.2.1), sollte die genaue Analyse der Belange der Mitglieder des Projektnetzwerks und die Abschätzung ihrer politischen Implikation vom Projektmanager aktiv angegangen werden (vgl. hierzu ausführlich ▶ Kap. 4, Streich & Brennholt). Der Projektmanager muss dabei erstens abschätzen, welche Stakeholdergruppe am wichtigsten ist und zweitens herausfinden, wie die beste Balance zwischen den verschiedenen Bedürfnissen gefunden werden kann. Pinto (1998) schlägt für die Analyse im Hinblick auf (versteckte) Ziele und Anliegen den Begriff »**politisches Stakeholdermanagement**« vor.

Politisches Stakeholdermanagement

Wesentlich für das politische Stakeholdermanagement sind die in der Checkliste aufgeführten Fragen.

> **Checkliste: Fragen, die es im Rahmen des politischen Stakeholdermanagements zu klären gilt**
> 1. Welche Stakeholdergruppen sind für das Projekt relevant?
> 2. Wie ist die Beziehung zwischen den Stakeholdergruppen?
> 3. Welche Ziele haben die verschiedenen Stakeholdergruppen?
> 4. Welche Ziele schließen einander aus (▶ Kap. 4, Streich & Brennholt)?
> 5. Stehen die angestrebten Ziele im Einklang mit der Strategie der Organisation?
> 6. Gibt es im Geheimen Vorhaben, die es zu beachten gilt (»hidden agendas«)?
> 7. Verändert das Projekt die Machtbalance zwischen den verschiedenen Gruppen?
> 8. Wie kann das Projektteam die Unterstützung der verschiedenen Stakeholdergruppen erlangen? Welche Beziehungen können hierfür genutzt werden?

Power-Mapping: Methode zur Darstellung des Beziehungsnetzwerks

Eine anschauliche Methode, um das komplexe Beziehungsmuster von Personen und Gruppen zu systematisieren und abzubilden, ist das sog. **Power-Mapping**[1] (vgl. auch ▶ Kap. 4, Streich & Brennholt). Die Idee hinter dieser Methode ist die Annahme, dass Beziehungsnetzwerke kritische Ressourcen sind und dass die Kenntnis dieser Netzwerke bessere Lösungen ermöglicht. Power-Mapping unterstützt bei der Entscheidung, wen es im Sinne der Ziele zu beeinflussen gilt, wer einem bei der Zielerreichung helfen kann, wer in einem Netzwerk überhaupt wen beeinflussen kann und wo ein Start im »Dominospiel des Einflusses« gemacht werden könnte.

> ❗ Power-Mapping hilft, Ziele durch die erfolgreiche Nutzung von Beziehungen und Netzwerken erfolgreich zu erreichen.

Ausbau der verfügbaren Machtressourcen

Die **Kontrolle wichtiger Ressourcen** verleiht dem Ressourceninhaber Macht. Neben den klassischen Machtbasen (▶ Abschn. 8.2.2) kann dies auch die Kontrolle kritischer Ressourcen im Sinne des Modells der Machtverteilung in Organisationen sein. Doch wie können die eigenen Ressourcen (die des Projektleiters bzw. des Projektteams) gestärkt und ausgebaut werden? Hierzu einige Überlegungen (Blickle & Solga, 2006):

Methoden zur Stärkung der individuellen Machtressourcen

- Die Nutzung der Möglichkeit, an wichtigen Entscheidungen beteiligt zu sein (Mitarbeit in Gremien, freiwillige Übernahme zusätzlicher Aufgaben), die Erhöhung der allgemeinen Sichtbarkeit, die Präsenz in der Organisation oder die Kontrolle wichtiger Informationskanäle können helfen, Machtbasen wie die **formale Position** oder den **Besitz von Information** auszubauen.
- Durch die Profilierung als Experte für bestimmte Bereiche, ein hohes fachliches Ansehen oder das Bemühen, die informellen Ab-

8.3 · Verbesserung der mikropolitischen Kompetenz

läufe einer Organisation zu verstehen, werden hingegen Machtressourcen wie die **Expertenmacht** oder **Beziehungsmacht** gestärkt.
- Die **Abteilungsmacht** kann durch die Kontrolle kritischer Ressourcen ausgebaut werden:
  - Durch die Bewältigung von Unsicherheiten, die sich für andere Abteilungen stellen, erlangt eine Abteilung für andere eine große Bedeutung. Bestes Beispiel ist hierfür die IT-Abteilung, die durch ihr Expertenwissen die Probleme anderer Abteilungen beseitigen kann.
  - Durch Spezialisierung, das Aufsuchen von Nischen oder die Monopolisierung von Ressourcen (z. B. Informationen) kann eine Abteilung ihre Ersetzbarkeit minimieren.
  - Durch die Mitwirkung in wichtigen Entscheidungsgremien und den gleichzeitigen Versuch, den externen Zugriff auf abteilungsinterne Entscheidungen zu minimieren, kann die Zentralität erhöht werden.

Stärkung der eigenen mikropolitischen Kompetenz

Die individuelle mikropolitische Kompetenz lässt sich in vielen Aspekten gezielt trainieren und entwickeln (▶ Abschn. 8.2.1). Die Trainingsmaßnahmen können dabei die in nachfolgender Checkliste dargestellten Ziele verfolgen.

Checkliste: Ziele von Trainingsmaßnahmen zur Stärkung der mikropolitischen Kompetenz
- Reflexion über Stärken und Schwächen im sozialen Kontakt
- Rückmeldung über das eigene Interaktionsverhalten bekommen
- Reflektierter Einsatz des aktiven Zuhörens
- Erlernen und effektiver Gebrauch der Einflusstaktiken
- Marketing in eigener Sache
- Sinnvolle Nutzung sozialer Netzwerke
- Andere inspirieren (Charisma)
- Authentisches Verhalten im beruflichen Alltag

- Aufgrund der Konzeption der mikropolitischen Kompetenz bietet es sich an, den Aufbau der Trainingsmaßnahmen an den 4 Dimensionen zu orientieren. Als Lernmethode eignen sich neben Feedbacktechniken vor allem das Rollenspiel und das Coaching (▶ Kap. 6, Wastin, Braumandl & Dost; vgl. auch Ryschka, Solga & Mattenklott, 2008).

Da es bei der **sozialen Scharfsinnigkeit** besonders auf die Wahrnehmung der Motive und Beweggründe anderer und die aus dieser Wahrnehmung abgeleiteten, situationsangemessenen Reaktionen ankommt, sollte ein Training bei der **Sensibilisierung dieser Wahrnehmungsfähigkeit** ansetzen. Die Methode des aktiven Zuhörens, die

> **Soziale Scharfsinnigkeit: Wahrnehmungsfähigkeit durch Methoden wie dem aktiven Zuhören sensibilisieren**

aus der klientenzentrierten (nondirektiven) Gesprächsführung stammt (Rogers, 1972), bietet sich hier als Basistechnik besonders an. Sie hilft beim Erkennen und Erfragen von Motiven und bei der Klärung von Konflikten.

Netzwerkfähigkeit: Regeln des sozialen Austausches für eigene Ziele nutzbar machen

Inhalte eines Seminars zum Thema **Netzwerkfähigkeit** sollten an den Erkenntnissen zum sozialen Austausch (Blickle & Solga, 2006) ansetzen.

> **Konzepte des sozialen Austausches**
> befassen sich mit
> 1. den Regeln und Normen des **sozialen Austausches**: Die wichtigste Regel ist das Prinzip der Gegenseitigkeit (Reziprozität). Die einfachste Ausgestaltung dieser Regel ist das »wie Du mir, so ich Dir«. Nur wenn diese Regeln beachtet werden, kann ein fruchtbarer Zyklus des Austausches in Gang gesetzt werden.
> 2. den **austauschbaren Ressourcen**: Gegenstand des Austausches können neben rein materiellen Ressourcen (Gütern, Geld, Dienstleistungen) auch immaterielle sein (Aufmerksamkeit, Status, Informationen); und
> 3. den durch den **Austausch entstehenden Beziehungen**: Wird ein Austauschprozess als stabil und ehrlich wahrgenommen, so entwickelt sich im Laufe der Zeit eine vertrauensvolle Beziehung, die das gegenseitige Commitment stärkt.

Interpersonelle Einflussnahme: Einflusstaktiken situationsangemessen einsetzen

Ziel eines Trainings zur **interpersonellen Einflussnahme** ist das Erlernen und der Gebrauch von Einflusstaktiken. Anknüpfungspunkt sollten hier die Ergebnisse der Studie von Higgins et al. (2003; s. oben) sein. Besonders das Schmeicheln, eine Einflusstaktik, die darauf abzielt, Sympathie zu erzeugen, ist äußerst Erfolg versprechend, da sie eine positive emotionale Reaktion beim Gegenüber bewirkt. Hier können folgende Strategien eingesetzt werden:
- **Opinion Conformity**: dem Einflussadressaten kommunizieren, derselben Meinung zu sein und/oder dieselben Werte zu teilen,
- **Favor-Doing**: dem Einflussadressaten Gefälligkeiten erweisen, ihn unterstützen, aushelfen,
- **Self-Enhancement**: Merkmale der eigenen Person akzentuieren, die der Einflussadressat attraktiv findet,
- **Other-Enhancement**: Komplimente machen, loben, jemanden anpreisen.

Selbst-Promotion

Auch **Selbst-Promotion** kann ein effektives Mittel der Einflussnahme sein. So gilt es, Schwächen in unwichtigen Bereichen darzustellen, um die Glaubwürdigkeit von Self-Promotion in wichtigen Kompetenzbereichen zu erhöhen. Auch demonstrative Bescheidenheit, d. h. sich bescheiden geben, wenn klar ist, dass der Interaktionspartner bereits weiß, was man leisten kann bzw. geleistet hat, ist eine weitere Technik der Selbst-Promotion. Eine Überdosierung dieser Techniken sollte generell vermieden werden, da dies als arrogant wahrgenommen werden könnte und das sog. Self-Promoter's Paradox auftreten könnte: Zu viel Self-Promotion erscheint als Indikator für geringe Kompetenz.

Die **wahrgenommene Aufrichtigkeit** lässt sich sicherlich am schwersten trainieren, geht es doch hierbei um authentisches und integeres Verhalten. Ein Ansatzpunkt ist hier aber sicherlich, die Stimmigkeit (Konsistenz) des eigenen Handelns über verschiedene Situationen und Kommunikationspartner hinweg zu beachten. Ein weiterer wichtiger Punkt ist der Verzicht darauf, mit eigenen mikropolitischen Einflusserfolgen zu prahlen, um die Entstehung von Misstrauen zu vermeiden.

> **Wahrgenommen Aufrichtigkeit: eine vertrauensvolle Atmosphäre schaffen**

> Was sollte Herr Wagner nun tun? In einer genauen Analyse könnte er sich noch einmal die Ziele und Bedürfnisse der verschiedenen Stakeholdergruppen vergegenwärtigen. Was möchte der Bundesvorstand mit dem Projekt erreichen, welche Ziele verfolgen die einzelnen Landesverbände? Welche Befürchtungen haben sie? Weiterhin könnte er versuchen, seine individuellen Machtressourcen konsequent auszubauen: ein gutes Projektmarketing würde neben inhaltlichen Aspekten auch seine Sichtbarkeit in der Organisation und somit mittelfristig seine Position stärken. Durch den Erwerb von Fachwissen sollte er sich als Experte profilieren und als Ansprechpartner zur Verfügung stehen. Schließlich sollte er seine mikropolitische Kompetenz entwickeln. Die Wahrnehmung der Motive und Beweggründe seiner Interaktionspartner und die situationsangemessene Reaktion sind für ihn von entscheidender Bedeutung. Durch den stetigen Aufbau eines Netzwerkes und einen kooperativen Austausch könnte er an Vertrauen gewinnen und das eigene Ansehen stärken.

> **Beispiel: Tipps für den Projektleiter**

Fazit

Abschließend lässt sich festhalten, dass die politische Dimension in den Beiträgen zum Projektmanagement bisher zu Unrecht vernachlässigt wurde. So entscheidet doch gerade der kompetente Umgang mit den vorherrschenden Unsicherheiten, der unzureichenden Zusicherung notwendiger Ressourcen und den unterschiedlichen Bedürfnissen der Stakeholder maßgeblich über den Erfolg oder den Misserfolg eines Projektes.

Projektleiter können durch eine reflektierte Wahrnehmung ihrer Führungsposition vermeiden, selbst **unkontrollierte** mikropolitische Prozesse in Gang zu setzen. Gleichzeitig gilt es, die Interessen der Stakeholder genau zu analysieren, die Machtressourcen auszubauen und die eigene mikropolitische Kompetenz zu stärken.

8.4 Literatur

[1] Eine ausführliche Darstellung der Methode findet sich unter: http://www.idealist.org/ioc/learn/curriculum/pdf/Power-Mapping.pdf [16.01.2008]

Blickle, G. & Solga, M. (2006). Einfluss, Konflikt, Mikropolitik. In H. Schuler (Hrsg.), *Lehrbuch der Personalpsychologie* (S. 612–650). Göttingen: Hogrefe.

Cohen, M. D., March, J. G. & Olson, J. P. (1972). A garbage can model of organizational choice. *Administrative Science Quarterly, 17*, 1–25.

French, J. R. P. & Raven, B. H. (1959). The bases of social power. In D. Cartwright (Ed.), *Studies of social power* (pp. 150–167). Ann Abor, MI: Institute of Social Research.

Ferris, G. R., Treadway, D. C., Perrewé, P. L., Brouer, R. L., Douglas, C. & Lux, S. (2007). Political skill in organization. *Journal of Management, 33*, 290–320.

Graham, J. H. (1996). Machiavellian project leaders: Do they perform better? *International Journal of Project Management, 14*, 67–74.

Hickson, D. J., Hinings, C. R. Lee C. A., Schneck, R. E. & Pennings, J. M. (1983). A strategic contingencies' theory of intraorganizational power. In R. W. Allen & L. W. Porter (Eds.), *Organizational influence processes* (pp. 33–51). Glenview, Illinois: Scott, Foresman and Company.

Higgins, C. A., Judge, T. A. & Ferris, G. R. (2003). Influence tactics and work outcomes: A meta-analysis. *Journal of Organizational Behavior, 24*, 89–106.

Jehn, K. A. & Bendersky, C. (2003). Intragroup conflict in organizations: A contingency perspective on the conflict-outcome relationship. In R. M. Kramer & B. M. Staw (Eds.), *Research in organizational behavior* (Vol. 25, pp. 187–242). Oxford, UK: Elsevier.

Mintzberg, H. (1983). *Power in and around organizations.* Englewood-Cliffs, NJ: Prentice-Hall.

Neuberger, O. (2006). Mikropolitik: Stand der Forschung und Reflexion. *Zeitschrift für Arbeits- und Organisationspsychologie, 50*, 189–202.

Pan, G. S. C. & Flynn, D. (2003). Information systems project abandonment: A case of political influence by the stakeholders. *Technology Analysis & Strategic Management, 15*, 457–466.

Pinto, J. K. (1998). *Power and politics in project management.* Sylva, NC: Project Management Institute.

Rattay, G. (2003). *Führung von Projektorganisationen: Ein Leitfaden für Projektleiter, Projektportfolio-Manager und für Führungskräfte in projektorientierten Unternehmen.* Wien: Linde Verlag.

Rogers, C. R. (1972). *Die nicht-direktive Beratung: Counseling and Psychotherapy* (2. Aufl.). München: Kindler.

Ryschka, J., Solga, M. & Mattenklott, A. (Hrsg.). (2008). *Praxishandbuch Personalentwicklung: Instrumente, Konzepte, Beispiele.* Wiesbaden: Gabler.

Thamhain H. J., & Wilemon, D. L. (1975). Conflict management in project life cycles. *Sloan Management Review, 16*, 31–50.

Zinko, R., Ferris, G. R., Blass, F. R., & Laird, M. D. (2007). Toward a theory of reputation in organizations. In J. J. Martocchio (Ed.), *Research in personnel and human resources management* (Vol. 26, pp. 163–204). Oxford, UK: Elsevier.

Management von Personen

9 Traum oder Albtraum: Zusammenarbeit in Projektteams – 167
Simone Kauffeld, Sven Grote, Nale Lehmann-Willenbrock

10 Commitment und Identifikation mit Projekten – 187
Rafaela Kraus, Ralph Woschée

11 Der Projektleiter als Führungskraft – 207
Jürgen Wegge, Klaus-Helmut Schmidt

12 Das Selbstmanagement des Projektleiters – 225
Jürgen Kuhrts, Isabell Braumandl, Silke Weisweiler

9 Traum oder Albtraum: Zusammenarbeit in Projektteams

Simone Kauffeld, Sven Grote, Nale Lehmann-Willenbrock

9.1   Das Problem: Die Herausforderung von Projektarbeit   – 168

9.2   Hintergrund und Relevanz aus psychologischer Sicht: Erfolgsfaktoren für die Zusammenarbeit   – 168
9.2.1   Projektinterne Erfolgsfaktoren   – 169
9.2.2   Projektexterne Erfolgsfaktoren   – 171
9.2.3   Konflikte in Projektteams   – 171

9.3   Ansatzpunkte für Verbesserungen: Teamdiagnose und -entwicklung   – 174
9.3.1   Teamdiagnose   – 174
9.3.2   Teamentwicklung für Projektteams   – 178
9.3.3   Teamentwicklung bei Konflikten im Projektteam   – 183

9.4   Literatur   – 184

Projektteams als moderne Organisationsform werden in nichtroutinemäßigen Aufgabenbereichen eingesetzt. Sie sind oft interdisziplinär, also aus unterschiedlichen Bereichen einer Organisation zusammengesetzt, und stehen besonderen Herausforderungen gegenüber. Insbesondere die Aufgabenbewältigung als zentrale Dimension der Zusammenarbeit im Team ist in Projektteams mit Schwierigkeiten verbunden. Damit gehen vermehrt Konflikte einher. Die Besonderheiten der Zusammenarbeit in Projektteams, Ansatzpunkte für Konfliktlösungen und Teamentwicklungsmaßnahmen werden nachfolgend aufgezeigt.

9.1 Das Problem: Die Herausforderung von Projektarbeit

Projektteams existieren meist parallel zur gegebenen Arbeitsorganisation. Sie werden vermehrt unter solchen Rahmenbedingungen eingesetzt, die Tätigkeiten bezüglich **nichtroutinemäßiger Zielsetzungen** erfordern, wie beispielsweise in der Entwicklung neuer Produkte oder zur Umsetzung von organisationalen Veränderungen. Da es sich bei Projekten um **zeitlich befristete, einmalige und neuartige, wenig vorstrukturierte und risikobehaftete** Aufgaben handelt, sind die Anforderungen an Projektteams entsprechend hoch: In kurzer Zeit müssen sich Projektmitglieder aus unterschiedlichen Abteilungen und Disziplinen außerhalb ihrer Routinetätigkeiten zu funktionsfähigen Teams zusammenfinden und im Sinne des Projektziels miteinander kooperieren. Der **Zeit- und Erfolgsdruck** sowie die Arbeitslast in den meisten Projekten machen es schwierig und gleichzeitig unerlässlich, Stärken und Schwächen der Teams in Bezug auf erfolgskritische projektinterne und -externe Faktoren frühzeitig zu erkennen, um eine möglichst effektive und konfliktfreie Zusammenarbeit zu gewährleisten.

In den folgenden Abschnitten wird die Bedeutung verschiedener projektinterner und -externer Bedingungen für die Zusammenarbeit und die Entstehung von Konflikten thematisiert. Außerdem wird beschrieben, wie sich mithilfe einer systematischen Teamdiagnose Stärken und Schwächen von Projektteams identifizieren und zur Teamentwicklung verwenden lassen.

9.2 Hintergrund und Relevanz aus psychologischer Sicht: Erfolgsfaktoren für die Zusammenarbeit

Anders als in Arbeitsteams, die zeitlich unbegrenzt in die bestehende Arbeitsorganisation eingebettet sind, müssen die Ziele und Anforderungen in Projektteams erst konkret definiert und einheitlich interpre-

9.2 · Hintergrund und Relevanz aus psychologischer Sicht

tiert werden. Da sich die Teammitglieder aus meist unterschiedlichen Bereichen neu zusammenfinden, müssen sich der Zusammenhalt und die Übernahme von Verantwortung für das Team erst entwickeln. Es ist davon auszugehen, dass in Projektteams nicht per se Klarheit über die Prioritäten herrscht. Da Projektaufgaben mit projektfernen Anforderungen abzustimmen sind, gestaltet sich die Prioritätensetzung entsprechend schwierig. Auch wird die Anstrengungskoordination nicht problemlos gelingen, da die Interessen unterschiedlicher Bereiche oder überlappender Projekte berücksichtigt und ausgehandelt werden müssen. Bouwen und Fry (1996) sprechen in diesem Zusammenhang von Rollenambiguität, die besonders präsent ist, wenn Nicht-Routine-Arbeiten bewältigt und die Fähigkeiten der Mitarbeiter aus unterschiedlichen Abteilungen genutzt werden müssen, wie dies in Projektteams der Fall ist. Es zeigt sich, dass die **Bewältigung von Aufgaben** eine **besondere Herausforderung** im Projekt darstellt). Dasselbe gilt für den Zusammenhalt und die Verantwortungsübernahme für das Team (Kauffeld, 2001).

Rollenambiguität

Aufgabenbewältigung als Herausforderung

9.2.1 Projektinterne Erfolgsfaktoren

Ein Rahmenmodell der Zusammenarbeit in Teams ist die Kasseler Teampyramide (Abb. 9.1). Sie enthält 4 Dimensionen, die kennzeich-

Kasseler Teampyramide

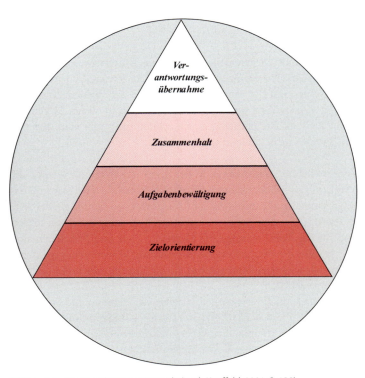

Abb. 9.1. Die Kasseler Teampyramide (nach Kauffeld, 2001, S. 138)

nend für gut funktionierende Teams sind (Kauffeld, 2001, S. 138): **Zielorientierung** und **Aufgabenbewältigung**, die zusammen die **Strukturorientierung** repräsentieren, sowie **Zusammenhalt** und **Verantwortungsübernahme**, die für die **Personorientierung** stehen.

Zielorientierung. Der Ausgangspunkt in dem Modell ist die Zielorientierung. Nur wenn **Ziele klar** und Anforderungen an die Arbeitsergebnisse eindeutig formuliert sind, kann ein gut funktionierendes Team resultieren. Wenn die Teammitglieder die Anforderungen nicht kennen oder die Ziele nicht von allen akzeptiert werden, richten sich die Teammitglieder unterschiedlich aus und verfolgen individuelle Interessen. Diese können den Team- und Organisationsinteressen entgegenstehen. Die Ziele sollten **konkret formuliert** und **erreichbar** sein. Zur Orientierung sollten **Kriterien zur Bestimmung des Grades der Zielerreichung** vorliegen, sodass die Teammitglieder angemessene Schritte unternehmen können (▶ Kap. 11, Wegge & Schmidt).

> Individuelle gegen Teaminteressen

Aufgabenbewältigung. Wenn das Team auf diese Weise an Zielen orientiert arbeitet, steigt die Wahrscheinlichkeit, dass die Zielsetzungen bei den Aufgaben auch erreicht werden. Allerdings führen Ziele und Zielorientierung nicht zwangsläufig und unter allen Umständen zu einer besseren Aufgabenbewältigung – insbesondere nicht bei komplexen Projekten. Um effektiv zu arbeiten, müssen den Teammitgliedern die **Prioritäten** klar und ihre **Aufgaben** bekannt sein. Die Anstrengungen gilt es zu koordinieren und Informationen rechtzeitig auszutauschen.

> Prioritäten müssen klar und Aufgaben bekannt sein

Zusammenhalt. Gegenseitiges **Vertrauen, Unterstützung und Respekt** werden eher die Folge sein, wenn keine Zielkonflikte das Team beherrschen und die Aufgabenkoordination zur Zufriedenheit aller erfolgt. Konkurrenz und Unverständnis werden wahrscheinlicher, wenn Zielkonflikte dominieren, Prioritäten nicht klar sind und Anstrengungen nicht gut koordiniert werden.

> Zielkonflikte vermeiden

Verantwortungsübernahme. In der Spitze der Pyramide werden die Verantwortungsübernahme als Team, die Einsatzbereitschaft und das Engagement der Teammitglieder fokussiert. Die Teammitglieder werden sich umso eher für das **Gesamtergebnis verantwortlich fühlen** und für das Team einsetzen, je klarer die Ziele und Prioritäten sind und je mehr die Personen sich untereinander akzeptieren, gegenseitig helfen, alle wichtigen Informationen in die Gruppe einbringen und sich als Team verstehen.

> Gegenseitiges Akzeptieren und Helfen

Darüber hinaus erwiesen sich neben der Planung und Steuerung von Projekten auch der **Projektleiter** sowie die **Information und Kommunikation** als wichtige Erfolgsfaktoren in Projekten. Auf diese Aspekte wird in anderen Kapiteln des Buches vertieft eingegangen (▶ Kap. 11, Wegge & Schmidt; ▶ Kap. 12, Kuhrts, Braumandl & Weisweiler bzw. ▶ Kap. 3, Brodbeck & Guillaume).

> Planung, Projektleitung und Informationsfluss

9.2.2 Projektexterne Erfolgsfaktoren

Als Ursachen für schlecht funktionierende Teamarbeit sind auch **projektexterne Rahmenbedingungen** von Bedeutung. Der Kreis um die Teampyramide (◘ Abb. 9.1) symbolisiert die Umwelt, die über Belohnungs- und Informationssysteme, Vorgesetzte oder Richtlinien die Zusammenarbeit in Teams beeinflusst. Wenn in der Umwelt des Projektteams Probleme auftreten, wirkt sich dies auch auf die oben dargestellten projektinternen Bedingungen aus.

Externe Einflüsse auf das Projekt

Studien belegen, dass einige projektexterne Bedingungen besonders wichtige Erfolgs- bzw. Misserfolgsfaktoren in Projekten darstellen. Hierzu gehört beispielsweise die **projektübergreifende Zusammenarbeit** oder die Zusammenarbeit mit dem **Topmanagement** (Lechler & Gemünden, 1998) und anderen Abteilungen (Selin & Selin, 1994). Insbesondere in der Projektarbeit ist die Zusammenarbeit oder Koordination mit verschiedenen Schnittstellen erforderlich. Oft müssen verschiedene Teilprojekte koordiniert werden, oder es existieren parallel mehrere Projektteams zu ähnlichen Themenbereichen, die sich abstimmen müssen. Bei der Aufgabenbewältigung ist das Team gerade bei komplexen Projekten von anderen Teams oder Bereichen abhängig. Forschungsergebnisse zu Intergruppenkonflikten zeigen, dass Konflikte zwischen Gruppen oder Teams durch sich aufrechterhaltende und eskalierende Konkurrenzzirkel gekennzeichnet sind. Diese führen vermehrt zu destruktiven Ergebnissen (Keashley, Fisher & Grant, 1993).

Zusammenarbeit mit dem Management und anderen Abteilungen

Darüber hinaus scheitern Projekte oftmals an mangelnden **Ressourcen**, die Ursache für hinderliche politische Prozesse in Projekten (▶ Kap. 8, Solga & Blickle) und Konflikte sein können (Selin & Selin, 1994).

Ressourcen

Auch unternehmensinterne und -externe Stakeholder beeinflussen das Projekt (▶ Kap. 8, Solga & Blickle). Vom Auftraggeber oder **Kunden** hängt gar die Existenz des Projektes ab. Teilergebnisse, Zwischenberichte, Vorschläge für Richtungsentscheidungen des Projektteams an den Kunden bedürfen der Bewertung und Entscheidung durch den Kunden. Da die Kundenwünsche anfangs oft nicht präzise genug formuliert sind und sich im Projektverlauf ändern können, stellt die Zusammenarbeit zwischen Kunden und Projektteam einen mehrdeutigen Prozess dar, der sowohl das Potenzial hat, sich positiv zu entwickeln, als auch negativ »aufzuschaukeln«. Das Fallbeispiel in ▶ Kap. 17, Hertel & Orlikowski, zeigt dies eindrucksvoll in der virtuellen Projektarbeit.

Zusammenarbeit mit dem Kunden

9.2.3 Konflikte in Projektteams

Im Projektteam kann analog zur Person- und Strukturorientierung der Kasseler Teampyramide bei Konflikten in Arbeitsgruppen zwischen **aufgabenbezogenen** und **sozialen Konflikten** unterschieden werden. Die sachbezogene, aufgabenrelevante Auseinandersetzung im Team – etwa in Form einer Diskussion um die besten Möglichkeiten, ein

Konfliktarten

Problem zu lösen – wird auch als »**funktionaler Konflikt**« bezeichnet. Demgegenüber sind soziale bzw. »**dysfunktionale**« oder »affektive« Konflikte durch Misstrauen, Furcht, Wut, Frustration und andere negative Empfindungen gekennzeichnet (Pelled, 1996).

Auswirkungen von Konflikten

Sowohl aufgabenbezogene als auch soziale Konflikte können negative Auswirkungen auf die Teamleistung und die Zufriedenheit der Teammitglieder haben (De Dreu & Weingart, 2003). Dabei können **moderate aufgabenbezogene Konflikte durchaus positiv** für ein Team sein, sofern es wenig soziale Konflikte gibt (Jehn & Chatman, 2000). Ein moderater aufgabenbezogener Konflikt könnte beispielsweise entstehen, wenn Projektmitglieder unterschiedlicher Meinung darüber sind, mit welcher Software ein bestimmtes Problem gelöst werden könnte. Die daraus resultierende Diskussion kann helfen, die im spezifischen Problemfall am besten geeignete Lösung auszuwählen. Wenn allerdings der aufgabenbezogenen Uneinigkeit andere, personenbezogene Motive zugrundeliegen (z. B. persönliche Abneigung zwischen Teammitgliedern, die aber nicht offen ausgesprochen, sondern nur über scheinbar aufgabenbezogene Differenzen ausgetragen wird), handelt es sich nicht mehr um einen moderaten Konflikt, weil aufgabenbezogene Konflikte in soziale Konflikte umschlagen können.

Die Vorteile moderater aufgabenbezogener Konflikte zeigen sich in Studien aus dem Bereich der Gruppenkreativität (Paulus & Nijstad, 2003) und dem Problemlöseverhalten in Gruppen (Laughlin, Zander, Knievel & Tan, 2003), da die Teamleistung von einer hohen Meinungs- und Ideenvielfalt profitiert. Es gibt Hinweise darauf, dass Teams bessere Entscheidungen treffen und mehr Informationen berücksichtigen, wenn die Teammitglieder zu Beginn unterschiedlicher Meinung sind (Schulz-Hardt, Brodbeck, Mojzisch, Kerschreiter & Frey, 2006).

> ❗ Effektive Entscheidungen und Prozesse im Projektteam hängen unter anderem davon ab, ob das Team in der Lage ist, konkurrierende Sichtweisen und Ansätze zuzulassen und daraus Entscheidungen zu generieren, die für das gesamte Team akzeptabel sind (Sambamurthy & Poole, 1992).

Deshalb sollten aufgabenbezogene Konflikte behutsam bearbeitet werden, damit die Diversität unterschiedlicher Meinungen und Ideen im Team nicht behindert und gleichzeitig der Zusammenhalt der Gruppe nicht gefährdet wird (Jones, 2005). Wenn einem (Projekt-)Team ein guter Umgang mit aufgabenbezogenen Konflikten gelingt, ist die Qualität der im Team erarbeiteten Lösungen höher als die Qualität individueller Lösungen (Lewicki & Litterer, 1985). Gelingt es einem Projektteam dagegen nicht, die Vielfalt der Meinungen oder Lösungsansätze im Team zu integrieren, können schließlich auch soziale Konflikte entstehen. Dies ist für ein Projekt kritisch, da soziale Konflikte nachweislich die Teamproduktivität und -leistung beeinträchtigen (De Dreu & Weingart, 2003).

Marginalia:
- Sachkonflikte
- Vorteile moderater aufgabenbezogener Konflikte
- Soziale Konflikte

Struktur- und Personorientierung bzw. aufgabenbezogene und soziale Konflikte sind also nicht unabhängig voneinander. Aufgabenbezogene Konflikte, die verdrängt oder unterdrückt werden, können eskalieren und soziale Konflikte nach sich ziehen. Andererseits können soziale Konflikte zwischen einzelnen Mitgliedern eines Projektteams Auswirkungen auf Aufgabenaspekte haben und zu aufgabenbezogenen Konflikten führen.

Wenn sich die Teammitglieder gegenseitig immer weniger gewogen sind, vermindert dies ihren Zusammenhalt. Auch das Vertrauen im Team beeinflusst Konfliktsituationen (vgl. Tindale, Dykema-Engblade & Wittkowski, 2005). Zudem wird zur Lösung sozialer Konflikte Zeit gebunden, die dem Team dann nicht mehr für die eigentlichen Aufgaben zur Verfügung steht. Soziale Konflikte erzeugen Stress und Furchtgefühle, wodurch die Fähigkeit, kritisch zu denken, vermindert wird. Sie führen häufig auch zu feindseligen Interpretationen des Verhaltens von Kollegen und damit zur Konflikteskalation (Jones, 2005). Liefert beispielsweise ein Kollege eine fehlerhafte Vorarbeit, so wird ein gut funktionierendes Team eher geneigt sein, hier einen Irrtum und nicht böse Absicht zu unterstellen. Entsprechend wird es seine Aufmerksamkeit auf die Fehlerbeseitigung lenken, während das dysfunktionale Team sich über den Kollegen empört und über einen »Gegenschlag« nachsinnt.

Konflikteskalation

> **!** **Konflikte beeinflussen die Produktivität und Leistung im Projektteam. Verdrängte oder unterdrückte aufgabenbezogene Konflikte können eskalieren und soziale Konflikte nach sich ziehen.**

Nutzung von Konflikten

Um eine gute Zusammenarbeit und eine hohe Arbeitsleistung im Team zu gewährleisten, muss Projektleitern und Projektteams also der **Balanceakt** gelingen, aufgabenbezogene Konflikte weit genug zuzulassen, um möglichst vielfältige Ideen, Lösungswege und Problemsichten zu generieren und zu reflektieren, jedoch eine Eskalation der Konflikte sowie die Entstehung sozialer Konflikte möglichst zu verhindern, zumindest jedoch frühzeitig einzugreifen. Die Grundlage für eine erfolgreiche **Konfliktprävention** ist eine sorgfältige **Teamdiagnose**, bei welcher die Schwächen und Stärken von Teams analysiert werden, um sie dann im Rahmen von Teamentwicklungsmaßnahmen oder längerfristig angelegtem, begleitendem Teamcoaching zu bearbeiten (vgl. Kauffeld, Lorenzo, Montasem & Lehmann-Willenbrock, 2009; mehr Informationen unter http://www.4a-side.com/).

Teamdiagnose

9.3 Ansatzpunkte für Verbesserungen: Teamdiagnose und -entwicklung

9.3.1 Teamdiagnose

Teamdiagnose und Entwicklung eines Maßnahmeplans

Um zunächst ein differenziertes Bild des jeweiligen Projektteams zu gewinnen und dessen Teamentwicklungsbedarf zu ermitteln, können Fragebögen zur Teamdiagnose und zur Ableitung von Maßnahmen eingesetzt werden. Hierfür eignen sich fragebogengestützte Verfahren wie beispielsweise das **Teamklima-Inventar** TKI (Brodbeck, Anderson & West, 2000; ▶ Kap. 13, Maier & Hülsheger) oder der **Fragebogen zur Arbeit im Team**, FAT (Kauffeld, 2004), welcher das Ausmaß der Zielorientierung, der Aufgabenbewältigung, des Zusammenhalts sowie der Verantwortungsübernahme im Sinne der Kasseler Teampyramide misst. Spezifisch für die Diagnose von Projektteams wurde der FAT im neu entwickelten Verfahren »**Review für Projektteams**« (Grote & Kauffeld, in Vorb.) um 6 projektteamspezifische Skalen erweitert. Damit bewerten Teammitglieder, zu wieviel Prozent ihrer Auffassung nach verschiedene projektinterne und projektexterne Aspekte gegeben sind. Diese, in ◘ Tab. 9.1 dargestellten Aspekte, stellen empirische Untersuchungen, Interviews mit Experten sowie Erfahrungen aus dem Projektmanagement zufolge wichtige Erfolgsfaktoren des Projektmanagements dar (s. z. B. White & Fortune, 2002).

Erfolgsfaktoren des Projektmanagements

Die Erhebung von Stärken und Schwächen in Teams mithilfe solcher Instrumente bietet die Gelegenheit, über konkrete Aspekte im Team ins Gespräch zu kommen und Verbesserungen in der Arbeitssituation herbeizuführen. Die **Integration** der Teamdiagnose in einen **institutionalisierten Teamentwicklungsprozess** wird empfohlen. Sie kann allerdings auch den Ausgangspunkt für einen von der Gruppe selbstorganisierten und -gesteuerten Entwicklungsprozess darstellen. Für den Einsatz teamdiagnostischer Verfahren gibt es 4 mögliche **Zielsetzungen**:

Zielsetzungen bei der Teamdiagnose

1. Strukturierung von Teamentwicklungsprozessen durch die arbeitsnahe Abbildung zentraler Themenfelder von Projektteams.
2. Identifikation von Schwachstellen bei Zusammenhalt und Zusammenarbeit im Projektteam, um daraus gezielte Maßnahmen abzuleiten.
3. Sensibilisierung der Mitarbeiter und Führungskräfte für mögliche Problemfelder und Lösungsansätze. So kann das Unternehmen über den unmittelbaren Einsatz im Projektteam hinaus profitieren.
4. Entwicklung von unternehmensbezogenen Best-Practice-Vorgehensweisen, welche dem Unternehmen wichtige Hinweise zur effektiven Gestaltung der Projektarbeit liefern.

Das nachfolgende Beispiel über ein Automobilzuliefererunternehmen, welches das Review für Projektteams erprobt hat, zeigt die mögliche Akzeptanz eines solchen auf.

9.3 · Ansatzpunkte für Verbesserungen: Teamdiagnose und -entwicklung

Tab. 9.1. Die 10 Skalen des Reviews für Projektteams

	Skala	Beispielaussage
	Projektinterne Faktoren	
1.	Zielorientierung: Das Ausmaß, in dem die Aufgaben und Ziele für jeden Teilnehmer klar formuliert sind.	Die Anforderungen an unsere Arbeitsergebnisse sind klar formuliert.
2.	Aufgabenbewältigung: Beschreibt, inwiefern die Aufgaben und Prioritäten innerhalb des Teams klar verteilt, wie gut die Anstrengungen koordiniert sind und inwieweit Informationen rechtzeitig ausgetauscht werden.	Die Prioritäten im Projekt sind mir klar.
3.	Zusammenhalt: Die Qualität der Zusammenarbeit der Teammitglieder sowie der Umgang mit Konflikten.	Wir reden jederzeit offen und frei miteinander.
4.	Verantwortungsübernahme: Das Ausmaß, in dem die Teammitglieder Verantwortung für das Erreichen von Projektzielen übernehmen beziehungsweise dazu die Möglichkeit haben.	Die Mitglieder übernehmen Verantwortung.
5.	Planung und Instrumente: Erfasst, ob das gewählte Vorgehen zielführend und sinnvoll ist und ob die verwendeten Instrumente auf das Projekt abgestimmt sind.	Die Projektplanung ist ausgesprochen zielführend und effektiv.
6.	Informationsfluss innerhalb des Teams: Erfasst, wie gut der Informationsaustausch organisiert ist, ob Besprechungen oft genug stattfinden und ob eine ausreichende Dokumentation gewährleistet ist.	Informationen werden im Team rechtzeitig ausgetauscht.
7.	Projektleitung: Beschreibt das Ausmaß, in dem die Projektleitung aus Sicht der Teammitglieder ihrer Aufgabe gerecht wird, die Teammitglieder fair behandelt, Freiräume bietet und die Möglichkeit einräumt, Kritik anzubringen.	Die Projektleitung wird ihrer Aufgabe voll und ganz gerecht.
	Projektexterne Faktoren/Schnittstellen	
8.	Projektübergreifende Zusammenarbeit: Beschreibt das Ausmaß der Unterstützung durch das Topmanagement und andere Abteilungen (z. B. bzgl. Entscheidungsprozessen und Informationsaustausch).	Andere Abteilungen unterstützen die Arbeit des Projektteams, wo es notwendig ist, voll.
9.	Ressourcen: Beschreibt die angemessene Bereitstellung und realistische Kalkulation von Ressourcen (z. B. finanzielle, zeitliche und personelle Ressourcen).	Die verfügbaren Ressourcen sind realistisch definiert.
10.	Zusammenarbeit mit dem Kunden: Beschreibt die Zusammenarbeit mit dem Auftraggeber beziehungsweise Kunden.	Wir erfüllen und verstehen die Bedürfnisse und Erwartungen des Auftraggebers beziehungsweise Kunden voll.

Automobilzulieferunternehmen
Um die Akzeptanz des Verfahrens zu überprüfen, wurde das Review in einem nordhessischen Automobilunterzulieferunternehmen als Ausgangspunkt für Interventionen auf mehreren Ebenen erprobt. Das Verfahren wurde zum Zweck (1) der Teamentwicklung, (2) der Personalentwicklung von Projektleitern und (3) der Organisationsentwicklung eingesetzt. Diese Anwendungen werden im Folgenden kurz beschrieben.

(1) Teamentwicklung. Im ersten Fall wurden – analog zur klassischen Teamentwicklung – bei verschiedenen Projektteams auf Grundlage einer individuellen Auswertung Verbesserungen der Zusammenarbeit im Projekt abgeleitet. Dabei handelte es sich um 8 kundenbezogene Entwicklungsteams, die über mehrere Jahre für die Entwicklung und Produktion eines Bauteils für eine Automobilreihe verantwortlich waren, und 10 interne Projekte, in denen es u. a. um die Einführung oder Optimierung von Prozessen etc. ging. Jedes Projektteam erhielt eine individuelle Auswertung auf Skalen- und Itemebene. Es zeigte sich eine beachtliche Bandbreite der Ergebnisse. Die Projektleiter hatten auf freiwilliger Basis die Möglichkeit, eine Auswertung mit ihren Projektteams anhand des beigefügten Leitfadens entweder mit ihrem Team selbst, oder mit dem internen Koordinator der Erhebung, dem Bereichsleiter IT und Projektmanagement, als Moderator oder unter externer Moderation durchzuführen.

Man könnte vermuten, dass insbesondere diejenigen Projektleiter, deren Ergebnisse Handlungsbedarf aufzeigten, das größte Interesse an einer Begleitung hätten. Dem war aber nicht so, denn es gilt die Faustregel: Je besser die Ergebnisse, desto größer das Interesse an einer Umsetzung. Einige Projektleiter verzichteten sogar auf eine Rückmeldung der Ergebnisse im Team. Dies korrespondiert mit der Beobachtung, dass eher vergleichsweise gut geführte Unternehmen Interesse an arbeitswissenschaftlicher Beratung zeigen, während Unternehmen mit dem offensichtlichsten und umfassendsten Handlungsbedarf entsprechenden Projekten ablehnend gegenüberstehen.

(2) Personalentwicklung für Projektleiter. Die Diskussion der Ergebnisse zwischen zentralem Koordinator und einzelnen Projektleitern führte zu der Beobachtung, dass sich manche Problemfelder der Projektleiter stark ähneln. So entstand die Idee, mehreren Projektleitern zusammen, die sich mit ihren Teams an dem Review beteiligt hatten, einen gemeinsamen Workshop anzubieten. Ziel der Workshops war, ausgehend von den Skalen und Ergebnissen, regelmäßig auftauchende Probleme des Projektalltags zu sammeln und

▼

9.3 · Ansatzpunkte für Verbesserungen: Teamdiagnose und -entwicklung

jeweils idealtypische Lösungen zu entwickeln. Ein konkretes Beispiel zum Themenbereich Ziele: Als regelmäßig auftauchende Problemsituation wurde beschrieben, dass Projekte in einer frühen Phase oft unklare Ziele, Anforderungen aufweisen. Als »Falle« für Projektleiter wurde benannt, in dieser frühen Phase zu früh operativ tatkräftig zu werden, also salopp gesprochen »einfach mal loszulegen«. Stattdessen sei es erforderlich, in der Ziel- und Auftragsklärung mit Vorgesetzten durchaus hartnäckig und konfliktbereit auf eine konkrete, schriftliche, nachvollziehbare und gemeinsam geteilte Zieldefinition zu drängen. Die Ergebnisse zweier 1-tägiger Workshops mündeten in einem betriebsinternen »Handbuch für Projektleiter«.

(3) Organisationsentwicklung. Ziel war, eine generelle Verbesserung der Projektmanagementprozesse im Unternehmen herbeizuführen. Die individuellen Auswertungen der Projekte dienten als Grundlage dafür, übergreifende Probleme im Projektmanagement zu beschreiben und nach generellen Lösungen für das Unternehmen zu suchen. So mündeten 2 ganztägige Workshops zum einen in einer Reihe von Vereinfachungen, Regelungen, Festlegungen und Standardisierungen des bis dahin im Unternehmen praktizierten Projektmanagements. Zum anderen wurden Erfahrungen der Projektleiter, wie z. B. zum Umgang mit kritischen Situationen bei der Zielklärung, in einem betriebsspezifischen »Handbuch für Projektleiter«, das sich an den Skalen des Reviews orientiert, dokumentiert. Als Fazit lässt sich festhalten, dass sich das Review auf beiden Ebenen, der Teamentwicklungs- und der Organisationsentwicklungsebene, als tragfähiges Instrument erweisen konnte. Aufgrund der praktischen Erfahrungen mit dem Review kann von einer hohen Akzeptanz des Verfahrens gesprochen werden.

Der Ablauf einer Teamdiagnose gestaltet sich üblicherweise wie in nachfolgender Übersicht dargestellt.

Ablauf einer Teamdiagnose

Exemplarischer Ablauf einer Teamdiagnose
1. **Information der Projektteammitglieder:** Die Teammitglieder sollten zu Beginn über den Sinn und Zweck der Befragung sowie über den weiteren Prozess informiert und so für die Teilnahme motiviert werden. Betont werden sollte, dass die Teilnahme an der schriftlichen Befragung freiwillig ist und die Befragung anonym ausgewertet wird.
2. **Ausfüllen des Fragebogens:** Die Teammitglieder sollten den Fragebogen einzeln ausfüllen, um abweichende Ansichten und Meinungen abbilden zu können.

▼

> 3. **Auswertung und Aufbereitung der Ergebnisse:** Mit den Resultaten wird eine projektspezifische Auswertung erstellt. Die Ergebnisse lassen sich besser einschätzen, wenn sie Vergleichswerten aus anderen Projekten gegenübergestellt werden.

An die Teamdiagnose schließt sich die Rückmeldung an die Projektteams und den Projektleiter an, in welcher die Ergebnisse gemeinsam reflektiert und Verbesserungsansätze entwickelt werden können. Die eigentliche Teamentwicklung beginnt.

Alternativ zum Einsatz von Fragebögen können Projektteams in kritischen Situationen beobachtet werden. Eine kritische Situation könnte eine Arbeitsbesprechung sein, in der die Expertise verschiedener Projektmitglieder gebündelt wird. Eine objektive Auswertung wird durch den Einsatz von »act4teams« gewährleistet Kauffeld et al., 2009).

9.3.2 Teamentwicklung für Projektteams

Erfolgsfaktor Selbstreflexion

In der Teamforschung wird die Fähigkeit zur **Reflexion** als ein entscheidendes Element der Teamentwicklung beschrieben, da Reflexion die Effektivität von Teams erhöht (West, 2004). Was heißt Teamreflexion genau? Für alle Gruppen, die sich in unsicheren, komplexen und dynamischen Umfeldern bewegen, wird die Fähigkeit, einerseits aufgabenbezogen die Prozesse voranzutreiben und andererseits bestehende Abläufe und Gewohnheiten zu hinterfragen, als entscheidend beschrieben (Kauffeld, 2001). Deshalb werden derartige Reflexionen in Teamentwicklungsmaßnahmen angestrebt.

Rückmeldung und Reflexion der Teamdiagnose

Als Grundlage dienen die Ergebnisse der Teamdiagnose, welche dem Team und dem Projektleiter in einer Auswertungssitzung rückgemeldet werden. Ziel der Sitzung ist es, zu **konkreten Lösungen und Maßnahmen** zu gelangen, die anschließend vom Projektteam umgesetzt werden. Für das Team unproblematische Themenbereiche können in der Sitzung kurz abgehandelt werden, schwierige und kritische Themen – aber auch Dinge, die besonders gut laufen – werden genauer »beleuchtet«. Dies geschieht anhand ergänzender offener Leitfragen, in nachfolgender Checkliste dargestellt.

> **Checkliste: Beispielfragen für eine Selbstreflexion von Teams zum Thema »Zusammenhalt«**
> — Was ist positiv beim Zusammenhalt? Was läuft hier gut?
> — Was ist verbesserungswürdig beim Zusammenhalt? Was läuft noch nicht so gut?
> — Was sind Ursachen für die Unstimmigkeiten?
> ▼

9.3 · Ansatzpunkte für Verbesserungen: Teamdiagnose und -entwicklung

> - Was können wir tun, um uns zu verbessern?
> - Was kann die Gruppe aus der bisherigen Zusammenarbeit lernen?
> - Welche Konsequenzen für die Zukunft kann die Gruppe ziehen?
> - Welche Maßnahmen werden konkret für das Projektteam vereinbart?
> - Welche Konsequenzen zieht jeder Einzelne für sich persönlich?

Nach einiger Zeit sollte im Rahmen einer Folgesitzung überprüft werden, inwieweit die vereinbarten Maßnahmen umgesetzt wurden und wie wirksam diese waren. Gegebenenfalls gilt es, neue Maßnahmen zu vereinbaren.

Überprüfung der Wirksamkeit von Maßnahmen

Einige Teams können die Teamdiagnose und -entwicklung selbstständig durchführen, andere benötigen Interventionen durch außenstehende Berater (Jones, 2005). Soweit im Unternehmen keine Erfahrungen und Expertise in der Durchführung von Teamdiagnosen und darauf aufbauenden Teamentwicklungsmaßnahmen vorliegen, empfiehlt sich in jedem Fall die Einbindung eines Projektcoachs oder Beraters (▶ Kap. 6, Wastian, Braumandl & Dost), der die erforderliche Erfahrung in der Moderation von Teamprozessen und Konflikten mitbringt und die psychologische Qualifikation in der Anwendung der diagnostischen und gesprächstechnischen Methoden nachweisen kann.

Begleitung von Projektteams durch Coaches und Berater

Eine systematische und strukturierte Betrachtung der Zusammenarbeit durch das Team selbst kann wichtige Hinweise auf Verbesserungspotenziale geben. Die Ansätze für entsprechende Reflexionen sind dabei durchaus vielfältig, wie die folgende Übersicht über Formen der Teamentwicklung zeigt.

Formen der Teamentwicklung

> **Formen der Teamentwicklung nach West (2004)**
> 1. »Team Start-Ups« bezeichnen Interventionen für Teams, die mit der Zusammenarbeit im Team beginnen. Das heißt, es wird nicht erst ein Krisenfall abgewartet, vielmehr wird dafür plädiert, Team-Building-Elemente zum Standard bei der Implementierung von Teams zu machen, also Teamentwicklung präventiv zu betreiben.
> 2. »Regelmäßige formale Reviews« haben das Ziel, das Teamgeschehen von einer Metaebene aus zu betrachten und den Perspektivenwechsel zu üben. Es geht darum, in regelmäßigen Abständen (z. B. alle 6 Monate für 1–2 Tage) Teamerfolge und Schwierigkeiten, Teamziele oder die Qualität der Teamkommunikation zu reflektieren.
> 3. »Bekannte aufgabenbezogene Probleme bearbeiten« beschreibt einen Problemlöseworkshop, dem ein vorab klar defi-
> ▼

»Team Start-Ups«

»Regelmäßige formale Reviews«

»Bekannte aufgabenbezogene Probleme bearbeiten«

»Problemidentifizierungs«-Maßnahmen

niertes und umrissenes Problem zugrunde liegt. Es wird eine Auszeit für die Teamentwicklung genommen, um ein bestimmtes Problem zu bearbeiten und Maßnahmen abzuleiten. Unter diese Form kann auch die Vermittlung von Techniken des Total Quality Managements (TQM) oder kontinuierlicher Verbesserungsprozesse (KVP) durch einen Experten fallen.

4. »Problemidentifizierungs«-Maßnahmen beziehen sich auf die Konkretisierung relevanter Probleme. Man weiß vorab nur, dass ein Team ineffektiv arbeitet, weiß aber nicht warum. Nach der Entwicklung einer gemeinsamen Sicht der Probleme und ihrer Ursachen entwirft das Team angemessene Strategien, um die Probleme zu bewältigen.

»Interventionen zu sozialen Prozessen«

5. »Interventionen zu sozialen Prozessen« fokussieren die Betrachtung der Beziehungen, der sozialen Unterstützung, des Teamklimas, der Kompetenzentwicklung der Teammitglieder oder der Konfliktbewältigung. Ziel ist es hier, das soziale Klima im Team zu verbessern und das Wohlbefinden der Teammitglieder zu sichern. Wenn z. B. ein Problem die mangelnde soziale Unterstützung im Team ist, könnte es eine Lösung sein, die Teammitglieder darin zu trainieren, sich gegenseitig beratend beizustehen.

Da einer systematischen Teamentwicklung die Teamdiagnose zugrunde liegt, lässt sich die Zusammenarbeit im Team gezielt im Hinblick auf diejenigen projektinternen und projektexternen Erfolgsfaktoren verbessern, welche optimierungsbedürftig sind.

Teamentwicklung und projektinterne Erfolgsfaktoren

Erfolgsfaktor Zielorientierung. In Teamentwicklungsmaßnahmen sollten im Hinblick auf eine Konfliktprävention zunächst die struktur- bzw. umweltbezogenen Aspekte der Zusammenarbeit geklärt werden, sofern nicht bereits im Vorfeld beeinträchtigende persönliche Probleme oder soziale Konflikte vorliegen. Dies gilt insbesondere für Projektteams, da sich dort die Strukturorientierung (Zielorientierung und Aufgabenbewältigung) als kritisch erweisen. Die feste Definition der Ziele eines Projektteams gestaltet sich unter den meist komplexen Bedingungen schwierig. Ungenau festgelegte Ziele können jedoch zum einen zu aufgabenbezogenen Konflikten führen, zum anderen können sie aber auch Streit auf der Beziehungsebene und somit soziale Konflikte fördern. Für die Arbeit mit einem Projektteam wird ein Coach (▶ Kap. 6, Wastian, Braumandl & Dost) sich deshalb üblicherweise zunächst auf Themen der Zielklärung, der Definition konkreter und realistischer Anforderungen an die Arbeitsergebnisse etc. konzentrieren.

Konkrete und realistische Anforderungen setzen

Erfolgsfaktor Aufgabenbewältigung. Je nach der aktuellen Projektphase (Beginn, Durchführung oder Projektabschluss) wird der Fokus der Teamentwicklung auf unterschiedlichen Aspekten liegen. Beispielsweise kann zu Beginn der Projektarbeit ein gegenseitiger Austausch über die künftige Zusammenarbeit und darüberhinaus zum Umgang mit möglichen Konflikten erfolgen (»Start-Up«-Maßnahmen). Um Schwächen in der Aufgabenorientierung frühzeitig zu erkennen, sollte auch geklärt werden, wie beispielsweise Prioritäten klar gesetzt, Anstrengungen koordiniert und Informationen rechtzeitig ausgetauscht werden sollen. So können unterschiedliche Auffassungen und Meinungen frühzeitig thematisiert und einer späteren Konflikteskalation auf der Aufgabenebene sowie einer Ausweitung von Konflikten auf die soziale Ebene vorgebeugt werden.

Späterer Konflikteskalation vorbeugen

Erfolgsfaktoren Zusammenhalt und Verantwortungsübernahme. Wenn das Projektteam zielorientiert vorgeht und die Aufgaben gut bewältigt, trägt dies auch zur Entwicklung des Zusammenhalts im Team und zur Übernahme von Verantwortung durch die Teammitglieder bei (Kauffeld, 2001).

Erfolgsfaktor Planung. Für die Teamentwicklung ergeben sich besondere Chancen durch die Einbindung der Projektteammitglieder in die Bewertung der Qualität der Planung. Planungsprozesse in Projektteams erfolgen oftmals stärker in einem Top-down-Prozess als es sinnvoll ist. Ob die Planung tatsächlich funktioniert, können die Teammitglieder oftmals besser bewerten als die Führungskraft. Aus diesem Spannungsfeld können sich wertvolle Hinweise für die Teamentwicklung ergeben.

Erfolgsfaktor Informationsfluss. Auch mit Blick auf den Informationsfluss lassen sich zumeist erhebliche Potenziale erschließen. Die Projektteammitglieder selbst können am besten beurteilen, ob sie zur Aufgabenerfüllung rechtzeitig mit allen notwendigen Informationen versorgt sind. Da der Informationsfluss nicht selten ein »brisantes Thema« darstellt (▶ Kap. 3, Brodbeck & Guillaume) und sich in der Praxis als störanfällig durch mikropolitische Einflüsse erweist (▶ Kap. 8, Solga & Blickle), erscheint auch hier eine anonyme Befragung als Grundlage der Teamentwicklung Erfolg versprechend. Es lassen sich zahlreiche konkrete und überprüfbare Maßnahmen ableiten, wie z. B. Besprechungen, Rundschreiben, Mails etc.

Rechzeitige Informationsversorgung für Aufgabenerfüllung

Erfolgsfaktor Projektleiter. Aus Sicht des Projektleiters ergibt sich die Herausforderung, das Projektteam als Team zu entwickeln und dabei auch die eigene Rolle zu definieren (▶ Kap. 12, Kuhrts, Braumandl & Weisweiler). Eine Teamentwicklung wird deshalb im Normalfall die Kooperation zwischen Projektteam und Projektleiter nicht ausklammern.

Teamentwicklung und projektexterne Erfolgsfaktoren
Projektexterne Faktoren sind zwar im Vergleich zu projektinternen Faktoren nicht durch eine Teamentwicklung zu beeinflussen. Dass sie in teamdiagnostischen Verfahren wie dem oben dargestellten »Review

Projektexterne Erfolgsfaktoren

für Projektteams« (Grote & Kauffeld, in Vorb.). erhoben und ergänzend oder begleitend zur Teamentwicklung berücksichtigt werden sollen, hat folgende Gründe:

1. Zum einen können ungünstige Voraussetzungen im Umfeld von Projektteams zu Konflikten innerhalb des Teams führen. Das heißt, Konflikte werden außerhalb verursacht und innerhalb des Teams ausgetragen. Eine Vergegenwärtigung – und evtl. Verschiebung der Verantwortlichkeitszuschreibung von internalen auf externale Zusammenhänge – kann somit negative Entwicklungen verhindern.
2. Zum anderen kann die Klärung der Frage, welche Themen und Probleme das Projektteam **selbst** und welche es **in Kooperationen über die Projektgrenzen hinaus** angehen muss, als wichtiger Bestandteil einer Teamentwicklung betrachtet werden. Bei manchen Themen kann sich ein Geflecht aus internen und externen Zuständigkeiten ergeben.
3. Schließlich kann es notwendig sein, Maßnahmen abzuleiten, die über interne Themen wie die Interaktion im Projektteam hinausgehen, also z. B. das Einfordern von Unterstützung durch eine andere Abteilung oder das Topmanagement.

> **!** **Projektexterne Rahmenbedingungen haben einen großen Einfluss auf den Verlauf und den Erfolg von Projekten (▶ Kap. 2, Schneider & Wastian). Klärungsprozesse, die über das Team hinausgehen, können deshalb entscheidende Impulse für eine verbesserte Projektabwicklung mit sich bringen.**

Schnittstellenworkshops

Erfolgsfaktor interne Zusammenarbeit. Im Hinblick auf die Zusammenarbeit mit dem Topmanagement und anderen Abteilungen kann eine Teamentwicklung den Ausgangspunkt für **Schnittstellenworkshops** mit internen Abteilungen darstellen, in denen die Erwartungen für die Zusammenarbeit geklärt werden. Bei konfliktären oder vorbelasteten Schnittstellen ist es sinnvoll, einen externen Konfliktmoderator oder Projektcoach hinzuzuziehen. Das Topmanagement kann ein Projektteam z. B. durch die angemessene Delegation von Entscheidungsbefugnissen, die Einhaltung gegebener Zusagen und durch Rückhalt in Krisensituationen unterstützen (Lechler & Gemünden, 1998). Auch mit dem Topmanagement ist – analog zur Erwartungsklärung mit anderen Abteilungen – eine Bestandsaufnahme bzw. gegenseitige Erwartungsklärung denkbar und oft hilfreich.

Einschätzung der Ressourcen durch Projektteam

Erfolgsfaktor Ressourcen. Viele Projekte scheitern an unzureichenden Ressourcen. Im Hinblick auf die Teamentwicklung könnte man zu der Einschätzung gelangen, dass sich Ressourcen kaum vom Projektteam beeinflussen lassen. Doch können divergierende Bewertungen der Ressourcen durch die Teammitglieder unterschiedliche Sichtweisen auf einen »scheinbar geklärten« Projektauftrag offenbaren und Klärungsbedarf anzeigen. Die übereinstimmende Einschätzung eines Projektteams, dass die Ressourcen nicht ausreichen zur erfolgreichen Bearbeitung, kann ebenfalls ein Anzeichen dafür sein, dass der Projektauftrag nicht vollständig klar geworden ist. Umgekehrt kann eine Diskussion im Projektteam verdeutlichen, dass ein angestrebtes Ziel mit den vereinbarten Ressourcen nicht erreichbar erscheint und Gesprächsbedarf mit dem Management aufzeigen.

Erfolgsfaktor Zusammenarbeit mit dem Kunden. Um eine Abkapselung des Projektteams und Verselbstständigung interner Logiken zu verhindern, müssen sich Projektteams am Auftraggeber orientieren. Sie sind immer wieder auf Information und Unterstützung durch den Kunden angewiesen, um die Projektarbeit erfolgreich bewältigen zu können. Gemeinsame Veranstaltungen, Besprechungen, Besuche, Hospitationen und Workshops in geeignetem Umfang können die Ausrichtung von Projektteams auf die Kundenwünsche sinnvoll unterstützen.

Orientierung am Auftraggeber

9.3.3 Teamentwicklung bei Konflikten im Projektteam

Konflikte offen anzusprechen ist unangenehm, selbst dann, wenn die Funktionsweise des Teams davon beeinflusst wird. Wenn Konflikte entstehen, neigen Teams dazu, diese zu verdrängen oder schnelle, minderwertige Lösungen zu suchen. Hier empfiehlt sich der Einsatz eines **Coachs** oder Beraters (▶ Kap. 6, Wastian, Braumandl & Dost), um Konflikte und Meinungsverschiedenheiten zu aufgabenbezogenen Aspekten anzusprechen und gründlich zu bearbeiten (vgl. Kauffeld et al., 2009). Anders als die unmittelbar beteiligten Teammitglieder hat er die Möglichkeit, »ungestraft« Argumente und Vorschläge zu machen oder Schwachstellen aufzuzeigen. Dadurch wird es dem Team ermöglicht, auf aufgabenbezogene (und nicht etwa soziale) Konflikte zu fokussieren (Jones, 2005). Coaches oder Berater geben dabei üblicherweise bestimmte Schwerpunkte vor.

Konfliktbearbeitung mithilfe von Coachs und Beratern

> ❗ Coachs oder Berater können Projektteams helfen, aufgabenbezogene Konflikte konstruktiv zu nutzen. Konflikte müssen zunächst offengelegt werden. Dann gilt es, Dialog und konstruktive Kontroversen zu fördern. Schließlich kann sich ein Team durch die gezielte Bewertung verschiedener Entscheidungsmöglichkeiten bewusst mit aufgabenbezogenen Kontroversen auseinandersetzen.

In der Regel ist einem Projektteam aber nicht ausreichend geholfen, wenn lediglich aufgabenbezogene Konflikte offengelegt sind. Im nächsten Schritt sollte das Team dabei unterstützt werden, eine aktive Diskussionskultur zu Aufgabenaspekten aufzubauen.

Wenn soziale Konflikte im Spiel sind, ist für einen externen Berater oder Coach besondere Vorsicht geboten, da die oben erwähnten Vorgehensweisen dann zu direkt sind. In jedem Fall sollte gemeinsam mit dem Projektteam herausgearbeitet werden, welche Probleme auf Missverständnisse und Unklarheiten im Strukturbereich (also in der Ziel-

Interne Problemursachen

orientierung und Aufgabenbewältigung) zurückgehen und welche Schwierigkeiten möglicherweise auf Aspekten der Personorientierung (also auf dem Zusammenhalt und der Verantwortungsübernahme) im Team beruhen.

Die professionellen Möglichkeiten der Konfliktbearbeitung im Verlauf eines Projektes bleiben in Anbetracht des Zeit- und Erfolgsdrucks von Projekten nur die Intervention zweiter Wahl. Präventive Ansätze in Form einer Teamdiagnose und Teamentwicklung möglichst schon ab Projektbeginn stellen den Königsweg dar, um eine effektive und vertrauensvolle Arbeit im Projektteam zu gewährleisten. Die Begleitung von Teams über den Projektverlauf als Teamcoaching kann dabei als Optimum angesehen werden (vgl. Kauffeld et al., 2009).

9.4 Literatur

Bouwen, R. & Fry, R. (1996). Facilitating group development: Interventions for a relational and contextual construction. In M. A. West (Ed.), *Handbook of work group psychology* (pp. 531–552). Chichester: Wiley.

Brodbeck, F. C., Anderson, N. & West, M. A. (2000). *Das Teamklima-Inventar (TKI)*. Göttingen: Hogrefe.

De Dreu, C. K. W., & Weingart, L. R. (2003). Task versus relationship conflict, team performance, and team member satisfaction: A meta-analysis. *Journal of Applied Psychology, 88,* 741–749.

Grote, S. & Kauffeld, S. (in Vorb.): *Das Review von Projektteams*.

Jehn, K. A. & Chatman, J. A. (2000). »The Influence of Proportional and Perceptual Conflict Composition on Team Performance«, *International Journal of Conflict Management, 11,* 56–73.

Jones, T. S. (2005). Mediating intragroup and intergroup conflict. In S. Wheelan (Ed.), *The handbook of group research and practice* (pp. 463–484). Thousand Oaks, CA: Sage.

Kauffeld, S. (2001). *Teamdiagnose*. Göttingen: Hogrefe.

Kauffeld, S. (2004). *Der Fragebogen zur Arbeit im Team (FAT)*. Göttingen: Hogrefe.

Kauffeld, S., Lorenzo, G. Montasem, K. & Lehmann-Willenbrock, N. (2009). act4teams® – die neue Dimension des Teamcoachings. In S. Kauffeld, S. Grote, E. Frieling (Hrsg.), *Handbuch Kompetenzentwicklung*. Stuttgart: Schaeffer-Poeschel.

Keashley, L., Fisher, R. J. & Grant, P. R. (1993). The comparative utility of third party consultation and mediation within a complex simulation of intergroup conflict. *Human Relations, 46,* 371–393.

Laughlin, P. R., Zander, M. L., Knievel, E. M. & Tan, T. K. (2003). Groups perform better than the best individuals on letter-to-numbers problems: Informative equations and effective strategies. *Journal of Personality and Social Psychology, 85,* 684–694.

Lechler, T. & Gemünden, H. G. (1998). Kausalanalyse der Wirkungsstruktur der Erfolgsfaktoren des Projektmanagements. *Die Betriebswirtschaft, 58,* 435–450

Lewicki, R. & Litterer, J. (1985). *Negotiation: Readings, exercises, and cases*. Homewood, IL: Irwin.

Neuberger, O. (1994). *Personalentwicklung*. Stuttgart: Enke.

Paulus, P. B. & Nijstad, B. A. (2003). *Group creativity: Innovation through collaboration*. Oxford, UK: Oxford University Press.

Pelled, L. H. (1996). Demographic diversity, conflict, and work group outcomes: An intervening process theory. *Organization Science, 7,* 615–631.

Sambamurthy, V. & Poole, M. S. (1992). The effects on variations in capabilities of GDSS designs on management of cognitive conflicts in groups. *Information Systems Research, 3,* 224–251.

9.4 · Literatur

Smith, K. K. & Berg, D. N. (1987). *Paradoxes of group life: Understanding conflict, paralysis, and movement in group dynamics.* San Francisco: Jossey-Bass.

Schulz-Hardt, S., Brodbeck, F. C., Mojzisch, A., Kerschreiter, R., & Frey, D. (2006). Group decision making in hidden profile situations: Dissent as a facilitator for decision quality. *Journal of Personality and Social Psychology, 91,* 1080–1093.

Selin, G. & Selin, M. (1994). Reasons for project management success and failure in Multiproject Environment. *IPMA Weltkongress Oslo, Band 2,* 513–519.

Tindale, R. S., Dykema-Engblade, A. & Wittkowski, E. (2005). Conflict within and between groups. In S. Wheelan (Ed.), *The handbook of group research and practice* (pp. 313–328). Thousand Oaks, CA: Sage.

West, M. A. (2004). *Effective teamwork - practical lessons from organizational research.* Exeter: BPC.

White, D. & Fortune, J. (2002). Current practice in project management – an empirical study. *International Journal of Project Management 20,* 1–11.

10 Commitment und Identifikation mit Projekten

Rafaela Kraus, Ralph Woschée

10.1	**Das Problem von Commitment und Identifikation**	**– 188**
10.1.1	Was sind Commitment und Identifikation? – 188	
10.1.2	Was ist der Fokus von Commitment und Identifikation? – 189	
10.2	**Hintergrund und Relevanz von Commitment und Identifikation aus psychologischer Sicht – 192**	
10.2.1	Warum treten Commitment und Identifikation auf? – 192	
10.2.2	Wovon werden Commitment und Identifikation beeinflusst? – 193	
10.2.3	Der Zusammenhang zwischen Commitment und Arbeitszufriedenheit – 195	
10.2.4	Die Auswirkungen von Commitment und Identifikation – 195	
10.2.5	Messung von Commitment und Identifikation – 197	
10.3	**Ansatzpunkte für Verbesserungen: Einflussnahme auf Commitment und Identifikation – 199**	
10.3.1	Gezieltes Bindungsmanagement auf strategischer Ebene – 199	
10.3.2	Gezieltes Bindungsmanagement auf operativer Ebene – 200	
10.3.3	Gezieltes Bindungsmanagement durch das Führungsverhaltens des Projektleiters – 201	
10.3.4	Beachtung der »Schattenseiten« von Commitment und Identifikation – 202	
10.4	**Zusammenfassung – 204**	
10.5	**Literatur – 205**	

Ein Großteil der Forschung zu Commitment und Identifikation bezieht sich bisher auf die Organisation als Ganzes. Aufgrund rascher Veränderungsprozesse von Organisationen gewinnt der Fokus auf Teams und Projekte heute jedoch an Bedeutung. Commitment und Identifikation beschreiben auch die Bindung von Mitarbeitern an ein Projekt. Während beim Commitment die affektiven Aspekte im Vordergrund stehen, wird die Projektmitgliedschaft bei der Identifikation als Definitionsmerkmal der eigenen Person aufgefasst. Für die Projektarbeit, die durch komplexe, einmalige Aufgabenstellungen und unbekannte Lösungswege gekennzeichnet ist, sind ein hohes Commitment und eine starke Identifikation der Projektmitarbeiter wichtige Erfolgsfaktoren.

10.1 Das Problem von Commitment und Identifikation

10.1.1 Was sind Commitment und Identifikation?

Definition »Identifikation«

Nach Tajfel und Turner (1979) hilft die Organisations- oder Projektzugehörigkeit dem Mitarbeiter, eine **soziale Identität** als Teil eines positiven Selbstkonzeptes zu entwickeln und aufrechtzuerhalten. Identifikation mit einer Organisation oder einem Projekt trägt nach van Dick (2004) dazu bei, die Frage »Wer bin ich?« zu beantworten. Die Projektzugehörigkeit spiegelt sich also in der Persönlichkeit des Mitarbeiters wider. Die Identifikation bezieht sich einerseits stark auf **kognitive Aspekte** der Einstellung zu einer Organisation oder zu einem Projekt (van Knippenberg, 2000). Zur Identifikation eines Mitarbeiters mit einem Projekt gehören aber andererseits nicht nur das Wissen, dem Projekt anzugehören, sondern auch die **Gefühle** und die **subjektive Wertschätzung**, die der Mitarbeiter dieser Zugehörigkeit beimisst (van Dick, 2004).

> ⚠ Eine hohe Identifikation mit einem Projekt kann bedeuten, dass der Mitarbeiter sich – um seinen eigenen Selbstwert zu steigern – besonders für das Projekt einsetzt, Abneigung gegenüber Personen oder Gruppen empfindet, die den Projektfortschritt behindern und dass er das Projekt gegen Widerstände verteidigt. Identifikation kann folglich für den Projekterfolg eine wichtige Rolle spielen.

Definition »Commitment«

Auch das organisationale Commitment, das seit mehr als 30 Jahren ein wichtiger Gegenstand der organisationspsychologischen Forschung ist, begründet die »Bindung« von Mitarbeitern an ihre Organisation mit einer **Austauschbeziehung**. Commitment beschreibt das »psychologische Band« zwischen Organisation und Mitarbeitern, das dazu beiträgt, Handlungen zu steuern (Mathieu & Zajac, 1990). Commitment ist damit eine **Einstellung**, die sich vor allem auf die Gefühlsebene, den affektiven Aspekt, bezieht. Die Organisation wird hier im Unterschied zur Identifikation nicht als Definitionsmerkmal der eigenen Person (»Ich bin Siemensianer.«), sondern eher als außerhalb der eigenen Person wahrgenommen.

Commitment entwickelt sich aufgrund positiv bewerteter Merkmale der Projektarbeit, wie z. B. interessanten Arbeitsinhalten und gutem Betriebsklima, aber auch einer positiven Bewertung des Verhältnisses von monetären und nichtmonetären Anreizen und zu leistenden Beiträgen. Es ist relativ **stabil** und kurzfristig kaum veränderlich und beeinflussbar.

Wie entwickelt sich Commitment?

Identifikation hingegen entsteht auf der Basis wahrgenommener Ähnlichkeit und geteilter Überzeugungen zwischen Organisations- oder Projektmitgliedern. Je nachdem, in welcher Umgebung und in welcher Situation sich eine Person befindet, kann diese Identifikation der Projektmitglieder mit der Organisation ganz unterschiedlich erlebt werden; sie ist also stärker kontextabhängig (van Dick, 2004).

Identifikation entsteht kontextabhängig

Trotz dieser Unterschiede weisen Identifikation und Commitment als Einstellungen eine Vielzahl konzeptueller Überschneidungen auf, und der enge Zusammenhang beider Konzepte konnte auch empirisch nachgewiesen werden (Riketta, 2005). So basiert die Trennung wohl zum Teil auch auf den unterschiedlichen Traditionen der Ursprungsdisziplinen (Identifikation – Sozialpsychologie, und Commitment – Organisationspsychologie; van Dick, 2004). Weitere verwandte Konzepte stellen die **Arbeitszufriedenheit** und die **Loyalität** dar. Im Vergleich zur Arbeitszufriedenheit, die die Bewertung der aktuellen Arbeitssituation in den Vordergrund stellt, ist Commitment stabiler und langfristiger, im Vergleich zur Loyalität aktiver (Mowday, Steers & Porter, 1979).

Konzeptuelle Überschneidungen

Arbeitszufriedenheit und Loyalität

10.1.2 Was ist der Fokus von Commitment und Identifikation?

Commitment und Identifikation können sich grundsätzlich nicht nur auf die Organisation als Ganzes beziehen, sondern auch auf andere Foki gerichtet sein, z. B. den Beruf, die Tätigkeit und die Beschäftigungsform, das Projektteam oder die Arbeitsgruppe, die Führungskraft oder das Topmanagement (Meyer & Allen, 1997; Felfe, 2008). Insbesondere in globalisierten Großkonzernen scheint das Commitment gegenüber dem Team aufgrund kontinuierlicher Veränderungsprozesse im Zuge von Outsourcing, Offshoring, Fusionen und Übernahmen an Bedeutung zu gewinnen (Riketta & van Dick, 2005). Der ständige Wandel von Unternehmen und eine Distanz zur Gesamtorganisation führen in großen Unternehmen zu einer stärkeren **Bindung an den unmittelbaren Arbeitsbereich und die Arbeitsgruppe**, zu der es leichter fällt, eine »familiäre« Beziehung aufzubauen.

Fokus von Commitment und Identifikation

Für die Entwicklung der Bindung können die gemeinsame Leistung und geteilte Ziele eine Rolle spielen, aber auch Vorteile, die durch die Gruppenzugehörigkeit erlangt werden, wie z. B. Status, oder eine mo-

Entwicklung der Bindung

ralische Verpflichtung gegenüber den Kollegen, die man nicht im Stich lassen will.

> **Drei Komponenten des Commitments in Bezug auf ein Projekt analog zur Bindung an die Organisation**
> (Moser, 1996; Meyer & Allen, 1997)
> - **Affektives Commitment:** Hiermit ist die emotionale Bindung an das Projekt gemeint. Das Projekt besitzt große persönliche Bedeutung für den Mitarbeiter, man empfindet Stolz im Hinblick auf das Projekt und eine Art von »Familienzugehörigkeit«, die man gerne aufrechterhalten möchte.
>   »Mein Team ist für mich wie eine Familie!«
> - **Normatives Commitment:** Der Mitarbeiter fühlt sich eher aus moralisch-ethischen Gründen dem Projekt verpflichtet.
>   »Unser Projektleiter hat mich immer gefördert, nun kann ich ihn nicht im Stich lassen!«
> - **Rationales oder kalkulatorisches Commitment:** Die Bindung des Mitarbeiters an das Projekt wird dadurch gefestigt, dass ein Austritt für ihn mit Kosten, z. B. dem Verlust von Belohnungen oder dem Erleiden von Sanktionen, verbunden wäre oder weil es keine adäquaten Alternativen gibt.
>   »Wenn ich aus dem Projekt ausscheide, ist das für meine Karriere schädlich!«

Die Bedeutung, die die empfundene Bindung der Mitarbeiter an ein Projekt für den Projekterfolg hat, liegt auf der Hand: Projektmitglieder, die sich mit dem Projekt identifizieren und sich gebunden fühlen, bleiben dem Projekt während seiner Laufzeit eher »treu«, verzichten also ggf. auf die Wahrnehmung alternativer Jobangebote, sie tolerieren Belastungen, vermeiden Fehltage und bemühen sich um eine effiziente Arbeitsweise, vermeiden also z. B. Bummelei oder Störungen des Projektablaufs.

Überdurchschnittliches Engagement

> Herr Bauer arbeitet seit 2 Jahren für eine amerikanische Internet-Consultingfirma. Er ist seit einem knappen Jahr Teammitglied in einem Projekt zur Weiterentwicklung von B2B-Plattformen für Business Retailing. Vorher war er als »Springer« in wechselnden Projekten eingesetzt worden, die zwar nicht uninteressant waren, in denen er aber das Gefühl hatte, dass sein Beitrag eher eine Zuarbeit und nicht von entscheidender Bedeutung für das Gelingen war. In seinem jetzigen Projektteam sind lauter junge Leute zwischen 25 und 30, die sich auch privat gut verstehen und viel zusammen unternehmen. Herr Bauer, der mit der herausfordernden Thematik wenig Erfahrung hatte, hat sich sehr gefreut, als er für das
> ▼

10.1 · Das Problem von Commitment und Identifikation

> Projekt vorgeschlagen wurde. Er bezeichnet seine persönliche Lernkurve als »steil«, da er sich mit großem Eifer – zum Teil auch in freiwillig abgeleisteten Überstunden – in die für ihn neuen Technologien und Prozesse eingearbeitet hat und dafür auch mehrmals vom Projektleiter gelobt wurde. Er hat das Gefühl, dass sein Beitrag das Projekt entscheidend vorangebracht hat und ist glücklich über diesen Erfolg. Hinzu kommt, dass der betreute Kunde sehr sympathisch ist. Die Kooperation mit dem ebenfalls sehr »jungen« Team des Kunden macht Spaß. Herr Bauer betrachtet das Projekt als »sein« Projekt und liebt es, auch nach der Arbeit mit Freunden darüber zu diskutieren.
>
> Kürzlich wurde Herr Bauer von einem Headhunter angerufen. Eine sofort zu besetzende interessante Position in einem alteingesessenen Rückversicherungsunternehmen wurde ihm in Aussicht gestellt, auf der er auch mehr verdienen könnte. Da Herr Bauers Freundin ein Kind erwartet, macht er sich schon gelegentlich Gedanken über seine finanzielle Situation. Außerdem gibt es Gerüchte, dass die Internet-Consultingfirma aufgekauft werden soll und seine Zukunft möglicherweise ungewiss ist. Trotzdem lehnte er das Angebot sofort ab. Schließlich sei das Team auf ihn angewiesen. Wer wisse, ob die anderen Teammitglieder es alleine schaffen würden. Herr Bauer ist so stolz auf die bisherigen Erfolge und kann sein »berufliches Baby« einfach nicht verlassen. Außerdem hat er noch so viele Ideen, die er unbedingt umsetzen will.

Ablehnung von Alternativangeboten

Anhand des Beispiels wird deutlich, dass emotionales Commitment nicht nur die Bereitschaft steigert, sich überdurchschnittlich für ein Projekt einzusetzen, sondern dass auch Nachteile, wie z. B. entgangenes Einkommen, eher in Kauf genommen werden.

Die wesentlichen Kennzeichen affektiven oder emotionalen Commitments nach Mowday, Steers & Porter (1979) sind:
- Die Akzeptanz und Identifikation mit Zielen und Werten,
- ein besonderes Engagement
- sowie der Wunsch, in der Organisation bleiben zu können.

Kennzeichen affektiven Commitments

Das klassische und am häufigsten verwendete Instrument zur Messung organisationalen affektiven Commitments, der **Organizational Com-**

Messung von affektivem Commitment

Tab. 10.1. Beispiele für Items des Organizational Commitment Questionnaire (OCQ) (Maier & Woschée, 2002)

Beispielitem zur Akzeptanz von Werten und Zielen	Beispielitem zur Bereitschaft zu besonderem Engagement	Beispielitem zum Wunsch nach weiterem Verbleiben
Ich bin der Meinung, dass meine Wertvorstellungen und die des Unternehmens sehr ähnlich sind.	Ich bin bereit, mich mehr als nötig zu engagieren, um zum Erfolg des Unternehmens beizutragen.	Ich würde fast jede Veränderung meiner Tätigkeit akzeptieren, nur um auch weiterhin für dieses Unternehmen arbeiten zu können.

mitment Questionnaire (OCQ) von Mowday, Steers und Porter (1979) basiert auf diesen 3 Faktoren und umfasst insgesamt 15 Items, ein Beispielitem greift ◻ Tab. 10.1 auf.

10.2 Hintergrund und Relevanz von Commitment und Identifikation aus psychologischer Sicht

10.2.1 Warum treten Commitment und Identifikation auf?

Gründe für die Entstehung von Commitment

Die Gründe für das Auftreten von Commitment zu einer Projektgruppe sind vielfältig. Einerseits kann das Entstehen von Commitment auf einen **Prozess der Selbstrechtfertigung** zurückgeführt werden, bei dem versucht wird, das eigene Verhalten rational erscheinen zu lassen (Salancik, 1977). Demzufolge führt beispielsweise das Ausschlagen alternativer Arbeitsangebote zu einer stärkeren Bindung an ein Projekt oder eine Organisation. Andererseits kann Commitment auch die Folge eines sog. **Wartekonflikts** bzw. eine Reaktion auf sog. »**sunk costs**« sein. Man hat bereits soviel Zeit, Energie, Arbeitsleistung und auch Emotionen in ein Projekt investiert, dass man ein Engagement in dem Projekt allein deshalb aufrechterhält, damit diese irreversiblen Kosten nicht umsonst waren. Man entscheidet sich also, zu warten, bis sich die getätigten individuellen Investitionen amortisiert haben. Nach Brockner und Rubin (1985) kann dies eine Eskalation des Commitments nach sich ziehen, die umso stärker ist, je wahrscheinlicher das Erreichen des Ziels – also z. B. des Projekterfolgs – ist, je stabiler die Bedingungen für eine Zielerreichung wahrgenommen werden, je weniger Handlungsalternativen dem Mitarbeiter zur Verfügung stehen und je höher die Verluste im Fall eines Verlassens des Projektes eingeschätzt werden. Es entsteht demnach ein immer stärkerer Entscheidungsdruck beim Mitarbeiter, entweder die Organisation zu verlassen oder Commitment zu entwickeln. Die Entwicklung von Commitment ist damit aber auch an die Verfügbarkeit mindestens einer Alternative, an Kontextbedingungen wie z. B. die Arbeitsmarktlage sowie die Verlässlichkeit der Organisation geknüpft. Ein Vertrauensvorschuss in die Verlässlichkeit der Organisation und dadurch ein minimales Commitment besteht bereits zu Beginn der Interaktion von Mitarbeiter und Organisation. Das **Vertrauen** nimmt jedoch im dem Maße zu, wie Unsicherheiten gegenüber dem Transaktionspartner reduziert werden, die Austauschbeziehungen ausgeweitet werden, die Zufriedenheit mit dem Transaktionspartner steigt und der Wert der Transaktionsbeziehung zunimmt.

Eskalation des Commitments

Voraussetzungen für die Entwicklung von Commitment

> ❗ Im Zeitablauf kann es nicht nur zu einer quantitativen, sondern auch zu einer qualitativen Veränderung des Commitments kommen (Moser, 1996).

> **Gründe für die Entstehung von Identifikation bei Mitarbeitern (nach Pratt, 1998; van Dick, 2008)**
> 1. Sie dient dem Abbau von Unsicherheit, z. B. bei Fusionen. Sie vermittelt das Gefühl von Zugehörigkeit und hilft, Gefühle von Vereinzelung und Isolation zu vermeiden.
> 2. Sie trägt durch eine Übertragung von positiven Eigenschaften, die mit der Organisation oder dem Projekt verbunden werden, auf die eigene Person (z. B. Erfolg, Innovationskraft, Prestige) zu einer Steigerung des Selbstwerts bei.
> 3. Identifikation mit einer Organisation kommt in den häufig von Umbrüchen gekennzeichneten beruflichen und privaten Lebenswelten dem Bedürfnis nach Ganzheitlichkeit entgegen: Identifikation verleiht Sinn, Bedeutung und Struktur.

10.2.2 Wovon werden Commitment und Identifikation beeinflusst?

Einflussfaktoren auf das Commitment

Als wesentliche Einflussfaktoren auf das Commitment sind die Merkmale der Arbeit, das Führungsverhalten und die Merkmale des Mitarbeiters sowie der Organisation zu nennen (Abb. 10.1). Die meisten der hier aufgeführten Einflussfaktoren und Auswirkungen beziehen sich auf den Fokus der Organisation. Für das Commitment in Bezug

Arbeitsmerkmale, Führungsverhalten, Mitarbeiter- sowie Organisationsmerkmale

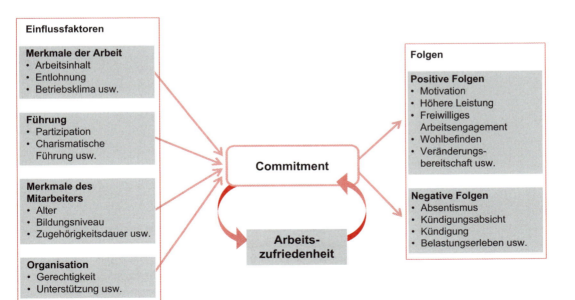

Abb. 10.1. Rahmenmodell zu den Einflussfaktoren, Folgen und Wechselwirkungen von Commitment (Mod. nach Felfe, 2008)

auf Projekte ist bedeutsam, dass sich die Merkmale der Arbeit (▶ Kap.7, Moser & Galais), insbesondere der **Arbeitsinhalt**, ganz unmittelbar auswirken, während Merkmale der Gesamtorganisation, wie z. B. die Gestaltung von Karrierewegen, als Ausdruck organisationaler Gerechtigkeit nur indirekt das Commitment beeinflussen. Die **Arbeitszufriedenheit**, ein psychologisches Konzept, das sich ebenfalls auf Einstellungen zur Arbeit und zur Organisation bezieht, nimmt eine Sonderrolle ein. Einerseits wird sie als Voraussetzung für Commitment oder zumindest als Commitment fördernder Faktor betrachtet, andererseits aber auch als Folge einer engen Bindung (Felfe, 2008).

Merkmale des Mitarbeiters. Die Forschung zeigt in Bezug auf die Merkmale des Mitarbeiters, dass die Wahrnehmung eigener Kompetenz und eine »protestantische Arbeitsethik« eng mit dem Auftreten von Commitment zusammenhängen (Mathieu & Zajac, 1990). Das Lebensalter und die Dauer der Betriebszugehörigkeit korrelieren stärker mit dem **kalkulatorischen Commitment**, bei dem eher die Risiken und Kosten eines Austritts in Erwägung gezogen werden (Schmidt et al., 1998), während es Hinweise gibt, dass das Bildungsniveau aufgrund besserer Arbeitsmarktchancen das Commitment verringert (Six & Felfe, 2004).

Eigene Kompetenz beeinflusst Commitment

Merkmale der Arbeit. Bei den Merkmalen der Arbeit ließ sich ein deutlicher Zusammenhang von Commitment und Arbeitsinhalten nachweisen (Mathieu & Zajac, 1990). Ein höheres Commitment ließ sich bei Mitarbeitern, die abwechslungsreiche und komplexe Aufgaben selbstbestimmt bewältigen, feststellen.

Merkmale der Führung. Untersuchungen zum Zusammenhang von Führung und Commitment zeigen, dass eine charismatische, transformationale Führung, die die Grundeinstellungen der Mitarbeiter beeinflusst und die **intrinsische Motivation** durch die Vermittlung von Zielen und Visionen fördert, ebenfalls stark mit dem Commitment korreliert (Meyer, Stanley, Herscovitch & Topolnytsky, 2002; ▶ Kap. 11, Wegge & Schmidt).

Charismatische Führung entscheidend

Einflussfaktoren auf die Identifikation

Das Ausmaß der Identifikation eines Mitarbeiters mit einer Organisation wiederum hängt nach Tyler und Blader (2000) im Unterschied zum Commitment stark von der Identität der Organisation, ihrem Prestige und ihrer Profilierung gegenüber anderen Organisationen ab.

Identität, Prestige und Profilierung einer Organisation

> ❗ Mitarbeiter identifizieren sich stärker mit Organisationen, die eine ausgeprägte positive Identität (Corporate Identity), z. B. ein großes gesellschaftliches Ansehen, besitzen. Und Mitarbeiter mit hoher Identifikation wiederum prägen, nicht zuletzt aufgrund ihrer geringeren Fluktuation, die Kultur und das Verhalten von Organisationen.

Corporate Identity

Nach Scholz (2000) stellt die Corporate Identity eine in sich stimmige, widerspruchsfreie Teilmenge aus **Unternehmenskultur**, **Unterneh-**

mensgestaltung (Corporate Design), **Unternehmensverhalten** (Corporate Behavior) sowie **Unternehmensimage** (Corporate Image) dar. Hierin sind folglich die wesentlichen Einflussfaktoren auf die Identifikation der Organisationsmitglieder zu sehen.

10.2.3 Der Zusammenhang zwischen Commitment und Arbeitszufriedenheit

Unter Arbeitszufriedenheit wird die Einstellung eines Mitarbeiters gegenüber seiner Arbeit insgesamt oder gegenüber einzelnen Facetten der Arbeit, wie z. B. Arbeitsbedingungen, Arbeitsinhalten, Kollegen und Vorgesetzten verstanden. Commitment und Arbeitszufriedenheit unterscheiden sich vor allem dadurch, dass die Arbeitszufriedenheit aus einer kurzfristig veränderlichen Bewertung der aktuellen Arbeitssituation resultiert, während das Commitment ebenso wie die Identifikation eine stabilere und langfristigere Bindung beschreiben. So können Mitarbeiter trotz aktuell erlebter **Arbeitsunzufriedenheit**, z. B. aufgrund eines Wechsels des Vorgesetzten, ihrer Organisation trotzdem treu verbunden bleiben. Dennoch gibt es viele Gemeinsamkeiten. So stellten u. a. Cooper-Hakim und Viswesvaran (2005) fest, dass es einen hohen Zusammenhang zwischen Arbeitszufriedenheit und affektivem Commitment gibt, was darauf zurückgeführt werden kann, dass bei beiden Konzepten die **emotionale Bewertung der Arbeitssituation** einen breiten Raum einnimmt.

Definition »Arbeitszufriedenheit«

> ❗ Arbeitszufriedenheit gilt einerseits als Bedingung, andererseits als Folge von Commitment (◘ Abb. 10.2). In jedem Fall ist zu erwarten, dass sich sowohl zufriedene Mitarbeiter als auch Mitarbeiter mit hohem Commitment besonders für ihr Projekt engagieren (Felfe, 2008).

10.2.4 Die Auswirkungen von Commitment und Identifikation

Die untersuchten Auswirkungen der verschiedenen Ausprägungen von Commitment lassen sich in positive Folgen wie höhere Leistungen und

Positive Folgen von Commitment

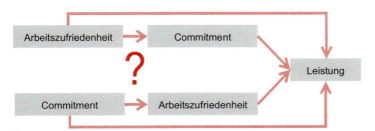

◘ **Abb. 10.2.** Ursachen und Wirkung von Commitment und Arbeitszufriedenheit (Mod. nach Felfe, 2008)

Commitment und Arbeitsleistung in Projekten

größere Belastbarkeit sowie das Ausbleiben unerwünschter Folgen, z. B. niedrige Fehlzeiten und geringe Fluktuation, einteilen. Wie wirkt sich Commitment tatsächlich auf die **Arbeitsleistung** in Projekten aus? Bei der Beantwortung dieser Frage sind Wechselwirkungen des Commitments mit einer Vielzahl weiterer Variablen – wie z. B. die für die **Leistungsmessung** angewandte Methode, die **Komplexität** der untersuchten Arbeitsaufgabe und die verschiedenen betrachteten **Berufsgruppen** – zu bedenken. Andererseits hängt die Leistung in hohem Maße von Faktoren ab, die außerhalb der Person des Mitarbeiters liegen, so z. B. von den Arbeitsbedingungen oder der Budgetierung des Projektes. Trotzdem ist der Zusammenhang zwischen Leistung und affektivem Commitment erwiesen, wenn er auch eher moderat ausfällt (z. B. Riketta, 2002). Dies gilt auch für den ermittelten negativen Zusammenhang zwischen affektivem Commitment und den Fehlzeiten, welche einen erheblichen Kostenfaktor und insbesondere bei Projekten einen kritischen Erfolgsfaktor darstellen (Meyer et al., 2002).

Commitment und Fehlzeiten

Commitment und Kündigungsabsicht/Fluktuation

Deutlicher fallen die Ergebnisse im Hinblick auf die Kündigungsabsicht bzw. die Fluktuation aus (Cooper-Hakim & Viswesvaran, 2005). Hier bestätigt sich, dass Mitarbeiter mit hohem Commitment eher bereit sind, mit der Arbeit verbundene Unannehmlichkeiten zu tolerieren, Stress auszuhalten und Frustration zu ertragen. Die Ergebnisse sind insofern bedeutsam, als für ein Projekt bereits die Kündigungs**absicht** negative Folgen haben kann, wie z. B. mangelndes Engagement, Dienst nach Vorschrift oder gar Know-How-Diebstahl, und eine tatsächliche Kündigung nicht immer erfolgen kann.

Commitment und Stress

Commitment und Erfolgsbedingungen für Projekte

Mathieu und Zajac (1990) berichten ebenfalls von einem recht ausgeprägten Zusammenhang zwischen dem Commitment und dem Erleben von Stress, also einer unangenehmen und von negativen Gefühlen begleiteten Beanspruchung. Außerdem wiesen sie nach, dass wichtige Erfolgsbedingungen für Projekte, wie z. B. ein gutes Arbeitsklima, freiwilliges Arbeitsengagement und die Arbeitszufriedenheit der Projektmitglieder in engem Zusammenhang mit dem Commitment und der Identifikation mit der Arbeitsgruppe stehen. Vor allem Teammitglieder, die sich dem Projekt sehr verbunden fühlen, zeigen daher erwünschte teambezogene Verhaltensweisen wie z. B. außerordentliche Leistungsbereitschaft und altruistisches Verhalten.

> ❗ Für die Projektarbeit besonders bedeutsam ist, dass das Commitment und die Identifikation mit der Arbeitsgruppe generell höher ausfallen als mit der Gesamtorganisation (Riketta & van Dick, 2005).

Trotz aller Komplexität der Auswirkungen von Identifikation und Commitment lässt sich für die verschiedenen Bindungsdimensionen generell feststellen: Es gibt positive Beziehungen zwischen **affektiver Bindung** und erwünschtem Verhalten am Arbeitsplatz, wie z. B. Anwesenheit, freiwilligem Engagement und Leistung. Bei einer **normativen Bindung** ist dieser Zusammenhang weniger ausgeprägt, und bei der **kalkulatorischen Bindung** sind die Zusammenhänge entweder vernachlässigbar gering oder sogar negativ (Meyer et al., 2006).

10.2.5 Messung von Commitment und Identifikation

Insbesondere bei der Vorbereitung von wichtigen Projekten kann der Einsatz von speziellen Fragebögen nützlich für die Praxis sein.

Trotz alternativer Instrumente ist der Organizational Commitment Questionnaire (OCQ) von Mowday, Steers und Porter (1979) nach wie vor der gebräuchlichste Fragebogen zur Erhebung des affektiven Commitments (◘ Abb. 10.3). Anhand von 15 bzw. in der Kurzform

Messung von Commitment

	Inwieweit stimmen Sie folgenden Aussagen zu?	gar nicht zu	eher nicht zu	teils-teils zu	eher zu	völlig zu
		\multicolumn{5}{c|}{Die Aussage trifft ...}				
1	Ich bin bereit, mich mehr als nötig zu engagieren, um zum Erfolg des Unternehmens beizutragen.	① ② ③	④	⑤ ⑥ ⑦		
2	Freunden gegenüber lobe ich dieses Unternehmen als besonders guten Arbeitgeber.	① ② ③	④	⑤ ⑥ ⑦		
3	Ich fühle mich diesem Unternehmen nur wenig verbunden. (R)	① ② ③	④	⑤ ⑥ ⑦		
4	Ich würde fast jede Veränderung meiner Tätigkeit akzeptieren, nur um auch weiterhin für dieses Unternehmen arbeiten zu können.	① ② ③	④	⑤ ⑥ ⑦		
5	Ich bin der Meinung, dass meine Wertvorstellungen und die des Unternehmens sehr ähnlich sind.	① ② ③	④	⑤ ⑥ ⑦		
6	Ich bin stolz, wenn ich anderen sagen kann, dass ich zu diesem Unternehmen gehöre.	① ② ③	④	⑤ ⑥ ⑦		
7	Eigentlich könnte ich genauso gut für ein anderes Unternehmen arbeiten, solange die Tätigkeit vergleichbar wäre. (R)	① ② ③	④	⑤ ⑥ ⑦		
8	Dieses Unternehmen spornt mich zu Höchstleistungen in meiner Tätigkeit an.	① ② ③	④	⑤ ⑥ ⑦		
9	Schon kleine Veränderungen in meiner gegenwärtigen Situation würden mich zum Verlassen des Unternehmens bewegen. (R)	① ② ③	④	⑤ ⑥ ⑦		
10	Ich bin ausgesprochen froh, dass ich bei meinem Eintritt dieses Unternehmen anderen vorgezogen habe.	① ② ③	④	⑤ ⑥ ⑦		
11	Ich verspreche mir nicht allzu viel davon, mich langfristig an dieses Unternehmen zu binden. (R)	① ② ③	④	⑤ ⑥ ⑦		
12	Ich habe oft Schwierigkeiten, mit der Unternehmenspolitik in Bezug auf wichtige Arbeitnehmerfragen übereinzustimmen. (R)	① ② ③	④	⑤ ⑥ ⑦		
13	Die Zukunft dieses Unternehmens liegt mir sehr am Herzen.	① ② ③	④	⑤ ⑥ ⑦		
14	Ich halte dieses für das beste aller Unternehmen, die für mich in Frage kommen.	① ② ③	④	⑤ ⑥ ⑦		
15	Meine Entscheidung, für dieses Unternehmen zu arbeiten, war sicher ein Fehler. (R)	① ② ③	④	⑤ ⑥ ⑦		

Anmerkung: R = revers kodiert

◘ **Abb. 10.3.** Deutschsprachige Fassung des Organizational Commitment Questionnaire (OCQ; Maier & Woschée, 2002)

Inwieweit stimmen Sie folgenden Aussagen zu?		Die Aussage trifft ...				
		gar nicht zu	eher nicht zu	teils-teils zu	eher zu	völlig zu
1	Ich wäre sehr froh, weiterhin in diesem Projekt arbeiten zu können.	① ②	③	④	⑤ ⑥	⑦
2	Ich unterhalte mich gerne auch mit Leuten über mein Projekt, die hier nicht arbeiten.	① ②	③	④	⑤ ⑥	⑦
3	Probleme des Projekts beschäftigen mich häufig so, als seien sie meine eigenen.	① ②	③	④	⑤ ⑥	⑦
4	Ich glaube, ich könnte mich leicht mit einem anderen Projektteam gleich stark verbunden fühlen wie mit meinem jetzigen. (R)	① ②	③	④	⑤ ⑥	⑦
5	Ich empfinde mich nicht als „Teil der Familie" meines Projektteams. (R)	① ②	③	④	⑤ ⑥	⑦
6	Ich fühle mich emotional nicht sonderlich mit dem Projekt verbunden. (R)	① ②	③	④	⑤ ⑥	⑦
7	Dieses Projekt hat eine große persönliche Bedeutung für mich.	① ②	③	④	⑤ ⑥	⑦
8	Ich empfinde kein starkes Gefühl der Zugehörigkeit zu meinem Projekt. (R)	① ②	③	④	⑤ ⑥	⑦

Anmerkung: R = revers kodiert

Abb. 10.4 Skala zur Messung des affektiven Commitments mit dem Projekt (Schmidt, Hollmann & Sodenkamp, 1998; Anpassung durch die Autoren)

9 Items drücken die Befragten ihre Akzeptanz und Identifikation mit Zielen und Werten, ihr besonderes Engagement und ihren Wunsch nach weiterer Zugehörigkeit zur Organisation aus (siehe Maier & Woschée, 2002, 2008).

Folgende Kritikpunkte am OCQ haben jedoch dazu geführt, dass Allen und Meyer (1990) ein multidimensionales Instrument zur Messung der Mitarbeiterbindung entwickelt haben: Der OCQ misst vor allem die affektive Komponente, er misst zum Teil bereits die Konstrukte, die er prognostizieren soll (z. B. die Kündigungsabsicht), und er ist zudem nicht ausreichend trennscharf zur Arbeitszufriedenheit.

Mit dem von Schmidt, Hollmann und Sodenkamp (1998) ins Deutsche übertragenen Fragebogen lassen sich anhand von jeweils 8 Items das affektive, das normative und das kalkulatorische Commitment differenzierter erheben. In ◨ Abb. 10.4 wurde durch die Autoren die Skala zum affektiven Commitment auf Projekte bzw. Projektteams angepasst.

Messung von Identifikation

Zur Messung der sozialen Identifikation, die sich in einer ganzheitlichen Bindung ausdrückt und mit dem Stolz und der Freude einhergeht, Teil eines Projektteams zu sein, kann der von Mael und Ashforth (1992) entwickelte Fragebogen verwendet werden. Auch dieses Instrument wurde von den Autoren auf **Projekte bzw. Projektteams** angepasst (◨ Abb. 10.5).

10.3 · Ansatzpunkte für Verbesserungen: Einflussnahme auf Commitment und Identifikation

	Inwieweit stimmen Sie folgenden Aussagen zu?	gar nicht zu	eher nicht zu	teils-teils zu	eher zu	völlig zu		
1	Wenn jemand das Projekt kritisiert, fühlt es sich für mich wie eine persönliche Beleidigung an.	①	②	③	④	⑤	⑥	⑦
2	Ich bin sehr daran interessiert, was andere über das Projekt denken.	①	②	③	④	⑤	⑥	⑦
3	Wenn ich über das Projekt spreche, sage ich üblicherweise „wir" anstatt „die".	①	②	③	④	⑤	⑥	⑦
4	Erfolge des Projektteams sind meine Erfolge.	①	②	③	④	⑤	⑥	⑦
5	Wenn jemand das Projekt lobt, empfinde ich es als persönliches Kompliment.	①	②	③	④	⑤	⑥	⑦
6	Ich würde mich genieren, wenn das Projekt öffentlich in der Kritik stehen würde.	①	②	③	④	⑤	⑥	⑦

Abb. 10.5. Skala zur Messung der sozialen Identifikation (Mael & Ashforth, 1992; Anpassung durch die Autoren)

10.3 Ansatzpunkte für Verbesserungen: Einflussnahme auf Commitment und Identifikation

Projektarbeit ist häufig mit herausfordernden Innovations- und Veränderungsprozessen verbunden (▶ Kap.2, Schneider & Wastian; ▶ Kap.13, Maier & Hülsheger) und Commitment der Mitarbeiter schafft die Voraussetzungen für deren Bewältigung.

> ❗ Da die Bindung strategisch wichtiger Mitarbeiter entscheidend für den Projekterfolg ist, rückt das aktive Gestalten dieser Bindung immer stärker ins Blickfeld des Projektmanagements.

10.3.1 Gezieltes Bindungsmanagement auf strategischer Ebene

Die Aufgabe von Bindungsmanagement (Retention Management) ist es, vor allem das affektive Commitment strategisch wichtiger Mitarbeiter zu fördern, aber auch Risiken, die eine Bindung verhindern oder stören könnten, zu vermeiden.

Bindungsmanagement (Retention Management)

Beim Bindungsmanagement lassen sich eine **strategische** und eine **operative Ebene** unterscheiden. Das strategische Retentionsmanagement orientiert sich an der **Unternehmensstrategie** und schafft die organisatorischen und instrumentellen Voraussetzungen (z. B. im Rahmen der Personalarbeit: ▶ Kap.7, Moser & Galais) für eine Erhöhung der Mitarbeiterbindung.

Strategisches Retentionsmanagement

> **Stellschrauben für das Bindungsmanagement (nach Felfe, 2003)**
> 1. Die Aufstiegs- und Qualifizierungsmöglichkeiten
> 2. Die technische Ausstattung
> 3. Die Entlohnung
> 4. Das Gesamtklima
> 5. Die Wahrnehmung des sog. »psychologischen Kontrakts«, ungeschriebener Vereinbarungen zwischen Mitarbeitern und der Organisation
> 6. Die Dauerhaftigkeit und Verbindlichkeit von ökonomischen und sozialen Zusicherungen und Anforderungen der Organisation trägt dazu bei, dass auch die Mitarbeiter sich verpflichtet fühlen, adäquate Beiträge zu leisten (Felfe, 2008)

10.3.2 Gezieltes Bindungsmanagement auf operativer Ebene

Ansatz: Einflussfaktoren, die hoch mit dem Commitment korrelieren

Bindungsmanagement auf der operativen Projektebene sollte grundsätzlich bei denjenigen Einflussfaktoren ansetzen, die hoch mit dem Commitment korrelieren (◘ Abb. 10.1). Dazu gehören als wesentliche Merkmale der Arbeit die **Vielseitigkeit der Arbeitsinhalte**, der innerhalb der Tätigkeit gegebene **Handlungsspielraum** sowie der **Anforderungsgehalt der Arbeitsaufgabe** (Felfe, 2008). Negativ hängt Commitment mit belastender Rollenambiguität und Rollenkonflikten zusammen (Meyer et al., 2002; ► Kap.4, Streich & Brennholt). Ein weiterer Ansatzpunkt für ein Bindungsmanagement in Projekten ist die Mitarbeiterführung (► Kap.11, Wegge & Schmidt). Hier kann durch eine **Förderung der Selbstkompetenz** (das sog. »psychological empowerment«) die Selbstbestimmung und Autonomie der Mitarbeiter erhöht werden. Die Mitarbeiter werden in die Lage versetzt, ihre Belange selbstverantwortlich und selbstbestimmt zu vertreten und zu gestalten (► Kap. 9, Kauffeld, Grote, Lehmann-Willenbrock).

Ansatz: Mitarbeiterführung

> ❗ Durch Hierarchieabbau, Beteiligung an Entscheidungen, eine positive, anerkennende Teamkultur, Selbstevaluation, Übernahme von (Ergebnis-)Verantwortung und Entwicklungsmöglichkeiten lässt sich das Commitment der Mitarbeiter steigern (Lok, Westwood & Crawford, 2005).

> **Drei Gestaltungsebenen in der operativen Projektarbeit (nach Mathieu & Zajac, 1990)**
> 1. **Arbeitsinhalt**:
>   Die Projektarbeit sollte vielfältige Aufgaben umfassen und Herausforderungen bieten. In der Arbeit sollten intrinsische Bedürfnisse befriedigt werden können und der Handlungsspielraum des Mitarbeiters sollte möglichst groß sein (s. zur Bedeutung der Arbeitsgestaltung ▶ Kap. 7, Moser & Galais).
> 2. **Beziehungen**:
>   Der Projektleiter sollte auf eine transparente und umfassende Kommunikation achten, das Projektteam in Entscheidungen einbeziehen, angemessene Anleitung und Unterstützung anbieten und sich um das Wohlbefinden der Projektmitglieder kümmern (▶ Kap. 4, Streich & Brennholt; ▶ Kap. 11, Wegge & Schmidt).
> 3. **Rollen**:
>   Die Rollen der Teammitglieder sollten eindeutig und widerspruchsfrei festgelegt sein, da Rollenambiguität und -konflikte mit geringerem Commitment einhergehen können.

10.3.3 Gezieltes Bindungsmanagement durch das Führungsverhaltens des Projektleiters

Die Forschung zur **transformationalen bzw. charismatischen Führung** (Bass & Avolio, 1994) plädiert darüber hinaus für eine Projektleitung, die
- durch Vorbildlichkeit und Glaubwürdigkeit beeinflusst (Idealized Influence),
- durch begeisternde Visionen motiviert (Inspirational Motivation),
- zu kreativem und unabhängigem Denken anregt (Intellectual Stimulation) und Mitarbeiter individuell fördert (Individualized Consideration).

Die Vorbildfunktion wird von Mitarbeitern insbesondere dann anerkannt, wenn die Projektleitung eigene Interessen zugunsten anderer zurückstellt, Risiken mitträgt, eine hohe Leistungsbereitschaft vorlebt und ihr Handeln an moralischen und ethischen Prinzipien ausrichtet.

Vorbildfunktion der Führung

Bevor konkrete Maßnahmen zur Steigerung von Commitment und Identifikation von Mitarbeitern ergriffen werden, sollte jedoch eine Situationsanalyse hinsichtlich einer angemessenen Fokussierung entweder auf die Gesamtorganisation oder das Projekt erfolgen. So kann eine explizite Förderung von Identifikation und Commitment mit der Projektgruppe insbesondere bei **Unternehmensfusionen und -übernahmen** dazu beitragen, Widerstände der Mitarbeiter abzubauen und

Situationsanalyse vor konkreten Maßnahmen

Vermeidung negativer Auswirkungen von Identifikation und Commitment

Demotivation zu vermeiden. Andererseits sollte nicht außer Acht gelassen werden, dass eine zu starke Identifikation mit der Projektgruppe den Zielen der Gesamtorganisation insbesondere dann nicht zuträglich ist, wenn die Gruppennormen in Konflikt mit den **Normen** der Gesamtorganisation stehen. Ein starkes Commitment gegenüber dem Projektteam kann dazu führen, dass ein **Ressortdenken** gegenüber anderen Organisationseinheiten auftritt oder leistungsschwache Projektmitarbeiter durch freiwillige Mehrarbeit anderer Mitglieder »gedeckt« werden (Riketta & van Dick, 2005). Um dies zu vermeiden, sollte partizipativ von den Teammitgliedern ein Maßstab für die Bewertung der Team- und Einzelleistungen entwickelt werden, der sowohl die Aufgaben und Produktivitätsmaße für die einzelnen Teammitglieder spezifiziert als auch einen Bezug zwischen den Projekt- und Unternehmenszielen herstellt (z. B. im Rahmen von Projektcoachings; ▶ Kap.6, Wastian, Braumandl & Dost; s. zur Leistungsbeurteilung auch ▶ Kap.7, Moser & Galais).

10.3.4 Beachtung der »Schattenseiten« von Commitment und Identifikation

Problemquellen bei Commitment und Identifikation

Welche Schwierigkeiten können aufgrund von Commitment und Identifikation auftreten? Im Wesentlichen sind 4 Problemquellen zu nennen (Moser, 1996), in nachfolgender Übersicht dargestellt.

> **Problemquellen für Commitment und Identifikation (nach Moser, 1996)**
> — Wenn durch Commitment und Identifikation Fluktuation vermieden wird, so ist dies aus Sicht der Organisation, aus Sicht des Individuums und auch aus gesellschaftlicher Perspektive nicht immer wünschenswert.
> — Commitment und Identifikation können sich auf unterschiedliche Foki (z. B. Organisation, Projektteam, Beruf) richten, deren jeweilige Ziele, Werte und Normen zueinander im Widerspruch stehen. Eine Konkurrenzsituation entsteht, die zu Loyalitätskonflikten führen kann.
> — Übertriebenes Commitment und übersteigerte Identifikation können z. B. zu Fanatismus und unethischem Verhalten oder zu Selbstausbeutung führen.
> — Commitment und Identifikation sind zudem als negativ zu bewerten, wenn die Ziele, Werte und Normen der Organisation (z. B. organisierte Kriminalität, Corporate Crime) zu verurteilen sind.

Erwünschte Fluktuation

Aus Organisationssicht kann Fluktuation sowohl aus Kostengründen, als auch strategiebedingt erwünscht sein. Organisationen wollen sich

10.3 · Ansatzpunkte für Verbesserungen: Einflussnahme auf Commitment und Identifikation

von **leistungsschwachen Mitarbeitern** trennen, um wettbewerbsfähig zu bleiben. Eine dauerhafte Bindung von Mitarbeitern, die für die Erfüllung ihrer Aufgaben nicht geeignet sind, läuft dem zuwider.

Fluktuation ist zudem die Basis für die gezielte **Förderung von Leistungsträgern** und ermöglicht es, neues Wissen in die Organisation zu holen, sich durch »frisches Blut« von außen zu erneuern und damit die Innovationsfähigkeit und Flexibilität zu erhöhen.

Aber auch für die Mitarbeiter kann eine langfristige Bindung von Nachteil sein. So werden Entwicklungs- und Karrierechancen verpasst, und es besteht das Risiko einer **Dequalifizierung** aufgrund zu langen Verweilens auf einer Position (Moser, 1996). Grundsätzlich steht heute der Loyalität und Leistungsbereitschaft von Mitarbeitern keine lebenslange Beschäftigungsgarantie seitens des Unternehmens mehr gegenüber. Der »psychologische Vertrag«, also die unausgesprochenen gegenseitigen Erwartungen von Arbeitnehmer und Arbeitgeber, haben sich in den letzten Jahrzehnten stark gewandelt. Wenngleich Arbeitsverhältnisse häufig nicht mehr auf eine dauerhafte Bindung ausgerichtet sind, wird den Mitarbeitern gleichzeitig überdurchschnittliches Engagement und eine Identifikation mit den Zielen und Werten der Organisation abverlangt. Ausgehend von den Interessensgegensätzen von Organisationen und Mitarbeitern stellt sich daher die Grundsatzfrage, ob nicht eine »emotionslose« Austauschbeziehung für den Mitarbeiter vorteilhafter als eine emotionale Bindung ist, da ihm bei einem Ungleichgewicht des Anreiz-Beitrags-Verhältnisses ein Verlassen der Organisation leichter fallen dürfte (Moser 1996).

Ein weiteres Risiko von Commitment und Identifikation ist die Gefahr von Loyalitätskonflikten aufgrund einer Bindung des Mitarbeiters an **unterschiedliche Commitmentfoki**. So kann eine starke Bindung an die Projektgruppe dazu führen, dass z. B. versucht wird, Ressourcen für das Projekt zu sichern, was im Widerspruch zur Loyalität gegenüber der Gesamtorganisation stehen kann, die ein ausgeprägteres Kostenbewusstsein einfordert. Beauvais, Scholl und Cooper (1991) konnten jedoch nachweisen, dass durchaus ein **duales Commitment** – z. B. zur Gewerkschaft **und** zum Unternehmen – bestehen kann, eine Bindung also nicht zulasten einer anderen gehen muss.

Gefahren eines **Overcommitments** (zu hohe Loyalität und Bindung) können schließlich dazu führen, dass Mitarbeiter ethisch fragwürdiges Verhalten unterstützen oder im Dienste einer Organisation oder eines Projektes aus blindem Gehorsam oder Fanatismus sogar illegale Handlungen begehen.

Ebenso können durch **Gruppendenken** (▶ Kap. 3, Brodbeck & Guillaume) verursachte Leistungshemmnisse, so z. B. Fehlentscheidungen aufgrund von Selbstzensur oder Selbstüberschätzung, durch eine hohe Bindung gefördert werden (Felfe, 2008). Und schließlich können sich Rivalitäten zwischen Projektgruppen mit jeweils hohen Commitmentwerten der Mitglieder negativ auf die Zielerreichung der Gesamtorganisation auswirken, wenn Ineffizienzen aufgrund fehlender Kooperationsbereitschaft auftreten.

Marginalien:
- Bindungsnachteile für Mitarbeiter
- Erwartungen von Arbeitnehmer und Arbeitgeber
- Gefahr von Loyalitätskonflikten
- Gefahr ethisch fragwürdigen Verhaltens
- Gefahr von Leistungshemmnissen

> ⚠ Es ist damit die Aufgabe von Projektleitungen, sensibel für fehlgeleitetes Commitment zu sein und verantwortungsvoll mit hohem Commitment umzugehen.

10.4 Zusammenfassung

Bedeutung von Commitment und Identifikation für die Projektarbeit

Projektarbeit erfordert in hohem Maße ein Verhalten der Teammitglieder, das über die rein vertragliche Pflichterfüllung hinausgeht. Mitarbeiter sollen in Zeiten besonderen Leistungsdrucks bereit sein, zumindest kurzfristig überdurchschnittliches Engagement zu zeigen und außergewöhnliche Arbeitsbelastungen zu ertragen. Zudem gilt für viele Tätigkeiten, die Fach- und Führungskräfte im Rahmen von Projekten erfüllen, dass eine verlässliche Beurteilung der individuellen und der Gruppenleistung nicht immer möglich ist, dass also auf loyales Verhalten vertraut werden muss.

Obwohl die Wirkungen von Commitment und Identifikation sehr komplex sind, lassen sich Zusammenhänge zwischen Bindung und erwünschtem Verhalten im Projekt, wie z. B. höheres Engagement, stärkere Belastbarkeit, Gewissenhaftigkeit und Altruismus, nachweisen. Dass das affektive Commitment für den Projekterfolg eine größere Rolle spielt als das normative oder kalkulatorische, wird durch jüngere Forschungsarbeiten belegt (z. B. Cooper-Hakim & Viswesvaran, 2005).

Bindungsmanagement bedeutet, dass gezielt auf das affektive Commitment und die Identifikation mit einem Projekt Einfluss genommen werden soll. Um die Bindung von Projektmitarbeitern zu managen, sollte zunächst eine Situationsanalyse erfolgen. Zur Messung des Commitments in einem Projekt lassen sich der multidimensionale Ansatz von Allen und Meyer (1990) mit seinen Skalen zu affektivem, normativem und kalkulatorischem Commitment anwenden. Der Grad der sozialen Identifikation kann mit dem von Mael und Ashforth (1992) entwickelten Fragebogens erhoben werden.

Messung von Commitment und Identifikation

Förderung von Commitment und Identifikation

Wesentliche Ansatzpunkte für eine Erhöhung der Mitarbeiterbindung sind die **Arbeitsinhalte**, der **Handlungsspielraum für Mitarbeiter** sowie der **Anforderungsgehalt der Arbeitsaufgabe**. Vermieden werden sollten **unklare Rollendefinitionen** und **Rollenkonflikte** innerhalb des Projektteams. Die Projektleitung sollte sich ihrer Vorbildfunktion bewusst sein, die Selbstkompetenz der Mitarbeiter stärken, Selbstbestimmung und Partizipation zulassen und einen anerkennenden und wertschätzenden Umgang mit den Mitarbeitern pflegen. Des Weiteren ist es Aufgabe der Projektleitung, auch für die mit einer starken Bindung einhergehenden Risiken sensibel zu sein. So kann insbesondere kalkulatorisches Commitment dazu führen, dass erwünschte innovations- und leistungsförderliche Fluktuation vermieden wird. Außerdem kann eine Konkurrenzsituation hinsichtlich verschiedener Commitmentfoki zu Loyalitätskonflikten und Effizienzverlusten führen oder durch Overcommitment deviantes Verhalten gefördert werden.

Beachtung der Risiken von Commitment und Identifikation

10.5 Literatur

Allen, N. J. & Meyer, J. P. (1990). The measurement and antecendents of affective, continuance and normative commitment to the organization. *Journal of Occupational Psychology, 63*, 1–18.

Bass, B. M, & Avolio, B. J. (1994). *Improving organizational effectiveness through transformational leadership*. Thousands Oaks, CA: Sage Publications.

Beauvais, L. L., Scholl, R. W. & Cooper, E. A. (1991). Dual commitment among unionized faculty: A longitudinal investigation. *Human Relations, 44*, 175–192.

Brockner, J. & Rubin, J. Z. (1985). *Entrapment in escalating conflicts*. Berlin Heidelberg New York Tokio: Springer.

Cooper-Hakim. A. & Viswesvaran, C. (2005). The construct of work commitment: Testing an integrative framework. *Psychological Bulletin, 131*, 241–259.

Felfe, J. (2003). *Transformationale und charismatische Führung und Commitment im organisationalen Wandel*. Unveröffentlichte Habilitation: Martin Luther Universität Halle-Wittenberg

Felfe, J. (2008). *Mitarbeiterbindung*. Göttingen: Hogrefe.

Lok, P., Westwood, R. & Crawford, J. (2005). Perceptions of organisational subculture and their significance for organisational commitment. *Applied Psychology: An International Review, 54*, 490–514.

Mael, F. & Ashforth, B. (1992). Alumni and their alma mater: a partial test of the reformulated model of organizational identification. *Journal of Organizational Behavior, 13*, 103–123.

Maier, G. W. & Woschée, R. (2002). Die affektive Bindung an das Unternehmen. *Zeitschrift für Arbeits- und Organisationspsychologie, 46*, 126–136.

Maier, G. W. & Woschée, R. (2008). Organisationale Verbundenheit: Deutsche Fassung des organizational commitment questionnaire (OCQ-G). In A. Glöckner-Rist (Hrsg.), ZUMA-Informationssystem. Elektronisches Handbuch sozialwissenschaftlicher Erhebungsinstrumente. Version 12.00. Bonn: GESIS.

Mathieu, J.E. & Zajac, D. M (1990). A review and meta-analysis of the antecedents, correlates, and consequences of organizational commitment. *Psychological Bulletin, 180*, 171–194.

Meyer, J. P & Allen, N. J. (1997). *Commitment in the workplace*. Thousand Oaks, CA: Sage.

Meyer, J. P., Stanley, D. J., Herscovitch, L. & Topolnytsky, L. (2002). Affective, continuance, and normative commitment to the organization: A meta-analysis of antecedents, correlates and consequences. *Journal of Vocational Behavior, 61*, 20–52.

Meyer, J.P., Becker, T. E. & Van Dick, R. (2006). Social identities and commitments at work: Towards an integrative model. *Journal of Organizational Behavior, 27*, 665–683.

Moser, K. (1996). *Commitment in Organisationen*. Bern: Verlag Hans Huber.

Mowday, R. T., Steers, R. M. & Porter, L. W. (1979). The measurement of organizational commitment. *Journal of Vocational Behavior, 14*, 224–247.

Pratt, M. G. (1998). To be or not to be? Central questions in organizational identification. In D. A. Whetten & P. C. Godfrey (Hrsg.), *Identity in organizations. Building theory through conversations* (pp. 171–207). Thousand Oaks: Sage.

Riketta, M. (2002). Attitudinal organizational commitment and job performance: A meta-analysis. *Journal of Organizational Behavior, 23*, 257–266.

Riketta, M. (2005). Organizational identification: A meta-analysis. *Journal of Vocational Behavior, 66*, 358–384.

Riketta, M. & Van Dick (2005). Foci of attachment in organizations: A meta-analytic comparison of the strength and correlates of workgroup versus organizational identification and commitment. *Journal of Vocational Behavior, 67*, 490–510.

Salancik, G. R. (1977). Commitment is too easy! *Organizational Dynamics, 6*, 62–80.

Scholz, Ch. (2000). *Personalmanagement. Informationsorientierte und verhaltenstheoretische Grundlagen*. München: Vahlen.

Schmidt, K.-H., Hollmann, S. & Sodenkamp, D. (1998). Psychometrische Eigenschaften und Validität einer deutschen Fassung des »Commitment«-Fragebogens von Allen und Meyer (1990). *Zeitschrift für Differentielle und Diagnostische Psychologie, 19*, 93–106.

Six, B. & Felfe, J. (2004). Einstellungen und Werthaltungen im organisationalen Kontext. In H. Schuler (Hrsg.), *Organisationspsychologie 1 – Grundlagen und Personalpsychologie – Enzyklopädie der Psychologie D/III/3* (S. 597–672). Göttingen: Hogrefe.

Sutton, J. (2007). *Sunk costs and market structure*. Cambridge: MIT-Press

Tajfel, H. & Turner, J. C. (1979). An integrative theory of intergroup conflict. In W. G. Austin & S. Worchel (Eds.), *The social psychology of intergroup relations* (pp. 33–47). Monterey, CA: Brooks/Cole.

Tyler, T. R. & Blader, S. L. (2000). *Cooperation in groups: Procedural justice, social identity, and behavioral engagement*. Philadelphia, PA: Psychology Press.

Van Dick, R. (2004). *Commitment und Identifikation in Organisationen*. Göttingen: Hogrefe.

Van Knippenberg (2000). Work motivation and performance: A social identity perspective. *Applied Psychology: An International Review, 49*, 357–371.

11 Der Projektleiter als Führungskraft

Jürgen Wegge, Klaus-Helmut Schmidt

11.1	Das Problem: Was bedeutet erfolgreiche Führung in Projekten – 208	
11.1.1	Was ist Führung? – 208	
11.1.2	Zentrale Erfolgsfaktoren beim Projektmanagement – 209	
11.1.3	Spezifische Problemfelder der Führung bei Projektgruppenarbeit – 210	
11.2	Ziele, Aufgabenkomplexität, Zeitdruck und Macht aus psychologischer Perspektive – 213	
11.2.1	Problem: Unklarheit der Projekt-/Leistungsziele – 215	
11.2.2	Problem: Aufgabenkomplexität und Zeitdruck – 216	
11.2.3	Problem: Unklare Machtposition und mangelnde Zusammenarbeitserfahrung des Projektleiters und der Projektgruppe – 217	
11.3	Ansatzpunkte für die Verbesserung des Führungsverhaltens in Projekten – 219	
11.3.1	Leistungsmanagement von Projektgruppen mit unklaren verhaltensbezogenen Zielen – 219	
11.3.2	Zielvereinbarungen bei der Bearbeitung von komplexen Aufgaben unter hohem Zeitdruck – 220	
11.3.3	Partizipative Führung zur Erhöhung der Zielbindung und zur bestmöglichen Nutzung der Fähigkeiten der Projektmitarbeiter – 221	
11.4	Literatur – 223	

Problemfelder

Leistungsziele

Zielbindung

Das Führungshandeln eines Projektleiters muss einigen Besonderheiten Rechnung tragen, die für Projektarbeit typisch sind. In diesem Kapitel werden hauptsächlich 3 spezifische Problemfelder diskutiert, die folgende Fragen betreffen:
- Wie bestimme und vereinbare ich wirksame Leistungsziele für alle Projektmitarbeiter?
- Wie kann ich komplexe Projektaufgaben auch unter großem Zeitdruck managen?
- Wie kann ich die Zielbindung von Personen erhöhen, deren fachliche Stärken/Schwächen ich kaum kenne?

Die hierzu gegebenen Empfehlungen stützen sich auf Praxiserfahrungen und wissenschaftliche Erkenntnisse, die in der neueren Zielsetzungsforschung zur Mitarbeiterführung gewonnen wurden.

11.1 Das Problem: Was bedeutet erfolgreiche Führung in Projekten

Dieses Kapitel betrachtet den Projektleiter in seiner Funktion als Führungskraft. Zunächst definieren wir, was man unter dem Begriff »Führung« versteht. Im zweiten Schritt stellen wir ein allgemeines Modell vor, das beschreibt, welche verschiedenen Aspekte bei der **Führung** von Projektgruppen besonders erfolgskritisch sind. Im Anschluss geben wir dann Antworten auf die 3 Fragen, die hier im Mittelpunkt stehen.

11.1.1 Was ist Führung?

Aufgaben der Führungskraft

Führungskräfte haben eine Reihe von Aufgaben zu erfüllen. Hierzu gehören u. a.:
- Entscheidungen treffen und umsetzen,
- Planen und Festlegen von Vorgehensweisen,
- Mitarbeiter motivieren und anleiten,
- Arbeitsabläufe koordinieren,
- Informationen weitergeben und bewerten,
- Konflikte beilegen sowie den Zusammenhalt unter den Mitarbeitern stärken,
- Ziele vereinbaren und Rückmeldungen geben.

Führung als zielorientierte Verhaltenssteuerung

Auf den ersten Blick können diese Tätigkeiten den Eindruck von Zusammenhanglosigkeit vermitteln. Bei näherer Betrachtung wird jedoch deutlich, dass sie im Dienste einer Sache stehen: der zielorientierten Verhaltenssteuerung der Mitarbeiter zur Erreichung der übergeordne-

11.1 · Das Problem: Was bedeutet erfolgreiche Führung in Projekten

ten **Unternehmensziele** (Wegge & Rosenstiel, 2007). Was hier von der Führungskraft besonders zu steuern ist, hängt in entscheider Weise von der jeweiligen Form der Gruppenarbeit ab, die das Unternehmen ausgewählt hat (Wegge, 2004; Wegge & Schmidt, 2007). Wir fokussieren im Folgenden insbesondere auf die Arbeit in Projekten.

11.1.2 Zentrale Erfolgsfaktoren beim Projektmanagement

Es gibt mehrere Bücher und Sammelreferate, die den Forschungsstand zu den wesentlichen **Erfolgsfaktoren** der Projektgruppenarbeit gut zusammenfassen (z. B. Englich & Fisch, 1999; Lechler, 1997; Zeutschel & Stumpf, 2003; vgl. auch die weiteren Kapitel dieses Bandes). Wir greifen hier zur Veranschaulichung der wichtigsten Faktoren das von Lechler (1997) und Lechler und Gemünden (1998) erarbeitete Modell (◘ Abb. 11.1) heraus.

Dieses Modell beruht auf der Auswertung von 44 Studien mit insgesamt 5.760 verschiedenen Projektgruppen, von denen ca. 1.800 als eindeutig erfolgreich und ca. 1.200 als erfolglos bewertet werden konnten. Die analysierten Projekte hatten verschiedenste Inhalte (z. B. Maschinen- und Anlagenbau, Entwicklungsprojekte, Softwareprojekte). Der Erfolg der Projekte wurde mittels verschiedener Indikatoren erfasst (z. B. Termineinhaltung, wirtschaftlicher Erfolg, Zufriedenheit der Projektbeteiligten), die dem jeweiligen Projektauftrag entsprachen. Anhand dieser Daten bestimmten die Autoren verschiedene Schlüsselfaktoren (z. B. klare Zieldefinition, intensive und geplante Kommunikation in der Gruppe, Unterstützung und Engagement des Topmanagements), die den Erfolg von Projekten deutlich fördern. Ob-

Messung von Projekterfolg

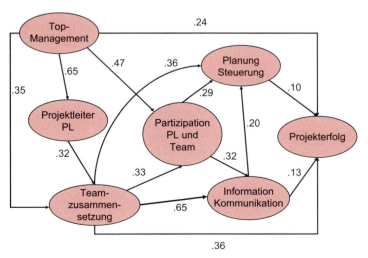

◘ **Abb. 11.1.** Empirisches Pfaddiagramm der Determinanten des Projekterfolgs. (Mod. nach Lechler und Gemünden, 1998)

Kommunikation

wohl eine gute Kommunikation und die Nutzung von Planungs- und Steuerungsinstrumenten (z. B. Netzpläne, Meilensteinpläne oder spezielle Software für das Projektmanagement) durchaus positive Effekte haben, geht der stärkste Einfluss auf die Effektivität der Projektarbeit von den beteiligten Akteuren selbst aus – das Topmanagement, das Team und in geringerem Ausmaß auch der Projektleiter:

Allgemeine Erfolgsfaktoren bei Projektarbeit

- **Das Topmanagement** muss das Projekt kontinuierlich unterstützen und ein konkretes Interesse am Erfolg haben. Es sollte dem Projektleiter zudem viel Autonomie (formale Kompetenzen) gewähren.
- **Der Projektleiter** sollte ausreichende Entscheidungs- und Weisungsbefugnisse haben, insbesondere bei der Zusammensetzung des Teams, bei der Wahl des Führungsstils und bei der Zuweisung von Aufgaben zu Gruppenmitgliedern.
- **Das Team** selbst benötigt insbesondere auftragsbezogenes Wissen und ausreichende Fähigkeiten zur Steuerung und Kontrolle des eigenen Handelns (vgl. auch Englich & Fisch, 1999).

Autonomie

Interessanterweise ist eine hohe Ausprägung von Handlungsspielräumen (Autonomie) der Projektmitglieder nach den von Cohen und Bailey (1997) zusammengefassten Studien für den Projekterfolg nicht förderlich. Die Gründe für diese Beobachtung sind noch nicht ganz klar. Eine zu hohe Autonomie der Mitglieder von Projektgruppen könnte z. B. leicht dazu führen, dass die konkreten Ziele des Projektes nicht mehr von allen Mitgliedern gleichermaßen verfolgt werden und individuelle Ziele im Vordergrund stehen.

> ❶ Für den Projekterfolg ist es günstig, wenn der Projektleiter deutlich mehr Handlungsspielräume (Macht) hat als die Projektmitarbeiter.

Obwohl man noch viele weitere Ansatzpunkte für das **Management von Projektgruppen** finden kann (vgl. z. B. Gemünden & Lechler, 1997; Lechler, 1997), haben sich die in ◘ Abb. 11.1 dargestellten Variablen als besonders leistungsfördernd erwiesen. Sie sollten daher nach Möglichkeit alle beachtet werden, wenn man Projektarbeit einsetzt.

11.1.3 Spezifische Problemfelder der Führung bei Projektgruppenarbeit

Was sind typische Probleme, die sich dem Projektleiter in seiner Rolle als Führungskraft stellen? Das folgende Fallbeispiel soll zur Illustration typischer Probleme beitragen.

11.1 · Das Problem: Was bedeutet erfolgreiche Führung in Projekten

Das Projekt
In diesem Projekt geht es um die Einführung von Videokonferenzen für eine räumlich verteilt arbeitende Projektgruppe (Anlagenbau) in einem internationalen Konzern. Das Unternehmen will die Planung und Abstimmung innerhalb des Projektteams, welches an 3 verschiedenen Standorten lokalisiert ist, mit Videokonferenzen unterstützen. Die Zusammensetzung des Teams ist sehr heterogen, da verschiedenste Fachleute (IT, Konstrukteure, Anlagenbauer) mit unterschiedlichen Vorerfahrungen zu Videokonferenzen beteiligt sind. Man verspricht sich eine deutliche **Reduktion von Reisekosten** (jedes 2. Treffen soll nach dem Projektstart durch Videokonferenzen ersetzt werden) und eine zügigere Abwicklung des Auftrags. Weil das Unternehmen Videokonferenzen bislang nicht genutzt hat, wird ein erfahrener IT-Mitarbeiter als Projektleiter beauftragt, die 3 Standorte entsprechend vorzubereiten. Der Projektleiter hat hierfür 3 Monate Zeit und ein ansehnliches finanzielles Budget zur Anschaffung der neuen Konferenzanlage.

Videokonferenzen

Der Plan des Projektleiters
Weil der Projektauftrag die Details der anzuschaffenden Anlage sowie deren spezifische Nutzungsweise weitgehend offen lässt, erstellt sich der im IT-Bereich erfahrene Projektleiter zunächst ein Pflichtenheft, in dem alle technischen Anforderungen genau beschrieben sind. Diese will er zunächst mit den 3 Standorten absprechen, bevor die Anlage angeschafft wird. Sein Projektteam umfasst je 3 Repräsentanten von jedem Standort: 2 Konstrukteure und einen Anlagenbauer, die an dem Auftrag mitarbeiten werden. Weil der Projektleiter weiß, dass ein persönliches Treffen am Anfang der Projektarbeit sehr wichtig ist, vereinbart er ein Treffen in der Zentrale des Konzerns, um alles in Ruhe besprechen zu können.

Spezifische Führungsversuche
Für dieses »Kick-Off-Meeting« (▶ Kap. 17, Hertel & Orlikowski) setzt der Projektleiter einen Nachmittag an. Die Vertreter der 3 Standorte treffen sich und der Projektleiter erklärt sein Pflichtenheft. Die Atmosphäre ist sehr sachlich und man versteht sich gut. Die Projektmitarbeiter akzeptieren den technischen Vorschlag des Projektleiters. Es werden folgende Meilensteine für das Projekt definiert: die Anschaffung der 3 Teilanlagen an jedem Standort und ein vorheriges Testmeeting. Zum Abschluss des Projektes soll die neue Konferenzanlage dann – unter Mitwirkung des Vorstands – im Rahmen des neuen Projektes eingeweiht werden. Weitere Treffen sieht der Projektleiter nur dann vor, wenn es Probleme geben sollte. Man soll sich dann bei ihm melden.

▼

»Kick-Off-Meeting«

Meilensteine

Zeitdruck

Das Testmeeting erfolgt nach 10 Wochen, also 2 Wochen vor der offiziellen Einweihung der neuen Anlage. Leider kann die Tonverbindung zum Standort B nicht hergestellt werden, sodass eine zusätzliche Mobilfunkverbindung geschaltet werden muss. Beim Test der Anlage fällt zudem auf, dass eine Dokumentenkamera am Standort C fehlt, mit der man größere Konstruktionszeichnungen darstellen kann. Der Projektleiter ist hierüber etwas verärgert, weil man diesen Wunsch auch schon vorher hätte äußern können. Er beauftragt den Konstrukteur am Strandort C – auch wegen des hohen Zeitdrucks – in direktiver Weise, eine entsprechende Kamera schnell zu installieren. Das Tonproblem wird am Ende der Videokonferenz gelöst. Ein Kabel war falsch verbunden, weil die technische Hilfskraft, welche die Anlage am Standort B betreuen soll, an diesem Tag erkrankt war. Der Projektleiter ist erleichtert und dankt allen Teilnehmern für den Test.

Das bittere Ende

Am Tag der offiziellen Einweihung sind alle auf die neue Technik neugierig. Die technische Verbindung zwischen den 3 Standorten wird zunächst einwandfrei hergestellt. Allerdings muss der Projektleiter festellen, dass die neu anzuschaffende Dokumentenkamera am Standort C fehlt. Der mit der Anschaffung beauftragte Konstrukteur hat aufgrund anderer Projekte diese Aufgabe nicht rechtzeitig erledigen können. Als Entschuldigung weist er zudem darauf hin, dass er von solchen Kameras leider nicht viel versteht, und daher unsicher war, welches Modell er besorgen sollte. Die ersten Entscheidungen müssen deshalb vertagt werden. Plötzlich fällt das Bild vom Standort A aus. Trotz einiger Versuche, ist dieses Problem nicht zu beheben. Weil die Mitarbeiter am Standort A denken, dass man sie auch nicht mehr hören kann, fangen sie an, den Projektleiter zu kritisieren. Sie äußern u. a., dass es ja kein Wunder ist, wenn die Technik versagt, weil man das ja kaum üben konnte. Der Projektleiter hat versäumt, hierfür genug Testzeit einzuplanen. Wenn man

Feedback

1 oder 2 Feedbackschleifen eingebaut hätte, wäre das bestimmt nicht passiert. Die in der Zentrale sind ja so arrogant, dass sie nicht einmal die einfachsten Grundregeln des erfolgreichen Projektmanagements berherrschen. Das Topmanagement ist angesichts der technischen und organisatorischen Probleme vom Nutzen der neuen Konferenzanlage nicht überzeugt. Man stellt das Projekt ein und

Führungsschwäche

attestiert dem Projektleiter Führungsschwäche.

Problemfelder

Wie dieses Fallbeispiel verdeutlicht, lassen sich bei Projektarbeit einige spezifische Problemfelder identifizieren, mit denen der Projektleiter als Führungskraft konfrontiert wird.

Mit Blick auf die personale Führung von Projektteams ist hervorzuheben, dass:
1. Selbst bei Projekten mit einem detaillierten Pflichtenheft zu Beginn der Projektarbeit oft unklare Teilziele und Leistungskriterien vorliegen, die z. B. das Vereinbaren von spezifischen Zielen und das Vermitteln von Feedback erschweren,
2. die Bearbeitung von komplexen, arbeitsteiligen Aufgaben unter oft starkem Zeit- und Kostendruck verlangt wird,
3. Personen zusammenarbeiten müssen, die sich nicht kennen und keine lange Zusammenarbeitserfahrung haben (▶ Kap.7, Moser & Galais),
4. aufgrund der zumeist bereichsübergreifenden Aufgabenstellung oft eine sehr heterogene Projektgruppenzusammensetzung resultiert und
5. die Projektleitung in der Regel keine disziplinarische Führungsverantwortung gegenüber den Projektmitgliedern hat, was die Machtbasis des Projektleiters (▶ Kap. 8, Solga & Blickle) schwächen kann.

Der Projektleiter sollte diese Besonderheiten bei der **Gestaltung seines Führungshandelns** berücksichtigen. Wir erörtern im Folgenden insbesondere die Probleme unklarer Projektziele, des **Zeitdrucks** bei komplexen Projektaufgaben sowie das Problem, dass der Projektleiter als Folge seiner oft geringen Macht an Einfluss verlieren kann und aufgrund der zeitlichen Befristung der Projektarbeit oft auch über keine fundierten Kenntnisse der Fähigkeiten und Leistungspotenziale der Projektgruppenmitglieder verfügt. Zur genaueren Analyse und zur Ableitung von Lösungsmöglichkeiten greifen wir an mehreren Stellen auf die **Zielsetzungstheorie** zurück. Diese Theorie hat die Grundlage für das in der Praxis weitverbreitete Leistungsmanagement durch Ziele gelegt, das auch bei der Führung von Projektgruppen leistungsförderliche Wirkungen entfalten kann. Wir fassen die empirisch bewährten Grundannahmen der Theorie daher zunächst zusammen, bevor die 3 Problembereiche aus Sicht der Zielsetzungstheorie genauer beleuchtet werden.

Einfluss verlieren

11.2 Ziele, Aufgabenkomplexität, Zeitdruck und Macht aus psychologischer Perspektive

Aus der Forschung zur Zielsetzungstheorie (Locke & Latham, 2002, 2006; Schmidt & Kleinbeck, 2006) ist seit langem bekannt, dass Arbeitsleistungen in starkem Maße durch Ziele determiniert werden. Die stärksten Leistungseffekte gehen dabei von spezifischen, herausfordernden und schwierigen Zielen aus, die das Ergebnis konkretisieren, das es durch eigenes Verhalten zu erreichen gilt. Das Vereinbaren von spezifischen und herausfordernden Zielen stellt demnach ein wirksames Führungsinstrument dar, das Einfluss darauf nimmt, wie Mitar-

Ziele und Leistung

beiter ihre individuellen Ressourcen an Zeit und Energie auf die verschiedenen Arbeitsaufgaben und -aktivitäten verteilen.

> **❗ Das Vereinbaren und Verfolgen spezifischer, schwer zu erreichender Ziele geht mit höheren oder besseren Leistungen einher, als das Verfolgen vager, unspezifischer oder leicht zu erreichender Ziele.**

Diese **Leistungswirkungen von Zielen** sind in einer Vielzahl von Situationen nachweisbar. Sie lassen sich sowohl bei Einzelpersonen als auch bei Arbeitsgruppen beobachten, in Feld- und Laboruntersuchungen, bei der Bearbeitung der verschiedensten Aufgabentypen sowie bei Personen aus unterschiedlichen Kulturkreisen. In den einschlägigen Untersuchungen zeigen sich allerdings auch beträchtliche Unterschiede in der Stärke der beobachteten Ziel-Leistungs-Zusammenhänge. Diese Unterschiede hängen von einer Reihe von **Randbedingungen** ab, die für die Führungspraxis von großer Bedeutung sind.

Randbedingungen

Checkliste: Herausfordernde und spezifische Ziele entfalten dann ihre stärksten Leistungswirkungen, wenn
– die aufgabenbezogenen Fähigkeiten der Personen hoch ausgeprägt sind,
– die Ziele an die individuellen Fähigkeiten angepasst sind sowie als erreichbar erlebt werden,
– die Personen ein hohes Ausmaß an Vertrauen in die eigene Tüchtigkeit besitzen,
– eine starke Bindung an das Ziel vorliegt,
– die zu bearbeitenden Aufgaben wenig komplex sind,
– bei komplexen Aufgaben ausreichende zeitliche Spielräume für die Entwicklung, Erprobung und Bewertung geeigneter Bearbeitungsstrategien zur Verfügung stehen, und
– Resultatsrückmeldungen zusätzliche Informationen über den jeweiligen Fortschritt der Zielannäherung bzw. -erreichung vermitteln.

Komplexe Aufgaben

Anforderungen an projektleitende Führungskräfte

Hieraus ergeben sich bestimmte Anforderungen an Führungskräfte, die als Projektleiter arbeiten:
– Projektleiter müssen die aufgabenbezogenen Fähigkeiten und das Vertrauen der Mitarbeiter in die eigene Tüchtigkeit am Anfang der Projektarbeit möglichst präzise einschätzen.
– Sie müssen Informationen über die personen- und situationsbezogenen Faktoren sammeln, welche die Zielbindung beeinflussen. Diese Informationen gilt es dann zur Stärkung der Zielbindung bei den einzelnen Projektmitarbeitern zu nutzen (▶ Abschn. 11.2.3 und 11.3.3).
– Die Führungskraft muss ferner beurteilen können, welche Anforderungen die Arbeitsaufgaben an die Mitarbeiter stellen. Insbesondere kommt es darauf an, die Komplexität der Arbeitsaufgaben realistisch einzuschätzen.

11.2 · Ziele, Aufgabenkomplexität, Zeitdruck und Macht aus psychologischer Perspektive

— Schließlich sind Projektleiter als Feedbackgeber gefordert, während des gesamten Projektverlaufs konstruktive Leistungsrückmeldungen zu vermitteln.

11.2.1 Problem: Unklarheit der Projekt-/ Leistungsziele

Die Anwendbarkeit der Zielsetzungstheorie bei Projektgruppenarbeit wird vor allem dadurch erschwert, dass der übergeordnete **Projektauftrag** zwar häufig klar definiert ist (z. B. Anschaffung einer Videokonferenzanlage an 3 Standorten des Unternehmens), dabei aber unklar bleibt, wie der Projektauftrag in ergebnis- bzw. verhaltensbezogene Ziele genau übersetzt bzw. »heruntergebrochen« werden kann. Dies gilt insbesondere bei innovativen Projektaufträgen aus dem Forschungs- und Entwicklungsbereich (Gebert, 2004). Bei vielen innovativen Projektarbeiten liegt häufig also nur ein mehr oder weniger undefinierter Zielrahmen bzw. Zielkorridor vor. Die Ausgangsbedingungen sind zwar bekannt, nicht jedoch die zu erreichenden verhaltensbezogenen Soll- bzw. Zielzustände. Wie das Fallbeispiel zeigt, verhindert dies eine vorausschauende, aus dem Arbeitsauftrag abgeleitete Organisation der projektgruppeninternen Arbeitsprozesse. In diesen Fällen bietet sich nach Hacker (2004, 2009) ein sog. »hybrides« Vorgehen an.

Innovative Projektarbeiten

Hybrides Vorgehen der schrittweisen Zielkonkretisierung (nach Hacker, 2004, 2009)

1. Es werden zunächst einzelne Lösungsmöglichkeiten hypothetisch verfolgt und in ihren Anwendungskonsequenzen erkundet. Hierdurch deuten sich erste Konturen möglicher Teilziele an, die die Komplexität des Problemraums eingrenzen.
2. Diese hypothetischen Lösungsansätze durchlaufen über Rückkopplungsschleifen einen Korrekturprozess, der durch zwischengeschaltete Reflexionsphasen zu einer schrittweisen Verbesserung der Lösungsgüte führt.
3. Bei der Hypothesengenerierung und -erprobung wird nicht selten auf Vorwissen zurückgegriffen, das im Hinblick auf seine Verwertbarkeit für das aktuelle Problem geprüft wird.
4. In einem nächsten Schritt werden die hypothetischen Lösungsansätze auf ihre mögliche Verknüpfbarkeit untersucht und daraufhin bewertet, ob sie zum Erreichen der immer noch unscharfen Gesamtlösung beitragen können. Im Zuge des Verwerfens untauglicher und der Optimierung Erfolg versprechender Lösungsansätze kristallisiert sich nach und nach der Entwurf eines Gesamtauftrags bzw. -ziels heraus. Auf dem

▼

Zwischengeschaltete Reflexionsphasen

> Hintergrund dieses Entwurfs werden auch die erfolgreichen Lösungsoptionen als Teilziele deutlicher erkennbar.
> 5. Die einzelnen Teilziele legen schließlich weitere, konkretere Handlungsschritte nahe. Diese sind im Falle ihrer Passung zueinander auf einer übergeordneten Ebene als Handlungspläne zur Verfolgung des Gesamtauftrags einzusetzen.

Diese Merkmale weitgehend zieloffener Projektarbeit legen bestimmte Verhaltensweisen des Projektleiters zur Unterstützung der Projektgruppe nahe, die in ▶ Abschn. 11.3.1 näher skizziert werden. Das eingangs dargestellte Praxisbeispiel macht zudem klar, dass das Ignorieren dieser Merkmale den Projekterfolg von Beginn an gefährden kann.

11.2.2 Problem: Aufgabenkomplexität und Zeitdruck

Leistungswirkungen von Zielen bei komplexen Aufgaben

Bei Projektarbeit sind häufig komplexe Aufgaben unter Zeitdruck zu bearbeiten. Zahlreiche Studien zur Zielsetzungstheorie belegen, dass sich die Leistungswirkungen von herausfordernden spezifischen Zielen mit zunehmender **Aufgabenkomplexität** bedeutsam abschwächen (Wood, Mento & Locke, 1987). Einige Untersuchungsergebnisse lassen darüberhinaus erkennen, dass bei der Bearbeitung von komplexen Aufgaben Ziele ihre leistungsförderlichen Wirkungen nicht unmittelbar entfalten, sondern erst mit einer gewissen zeitlichen Verzögerung. Bei komplexen und neuartigen Aufgaben können Ziele schließlich auch Leistungsminderungen zur Folge haben. Diese leistungsmindernden Effekte treten insbesondere dann auf, wenn Ziele die Personen einem zu starken Zeitdruck aussetzen.

Wie lassen sich diese komplexitätsabhängigen Unterschiede in den Leistungswirkungen von Zielen erklären? Bei einfachen Aufgaben liegen die Verhaltensmittel zur Zielerreichung in der Regel auf der Hand; sie werden durch die Struktur der Aufgabe nahegelegt. Leistungssteigerungen dürften hier bereits dadurch möglich sein, dass man mehr Anstrengung aufwendet, die Aufmerksamkeit auf das Wesentliche konzentriert und mit Ausdauer bei der Sache bleibt. Über Ziele können diese Mechanismen leicht aktiviert werden, mit entsprechend starken Wirkungen auf die Leistung.

> ❗ Komplexe Projektaufgaben erfordern Zeit für die Entwicklung und Erprobung geeigneter Bearbeitungsstrategien, sodass der Projektleiter entsprechende Zeitspielräume organisieren muss.

Freiheitsgrade

Als Folge der zahlreichen **Freiheitsgrade** und Optionen, die komplexe Aufgaben dem Bearbeiter eröffnen, sind bei ihnen die Verhaltensmittel zur Zielverfolgung dagegen in einem weit geringeren Ausmaß durch die Struktur der Aufgabe bestimmt. Die möglichen Strategien der Aufgabenbearbeitung, die aus diesen Freiheitsgraden resultieren, müssen hier erfahrungsgeleitet erst erschlossen werden. Diese Strategien sind zunächst zu identifizieren, zu erproben und im Hinblick auf ihre Leistungswirkungen zu bewerten. Sind die zeitlichen Voraussetzungen hierfür nicht gegeben oder durch Zeitdruck zu stark eingeschränkt, dann können auch suboptimale Strategien zur Auswahl und Ausführung gelangen.

Suboptimale Bearbeitungsstrategien

Stehen die für die Strategieerprobung und -bewertung erforderlichen zeitlichen Spielräume dagegen in ausreichendem Umfang zur Verfügung, dann kann davon ausgegangen werden, dass **spezifische Ziele** die Auswahl geeigneter Bearbeitungsstrategien erleichtern. Denn sie machen die genauen Anforderungen transparent, die es zu erfüllen gilt. Unspezifische und vage Ziele liefern dagegen mehrdeutige Kriterien für die Strategiebewertung und -auswahl. Welche Konsequenzen hieraus für den Projektleiter als Führungskraft resultieren, und wie er angesichts dieser Erkenntnisse mit dem Zeitdruck am besten umgeht, wird in ▶ Abschn. 11.3.2 erörtert. Diese Konsequenzen nicht zu berücksichtigen, kann, wie das Praxisbeispiel zeigt, die internen Projektgruppenprozesse erheblich beeinträchtigen. So lagen dem Projektleiter keine Informationen darüber vor, dass der am Standort mit der Anschaffung der Dokumentenkamera beauftragte Konstrukteur als Folge anderer Verpflichtungen nicht rechtzeitig in der Lage war, seinen Auftrag zu erfüllen.

11.2.3 Problem: Unklare Machtposition und mangelnde Zusammenarbeitserfahrung des Projektleiters und der Projektgruppe

Die Projektleitung hat in der Regel keine disziplinarische **Führungsverantwortung** gegenüber den Projektmitgliedern. Dies kann dazu führen, dass sich die Projektmitglieder an getroffene Zusagen nicht unbedingt halten (geringe Zielbindung), insbesondere wenn unerwartete Schwierigkeiten im eigenen Arbeitsbereich auftreten. Dies dürfte auch ein Grund dafür sein, dass eine hohe Autonomie des Projektleiters und eine starke Unterstützung des Projektes durch das Topmanagement für den Erfolg von Projektarbeit von so großer Bedeutung sind.

Autonomie des Projektleiters

Projektgruppen werden zumeist zeitlich befristet installiert und setzen sich aus Personen zusammen, die keine gemeinsamen Zusammenarbeitserfahrungen haben. Darüber hinaus unterscheiden sich die Gruppenmitglieder in ihren Berufsbiografien und Karriereverläufen oft deutlich voneinander (▶ Kap. 9, Kauffeld, Grote & Lehmann-Willenbrock; ▶ Kap. 17, Hertel & Orlikowski). Als Folge hiervon und aus Mangel an Erfahrungen mit den Leistungsschwächen und -stärken der einzelnen Gruppenmitglieder dürfte es für den Projektleiter zudem problematisch sein, deren aufgabenbezogene Fähigkeiten realistisch einzuschätzen. Dies erschwert die fähigkeitsangepasste Zuordnung von Aufgaben zu Personen sowie die Ableitung von individuellen Leis-

Fehlende Informationen über Projektmitarbeiter

tungszielen, die den Leistungspotenzialen der Projektmitarbeiter entsprechen. Hiermit geht ferner die Gefahr einer Über- bzw. Unterforderung der Mitarbeiter einher, die wiederum zu einer Schwächung der Projekt- und **Zielbindung** führen können. Die abnehmende Zielbindung der Projektmitarbeiter am Ende des Fallbeispiels ist ein Beleg dafür. Was können Projektleiter in dieser schwierigen Situation tun, um die Zielbindung zu fördern und die konkreten Fähigkeiten der Projektmitarbeiter besser kennenzulernen? Und wie können Über- bzw. Unterforderung vermieden werden? Eine allgemeine Empfehlung zur Lösung dieser Probleme lautet, dass der Projektleiter eine partizipative Führung der Projektgruppe anstreben sollte.

Ergebnisse der Partizipationsforschung

Für die Begründung dieser Empfehlung lassen sich in der psychologischen Partizipationsforschung im Wesentlichen 2 Argumentationslinien finden (Wegge, 2004; ◘ Abb. 11.2).

Partizipation und Motivation

Die erste Argumentationslinie fokussiert auf die unmittelbaren emotionalen bzw. motivationalen Wirkungen der **Partizipation** an Entscheidungen. Es wird behauptet (und häufig gefunden), dass eine gelungene personale Partizipation zu hoher Arbeitszufriedenheit, guter Arbeitsmoral und Vertrauen gegenüber den Vorgesetzten führt. Weil im offenen Gespräch über gemeinsam zu verfolgende Ziele auch die Leistungs- und Erfolgserwartungen der Mitarbeiter geklärt werden können, nimmt deren Arbeitsmotivation zu. Als Folge werden die vom Vorgesetzen vorgeschlagenen Entscheidungen (Maßnahmen) auch eher akzeptiert (hohe Zielbindung) und umgesetzt (hohe Anstrengung und Ausdauer), was in vielen Situationen die Leistung fördern wird. Die zweite Argumentationslinie fokussiert hingegen auf die unmittelbaren kognitiven und konativen Wirkungen der Partizipation an Entscheidungen. Die personale Partizipation führt im Wesentlichen zu einer intelligenteren Nutzung humaner Ressourcen der Mitarbeiter (insbe-

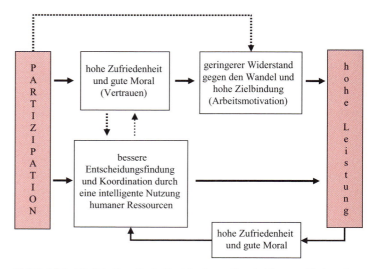

◘ **Abb. 11.2.** Mögliche Vorteile der Partizipation an Entscheidungen. (Mod. nach Wegge, 2004)

sondere ihr Wissen und ihre Fertigkeiten, ▶ Kap. 5, Winkler & Mandl), weil hiermit die Kommunikation und Koordination zwischen allen Beteiligten gefördert und das Verständnis der eigenen Arbeit (Rollenklarheit) erhöht wird (▶ Kap. 4, Streich & Brennholt). Aufgrund der besonders effizienten (intelligenten) Entscheidungen und Handlungspläne fällt die Arbeitsleistung besonders gut aus, was letztlich eine hohe Zufriedenheit und eine gute Arbeitsmoral nach sich zieht. Wie eine partizipative Führung bei Projektgruppenarbeit wirksam und konkret umgesetzt werden kann, wird in den folgenden Abschnitten (▶ Abschn. 11.3.3) genauer erörtert.

Partizipation und Wissen/Lernen

11.3 Ansatzpunkte für die Verbesserung des Führungsverhaltens in Projekten

11.3.1 Leistungsmanagement von Projektgruppen mit unklaren verhaltensbezogenen Zielen

Das in ▶ Abschn. 11.2.1 beschriebene Problem der mangelnden Zielklarheit bei Projektarbeit wirft die Frage auf, wie der Projektleiter die Gruppenmitglieder bei der Bewältigung dieses Problems wirksam unterstützen kann. Das von Hacker (2004, 2009) skizzierte hybride Vorgehen bei der **Zielentwicklung** und -konkretisierung liefert wertvolle Anregungen zur Beantwortung dieser Frage. Demnach sollte der Projektleiter die Mitarbeiter dazu anregen, hypothesengeleitet den möglichen Zielrahmen zu sondieren und schrittweise einzugrenzen bis hin zu konkreten Vorstellungen über Teilziele und deren Verknüpfung. Hierbei dürfte es von besonderer Bedeutung sein, die Gruppenmitglieder aus konventionellen Denk- und Wahrnehmungsmustern zu lösen und sie zu ermuntern, die Problemsituation aus verschiedenen, auch ungewohnten Perspektiven zu analysieren (▶ Kap. 14, Traut-Mattausch & Kerschreiter). Der Projektleiter sollte die Gruppenmitglieder anregen, Modelle zur Problemlösung zu entwickeln, diese vorausschauend auf Realisierbarkeit zu prüfen und ggf. auch zu verwerfen oder zu modifizieren (vgl. auch Hacker, 2004, 2005).

Zielrahmen eingrenzen

Darüber hinaus sollte er (falls verfügbar) Wissen und Informationen über Zielalternativen und **Veränderungsmöglichkeiten der Ausgangslage** zur Verfügung stellen. Insbesondere sollte der Projektleiter die Gruppenmitglieder dazu ermutigen, eigene Zielentwürfe vorzuschlagen und in einer offenen Atmosphäre zu diskutieren. Partizipationsmöglichkeiten der Mitarbeiter dürften gerade in dieser Phase der Zielentwicklung den Projekterfolg positiv beeinflussen. Schließlich sollte der Projektleiter einen breit getragenen Zielkonsens anstreben und, wenn erforderlich, Zuordnungen von Aufgaben und Teilzielen zu bestimmten Gruppenmitgliedern vornehmen.

Partizipative Zielkonkretisierung

Nach Durchlaufen dieses Zielfindungsprozesses kann der Projektleiter auf Grundlage der ausgearbeiteten Zielvorstellungen mit den Mitarbeitern bzw. der Gruppe spezifische und herausfordernde Ziele

Feedback an Mitarbeiter

vereinbaren und Rückmeldungen über Fortschritte auf dem Weg der Zielverfolgung zur Verfügung stellen. Bei den Zielvereinbarungen sollten auch die in ▶ Abschn. 11.2 einleitend beschriebenen Randbedingungen der Leistungswirkungen von Zielen beachtet werden.

> **Der Projektleiter sollte den Zielrahmen der Projektarbeit eingrenzen und gemeinsam mit der Projektgruppe schrittweise konkretisieren bis hin zur Zuordnung von Aufgaben und Teilzielen, auf deren Grundlage spezifische Ziele vereinbart und konkrete Leistungsrückmeldungen gegeben werden können.**

11.3.2 Zielvereinbarungen bei der Bearbeitung von komplexen Aufgaben unter hohem Zeitdruck

Gerade bei Projektgruppen, die zum Abschluss ihrer Projektarbeiten häufig einem großen Zeitdruck ausgesetzt sind und komplexe Aufgaben zu bearbeiten haben, dürfte es dem Projektleiter nicht immer möglich sein, den Mitarbeitern ausreichend große zeitliche Spielräume für die Entwicklung, Erprobung und Bewertung zielführender Bearbeitungsstrategien zu gewähren. Wie Befunde zur Zielsetzungstheorie erkennen lassen, sind derartige zeitliche Spielräume jedoch dringend notwendig, will man nicht Gefahr laufen, dass Ziele leistungsbeeinträchtigende Wirkungen entfalten. Da bei komplexen Aufgaben »viele Wege nach Rom« führen, sind hier insbesondere die aufgabenbezogenen Kompetenzen des Projektleiters gefragt, durch Hinweise auf effektive Bearbeitungsstrategien die Freiheitsgrade der Mitarbeiter möglichst von Beginn an auf zielführende Wege einzugrenzen.

Zeitspielräume

Häufig dürften dem Projektleiter allerdings diese Kompetenzen nicht in dem erforderlichen Ausmaß zur Verfügung stehen, sodass diese Option der Zeitdruckbewältigung nicht genutzt werden kann. In diesem Falle bietet es sich an, die Projektmitarbeiter aufgrund ihrer profunderen Kenntnisse der zu bewältigenden Teilaufgaben in besonderem Maße an den Zielvereinbarungen zu beteiligen, sodass im Rahmen der vereinbarten Ziele auch **Zeitspielräume** gewährt werden, die einerseits die Identifikation und Auswahl geeigneter Bearbeitungsstrategien ermöglichen und andererseits der Forderung nach rascher Abwicklung des Projektauftrags Rechnung tragen. Zeitspielräume für den am Standort C arbeitenden Konstrukteur im Fallbeispiel hätten viele der nachfolgend aufgetretenen Probleme verhindern können.

Lern- vs. Leistungsziele

Eine weitere Option bei der Bearbeitung komplexer Aufgaben unter Zeitdruck besteht darin, anstelle ausschließlich ergebnisorientierter Ziele mit den Projektmitarbeitern Lernziele zu vereinbaren. Einige neuere Untersuchungen weisen daraufhin, dass herausfordernde spezifische Lernziele (z. B. »X neue Strategien für die Bearbeitung von Aufgaben zu finden und zu erproben«) den üblicherweise vereinbarten Leistungszielen (z. B. »das Leistungsergebnis X in zwei Tagen zu erzielen«) überlegen sind (vgl. z. B. Nerdinger, 2004). Denkbar sind auch

Kombinationen von Lern- und Leistungszielen. Bei hoch komplexen, eher unbekannten Aufgaben, ist zu empfehlen, insbesondere am Anfang der Auseinandersetzung mit den Aufgaben Lernziele anzuregen und zu vereinbaren.

Die Forschung zu den Effekten des Zeitdrucks hat schließlich auch gezeigt, dass ein umgekehrt U-förmiger Zusammenhang zwischen Zeitdruck und Innovation bzw. Kreativität (▶ Kap. 13, Maier & Hülsheger) besteht (Gebert 2004, S. 234ff; Ohly, Sonnentag & Pluntke, 2006). Mit anderen Worten: Ein mildes Maß an Zeitdruck ist förderlich, während kein Zeitdruck oder zu viel Zeitdruck eher mit schlechteren Leistungen einhergeht. Wie Gebert (2004) erörtert, sind positive Effekte von Zeitdruck insbesondere dann zu erwarten, wenn:

Effekte von Zeitdruck

- Der Zeitdruck von den beteiligten Personen akzeptiert wird,
- von vornherein noch Spielraum für kreative »Atempausen« eingeplant wird
- und verhindert wird, dass Zeitdruck zu neuem Zeitdruck führt, indem man die Probleme zu enger Kopplungen von Arbeitsprozessen kontinuierlich reflektiert.

❗ Der Projektleiter sollte bemüht sein, bei der Bewältigung komplexer Projektaufgaben unter Zeidruck eine Balance zu halten zwischen der Forderung, den Mitarbeitern zeitliche Spielräume zur Erprobung zielführender Arbeitsstrategien zu gewähren, und der Notwendigkeit, die eng gesteckten Zeitfenster nicht zu gefährden. Anzustreben ist eine Optimierung (nicht einseitige Maximierung) von Zeit- und Gütekriterien (zu Lasten des jeweils anderen Kriteriums) bei der Projektarbeit.

Balance halten

11.3.3 Partizipative Führung zur Erhöhung der Zielbindung und zur bestmöglichen Nutzung der Fähigkeiten der Projektmitarbeiter

Ein kooperatives Führungsverhalten kann das Betriebsklima, die Gesundheit (das Wohlbefinden) der Mitarbeiter und auch deren Produktivität fördern (Wegge, 2004; Wegge & Schmidt, 2004). Die Frage, welche Auswirkungen die faire **Partizipation** der Mitarbeiter bei der Zielfindung bzw. -festlegung hat, insbesondere im Vergleich zu Bedingungen, in denen ein Vorgesetzter die anzustrebenden Ziele lediglich in ermunternder Art und Weise vorgibt, wurde in der Zielsetzungsforschung in der Vergangenheit allerdings recht kontrovers debattiert. Die Würfel sind hier nun aber endlich gefallen. In einer umfassenden Metaanalyse, die aus Daten von insgesamt 83 verschiedenen Stichproben beruht, haben Klein, Wesson, Hollenbeck und Alge (1999) verschiedene Variablen untersucht, die die Zielbindung fördern können. Die diesbezüglichen Befunde zeigen u. a., dass die Mitsprache bei der Zielfestlegung zu einer hohen Zielbindung führt ($r = .40$ auf Basis von 17 Stichproben mit 2007 Personen).

Partizipation und Zielbindung

Hiermit ist also endlich wissenschaftlich belegt, was zahlreiche Praktiker immer schon behauptet haben und was in manchen anderen Führungstheorien ohne weitere empirische Prüfung schlichtweg vorausgesetzt wird. Die Partizipation bei der Zielfestlegung fördert die Zielbindung und dies führt insbesondere bei schwierigen Zielen zu besonders guten Leistungen.

Wie Wegge, Bipp und Kleinbeck (2007) experimentell belegen konnten, ist die **partizipative Vereinbarung** von schwierigen Leistungszielen auch bei Nutzung von Videokonferenzen für die Kommunikation zwischen Vorgesetzten und Mitarbeitern eine sehr effiziente Führungstechnik. Weil moderne Kommunikationstechniken im Kontext von Projektarbeit weit verbreitet sind (vgl. auch das einleitende Fallbeispiel), ist dieser Befund nicht unwichtig.

Es sei hier aber auch auf den Umstand hingewiesen, dass es wichtige Ausnahmen von dieser Regel gibt, die u. a. darauf beruhen, dass partizipative Zielbildungsprozesse manche Gefahren implizieren, durchaus misslingen können, nicht von allen Menschen gleichermaßen geschätzt werden und sich bei bestimmten Aufgaben weniger lohnen (Wegge, 2004). Die neuere Partizipationsforschung hat zudem gefunden, dass eine erfolgreiche Nutzung personaler Partizipation in Organisationen an bestimmte **Vorbedingungen für partizipative Führung** geknüpft ist. Dies sind u. a.:

- Gegenseitiges Vertrauen der beteiligten Parteien,
- hohe soziale Kompetenzen der Vorgesetzten und Mitarbeiter,
- Vorhandensein (Austausch) von verlässlichem Wissen,
- Nutzung eines klugen Konfliktmanagements,
- starker Wunsch nach Partizipation auf beiden Seiten.

Der Projektleiter sollte sich daher bemühen, diese Bedingungen herzustellen. Mögliche Ansatzpunkte und Maßnahmen dafür sind:

- Gemeinsame Kooperationsregeln festlegen und respektvoller, gerechter Umgang untereinander,
- Nutzung von Kompetenzdatenbanken bei der Zusammenstellung des Teams,
- Betonung des Ziels, im Projekt gemeinsam voneinander lernen zu wollen,
- eine **»Offen-gesagt-Runde«** bei Projektmeetings anbieten,
- Auswahl von Projektmitarbeitern, die Partizipation schätzen.

Weil eine partizipative Vereinbarung der anzustrebenden Leitungsziele den Spielraum dafür liefert, dass die Projektmitarbeiter sich ihren Fähigkeiten angemessene Ziele setzen, spricht Vieles dafür, dass die Kombination von möglichst großer Macht des Projektleiters bei gleichzeitig partizipativer, fairer Führung bei Projektarbeit besonders effizient ist.

Die nachfolgende Checkliste gibt noch einmal einen Überblick über die zentralen Punkte dieses Kapitels.

> **Checkliste: Was sind die zentralen Punkte, auf die Sie achten sollten?**
> - Der Projektleiter braucht mehr Handlungsspielraum als die Projektmitarbeiter
> - Die beste Zusammensetzung des Projektteams ist eine wichtige Führungsaufgabe
> - Der Zielrahmen ist schrittweise einzugrenzen und zu konkretisieren
> - Bei komplexen Aufgaben sind Lernziele anzuregen und zu vereinbaren
> - Zielkonkretisierung und Zielkonsens durch Mitarbeiterpartizipation herstellen
> - Zeitspielräume für die Strategieentwicklung gewähren
> - Spezifische und herausfordernde Ziele vereinbaren
> - Informationen darüber sammeln, was für die Zielbindung der Akteure wichtig ist
> - Kontinuierlich Rückmeldungen über die Zielannäherung geben
> - Zwischengeschaltete Reflexionsphasen planen und realisieren
> - Mittelmäßiger Zeitdruck ist besser als geringer oder hoher Zeitdruck
> - Zeitdruck ist leistungsförderlich, wenn er akzeptiert wird
> - Zeit- und Gütekriterien der Leistung möglichst konfliktfrei optimieren
> - Partizipative Zielvereinbarungen fördern die Zielbindung

11.4 Literatur

Cohen, S. G. & Bailey, D. E. (1997). What makes teams work: Group effectiveness research from the shop floor to the executive site. *Journal of Management, 23*, 239–290.

Englich, B. & Fisch, R. (1999). *Projektgruppen in der öffentlichen Verwaltung. Aktuelle Verbreitung, Chancen, Modernisierungsaspekte. Speyerische Forschungsberichte Nr. 198.* Speyer: Forschungsinstitut für öffentliche Verwaltung.

Gebert, D. (2004). *Innovation durch Teamarbeit*. Stuttgart: Kohlhammer.

Gemünden, H. G. & Lechler, T. (1997). Schlüsselfaktoren des Projekterfolges. Eine Bestandsaufnahme der empirischen Forschungsergebnisse. In P. Knauth & A. Wollert (Hrsg.), *Praxishandbuch »Human Resource Management«. Neue Formen betrieblicher Arbeitsorganisation und Mitarbeiterführung* (S. 1–30). Köln: Deutscher Wirtschaftsdienst.

Hacker, W. (2004). Wie verfolgt man Ziele, die man noch nicht kennt? Ergebnisorientierte opportunistische Tätigkeitsregulation. In J. Wegge & K.-H. Schmidt (Hrsg.), *Förderung von Arbeitsmotivation und Gesundheit in Organisationen* (S. 27–38). Göttingen: Hogrefe.

Hacker, W. (2005). *Allgemeine Arbeitspsychologie*. Bern: Huber.

Hacker, W. (2009, im Druck). Psychische Regulation von Arbeitstätigkeiten. In U. Kleinbeck & K.-H. Schmidt (Hrsg.). *Enzyklopädie der Psychologie. Band D (III.) 1. Arbeitspsychologie*. Göttingen: Hogrefe.

Klein, H. J., Wesson, M. J., Hollenbeck, J. R. & Alge, B. J. (1999). Goal commitment and the goal setting process: Conceptual clarification and empirical synthesis. *Journal of Applied Psychology, 64*, 885–896.

Lechler, T. (1997). *Erfolgsfaktoren des Projektmanagements.* Frankfurt: Lang.

Lechler, T. & Gemünden, H. G. (1998). Kausalanalyse der Wirkungsstruktur der Erfolgsfaktoren des Projektmanagements. *Die Betriebswirtschaft, 38*, 435–450.

Locke, E. A. & Latham, G. P. (2002). Building a practically useful theory of goal setting and task motivation. *American Psychologist, 57*, 705–717.

Locke, E. A. & Latham, G. P. (2006). *New directions in goal setting theory.* Paper presented on the 26th ICAP in Athens, 2006.

Nerdinger, F. W. (2004). Ziele im persönlichen Verkauf. In J. Wegge & K.-H. Schmidt (Hrsg.), *Förderung von Arbeitsmotivation und Gesundheit in Organisationen* (S. 11–26). Göttingen: Hogrefe.

Ohly, S., Sonnentag, S. & Pluntke, F. (2006). Routinization, work charateristics and their relationship with creative and proactive behaviors. *Journal of Organizational Behavior, 27*, 257–279.

Schmidt, K.-H. & Kleinbeck, U. (2004). Leistung und Leistungsförderung. In H. Schuler (Hrsg.), *Enzyklopädie der Psychologie. Organisationspsychologie – Grundlagen und Personalpsychologie* (S. 891–945). Göttingen: Hogrefe.

Schmidt, K.-H. & Kleinbeck, U. (2006). *Führen mit Zielvereinbarung.* Göttingen: Hogrefe.

Wegge, J. (2003). Heterogenität und Homogenität in Gruppen als Chance und Risiko für die Gruppeneffektivität. In S. Stumpf & A. Thomas (Hrsg.), *Teamarbeit und Teamentwicklung* (S. 119–141). Göttingen: Hogrefe.

Wegge, J. (2004). *Führung von Arbeitsgruppen.* Göttingen: Hogrefe.

Wegge, J. & Rosenstiel, L. von. (2007). Führung. In H. Schuler (Hrsg.), *Lehrbuch Organisationspsychologie* (S. 475–512). Bern: Huber.

Wegge, J. & Schmidt, K.-H. (Hrsg.) (2004). *Förderung von Arbeitsmotivation und Gesundheit in Organisationen.* Göttingen: Hogrefe.

Wegge, J. & Schmidt, K.-H. (2007). Management von Arbeitsgruppen. In H. Schuler & K. Sonntag (Hrsg.), *Handbuch der Arbeits- und Organisationspsychologie* (S. 690–697). Göttingen: Hogrefe.

Wegge, J., Bipp, T. & Kleinbeck, U. (2007). Goal setting via videoconferencing. *European Journal of Work and Organizational Psychology, 16*, 169–194.

Wood, R. E., Mento, A. J. & Locke, E. A. (1987). Task complexity as a moderator of goal effects: A meta-analysis. *Journal of Applied Psychology, 72*, 416–425.

Zeutschel, U. & Stumpf, S. (2003). Projektgruppen. In S. Stumpf & A. Thomas (Hrsg.), *Teamarbeit und Teamentwicklung* (S. 431–445). Göttingen: Hogrefe.

12 Das Selbstmanagement des Projektleiters

Jürgen Kuhrts, Isabell Braumandl, Silke Weisweiler

12.1	Das Problem: Komplexität der Anforderungen und daraus resultierende Spannungsfelder	– 226
12.1.1	Anforderungen, Problem- und Spannungsfelder	– 227
12.1.2	Kritische Erfolgsfaktoren in Projekten	– 228
12.1.3	Was versteht man unter Selbstmanagement?	– 229
12.1.4	Was sind erfolgreiche Selbstmanagementstrategien?	– 231
12.1.5	Die Projektvorbereitung: Risikobehaftete Entscheidungen treffen	– 232
12.1.6	Die Projektdurchführung: Komplexe Anforderungen meistern	– 233
12.2	Hintergrund und Relevanz aus psychologischer Sicht: Wichtige Aspekte zur erfolgreichen Steuerung des Selbstmanagements	– 236
12.2.1	Die persönliche Projektvorbereitung: Von der Entscheidung zur Handlung	– 236
12.2.2	Die Projektdurchführung: Vom Reagieren zum Agieren	– 238
12.3	Ansatzpunkte für Verbesserungen: Die Lehren aus dem Praxisbeispiel und der Forschung für den Projektalltag	– 239
12.3.1	Die Projektvorbereitung	– 239
12.3.2	Die Projektdurchführung	– 242
12.4	Literatur	– 243

Projektleiter zu sein, ist für viele ein besonderer Karriereanreiz mit außergewöhnlichen Entwicklungschancen. Doch gleichzeitig mit diesen neuen Chancen zeigen sich besondere und sehr komplexe Spannungs- und Anforderungsfelder, die es zu meistern gilt. Ein ganzheitliches Selbstmanagement ist für eine erfolgreiche Projektumsetzung deshalb genauso wichtig wie das fachlich-inhaltliche Management eines Projektes.

12.1 Das Problem: Komplexität der Anforderungen und daraus resultierende Spannungsfelder

Projektleiter sind, abhängig von der Größe und dem Umfang des übertragenen Projektes, mit Anforderungen konfrontiert, die Selbstmanagementkompetenzen mehr denn je erforderlich machen.

Am Beispiel eines Projektleiters, der mit einem umfangreichen und komplexen Anlagenbauprojekt beauftragt ist, werden wichtige Anforderungen und Ansatzpunkte für ein erfolgreiches Selbstmanagement dargestellt.

Projektleitungsangebot

Herr J. ist Diplom-Ingenieur, 52 Jahre alt und bereits seit 28 Jahren in einer Firma beschäftigt, die Ausrüstungen und Anlagen für den schienengebundenen Verkehr herstellt. Vor einem halben Jahr erfolgte die Übernahme der Firma durch ein größeres Unternehmen. Die gesamte Führungsebene seiner »alten« Firma wurde durch meist jüngere Kollegen ersetzt. Im Rahmen dieser Übernahme haben sich viele der gleichaltrigen Kollegen für eine Abfindungszahlung und eine vorzeitige Verabschiedung in den Altersruhestand entschieden. Herr J. wollte dies nicht, er konnte sich ein Leben ohne Arbeit und Führungsaufgaben überhaupt nicht vorstellen. So bleibt er als einziger aus der »alten« Truppe im Unternehmen. Er kennt die meisten Bereiche aus seinen vielen verschiedenen Tätigkeiten und hat über Jahre, insbesondere über seine Vertriebstätigkeit, entsprechende persönliche Beziehungen zu den Kollegen und Kunden aufgebaut. Im Rahmen seiner letzten Tätigkeit hat er Projekte für die Firma akquiriert und davon erfahren, dass für eines dieser Projekte ein Projektleiter gesucht wird. Er wird von seiner Führungskraft angesprochen, ob er sich die Leitung dieses Projektes vorstellen könne und soll kurzfristig seine Entscheidung mitteilen.

Herr J. ist gleichermaßen erfreut und erstaunt über dieses Angebot und findet es vom ersten Augenblick an sehr reizvoll. Das ist doch seine große Chance, noch einmal einen weiteren Karriere-

> schritt zu gehen, der neben neuen beruflichen Herausforderungen auch finanziell neue Wege eröffnet. Außerdem schmeichelt es ihm, dass für dieses große Projekt gerade er angesprochen wird.
> Jetzt muss er erst einmal in Ruhe überlegen, ob er das auch fachlich stemmen kann. Dazu braucht er Informationen, sucht sich einschlägige Firmenunterlagen zu anderen Projekten, liest Fachliteratur, um zu erfahren, was man als Projektleiter eigentlich alles wissen und tun muss. Er sucht Gespräche mit aktuell tätigen Projektleitern und überprüft sein bestehendes Netzwerk mit der Frage: »Wer kann mir beim Projekt helfen?« Aus den Gesprächen mit erfahrenen Projektleitern fertigt er sich eine Liste mit Fragen an, die ihm helfen sollen, die Situation besser einzuschätzen: »Was bringe ich mit, was spricht dafür, die Projektleitung zu übernehmen?« Dazu macht er sich zunächst Stichpunkte und sucht dann das Gespräch mit seiner Frau, die ihm immer ein sehr fairer, aber auch kritischer Partner ist. Außerdem plant er Gespräche mit Projektleiterkollegen, zu denen er ein sehr freundschaftliches Verhältnis hat und die seine Fähigkeiten auch einschätzen können. Danach entscheidet sich Herr J. und beschließt, die Projektleitung zu übernehmen.

Entscheidungsunterstützung

12.1.1 Anforderungen, Problem- und Spannungsfelder

Projektleitung ist Führung im operativen Geschäft. So haben Projektleiter **komplexe Situationen** unter **Zeit- und Kostendruck** mit hohen Anforderungen an die eigene Flexibilität und Anpassungsbereitschaft erfolgreich zu bewältigen, die meist bei Projektauftrag nicht genau abzuschätzen sind.

Kastner und Wolf (2005) beschreiben Phänomene der heutigen virtualisierten Arbeitswelt, die typische Problem- und Spannungsfelder darstellen, wie in nachfolgender Übersicht dargestellt.

Typische Problem- und Spannungsfelder

> **Drei Phänomene der virtualisierten Arbeitswelt (nach Kastner & Wolf, 2005)**
> 1. **Subjektivierung und Eigenverantwortlichkeit:**
>   – Anforderung durch die Arbeit, sich als Person mit dem individuellen Kompetenzportfolio einzubringen und persönliche Erwartungen an die Arbeit bzgl. der Erfüllung individueller Ziele und Bedürfnisse
> 2. **Vernetzung und Interdependenzen:**
>   – Eigenverantwortliche Arbeitsgestaltung, Flexibilität, zu synchronisierende Arbeits- und Anwesenheitserfordernisse von
> ▼

> und in Projekten in den unterschiedlichen Arbeitsphasen bei gleichzeitiger Fremdbestimmung durch Kundenerwartungen und Verfügbarkeitsansprüche der Projektpartner
> – Unbedingtes Erfordernis einer adäquaten Kommunikation
> 3. **Zeitsouveränität und Zielvorgaben:**
> – Organisationale Strukturen gewährleisten keine klare Trennung von Arbeits- und Freizeit
> – Zeitliche Vorgaben leiten sich direkt aus Zielvorgaben, Übergabezeitpunkten, Meilensteinen ab
> – Gleichzeitig liegt die Verantwortung für die alters- und ressourcenangemessene Einteilung des Arbeitsvolumens bei den betroffenen Personen selbst
> – Die Kalkulation des Arbeits- und Zeitaufwandes macht einen reflektierten Umgang mit Zeitressourcen und Pufferzeiten notwendig

Bewertung der Ergebnisse

Wenn Projekterfolge ausbleiben, wird dies nicht selten als Nachweis dafür angesehen, dass der Projektleiter für die ihm übertragene Aufgabe ungeeignet ist. In der Praxis hat dies in der Regel die sofortige Ablösung als Projektleiter zur Folge. Bei der Bewertung der Ergebnisse spielen insbesondere Größe und Schwierigkeitsgrad, Realisierungszeitraum, Qualitätserfordernisse und Serviceleistungen sowie Schnittstellenprobleme eine wichtige Rolle.

> **❗ Der Projektleiter ist Manager auf Zeit mit allen Konsequenzen. Er ist der Meister des lösungsorientierten Reagierens auf Veränderungen.**

12.1.2 Kritische Erfolgsfaktoren in Projekten

Erfolgsfaktoren

Ayas (1996) spricht von insgesamt 5 Erfolgsfaktoren, die für ein Projekt kritisch sind: dem **Führungsstil**, der **Teamentwicklung**, der **Auslagerung von spezifischen Projektteilen** bei Partnerfirmen, dem **Personalmanagement** und der **Unterstützung durch das Management** (▶ Kap. 2, Schneider & Wastian). Projektleiter sind ihrer Funktion entsprechend bei allen diesen Faktoren in gewissem Umfang beteiligt. Die im Alltag dabei auftretenden Probleme können durch ein entsprechendes Verhalten (z. B. einen der Situation angepassten Führungsstil) kompetent gelöst werden (▶ Kap. 11, Wegge & Schmidt). Gerade diese Fähigkeiten betreffen das Selbstmanagementverhalten eines Projektleiters. Dazu ergänzend konnten Chen und Lee (2007) zeigen, dass das Führungsverhalten eines Projektleiters einen nachhaltigen Einfluss auf die Leistungsevaluation hat. Als die wichtigsten Führungsverhaltensweisen stellten sich die Fähigkeit, Entscheidungen zu treffen sowie die Informationssuche und -weitergabe (▶ Kap. 3, Brodbeck & Guillaume) heraus. Basierend auf einer Analyse kritischer Zwischenfälle, die in der Vergangenheit vorkamen, zeigte sich auch bei Kaulio (2008), dass für Projektleiter die Führung von Mitarbeitern eines der wichtigsten Themenfelder ist.

Die erste Projektleitung wird oft als »**Meisterprüfung« für künftige Linienführungsaufgaben** bezeichnet, da in Projekten meist erstmals über die Linie hinaus kooperiert und geführt werden muss. Für viele Projektleiter hat die berufliche Rolle die absolute Priorität. Das wirkt sich oft negativ auf Freizeitfonds, Partnerschaft und Familienleben sowie Beziehungen zu Freunden aus, denn gleichzeitig sollen berufliche und private Bereiche in Übereinstimmung gebracht werden. In einer Studie zur beruflichen und privaten Lebensgestaltung von Frauen und Männern in hochqualifizierten Berufen (Hoff, Grote, Dettmer, Hohner & Olos, 2005) wurde die Priorität des Berufs für Männer auf der Ebene des alltäglichen und biografisch bedeutsamen Handelns bestätigt. Bei Frauen wurden im Gegensatz dazu häufiger Konflikte festgestellt. Während Männer in ihrer Lebensgestaltung eine klare Einteilung in berufliche und private/familiäre Ziele vornehmen, ist die Lebensgestaltung der Frauen auf Integration und damit auf Konfliktbewältigung im Sinne einer permanenten Balance der o. g. Ziele und Handlungen ausgerichtet.

Priorität der beruflichen Rolle bei Projektleitern

Permanente Balance bei Frauen

12.1.3 Was versteht man unter Selbstmanagement?

Sieben-Phasen-Modell und Selbstmanagementtherapie

Die ersten Selbstmanagementansätze stammen aus dem klinischen Kontext. Kanfer, Reinecker und Schmelzer (1996) haben ein 7-Phasen-Modell und eine Selbstmanagementtherapie entwickelt. Hintergrund ist die Annahme, dass Menschen nach Selbstbestimmung, -verantwortung und aktiver Selbststeuerung des Lebens suchen. Ziel ist die erfolgreiche Problembewältigung und Verbesserung der Lebenssituation im Rahmen von Veränderungsprozessen sowie Unterstützung der Suche nach Orientierung (Bedürfnisse klären, Entscheidungskonflikte lösen und »sinnvolles« Leben führen). Im Rahmen des jeweils individuell abgestimmten dynamischen Therapieprozesses werden positive Effekte beim Ausbau von Selbstmanagementfertigkeiten wie z. B. Selbstbeobachtung, -instruktion, Zielklärung und -setzung, Selbstverstärkung und -kontrolle erreicht.

Ursprung von Selbstmanagementansätzen im klinischen Bereich

Selbstwirksamkeit oder Kompetenzerwartung

Diese Sichtweise ist eng verbunden mit der sozial-kognitiven Lerntheorie nach Bandura (1986). Er prägte den Begriff Selbstwirksamkeit oder auch Kompetenzerwartung. Damit ist das Vertrauen in die eigenen Fähigkeiten, die Zuversicht in die eigene aufgabenbezogene Leistungsfähigkeit einer Person gemeint.

Selbstwirksamkeit

Selbstmanagement, -führung und -entwicklung

Müller (2003) geht davon aus, dass Menschen in der Lage sind, Einfluss auf ihr Denken, Fühlen, Wollen und Handeln zu nehmen. Er beschreibt den Zusammenhang und die Unterscheidungsmerkmale von 3 verwandten psychologischen Konzepten, die im Alltag oft synonym verwendet werden, obwohl sie unterschiedliche Zeitperspektiven und Inhalte ansprechen: Selbstmanagement, Selbstführung und Selbstentwicklung.

Berufliches Selbstmanagement. Er definiert im Kontext mit Überlegungen zur Selbstverwirklichung im Arbeitsleben berufliches Selbstmanagement als Summe von Aktivitäten, mit denen es Personen über die Bewältigung von Arbeitsanforderungen hinaus gelingt, auch tätigkeitsrelevante psychische Prozesse bewusster zu steuern. Berufliches Selbstmanagement ist dabei fokussiert auf eigenständiges Denken und Handeln im Rahmen vorgegebener Aufgaben, Tätigkeitsinhalte oder Leistungsziele.

Eigenständiges Denken und Handeln

Selbstführung. Kommen dazu noch die eigenständige Bestimmung von Zielen, die Personen bei der Arbeit erreichen wollen, so definiert er das als Selbstführung.

Eigenständige Bestimmung von Zielen

Selbstentwicklung. Werden zusätzlich auch individuelle Bestrebungen, die auf Tätigkeitsfeder jenseits aktueller beruflicher Gegebenheiten gerichtet sind, einbezogen, so bezeichnet er dies als Selbstentwicklung.

Individuelle Bestrebungen

Nach seiner Meinung können mit effektivem Selbstmanagement kurzfristig persönlich befriedigende Resultate erreicht werden. Effektive Selbstführung würde zudem auch mittel- und längerfristige berufliche Perspektiven eröffnen. Durch Selbstentwicklung können Personen ihr Arbeitsleben authentischer und mit sich zufriedener gestalten. Dies beschreibt er als einen lebenslangen Prozess, welcher zu einer Bereicherung der beruflichen und privaten Identität führt.

Selbstmanagement als Einklang von Zielen und Motiven
Kehr (2002) bezeichnet Selbstmanagement als Fähigkeit, Ziele, Möglichkeiten und Motivation in Einklang zu bringen und den Willen aufzubringen, danach auch zu handeln. Er sieht den Grund für nicht umsetzbare Vorsätze darin, dass es zwischen den expliziten Zielen (Kopf) und den impliziten Motiven (Bauch) Differenzen gibt, die als Handlungskonflikte erlebt werden. Idealzustand ist demnach, wenn beide übereinstimmen oder zumindest in einer Schnittmenge identisch sind, weil dann intrinsische Motivation erlebt wird und Ziele ohne oder mit nur kleiner Willensanstrengung verfolgt werden. Die den Überlegungen zugrunde liegenden Motive in der Person sind Anschlussmotive (»dazu gehören wollen«), Machtmotive (»Einfluss haben wollen«) und Leistungsmotive (»es gut machen zu wollen«). Diese sind evolutionär fundiert und werden durch langjährige Erziehungsprozesse (Sozialisation) gebildet und sind nützliche »Überlebensstrategien«. Ihre Veränderung ist deshalb schwierig. In Entscheidungssituationen ist es demnach zweckmäßiger, bei erlebten Handlungskonflikten die Ziele zu überprüfen und den Motiven anzupassen, als umgekehrt.

Idealzustand bei Übereinstimmen von Kopf und Bauch

12.1 · Das Problem: Komplexität der Anforderungen

> **!** Unangenehme Gefühle weisen auf Diskrepanzen zwischen Zielen und Motiven hin, weshalb ihrer Reflexion entsprechend Aufmerksamkeit eingeräumt werden sollte.

Selbstmanagement als Verhaltensbeeinflussung

König und Kleinmann (2006) beschreiben Selbstmanagement als zielgerichtete Beeinflussung des eigenen Verhaltens. Durch spezielle Selbstmanagementtrainings werden Personen befähigt, zielführende Handlungsweisen zu identifizieren, zu praktizieren und stabil beizubehalten. Damit können z. B. persönliche Fehlzeiten reduziert, individuelle Verkaufszahlen gesteigert und das individuelle Zeitmanagement verbessert werden.

Zielgerechte Beeinflussung des eigenen Verhaltens

12.1.4 Was sind erfolgreiche Selbstmanagementstrategien?

Braun, Adjej und Münch (2003) untersuchten **Selbstmanagementstrategien** und ihren Einfluss auf die Lebenszufriedenheit. Sie konnten in ihren Studien folgende 11 Selbstmanagementstrategien erfassen und einen positiven Zusammenhang mit der **Lebenszufriedenheit** nachweisen (◘ Tab. 12.1). Die Strategien nutzen sie zur Diagnose und für

◘ Tab. 12.1. 11 Selbstmanagementstrategien nach Braun et al. (2003)

Selbstmanagementstrategien	Kurzbeschreibung
1. Zielmanagement/Zielklarheit	Personen, die Ziele haben, systematisch formulieren sowie deren Erreichung überprüfen, setzen diese auch eher erfolgreich um, als solche, die keine Ziele festlegen
2. Intentionsmanagement	Personen, die Vorsätze bilden (was wann ausgeführt werden soll), setzen ihre Zielintentionen häufiger um als solche, die nur das Ziel festlegen, aber nicht den Zeitpunkt konkretisieren
3. Zeitmanagement	Die im Berufsleben anstehenden Termine und Aufgaben möglichst optimal planen, koordinieren und umsetzen können und im privaten Bereich über Zeit verfügen zu können
4. Optimismus	Aktive Regulierung eigener Emotionen, anstatt sie hinzunehmen, Glaube daran, dass durch eigene Fähigkeiten, Ressourcen und Handlungen positiver Einfluss auf die Ergebnisse des Handelns zu nehmen ist
5. Finanzmanagement	Überblick über die eigene finanzielle Lage und Auskommen mit dem eigenen Geld
6. Gesundheitsmanagement	Förderlicher Umgang mit der eigenen Gesundheit (Sport, Ernährung etc.)
7. Beziehungsmanagement/ Networking	Gezielter und bewusster Aufbau von Beziehungen zum gegenseitigen Nutzen
8. Unterstützungsmanagement	Inanspruchnahme von Hilfe und Unterstützung im Arbeitsleben durch Coaching und Mentoring
9. Wissensmanagement	Bereitschaft, Neues zu lernen und Fähigkeit, Wissen zu nutzen
10. Stressmanagement	Erfolgreiche Bewältigung von Belastungen, Problemen, Schwierigkeiten
11. Konfliktmanagement	Lösungsorientierter Umgang mit Konflikten

gezielte Interventionen zum Ausbau persönlicher Selbstmanagementstrategien. Einige Ausgewählte davon werden in diesem Kapitel betrachtet.

12.1.5 Die Projektvorbereitung: Risikobehaftete Entscheidungen treffen

Wenn der »potenzielle« Projektleiter das Angebot von seiner Firma bekommt, ein Projekt zu übernehmen, muss er innerhalb einer Frist dazu eine Entscheidung treffen, obwohl ihm oft wichtige inhaltliche Informationen und Erfahrungen fehlen. Insofern ist die Entscheidung für den Projektleiter, die Firma und den Kunden risikobehaftet.

Grundsatzentscheidung

Bei einer solchen Grundsatzentscheidung werden meist berufliche Karriereziele kurz-, mittel- und langfristig bedacht. Der Projektleiter fragt sich nach dem Sinn der eigenen Arbeit, nach Werten, die im persönlichen Leben eine Rolle spielen, und wie er diese mit der Projektzeit in Einklang bringen kann. Lehnt er ein solches Angebot ab, entscheidet er sich unter Umständen gegen eine mögliche Führungslaufbahn im Betrieb. Mit der Entscheidung nimmt er (vielleicht sogar erstmals offiziell) Stellung zu seinen beruflichen Karrierezielen.

Was ist die größte Angst dabei?

Größte Angst

Die Angst zu versagen, als Projektleiter abgesetzt und durch einen neuen ersetzt zu werden, beschreiben Projektleiter als die größte Befürchtung. Da die Absetzung intern von der eigenen Firma kommen, aber auch extern vom Kunden gefordert werden kann, werden negative Folgen für den weiteren Karriereweg vermutet, welche die Angst zu versagen, verstärken. Erfahrene Projektleiter profitieren in dieser Phase vom bis dahin erworbenen Wissen aus anderen Projekten und darüber, wie sie ggf. an wichtige Informationen zur Unterstützung ihrer Entscheidung herankommen können.

Was ist der größte Anreiz dabei?

Größter Anreiz

Mit der Projektleitung geht nicht selten eine »Sonderstellung« in der Firma einher. Ein Projektleiter erlebt einen aufgewerteten Status gegenüber anderen Kollegen, z. B. durch die Teilnahme an Dienstbesprechungen auf oberer Ebene. Damit verbunden sind der Zugang zu strategisch wichtigen Informationen, ein hoher Vertrauensvorschuss und neue Entscheidungs- und Machtbefugnisse. Die Firma gewährt ihm beispielsweise einen Dienstwagen, flexible Arbeitszeitgestaltung und außertarifliche Bezahlung. Auch wird die offizielle Ernennung in der Firma und gegenüber den Kunden von Projektleitern als persönliche Aufwertung erlebt.

12.1.6 Die Projektdurchführung: Komplexe Anforderungen meistern

Die Hauptfrage für viele Projektleiter in der Durchführungsphase lautet: Wie manage ich die Anforderungen im Spannungsfeld des »magischen Dreiecks« von Kosten-, Zeit- und Zielerfolgsdruck? Im nachfolgenden Beispiel soll das verdeutlicht werden.

> Herr J. wird zum Projektleiter ernannt. Mit seinem Auftrag ist er formal »Unternehmer auf Zeit« mit allen Möglichkeiten und Konsequenzen für die Projektrealisierung. Er weiß aus bisherigen Gesprächen und Informationen, dass auf ihn hohe Anforderungen zukommen. Seine Ratgeber nannten speziell die Kostendisziplin, Umsatzoptimierung bzw. -maximierung, Unberechenbarkeitsmomente, Risiko-, Änderungs-, Schnittstellen-, Qualitäts- und Claimmanagement. Auch den Spagat zwischen dienstlichem und privatem Zeitfonds erwähnten sie.
>
> Gedanklich hat sich Herr J. auf alles eingestellt, aber es fällt ihm schwer sich vorzustellen, was das im konkreten Fall heißt. Doch diese Erfahrung macht Herr J. kurz nach Projektstart sehr schnell. Er hat das Gefühl, er muss jederzeit rund um die Uhr und ortsunabhängig für alle mit dem Projekt befassten Geschäftspartner, für alle das Projekt betreffenden Fragen, Probleme, Störungen, Ereignisse erreichbar und ansprechbar sein. Und davon gibt es mehr als genug. Er versucht, über eine möglichst realistische Risikoanalyse, die er fortlaufend aktualisiert, sich abzeichnende Risiken zu vermeiden bzw. schnellstens auszuschalten (▶ Kap. 15, Salewski & von Rosenstiel). Dass so viel parallel und unter extremem Zeitdruck zu organisieren ist, hat er sich anfangs nicht gedacht. Nun hat er ständig das Gefühl, er muss stündlich mit einer neuen Information rechnen, welche sofortiges Handeln verlangt.
>
> Er wird das Gefühl nicht mehr los, sich zerreißen zu müssen. Obwohl es zeitliche Pläne gibt, scheint sich alles parallel zu ereignen. Wenn er abends um 20 Uhr oder später nach Hause kommt, kann er sich kaum auf die Gespräche mit seiner Frau konzentrieren. Am liebsten würde er sich zurückziehen und einfach seine Ruhe haben. Da ist noch soviel für den nächsten Tag zu überlegen, wie soll er das nur schaffen? Ein Abschalten nach der Arbeit gibt es nicht mehr. Doch so geht das nicht. Herr J. muss eine Lösung finden. Das haben die anderen Projektleiter ja auch geschafft, also warum nicht auch er? Er will versuchen, gegenüber dem Kunden und im Unternehmen wieder in eine aktive Rolle zu gelangen, wieder selbst zum Steuerer des Projektes zu werden. Er überlegt, was er tun kann und wo er am besten ansetzt, damit das »Chaos« wieder beherrschbar wird. Er muss sich Prioritäten setzen und Aufwand/Nutzen pro Problem abwägen.
> ▼

Diskrepanz zwischen Erwartungen und Realität

Prioritäten setzen als Lösungsansatz

Grenzen durch Strukturen

Ständiges Projektcontrolling

Kritische Störgrößen in Projekten

> Zuerst will er den Informationsfluss und die Kommunikation mit dem Kunden zu fixen Terminen verabreden. Auftretende Störgrößen können sonst das Vertrauensverhältnis negativ beeinflussen. Und von diesen »Störenfrieden« gibt es jede Menge: verspätete Unterlagenübergabe, negative Prüfbescheide, fehlende Baufreiheiten, schlechte Witterungsbedingungen, vom Kunden gewünschte Erweiterungen, Lieferschwierigkeiten, Anpassungsentwicklungen für aufgetretene Schnittstellen, Qualitätsprobleme. Damit steht also die oberste Priorität. Alles andere will er sich danach ansehen.
>
> Herr J. will das gegenseitige Vertrauen stärken und die Verlässlichkeit seiner getroffenen Aussagen unter Beweis stellen. Täglich ist er in diesem Zusammenhang auch mit den Grenzen seiner eigenen Firma konfrontiert. Die Linienorganisation der Firma erfüllt nicht die Anforderungen einer Projektorganisation. Der Kunde wünscht sich für sein Projekt nur einen Ansprechpartner, und das ist Herr J. Die Idee, eine so verantwortungsvolle Position an Mitarbeiter oder Kollegen zu delegieren, schließt sich für ihn automatisch aus. Im Zweifelsfall muss er für Fehler seiner Mitarbeiter geradestehen. Da ist es schon besser, gleich die wichtigsten Sachen selbst zu machen. Doch damit muss er zusätzliche Zeit für die Abstimmung mit den internen Abteilungen und zuständigen Strukturen einplanen.
>
> Wegen veränderter Marktverhältnisse und neuer strategischer Zielsetzungen der Firma (»time to market«) wird Herr J. in seinem Projekt auch im Controlling gefordert. In solchen Situationen ändert sich der kritische Weg. Schwerpunkte der fortlaufenden Projektleiterkontrolle sind im Rahmen von Reviews die kritische Überprüfung der firmeninternen und externen Meilensteine (»milestones«), der Risiken sowie der Vertragskonformität. Herr J. unterbreitet dem Kunden geeignete Lösungsvorschläge zur Problembeseitigung. Er will den Projekterfolg, d. h. er muss Lösungen schaffen. Wenn ihm das gelingt, hat er die Achtung, Anerkennung und Wertschätzung der Kunden und der Kollegen in der Firma sicher. Deshalb sichert Herr J. die Protokollierung und Kontrolle der Festlegungen speziell zum Vertragsstand, dem Projekt- und Bauablauf persönlich ab. Die Dokumentierung des Projektstandes, -fortschritts und diverse Berichterstattungen sind zwingende Projektleiteraufgaben, deren Erfüllung er ebenfalls persönlich vornimmt, was er in seiner Zeit- und Prioritätenplanung auch berücksichtigen muss.

Als größte Anforderung beschreiben Projektleiter die »unbekannten Störgrößen«. Nach Kaulio (2008) sind dies **technische Probleme**, **persönliche Konflikte** zwischen Projektleitern und Projektgruppenmitgliedern sowie die **Beziehung zu Beratern**. Technische Probleme

12.1 · Das Problem: Komplexität der Anforderungen

sollten deshalb unbedingt Bestandteil einer Risikoanalyse werden. Doch die Frage ist, wie persönliche Konflikte »eingegrenzt« werden können. Diese können nur durch den Projektleiter möglichst schnell erkannt und durch eine entsprechende Kommunikation und Führung ausgeschaltet werden (▶ Kap. 4, Streich & Brennholt; ▶ Kap. 9, Kauffeld, Grote & Lehmann-Willenbrock). Erfahrene Projektleiter berichten davon, dass man von dem »Anforderungssumpf« immer erst dann erfährt, wenn man schon »drinnen steckt«. Dabei gehen solche Störungs- und Problemsituationen oft einher mit einem Gefühl von **Kontrollverlust** und zwingen den Projektleiter dazu, schnell zu reagieren. Leistungsorientierte Projektleiter beschreiben ihre Gedanken und Gefühle dazu als »Herausforderung mit Anspannung«, wie die Problemlösung gelingen wird. Typisch scheint auch ein fortwährendes Gefühl einer »Hab-Acht-Stellung« zu sein, weil Probleme und Veränderungen immer und überall »lauern« können. Diese ununterbrochene körperliche und gedankliche Anspannung führt zu einer generellen Fokussierung aller Sinne auf das Projekt.

Die Folgen sind ein »**Nicht-Abschalten-Können**« und ein »Kein-Arbeitsende-Finden-Können«, besonders mit zeitlich fortschreitendem Projektverlauf. Als Strategie, dem zu entgehen, überprüfen viele Projektleiter fortlaufend mögliche Risiken, um sich »vorher« mehr Informationen suchen und diese detaillierter, zeitnah und ganz gezielt an die jeweils zuständige strategische Führungskraft weitergeben zu können. Damit soll sichergestellt werden, dass im »schlimmsten« Fall niemals der Vorwurf an den Projektleiter kommt: »Ja, hätten Sie mich vorher über die Probleme informiert, dann hätte ich helfen können. Jetzt ist es zu spät und der Schaden viel größer!«. Folge dieser **Anspannungsspirale** wiederum ist, dass ein Projekt dann zur Priorität Nr. 1 in allen Lebensbereichen wird.

»Nicht-Abschalten-Können«

Was ist die größte Angst dabei?

Immer wieder beschreiben Projektleiter in Beratungsprozessen eine grundsätzliche Befürchtung, dem komplexen Anforderungsspektrum und den hohen Erwartungen nicht vollständig gerecht werden zu können. Dem folgt die **Versagensangst** vor einer komplexen Gesamtentwertung ihrer Person. Nicht die Einzelfehler werden ihm zur Last gelegt, sondern ggf. der **Gesamtprojektmisserfolg**. Damit ist er als Führungskraft disqualifiziert. Doch demgegenüber steht ein großer positiver Anreiz.

Größte Angst

Was ist der größte Anreiz dabei?

Ein Projektleiter erlebt das eigene Kompetenzwachstum durch die messbaren Erfolge sowie die direkt und zeitnah an die Etappen und Teilziele gebundene **Anerkennung**. Auch in der Zusammenarbeit mit Partnern und Kunden erhält ein Projektleiter direkt Anerkennung. Er wird nicht selten von Kunden und externen Projektpartnern dankbar als »verlängerter Arm des Kunden oder Projektpartners« in die Firma hinein und vor Ort erlebt. Bei Veränderungen hat der Projektleiter

Größter Anreiz

außerdem besonderen Einfluss auf wichtige Zielgrößen, z. B. die Ausweitung des Auftragvolumens durch Zusatzaufträge. Dies ist ein bewährter Weg, um Projekte lukrativ gestalten zu können. Er kann somit durch seine Beratungsleistungen gegenüber den Kunden sowie intern in der eigenen Firma auf alle Vertragsseiten Einfluss nehmen und letztlich Cross-Selling-Ansätze realisieren, die für den **finanziellen Erfolg seines Projektes** entscheidend sind.

Einfluss auf wichtige Projektzielgrößen

12.2 Hintergrund und Relevanz aus psychologischer Sicht: Wichtige Aspekte zur erfolgreichen Steuerung des Selbstmanagements

12.2.1 Die persönliche Projektvorbereitung: Von der Entscheidung zur Handlung

Wenn Entscheidungen zu treffen sind, spielen **Informationen** eine besonders wichtige Rolle (▶ Kap. 3, Brodbeck & Guillaume). Sie geben Sicherheit und Orientierung. Gerade bei der Entscheidung, ob die Leitung eines Projektes angenommen werden soll und was zu planen ist, gibt es hilfreiche psychologische Modelle, die den **Entscheidungsprozess** unterstützen und erleichtern. Aus der psychologischen Forschung zu Zusammenhängen zwischen dem komplexen Problemlösen und der Persönlichkeit (Hussy, 1984) ist bekannt, welche Faktoren eine Rolle für das Lösen von komplexen Problemsituationen spielen.

Erfolgsfaktoren beim Lösen von komplexen Problemsituationen

Bezogen auf die Erreichung von Zielen in IT-Projekten sind laut einer Studie von Lee-Kelley und Loong (2003) vor allem die Zeit und Qualität kritisch. Zusätzlich zeigt sich, dass Projektleiter ein Projekt umso erfolgreicher durchführen, je mehr **Selbstvertrauen** sie in das eigene Wissen und in die eigene Erfahrung im Projektmanagement haben.

> ❗ Selbstvertrauen in die eigenen Fähigkeiten und Fertigkeiten sowie die Freude an der Herausforderung und Hoffnung auf Erfolg spielen eine entscheidende Rolle für das erfolgreiche Lösen von komplexen Problemsituationen.

In einer weiteren Studie im IT-Bereich wurden Entwicklungsprozesse von Softwareprogrammen genauer unter die Lupe genommen (Morgenstern, Raz & Dvir, 2007). Je besser der Entwicklungs- und Managementprozess vorher geplant wurde, desto weniger Fehler traten im Laufe des Entwicklungsprozesses auf. Daher ist es sinnvoll, dass der Projektleiter zu Beginn eines Projektes eine genaue Abschätzung von Dauer und Arbeitsaufwand abgibt und so mehr Zeit in eine **detaillierte Planung und Auswahl** verwendet.

Von der Entscheidung zur Handlung

Doch wie kommt es vom Abwägen »Soll ich die Projektleitung übernehmen oder nicht?« zum Handeln »Ja, ich übernehme sie und beginne meine Projektleitertätigkeit!«?

12.2 · Hintergrund und Relevanz aus psychologischer Sicht

Heckhausen und Heckhausen (2006) haben dazu ein **Handlungsmodell** entwickelt, welches diesen Prozess nachvollziehbar macht. Zunächst werden verschiedene Möglichkeiten des späteren Handelns gedanklich durchgespielt. Vor- und Nachteile der jeweiligen Handlungsalternativen werden ermittelt und bewertet. In diesem Abschnitt werden Informationen gesucht, möglichst viele und aus unterschiedlichen Quellen, um sich ein umfassendes Bild von den Konsequenzen der Entscheidung in die eine oder andere Richtung zu machen und für sich selbst zu bewerten. Dabei geht es darum herauszufinden, warum ein Projektleiter die Entscheidung positiv oder negativ bewertet bzw. welche unbewussten Triebfedern dabei eine Rolle spielen. Es geht also um die Motivation des Projektleiters.

Motivation des Projektleiters

Dann erfolgt die Entscheidungsfestlegung mit einem Ziel, z. B. »Ich will das Projekt übernehmen!«. Nun folgen konkrete Handlungen in Richtung Zielverfolgung; das persönliche Wollen, das gesteuerte Handeln stehen im Vordergrund. Typisch für diese Phase ist eine ganz gezielte Informationssuche, welche die Entscheidung des Projektleiters »bekräftigt«. Alle Informationen, die gegen seine Entscheidung sprechen, werden »ausgeblendet«, weil sie die Verfolgung des Ziels gefährden würden. Man spricht in der Psychologie von »selektiver Informationssuche«. Projektleiter erleben in dieser Phase Kritiker ihrer Entscheidungen als negativ und hemmend für das eigene Ziel. Insbesondere die Einwände von Lebenspartnern führen in dieser Phase dazu, dass es private Spannungsfeder geben kann. Nach der Handlungsphase erfolgt die Ergebnisbewertung mit entsprechenden Schlussfolgerungen.

Ausblenden von Informationen, die das Ziel gefährden

❗ Nach Zielerreichung bzw. zum Ende des Projektes erfolgt rückblickend die Bewertung der Situation und des Verhaltens mit entsprechenden, mitunter schmerzlichen Einsichten und Schlussfolgerungen, aus denen gelernt werden kann. Das ist bei erfahrenen Projektleitern eine erfolgreiche Strategie.

Als besonders hilfreich für persönliche Entscheidungsprozesse hat sich ein systematisches Vorgehen nach dem Verhaltensmodell (◘ Abb. 12.1) erwiesen, welches wir in der Beratungspraxis von Projektleitern einsetzen. Das Modell beantwortet die Frage danach, was z. B. das Verhalten als Projektleiter beeinflusst und ermöglicht hilfreiche Schlussfolgerungen. Daraus lässt sich ein »roter Faden« für das eigene Verhalten ableiten, der im ▶ Abschn. 12.3 eingefügt ist und auf die eigene Berufspraxis übertragen werden kann.

Verhalten als Projektleiter

Der Projektleiter sollte dabei 2 Bereiche betrachten, zum einen seine eigene Persönlichkeit und zum anderen die Umfeldbedingungen, in denen das Projekt stattfinden wird. Daraus kann er schlussfolgern, ob er persönlich über die Leistungsfähigkeit und -bereitschaft, ein Projekt zu leiten, verfügt. Auf der anderen Seite erhält er wichtige Hinweise über die Leistungsmöglichkeit, ob die Bedingungen eher hemmender oder begünstigender Natur sind und welche Regeln und Normen es zu berücksichtigen gilt.

Leistungsfähigkeit, -bereitschaft und -möglichkeit

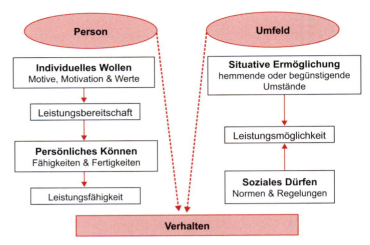

Abb. 12.1. Verhaltensmodell nach v. Rosenstiel

Diese Vorgehensweise kann auch auf Entscheidungen bzgl. Aufgaben- und Verantwortungsbereichen anderer Personen, also z. B. die der Projektmitarbeiter, übertragen werden.

12.2.2 Die Projektdurchführung: Vom Reagieren zum Agieren

Nicht umsonst wird ein Projektleiter auch als »Meister des lösungsorientierten Reagierens auf Veränderungen« bezeichnet. Verschiedene unvorhersehbare Bedingungen, typisch für komplexe Situationen in Projekten, zwingen den Projektleiter zum Reagieren.

Ein **Grundbedürfnis** des Menschen ist es jedoch, Kontrolle über und Einfluss auf das eigene Handeln zu haben. Werden Situationen als zunächst nicht kontrollier- und damit nicht steuerbar erlebt, setzen wir alles daran, um von der Reaktion zur Aktion zu wechseln und die Kontrolle wieder zu erlangen. Selbst gesteuertes Handeln vermittelt uns das Gefühl, Herr der Lage zu sein, Einfluss und Kontrolle darüber zu haben. Die psychologische Forschung beschäftigt sich mit diesem Phänomen schon seit Jahrzehnten. Sozialpsychologen (z. B. Frey & Jonas, 2002) haben sich mit der Frage auseinandergesetzt, was passiert, wenn wir das Gefühl haben, die Kontrolle über und den Einfluss auf unsere Situation zu verlieren.

Einfluss und Kontrolle

Je länger der Zustand anhält, die Kontrolle nicht zu haben, desto eher empfinden wir diesen Zustand als bedrohlich, es besteht die Gefahr, aufzugeben, in eine Art »Hilflosigkeitszustand« zu verfallen. Projektleiter beschreiben das, im ersten Moment wie »gelähmt zu sein, handlungsunfähig«. Haben wir das Gefühl, die Situation zu beherrschen, setzen wir alle Hebel in Bewegung (»Gegenwehr gegen die drohende Hilflosigkeit«), um Lösungen für die Probleme zu finden. Projektleiter beschreiben danach Stolz und Glücksgefühle und empfinden gemeisterte Situationen sehr selbstwertbestätigend.

Verbunden mit der »Hab-Acht-Stellung« (▶ Abschn. 12.1) führt dies bei vielen Projektleitern, insbesondere bei den ersten Projekten, zu einer **Daueranspannung**, die sowohl körperlich (verspannte Muskulatur, Schlafstörungen etc.) als auch geistig (Grübeln in »Endlosschleifen«, Einfallslosigkeit etc.) wahrgenommen wird. Dies stellt eine hohe Belastung dar, die mit der Zeit zu Leistungsminderungen führen kann. Bereits 1908 fanden Yerkes und Dodson heraus, dass ein mittleres Anspannung- oder Aktivierungsniveau wichtig ist, um Höchstleistungen zu erbringen. Bei zu starker Aktivierung, die als Angst oder Nervosität erlebt wird, kommt es zu einem Leistungsabfall. Die Schwelle liegt bei jeder Person anders. Das Niveau der eigenen Fähigkeiten und Fertigkeiten stellt dabei eine Obergrenze dar.

Leistungsminderungen und Höchstleistungen

12.3 Ansatzpunkte für Verbesserungen: Die Lehren aus dem Praxisbeispiel und der Forschung für den Projektalltag

12.3.1 Die Projektvorbereitung

Projekte sind verbunden mit komplexen Entscheidungssituationen, welche viele Gedanken und Gefühle hervorrufen, die geordnet und bewertet werden sollten. Dazu empfiehlt sich eine Fragenchecliste, ein »roter Faden«. So ist eine **systematische Entscheidung** möglich, bei der sowohl die Gedanken als auch die Gefühle berücksichtigt werden. Diese Fragenchecliste sollte sowohl das Können und Wollen der eigenen Person als auch die Bedingungen, Normen und Regeln des Projektumfeldes berücksichtigen. Daraus können persönliche Schlussfolgerungen für das eigene künftige Verhalten gezogen werden. Auch für die Übertragung von Aufgaben und Verantwortungsbereichen der Projektmitarbeiter kann eine solche systematische Vorgehensweise hilfreich sein.

Fragenchecliste

Wie in unserem Fallbeispiel sollte zunächst eine **Selbsteinschätzung** vorgenommen werden. Sie unterstützt das Selbstvertrauen in die eigenen Fähigkeiten und die Hoffnung auf Erfolg. In der Praxis nutzen immer mehr Projektleiter auch ein Coaching, welches durch Fragen die Selbstreflexion und ressourcenorientierte Entscheidung unterstützen kann (▶ Kap. 6, Wastian, Braumandl & Dost). Zusätzlich empfehlen wir, auch 1–2 **Kollegen zu befragen**. Je mehr Fragen abschließend mit ja beantwort werden bzw. eine klare Vorstellung dazu vorliegt, je mehr eigene Motive mit der persönlichen Karriere- und Lebensplanung übereinstimmen und je mehr Ideen entwickelt werden, wer einen unterstützen kann, desto mehr spricht für die erfolgreiche Übernahme des Projektes.

Checkliste: Was bringe ich mit, was spricht dafür, die Projektleitung zu übernehmen?

1. **»Persönliches Können«: Reflexion über Kompetenzen und Erfahrungen**
   Kann ich
   – Sachverhalte vermitteln und fachlich anleiten?
   – lösungsorientiert argumentieren und überzeugen?
   – Kritik ertragen und andere konstruktiv kritisieren?
   – übertragene Zielstellungen konsequent verfolgen?
   – mit Risiko-, Konflikt- und Krisensituationen ziel- und lösungsorientiert umgehen?
   – eigene Fehler eingestehen und über eigene Probleme sprechen?
   – Menschen zuhören, begeistern und berechenbar führen?
   – mit Ängsten und Widerständen meiner Teammitglieder, mit Fehlern und abweichenden Meinungen umgehen?

   Bin ich fähig und bereit
   – unter extremem Zeit- und Kostendruck zu arbeiten?
   – die Verantwortung für das Erreichen der Unternehmenszielstellung beim Projekt zu übernehmen (speziell für die finanziellen Ergebnisse)?
   – Aufgaben und Verantwortlichkeiten zu delegieren?
   – Abläufe und Aufgaben zu kontrollieren?
   – vorausschauend und empfindungssensibel mit Konflikten und Störungen umzugehen und das Team mit einzubeziehen?

2. **»Persönliches Wollen«: Reflexion über Werte und Motivation**
   – Warum will ich diese Position, was reizt mich daran?
   – Welchen Nutzen verspreche ich mir davon?
   – Wie passt das in meine mittel- und langfristige Karriereplanung?
   – Wie kompensiere ich Verzicht auf Dinge, die wichtig für mich sind, die ich während der Projektzeit vermutlich nicht ausleben kann?
   – Wie stimmen meine Karrierewünsche mit denen meiner Beziehungspersonen überein?
   – Wo entdecke ich privates Konfliktpotenzial, welche Konfliktfelder können entstehen? Wie will ich, wollen wir damit umgehen?
   –

3. **»Hemmende und begünstigende Umstände im Umfeld«: Reflexion zu Unterstützung**
   – Kenne ich erfahrene Projektleiter, die ich fragen kann? Würden sie mich ggf. als Senior-Mentor begleiten?

▼

12.3 · Ansatzpunkte für Verbesserungen

- Habe ich Netzwerke, die mich unterstützen können?
- Habe ich Ideen und Informationen, wie ich Strukturen, Vertretungsregeln und die Kommunikationsabläufe gestalten kann?
- Kann ich Einfluss auf die Bildung und Zusammensetzung des Projektteams nehmen?
- Verfüge ich über Netzwerke und Informationsquellen, die mir bei der Zusammenstellung und Kompetenzermittlung meines künftigen Teams helfen können?
- Habe ich Vorstellungen, wie ich diese Personen auf die Projektarbeit vorbereite?
- Wie gehe ich mit Projektmitarbeitern um, die auf ihrem jeweiligen Spezialgebiet deutlich mehr wissen als ich und für die ich kein disziplinarischer Vorgesetzter bin?
- Wie gehe ich mit vordergründigen persönlichen Interessenausübungen, Macht- und Intrigenspielen um?
- Wie gehe ich mit Störungen bei der Bereitstellung betrieblicher Ressourcen, der Eingrenzung erforderlicher Handlungs- und Entscheidungsspielräume im Unternehmen und mit Ziel- und Personalveränderungen bei den projektexternen Geschäftspartnern um?

4. »Normen und Regeln«: Reflexion zu Firmenpolitik und Verhaltenscodex
    - Wo ist mein Projekt in der Gesamtorganisation meines Betriebes »aufgehängt«?
    - Wo muss ich mich wann und in welcher Reihenfolge vorstellen?
    - Woher erhalte ich strategisch wichtige Informationen?
    - Welche »ungeschriebenen Gesetze« und Strukturen gilt es zu beachten?
    - Welche Dienstwege sind einzuhalten, wer wird in welcher Reihenfolge informiert, wann und worüber?
    - Wo gibt es aus der Historie »Störfelder« (Machtkämpfe, Erfahrungen mit Kunden, Kollegen etc.)
    - Wie regle ich die Beziehungen zwischen dem Projekt und der Linie?
    - Wie lege ich die Mitwirkungspflichten der Projektmitarbeiter im Zusammenhang mit ihren Linienaufgaben fest?
    - Was sind die Kriterien für die Qualität der Prozesse innerhalb des Projektes?
    - Existieren Funktionspläne für Projektleiter?

12.3.2 Die Projektdurchführung

In der Praxis zeigt sich, dass, egal wie viele Informationen ein Projektleiter vor Projektbeginn hat, im Projektverlauf Störfelder und Probleme meist komplex und vielfältig auftreten.

Zwei Fragen sollte sich jeder Projektleiter deshalb immer stellen:
1. Was kann ich tun, um aus der passiven Reaktion in die aktive Steuerung und Kontrolle zu kommen?
2. Was kann ich tun, um die starke Anspannung abzubauen und ein Abschalten am Abend sicherzustellen?

Prioritäten setzen

Im Beispiel wählt Herr J. eine wichtige **Strategie** aus, um die Kontrolle über die Situation wieder zu erhalten: er setzt gezielt Prioritäten. Der Kunde ist der Auftraggeber und der steht im Mittelpunkt. Er ist der »Geldgeber« für das Projekt. Damit stehen seine Wünsche, alle Störungen, die diese beeinträchtigen können, und Lösungswege für auftretende Probleme im Vordergrund. Dabei spielt die damit verbundene Gestaltung der laufenden **Kommunikation** mit dem Kunden eine wesentliche Rolle. Dies führt zwar zu einem Kontrollgewinn für die Situation, reicht aber bei vielen Projektleitern nicht aus, um auch den eigenen Anspannungsgrad wieder zu normalisieren im Sinne eines Abschaltenkönnens nach der Arbeit.

Entlastung des Projektleiters durch Delegation

Herr J. hat in unserem Beispiel bewusst die Verantwortung ganz allein auf sich geladen, fühlt sich deshalb immer und überall als einziger Ansprechpartner. Damit steigen jedoch die Anspannung und Belastung. Die gezielte und vertrauensvolle Delegation von Einzelthemen, Störungen und Problemlösungen an kompetente Projektmitarbeiter sollte jeder Projektleiter unbedingt prüfen (▶ Kap. 5, Winkler & Mandl).

Gerade wenn Projektmitarbeiter parallel in anderen Projekten arbeiten oder über Projekterfahrung verfügen, bietet es sich an, diese **Erfahrungen und Kompetenzen** auch im eigenen Projekt zu nutzen. Dazu gehört eine Festlegung, was genau delegiert wird, wer dafür verantwortlich ist, welche Entscheidungskompetenzen die Mitarbeiter erhalten und wie die Abstimmung mit dem und die Berichterstattung an den Projektleiter erfolgen. Dadurch kann eine wirksame Entlastung des Projektleiters erreicht werden.

Von der Problem- zur Lösungsorientierung

Auch hier haben sich folgende Checklisten zur Selbstreflexion in der Praxis als sehr hilfreich erwiesen. Durch die Suche nach Antworten auf die Fragen kann der Fokus von einer Problem- auf eine Lösungsorientierung verschoben werden.

> **Checkliste:** Wie kann ich lösungsorientiert arbeiten und die Balance zwischen Anspannung und Entspannung sicherstellen?
> - **Was kann ich tun, um aus der Reaktion in die lösungsorientierte Aktion zu kommen?**
>   - Welche Prioritäten gibt es? Was hat Vorrang, wie ist das Verhältnis Aufwand/Nutzen?
>   - Welche kritischen Situationen, Bedingungen und Problemfelder zeichnen sich ab?
>   - Welche Partner sind ggf. davon betroffen?
>   - Welche hilfreichen Strukturen kann ich zum lösungsorientierten Umgang mit solchen Problemen nutzen bzw. muss ich schaffen?
>   - Über welche Kompetenzen und Erfahrungen verfügen meine Projektmitarbeiter?
>   - An welche Personen im Projektteam können Aufgaben und Verantwortlichkeiten delegiert werden? (Was? Wie? Welche Informationen, Handlungs- und Entscheidungsspielräume benötigen die Projektmitarbeiter? Wann und wie erfolgt die Abstimmung zwischen Projektmitarbeitern, Projektleiter und Kunden?)
> - **Was kann ich tun, um während der Projektlaufzeit auch nach der Arbeit abzuschalten?**
>   - Wie viel Zeit pro Woche plane ich für das Projekt ein?
>   - Wie viel Zeit verbringe ich pro Tag mit welchen Projekttätigkeiten?
>   - Ist das zielführend, wo sind ggf. Optimierungsansätze?
>   - Wie viel Zeit pro Woche plane ich für Entspannung und Erholung ein?
>   - Aus welchen Entspannungs- und Erholungsaktivitäten ziehe ich dabei die meiste Kraft?

Da ein effektives individuelles Selbstmanagement auch die Teamleistung steigern kann (Uhl-Bien & Graen, 1998), sollte jeder Projektleiter die eigenen Strategien gezielt ausbauen.

12.4 Literatur

Ayas, K. (1996). Professional project management: a shift towards learning and a knowledge creating structure. *International Journal of Project Management, 14,* 131–136.

Bandura, (1986). *Social foundation of thought and action: A social cognitive theory.* Englewood Cliffs, NJ: Prentice Hall.

Braun, O. L., Adjei, M. & Münch, M. (2003). Selbstmanagement und Lebenszufriedenheit. In G. F. Müller (Hrsg.), *Selbstverwirklichung im Arbeitsleben* (S. 151–170). Lengerich: Pabst.

Chen, S. H. & Lee, H. T. (2007). Performance evaluation model for project managers using managerial practices. *International Journal of Project Management, 25,* 543–551.

Frayne, C. A. & Geringer, J. M. (2000). Self-management training for improving job performance: A field experiment involving salespeople. *Journal of Applied Psychology, 85*, 361–372.

Frey, D. & Jonas, E. (2002). Die Theorie der kognizierten Kontrolle. In D. Frey & M. Irle (Hrsg.), *Theorien der Sozialpsychologie. Band III: Motivations- und Informationsverarbeitungstheorien* (S. 13–50). Bern: Huber.

Heckhausen, J. & Heckhausen, H. (2006). *Motivation und Handeln*. Berlin Heidelberg New York Tokio: Springer

Hoff, E.-H., Grote, S., Dettmer, S., Hohner, H.-U. & Olos, L. (2005). Work-Life-Balance: Berufliche und private Lebensgestaltung von Frauen und Männern in hoch qualifizierten Berufen. *Zeitschrift für Arbeits- und Organisationspsychologie, 49* (4), 196–207.

Hussy, W. (1984). *Lehrbuch Denkpsychologie*. Stuttgart: Kohlhammer.

Kanfer, F. H., Reinecker, H. & Schmelzer, D. (1996). *Selbstmanagement-Therapie*. Berlin Heidelberg New York Tokio: Springer.

Kastner, M. & Wolf, M. (2005). Die Work-Life-Balance im Kontext virtualisierter Arbeitsformen. *Wirtschaftspsychologie aktuell, 4*, 28–32.

Kaulio, M. A. (2008). Project leadership in multi-project settings: Findings from a critical incident study. *International Journal of Project Management, 26*, 338–347.

Kehr, H. M. (2002). *Souveränes Selbstmanagement. Ein wirksames Konzept zur Förderung von Motivation und Willensstärke*. Weinheim: Beltz.

Klein, S., König, C. J. & Kleinmann, M. (2003). Sind Selbstmanagement-Trainings effektiv? Zwei Trainingsansätze im Vergleich. *Zeitschrift für Personalpsychologie, 2*, 157–168.

König, C. J. & Kleinmann, M. (2006). Selbstmanagement. In H. Schuler (Hrsg.), *Lehrbuch der Personalpsychologie* (S. 331–348). Göttingen: Hogrefe.

Lee-Kelley, L. & Loong, K. L. (2003). Turner's five-functions of project-based management and situational leadership in IT services projects. *International Journal of Project Management, 21*, 583–591.

Morgenstern, O., Raz, T. & Dvir, D. (2007). Factors affecting duration and effort estimation errors in software development projects. *Information & Software Technology, 49*, 827–837.

Müller, G. F. (2003). Strategien zur Erhöhung innerer Transparenz und äußerer Wirksamkeit für mehr berufliche Selbstverwirklichung. In G. F. Müller (Hrsg.), *Selbstverwirklichung im Arbeitsleben* (S. 171–202). Lengerich: Pabst.

Uhl-Bien, M. & Graen, G. B. (1998). Individual self-management: Analysis of professionals' self-managing activities in functional and cross-functional work teams. *Academy of Management Journal, 41*, 340–350.

Yerkes, R. M. & Dodson, J. D. (1908). The relation of strength of stimulus to rapidity of habit-formation. *Journal of Comparative and Neurological Psychology, 18*, 459–482.

Management von Innovation und Kreativität

13 Innovation und Kreativität in Projekten – 247
Günter W. Maier, Ute R. Hülsheger

14 Kreativitätstechniken – 263
Eva Traut-Mattausch, Rudolf Kerschreiter

13 Innovation und Kreativität in Projekten

Günter W. Maier, Ute R. Hülsheger

13.1	**Das Problem: Einflussfaktoren auf Innovativität und Kreativität** – 248	
13.1.1	Was sind Kreativität und Innovation? – 248	
13.1.2	Wie kommt es zu kreativer und innovativer Leistung? – 250
13.2	**Hintergrund und Relevanz aus psychologischer Sicht: Teambezogene Einflussfaktoren auf Innovation und Kreativität** – 252	
13.2.1	Teamklima – 253	
13.2.2	Gruppenstruktur – 254	
13.2.3	Gruppenprozesse – 256	
13.3	**Ansatzpunkte für Verbesserungen der Innovativität von Teams** – 258	
13.3.1	Ansatz Teamklima – 258	
13.3.2	Ansatz optimale Gruppenstruktur – 259	
13.3.3	Ansatz Gruppenprozesse – 259	
13.3.4	Fazit – 260	
13.4	**Literatur** – 261	

Neue Produkte und Dienstleistungen werden heutzutage kaum noch von Einzelnen »erfunden«, sondern meistens von Projektteams erarbeitet. Inzwischen liegt eine ganze Reihe von Befunden darüber vor, welche gruppenbezogenen Faktoren die Innovativität von Projektteams beeinflussen, welche für die Projektpraxis bedeutsam sind.

13.1 Das Problem: Einflussfaktoren auf Innovativität und Kreativität

Die Auffassung ist weit verbreitet, dass kreative Leistungen oder große Innovationen auf einzelne, herausragende Denker und Forscher zurückzuführen sind. In diesem Zusammenhang wird häufig an große Erfinder wie Artur Fischer (z. B. Dübel), Thomas Edison (z. B. Glühlampe) oder August Kekulé (Benzolring) erinnert. Ohne deren Beitrag zur technologischen Entwicklung der Menschheit zu schmälern, muss doch eingeräumt werden, dass komplexe Produkte wie Waschmaschinen, Autos, Handys oder Software allein schon wegen ihrer Komplexität nicht mehr von einer Person allein, sondern nur im Verbund Vieler erfunden und entwickelt werden können. Da sich lange Zeit das wissenschaftliche Interesse an den Einflussgrößen auf kreative und innovative Leistung vornehmlich auf Individuen bezogen hatte, liegen auch zu diesem Bereich die meisten Befunde vor. Gleichwohl hat sich mittlerweile doch die Erkenntnis durchgesetzt, dass neben den individuellen Voraussetzungen auch Einflüsse auf der Ebene von Projektgruppen berücksichtigt werden müssen.

Komplexe Produkte

Das Ziel dieses Beitrags ist es daher, zunächst die Begriffe der Kreativität und Innovation zu klären, danach den Innovationsprozess darzustellen, um dann auf gruppenbezogene Einflussfaktoren einzugehen und abschließend daraus Interventionsmöglichkeiten abzuleiten. Wir beschränken uns auf die gruppenbezogenen Einflussfaktoren, weil sie bei der Planung, Zusammensetzung und Durchführung von Projekten eine große Rolle spielen. Weitere Einflussfaktoren auf die Kreativität und Innovativität in der Arbeitstätigkeit wie personen- (z. B. kognitive Leistungsfähigkeit, Persönlichkeitsmerkmale), aufgaben- (z. B. Handlungsspielraum, Arbeitsbelastung) und organisationsbezogene (z. B. Struktur, Ressourcen) sind an anderer Stelle ausführlich beschrieben (z. B. in Maier, Streicher, Jonas & Frey, 2007).

13.1.1 Was sind Kreativität und Innovation?

Definition »Innovation«

Allgemein kann unter Innovation die Entwicklung, Einführung und Anwendung neuer Ideen, Prozesse, Produkte oder Vorgehensweisen verstanden werden, von denen Einzelne, Gruppen oder ganze Organi-

13.1 · Das Problem: Einflussfaktoren auf Innovativität und Kreativität

sationen profitieren (Maier et al., 2007). Aus dieser Definition geht hervor, dass das alleinige Generieren einer neuen Idee noch keine Innovation darstellt. Vielmehr kommt es auch darauf an, dass diese nützlich ist und angewendet werden kann.

Innovative Ideen können sich auf die Verbesserung bestehender Produkte oder Dienstleistungen beziehen, sie können sich auf die Optimierung interner Abläufe konzentrieren oder sie haben die Entwicklung ganz neuer Produkte zum Ziel (Anderson & King, 1993). Kreativität bezieht sich dabei auf einen Teilprozess der Innovation, und zwar auf die Generierung neuer und nützlicher Ideen (Maier et al., 2007). Die Begriffe Innovation und Kreativität können also nicht synonym verwendet werden.   **Definition »Kreativität«**

Wie werden Kreativität und Innovation gemessen? In der psychologischen Forschung werden ganz unterschiedliche Kriterien herangezogen, und zwar Leistungsergebnisse (z. B. Anzahl angemeldeter Patente), Verhaltensindikatoren (z. B. Teilnahme am betrieblichen Vorschlagswesen), Einschätzungen innovativen Verhaltens im Selbst- oder Fremdreport oder auch die Experteneinschätzung der Kreativität von Produkten (z. B. einer Werbeanzeige). Diese unterschiedlichen Indikatoren sollen zwar das gleiche Phänomen erfassen, nämlich Kreativität bzw. Innovativität, dennoch sind die Zusammenhänge zwischen diesen Indikatoren nicht sehr hoch ausgeprägt. Demnach bilden sie jeweils nur Teilaspekte des eigentlichen Phänomens ab und sind zum Teil ganz spezifischen Verzerrungen unterworfen.   **Messung von Kreativität und Innovation**

Bei Fremdeinschätzungen, wie sie etwa bei der Beurteilung von Projektmitarbeitern durch den Projektleiter vorkommen, bilden Beurteiler aufgrund von Statusmerkmalen der Geführten oft stereotype Urteile (Kasof, 1995), indem etwa Männer in technischen Bereichen als kreativer eingeschätzt werden als Frauen. Die Verwendung von Kreativitätsstereotypen ist besonders dann zu erwarten, wenn Personen ein Kreativitätsurteil treffen müssen und noch kein vollständiges Produkt dieser Person vorliegt. Interviews mit Talentsuchern und Filmproduzenten aus Hollywood belegen, dass selbst Experten (z. B. Talentsucher in der Filmindustrie) vor allem über diese Prozesse der sozialen Urteilsbildung zur Einschätzung des Kreativitätspotenzials ihnen unbekannter Personen kommen (Elsbach & Kramer, 2003). Als Informationsquelle zur Beurteilung der Kreativität nutzten die Experten verhaltensbezogene (z. B. verschrobenes oder leidenschaftliches Verhalten) und physische Merkmale (z. B. unkonventionelles Aussehen) der potenziellen Drehbuchautoren sowie ihre eigenen Reaktionen auf die vorgeschlagenen Ideen (z. B. Enthusiasmus, Aha-Erlebnis).   **Kreativitätsstereotypen**

Auch objektive Leistungsmaße, wie etwa die Anzahl eingereichter Patente, bilden Kreativität oder Innovativität in manchen Bereichen nur unzureichend ab (Schuler, Funke, Moser & Donat, 1995): So ist bekannt, dass Patente oftmals nicht von den unmittelbaren Erfindern, sondern eher von verantwortlichen Projektleitern eingereicht werden. Demzufolge wäre die Patentanzahl eher ein Kriterium für größere Einheiten, wie etwa Arbeitsgruppen oder ganze Abteilungen, und nicht für   **Leistungsmaß Patente** einzelne Mitarbeiter. Darüber hinaus werden in bestimmten Sparten Innovationen auch absichtlich nicht zum Patent angemeldet, um sich vor Plagiaten zu schützen. Dies ist insbesondere dann der Fall, wenn das Produkt nur durch die genaue Kenntnis der Herstellungsprozesse und/oder Inhaltsstoffe produziert werden kann (z. B. Zusammensetzung von Coca-Cola, Gummimischung von Autoreifen, elektronische Schaltpläne auf Mikrochips).

13.1.2 Wie kommt es zu kreativer und innovativer Leistung?

Phasen innovativen Handelns

Innovatives Handeln in Organisationen lässt sich in unterschiedliche Phasen einteilen. Dabei wird der kreative Prozess selbst meist in 4 Phasen beschrieben, an die sich dann noch weitere Umsetzungsphasen anschließen (West, 1990). Diese Phasen können auf das Handeln von einzelnen Personen oder Gruppen angewendet werden. Diese Einteilung des Innovationsprozesses wird vor allem deshalb vorgenommen, um so die jeweiligen Aufgaben und beteiligten Teilprozesse besser beschreiben zu können. Das heißt auch, dass die Phasenabfolge nicht rein linear verlaufen muss, sondern immer wieder auch eine Rückkehr in eine frühere Stufe vorkommen kann (▶ Kap. 2, Schneider & Wastian).

> ⚠ Beim innovativen Prozess können die 4 kreativen Phasen Problemidentifikation, Vorbereitung, Generierung und Beurteilung sowie die beiden anschließenden Implementierungsphasen Umsetzung und Stabilisierung unterschieden werden (◘ Abb. 13.1).

Phase Problemidentifikation

In der Phase der **Problemidentifikation** wird die Problemstellung erkannt und formuliert. Dazu ist es notwendig, dass Personen den Bedarf

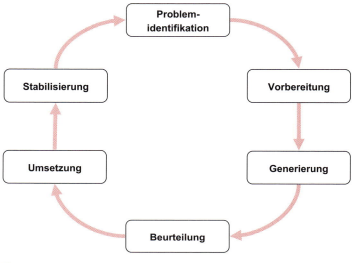

◘ **Abb. 13.1.** Der Innovationsprozess

für eine Veränderung erkennen, dass sie zuversichtlich sind, mit Veränderungen Defizite beseitigen zu können (Gebert, 2007) und dass sie ggf. von vorgegebenen Routinen abweichen, um entsprechend der entdeckten neuen Ideen zu handeln (Staw & Boettger, 1990). In einer Interviewerhebung unter Start-Up-Unternehmen, die für ihre Innovationen ausgezeichnet wurden, werden als die 3 häufigsten Quellen für Innovationen die Auseinandersetzung mit einem bestehenden Problem (71%), Diskussionen mit Kollegen oder Kunden (54%) und die Bedürfnisse des Marktes (42%) genannt (Caird, 1994). Der plötzliche Einfall wurde am seltensten angegeben (21%). Aufgrund der Mehrfachnennungen der Antworten wird aber auch deutlich, dass innovative Einfälle auf der Interaktion verschiedener Auseinandersetzungsprozesse beruhen.

Quellen für Innovationen

> ❶ **Im Gegensatz zur verbreiteten Meinung entspringen die meisten Innovationen weniger einem »genialen Geistesblitz«, sondern sind das Ergebnis bewusster und absichtsvoller Suche nach Verbesserungsmöglichkeiten (Weisberg, 1993).**

Weitere Untersuchungen kommen zu dem Ergebnis, dass der überwiegende Teil von Innovationen durch Verbesserungsvorschläge von Benutzern entstanden ist (Kanter, 1988).

Kennzeichnend für den kreativen Prozess in dieser Phase ist meist, dass es sich um schlecht definierte Probleme handelt (Weisberg, 1993). Bei diesen sind nicht alle 3 Bestandteile von Problemstellungen – Ausgangszustand, Operationen und Zielzustand – eindeutig und klar.

> Ein Beispiel dafür ist etwa der Auftrag an eine Werbeagentur, aufgrund eines kurzen Produktbriefings eine nicht näher spezifizierte Anzeige zu gestalten. Ein gut definiertes Problem ist im Gegensatz dazu beispielsweise eine Problemlöseaufgabe, bei der der Ausgangszustand, die erlaubten Wege sowie der Zielzustand eindeutig und klar definiert sind. Hier ist keine »kreative« Problemlösung notwendig.

In der **Vorbereitungsphase** werden die für die Bearbeitung der Aufgabenstellung notwendigen Informationen recherchiert und gesammelt. Auf dieser Wissensgrundlage werden in der **Generierungsphase** mögliche Lösungen entworfen, dabei die aktuell verfügbaren Wissensstrukturen abgerufen, Verbindungen zwischen ihnen hergestellt und Kombinationen oder Synthesen zwischen diesen Strukturen gebildet. Die bestehenden Strukturen werden mental transformiert, um neue Formen zu bilden; über Analogien findet der Transfer von einer Wissensdomäne in eine andere statt und neu gebildete Kategorien werden auf die notwendigen Bestandteile reduziert (Ward, Smith & Finke, 1999). So wurden etwa in der Materialwirtschaft spezielle wasserabweisende Strukturen durch biologische Vorbilder der Lotusblätter angeregt.

Vorbereitungsphase: Informationsrecherche

Generierungsphase: Entwerfen von Lösungen

Beurteilungsphase: Lösungsanalyse und -beurteilung

In der letzten Phase des kreativen Prozesses, der **Beurteilungsphase**, werden die Lösungen analysiert und beurteilt. Die vorliegenden (Teil-)Lösungen werden im Hinblick auf die gewünschten Vorteile geprüft (z. B. Treibstoffreduzierung und Plattformprinzip im Automobilbau), Übertragungsmöglichkeiten kann nachgegangen werden (z. B. ein Motorrad erinnert an einen Pkw: Über welche Ausstattung sollte es dann verfügen?), es kann nach potenziellen Funktionen der neuen Strukturen gesucht werden (z. B. Anwendung eines medizinischen Wirkstoffs auf ähnliche Symptome), oder es können die praktischen bzw. konzeptionellen Einschränkungen der Ideen untersucht werden (Ward et al., 1999). All diese Prüfungen dienen meist dazu, die bisherigen Vorschläge noch einmal zu verfeinern.

An diese 4 Phasen des kreativen Prozesses schließen sich, entsprechend der Vorstellung von West (1990), 2 weitere Phasen des Innovationsprozesses an, die die Implementierung der Idee umfassen, und zwar die Umsetzungs- und die Stabilisierungsphase. In der **Umsetzungsphase** müssen meist andere, nicht an der Entwicklung beteiligte Personen, für den Einsatz der neuen Ideen gewonnen werden, damit diese angewandt und umgesetzt werden können. Gegebenenfalls finden hier noch Anpassungen statt, deren Notwendigkeit sich aus der erstmaligen Anwendung ergeben hat. Sofern es sich um Prozessinnovationen handelt, die den Ablauf der eigenen Arbeit betreffen, müssen entsprechende Arbeitsnormen implementiert werden. Da bei dem erstmaligen Einsatz neuer Vorgehensweisen Probleme meist nicht ausbleiben, treten Konflikte und Koalitionsbildungen auf (▶ Kap. 8, Solga & Blickle), die aber mithilfe der sich etablierenden neuen Normen bewältigt werden können. Mit der **Stabilisierungsphase** wird schließlich der Zeitraum beschrieben, in dem die Innovation dauerhaft angewendet wird, und die damit verbundene Ausbildung neuer Routinen und Kontrollprozesse. Neben der routinisierten Anwendung der Innovation kann es allerdings auch ein Ergebnis dieser Phase sein, den kreativen Prozess erneut anzustoßen. Der Innovationsprozess endet üblicherweise mit der Überführung in Routinen, welche die Anwendung der neuen Ideen sicherstellen sollen.

Umsetzungsphase: weitere Personen überzeugen

Stabilisierungsphase: dauerhafte Innovationsanwendung

13.2 Hintergrund und Relevanz aus psychologischer Sicht: Teambezogene Einflussfaktoren auf Innovation und Kreativität

Die bisherige Forschung konnte eine ganze Reihe von Einflussfaktoren auf den innovativen Prozess in Teams identifizieren. Besondere Aufmerksamkeit haben dabei insbesondere das Teamklima, die Gruppenstruktur und Gruppenprozesse erhalten (▶ Kap. 9, Kauffeld, Grote & Lehmann-Willenbrock). Auf Erkenntnisse zu diesen Themen werden wir im Folgenden eingehen, um im ▶ Abschn. 13.3 entsprechende Ansatzpunkte für Verbesserungen darzustellen.

13.2 · Hintergrund und Relevanz aus psychologischer Sicht

13.2.1 Teamklima

❗ **Innovatives und kreatives Teamklima lässt sich durch die Dimensionen Vision, partizipative Sicherheit, Aufgaben- und Leistungsorientierung sowie Unterstützung von Innovation und Kreativität charakterisieren.**

Unter Teamklima versteht man die von den Gruppenmitgliedern geteilte Wahrnehmung ihrer Beziehungen untereinander, ihrer Aufgaben und ihrer Arbeitsumwelt (Anderson & West, 1996; Brodbeck & Maier, 2001). Dementsprechend können inhaltlich unterschiedliche Arten von Teamklimata differenziert werden. In seinem theoretischen Ansatz zum Teamklima für Innovation unterscheidet West (1990) vor allem die 4 kreativitäts- und innovationsförderlichen Dimensionen Vision, partizipative Sicherheit, Aufgaben- und Leistungsorientierung sowie Unterstützung von Innovation, die als weitgehend unabhängig voneinander angesehen werden können. — Definition »Teamklima«

Die Dimension **Vision** bezeichnet das Ausmaß, in dem Ziele und Visionen der Gruppe von den Mitgliedern als motivierend, klar, verständlich und erreichbar wahrgenommen werden. Unter der **partizipativen Sicherheit** verstehen die Autoren das Ausmaß, in dem die Mitwirkung an der gemeinsamen Entscheidungsfindung als vertrauensvoll, unbefangen, anregend, motivierend und belohnend empfunden wird. Die **Aufgaben- und Leistungsorientierung** bezieht sich auf den Grad, in dem sich die Teammitglieder exzellenter Qualität, hohen Leistungsstandards und kontinuierlicher Verbesserung verpflichtet fühlen. Unter der **Unterstützung von Innovation** werden schließlich förderliche soziale Normen und Erwartungen (im Sinne einer tatkräftigen Unterstützung der Teammitglieder untereinander bei der Einführung neuer Praktiken) verstanden. — Dimension Vision / Dimension partizipative Sicherheit / Dimension Aufgaben- und Leistungsorientierung / Dimension Unterstützung von Innovation

❗ **In den unterschiedlichen Phasen des Innovationsprozesses sind jeweils spezifische Dimensionen des Teamklimas für Innovation besonders wichtig.**

Förderliche Beeinflussung des Innovationsprozesses in der Praxis

West (1990) nimmt an, dass diese Dimensionen die Phasen des Innovationsprozesses unterschiedlich beeinflussen. In einer frühen Phase der Entwicklung neuer Ideen ist eine hohe Ausprägung in der Dimension **Vision** förderlich, da ausgehend von klaren Oberzielen die Aufmerksamkeit auf das Erkennen von Defiziten und das Antizipieren unbekannter Problemstellungen gelenkt wird. Geht es im Innovationsprozess dann weiter um das Zusammentragen und Ergänzen unterschiedlicher Ansätze, damit sukzessive die Problemstellungen gelöst werden, ist die **partizipative Sicherheit** von großer Bedeutung. Eine hohe Ausprägung in dieser Dimension stellt sicher, dass die Einzelnen nicht den Eindruck haben, für ihre Beiträge an der Teamarbeit bestraft — Vision / Partizipative Sicherheit zu werden, sondern im Gegenteil motiviert werden, durch ihre Ideen das gemeinsame Produkt weiter zu verbessern. Geht es dann schließlich um die Einführung und Anwendung des entwickelten Produkts im eigenen Team, erweisen sich die Faktoren **Unterstützung** von Innovation sowie die **Aufgaben- und Leistungsorientierung** als förderlich. Ein hohes Maß an Unterstützung von Innovation stellt sicher, dass die Teammitglieder neuen Ideen gegenüber aufgeschlossen sind und sie nicht durch Koalitionsbildung oder Machtkämpfe verhindern. Eine hohe Aufgaben- und Leistungsorientierung stellt die motivationale Basis dar, produktivitätsförderliche Produkte oder Prozesse auch anzuwenden. Insbesondere die 3 Dimensionen Vision, Aufgabenorientierung und Unterstützung für Innovation haben eine große Bedeutung für gruppenbezogene Innovationskriterien (Hülsheger, Anderson & Salgado, im Druck).

<small>Unterstützung von Innovation</small>

<small>Aufgaben- und Leistungsorientierung</small>

Einen weiteren Aspekt des Teamklimas stellt die **Gruppenkohäsion** dar. Darunter versteht man die Stärke, mit der Mitglieder sich an eine Gruppe gebunden fühlen (Beal, Cohen, Burke & McLendon, 2003). Es kann beobachtet werden, dass ein hoher Zusammenhang zwischen Gruppenkohäsion und Leistungsverhalten besteht (Hülsheger et al., im Druck).

<small>Definition »Gruppenkohäsion«</small>

13.2.2 Gruppenstruktur

> ❗ Zwei besonders beachtete Aspekte der Gruppenstruktur im Hinblick auf kreatives und innovatives Handeln sind die Gruppenzusammensetzung und die Vernetzung in Teams.

Vielfach wurde bereits – theoretisch begründet – vermutet, dass eine hohe Heterogenität bei der Gruppenzusammensetzung eine notwendige Voraussetzung für Kreativität ist (Amabile, 1988). Meist wird bei der Gruppenheterogenität danach unterschieden, ob es sich bei der Unterschiedlichkeit der Gruppenmitglieder um aufgabenbezogene Merkmale handelt oder ob sie sich auf demografische Kennzeichen der Mitglieder bezieht (Shalley & Gilson, 2004).

Aufgabenbezogene Heterogenität. Hierzu gehören all jene Merkmale der Gruppenmitglieder, die für die jeweilige Aufgabenbearbeitung von Bedeutung sind, wie etwa das Fachwissen, spezielle Fertigkeiten, Erfahrungen mit der Aufgabenstellung oder auch die Zugehörigkeit zu unterschiedlichen Abteilungen. Einerseits kann erwartet werden, dass die aufgabenbezogene Heterogenität die Kreativität begünstigen sollte, da auf diese Weise mehr Wissen, Fertigkeiten, Perspektiven sowie vielfältigere Verknüpfungen mit der gesamten Organisation zur Verfügung stehen. Wenn allerdings die Unterschiede der Gruppenmitglieder zu groß werden, kann sich die Heterogenität in grundlegenden Verständigungsproblemen oder unterschiedlichen Zielsetzungen der Gruppenteilnehmer (z. B. Verwendung der neuesten Technologien versus Kun-

<small>Aufgabenbezogene Heterogenität kann zu Verständigungsproblemen führen</small>

denbedürfnisse exakt in neue Produkte umsetzen) niederschlagen (Dougherty, 1992). Dementsprechend führt hohe aufgabenbezogene Heterogenität zu vielen Meinungsverschiedenheiten, die sich aber nur dann in entsprechend geringer Kreativität niederschlagen, wenn in Teams kein gemeinschaftlicher Kommunikationsstil (z. B. zunächst Konsens finden, bevor Handlungsschritte geplant werden; Optionen nicht zu früh beurteilen etc.) gepflegt wird (Lovelace, Shapiro & Weingart, 2001). Zur Bedeutung von Kommunikation in Projekten sei auch auf ▶ Kap. 4, Streich & Brennholt, verwiesen.

Demografische Heterogenität. Hierzu gehören all jene Merkmale der Gruppenmitglieder, die keinen direkten Zusammenhang mit der Gruppenaufgabe haben, wie etwa das Geschlecht, Alter oder die Zugehörigkeit zu einer ethnischen Gruppe (s. zu Letzterem auch ▶ Kap. 16, Hößler & Sponfeldner). Vermutet wird hier, dass eine hohe demografische Heterogenität den Zusammenhalt in der Gruppe mindert und verstärkt Kommunikationsprobleme auftreten. Tendenziell bestätigen neuere Forschungsergebnisse die Vermutungen zu beiden Formen der Heterogenität, da zumindest ein gering positiver Zusammenhang zwischen der aufgabenbezogenen Heterogenität und Innovativität von Gruppen sowie ein tendenziell negativer Zusammenhang zwischen demografischer Heterogenität und Innovativität besteht (Hülsheger et al., im Druck).

> **Demografische Heterogenität kann zu Kommunikationsproblemen führen**

Aufgabenabhängigkeit. Bei der Vernetzung in Teams können im Allgemeinen die Aufgaben- und die Ergebnisabhängigkeit unterschieden werden (van der Vegt, Emans & van de Vliert, 1999). Unter der Aufgabenabhängigkeit versteht man das Ausmaß, in dem die Gruppenmitglieder bei der Erfüllung ihrer Aufgaben von der Aufgabenerledigung anderer Mitglieder abhängig sind (Saavedra, Earley & Van Dyne, 1993). Diese Form der Abhängigkeit kann sich sowohl positiv als auch negativ auf die Kreativität von Gruppen auswirken. Einerseits wurde die Beobachtung gemacht, dass die Abhängigkeit die Kommunikation innerhalb von Gruppen fördert und damit die Zusammenarbeit innerhalb der Gruppe, die Zufriedenheit mit der Gruppe und die Leistung der Gruppe erhöht (Saavedra et al., 1993). Andererseits kann eine hohe Aufgabenabhängigkeit auch dazu führen, dass sich Personen weniger verantwortlich für die Projektaufgabe fühlen und sie daher ihre Anstrengungen für das Projekt reduzieren (van der Vegt et al., 1999).

> **Aufgabenabhängigkeit kann sich positiv oder negativ auf Kreativität auswirken**

Ergebnisabhängigkeit. Mit wechselseitiger Ergebnisabhängigkeit wird das Ausmaß bezeichnet, in dem die individuelle Zielerreichung oder die individuelle Belohnung eines Gruppenmitglieds von der Zielerreichung der anderen Teammitglieder abhängt (van der Vegt & van de Vliert, 2002). Je höher die Ergebnisabhängigkeit ausgeprägt ist, desto eher kann erwartet werden, dass die innovationsförderliche Kommunikation und Kooperation im Team gepflegt wird, da nur durch wechselseitige Unterstützung und gemeinsame Anstrengung alle Mitglieder profitieren können.

> **Zielerreichungen hängen zusammen**

Neuere Forschungsergebnisse zeigen, dass die Aufgabenabhängigkeit kaum, die Ergebnisabhängigkeit dagegen sehr wohl die Kreativität von Gruppen fördert (Hülsheger et al., im Druck).

13.2.3 Gruppenprozesse

> Als Merkmale von Teamprozessen hat man sich in der Forschung bislang vor allem auf Kommunikation, Führung und Konflikte konzentriert.

Kommunikations- und Kooperationsprozesse

Auch die Art und Weise der Zusammenarbeit in Gruppen beeinflusst deren Innovativität. **Kommunikations- und Kooperationsprozesse** finden sowohl innerhalb von Teams als auch mit Außenstehenden statt. Die Qualität und Quantität beider Richtungen von Kommunikation tragen entscheidend zum Gelingen von kreativer und innovativer Leistung in Teams bei. Bei einer guten Kommunikationsstruktur finden häufig problemorientierte Diskussionen statt und es wird wechselseitige aktive Unterstützung angeboten (Monge, Cozzens & Contractor, 1992). Darüber hinaus führen gegenseitige Rückmeldungen durch Teammitglieder zu einer kontinuierlichen Verbesserung von Produkten und Prozessen (Zhou & George, 2001).

Führungsverhalten trägt zu Innovativität bei

Je nach dem Entwicklungsstand eines Projektes (z. B. frühe kreative Phase versus späte Umsetzungsphase) trägt unterschiedliches **Führungsverhalten** zur Innovativität bei. Besonders in frühen Phasen innovativer Projekte – also beispielsweise in Forschungsprojekten – ist ein transformationaler Führungsstil (Keller, 1992) besonders förderlich, da Mitarbeiter hierdurch inspiriert werden, kritisch über bisherige Vorgehensweisen nachzudenken und Mängel anzusprechen (▶ Kap. 11, Wegge & Schmidt). Außerdem werden den Mitarbeitern organisationale Visionen aufgezeigt, und sie können für die Realisierung dieser Visionen gewonnen werden (Waldman & Bass, 1991). Experimentelle Ergebnisse von Redmond, Mumford und Teach (1993) ergänzen, dass Führungskräfte die Kreativität ihrer Mitarbeiter bei der Bearbeitung von Aufgabenstellungen beeinflussen können, wenn es ihnen gelingt, bei diesen Zutrauen in die eigene Leistungsfähigkeit zu erzeugen und ihnen Problemlöseheuristiken (z. B. vor der Ausarbeitung einer Lösung zunächst alle möglichen Einflussfaktoren sammeln) zu vermitteln. In einer späteren Umsetzungsphase – also etwa bei Entwicklungsteams – kommt es dann eher auf die Einhaltung von Terminen, Budgets und Restriktionen bei der Produktentwicklung an, deshalb ist hier ein stärker transaktionaler Führungsstil hilfreich (Keller, 1992).

13.2 · Hintergrund und Relevanz aus psychologischer Sicht

> **Zwei Formen der Führung: transformationale und transaktionale**
>
> In der Führungsforschung wird häufig zwischen zwei besonderen Formen der Führung, und zwar der transformationalen und der transaktionalen Führung unterschieden.
>
> — **Transformationale Führung** (tfF):
> TfF wirkt bei den Geführten, weil es den Führungskräften gelingt, eine Verbindung zwischen den Arbeitsaufgaben und höheren Zielen, wie etwa die Erreichung gesellschaftlich wertgeschätzer Idealvorstellungen, herzustellen. Sie ist gekennzeichnet durch Vorbildlichkeit, dem Motivieren durch begeisternde Visionen oder der Anregung, Probleme und übliche Vorgehensweisen aus einem neuen Blickwinkel zu betrachten.
>
> — **Transaktionale Führung** (taF):
> Von der tfF unterscheidet die taF vor allem, dass bei der Beziehung zwischen Führungskraft und Mitarbeitern die Austauschbeziehung in den Mittelpunkt gerückt wird. Als Mittel dazu betonen Führungskräfte eine leistungsorientierte Belohnung, sie üben aktiv Kontrolle aus oder ändern ohne Not nichts an einer Situation.

Transformationale Führung

Transaktionale Führung

Weitere Anforderungen an eine kreativitätsförderliche Führung ergeben sich daraus, dass kreatives Verhalten eine hohe Risikobereitschaft von Mitarbeitern erfordert, denn schließlich wird damit von bewährten Wegen abgewichen, zunächst vielleicht abwegig Erscheinendes vorgeschlagen oder auf Fehler und Mängel hingewiesen. Daher sind auch Verhaltensweisen von Führungskräften förderlich, die eine solche Risikobereitschaft ermöglichen, wie etwa eine hohe Unterstützung der Mitarbeiter durch die Führungskraft (Amabile, 1996) oder eine gute Beziehung zwischen Führungskraft und Mitarbeitern (Scott & Bruce, 1994). Darauf weisen auch Studien zur Fehlerentdeckung (als einer notwendigen Voraussetzung für Prozessoptimierungen) in Organisationen hin: Fehler werden in solchen Arbeitsgruppen häufiger offiziell registriert, in denen ein unterstützender, fehlerfreundlicher Führungsstil vorhanden ist, obwohl in anderen Gruppen mit weniger optimalem Führungsverhalten die gleiche Anzahl von Fehlern begangen werden (Edmondson, 1996).

Risikobereitschaft und Innovation

> ❗ Eine hohe Kontrolle durch die Führungskraft behindert innovatives Verhalten (Zhou, 2003), weil damit die intrinsische Motivation der Beschäftigten unterminiert wird.

13.3 Ansatzpunkte für Verbesserungen der Innovativität von Teams

> ❗ Interventionen in Teams sollten gezielt an den 3 wesentlichen Einflussbereichen der Innovativität von Teams ansetzen, und zwar dem Teamklima, der Gruppenstruktur und den Gruppenprozessen.

13.3.1 Ansatz Teamklima

Ein Ansatzpunkt für die Optimierung der Innovativität in Teams kann in der Diagnose und Optimierung des **Teamklimas** liegen (vgl. Beispiel unten). Dazu wird in einem Team das Teamklima für Innovation erhoben, beispielsweise mit der deutschen Fassung des Teamklimafragebogens für Innovation (TKI) (Brodbeck, Anderson & West, 2000). Um verlässliche Auskünfte durch die Teammitglieder zu erhalten, muss sichergestellt werden, dass die Anonymität der einzelnen Mitglieder gewahrt bleibt. Nach Auswertung der Umfrageergebnisse stellt der Leiter der Projektgruppe, ggf. unterstützt durch Moderatoren, die Ergebnisse im Team vor. Die Aufgabe der anschließenden Ergebnisbearbeitung liegt dann darin, die Dimensionen des Teamklimas zu identifizieren, das die Projektgruppe in der nächsten Zeit optimieren möchte. Die Optimierung des Teamklimas hinsichtlich einzelner Dimensionen kann dann durch gezielte Teamentwicklungsmaßnahmen (▶ Kap. 6, Wastian, Braumandl & Dost) unterstützt werden.

Unterstützung von Innovation durch Gruppenübungen

Die Dimension **Unterstützung von Innovation** kann etwa durch gezielte Gruppenübungen gefördert werden: Oftmals werden Hindernisse für innovative Gedanken aufgebaut, indem im Gespräch mit »Ja, aber …« argumentiert wird. Die scheinbare Zustimmung »Ja« wird dabei sofort wieder durch Einwände entkräftet. Eine hilfreiche Kommunikationsübung kann darin bestehen, dass mit einem Team daran gearbeitet wird, diesen innovationsfeindlichen Kommunikationsstil zu ersetzen, indem zukünftig mit »Ja und …« der geäußerte Gedankengang durch weitere Ideen angeregt wird (▶ Kap. 14, Traut-Mattausch & Kerschreiter).

Teamentwicklung

Der TKI kann im Rahmen einer Teamentwicklungsmaßnahme eingesetzt werden, um diagnostische Anhaltspunkte für Interventionsmaßnahmen zu erhalten. So wurde der TKI beispielsweise in einem Leitungsteam eines Krankenhauses mit 170 Betten eingesetzt (Team A aus Anderson & West, 1996). Dieses Leitungsteam bestand aus 5 Personen. Die Ergebnisse des TKI zeigten hohe Werte in den Dimensionen Partizipative Sicherheit, Unterstützung von Innovation sowie Aufgabenorientierung, dagegen sehr niedrige Werte in der Dimension Vision. Die spezifischen Auswertungen für die
▼

> Dimension Vision zeigte, dass den Teammitgliedern die Ziele der Gruppe sehr unklar waren und sie am Wert der Ziele zweifelten. Die anschließende Teamentwicklung bestand zunächst darin, den Mitgliedern die Ergebnisprofile aus der Auswertung des TKI zu erläutern. Aufgrund der Ergebnisse entschloss sich das Team, die eigenen Aufgabenstellungen gemeinsam in mehreren Workshops deutlicher herauszuarbeiten und damit den wahrgenommenen Wert der Gruppenziele unter den Mitgliedern zu erhöhen. Weitere Detailanalysen des TKI hatten ebenfalls gezeigt, dass ein Teilaspekt der Dimension Aufgabenorientierung, die selbstkritische Überprüfung der eigenen Arbeit, vergleichsweise niedrig ausgeprägt war. Daher entschloss sich die Gruppe, in weiteren Teamentwicklungsworkshops gezielt an einer Verbesserung in diesem Bereich zu arbeiten.

13.3.2 Ansatz optimale Gruppenstruktur

Für eine optimale **Gruppenstrukur** sollte vor allem bei der aufgabenbezogenen Heterogenität und der Ergebnisabhängigkeit angesetzt werden. Für eine **aufgabenbezogene Heterogenität** kann durch die frühzeitige Planung der Gruppenzusammensetzung gesorgt werden, indem besonders darauf geachtet wird, dass Personen mit unterschiedlichem Fachwissen oder differenziellen Fähigkeiten in die Projektgruppe aufgenommen werden. Diese Heterogenität sollte eine vertiefte Auseinandersetzung mit der Aufgabenstellung zur Folge haben und längerfristig zu originelleren Ideen führen, im Vergleich zu Gruppen, die viel homogener zusammengesetzt sind. Eine hohe **Ergebnisabhängigkeit** kann zum einen dadurch erreicht werden, dass in die Zielvereinbarungen einzelner Mitarbeiter nicht nur Ziele aufgenommen werden, die in ihrer eigenen Verantwortung liegen, sondern auch Ziele, die nur im Zusammenspiel mit den anderen Gruppenmitgliedern erreicht werden können. Schon zu Beginn der Gruppenarbeit sollte dann in einer Auftaktveranstaltung auf die wechselseitige Abhängigkeit der Zielerreichungen aufmerksam gemacht werden, indem sich die Gruppenmitglieder zunächst einmal über jene Ziele austauschen, die sie nur im Verbund mit den anderen erreichen können.

Aufgabenbezogene Heterogenität

Ergebnisabhängigkeit

13.3.3 Ansatz Gruppenprozesse

Zur Verbesserung der **Gruppenprozesse** sollte vor allem am Führungsverhalten des Projektleiters (▶ Kap. 12, Kuhrts, Braumandl & Weisweiler) bzw. an der Kommunikation in der Projektgruppe gearbeitet werden. Entscheidend für richtiges Führungsverhalten in Projektgruppen scheint die Anpassung des Führungsstils an den Entwicklungsstand des Projektes zu sein. Befindet sich die Projektgruppe noch in

Anpassung des Führungsstils an Projektstand

einer frühen Phase des Innovationsprozesses, ist vor allem transformationale Führung empfehlenswert, bei der die Mitglieder durch klare und gemeinsam getragene Visionen von der Zielsetzung überzeugt werden. Die Mitglieder müssen diese Visionen für erstrebenswert halten und sich mit ihnen identifizieren (▶ Kap. 10, Kraus & Woschée). Ist die Ideengenerierung dagegen abgeschlossen und steht die Umsetzung im Vordergrund, kommt es für die Projektleiter beispielsweise mehr darauf an, auf die Einhaltung von Terminen und des Budgets zu achten. In diesem Fall eignet sich eine transaktionale Führung besser für ein optimales Teamergebnis, weil dabei Ziele klar vereinbart, Fortschritte überwacht und die Leistungsbeurteilungen an die Zielerreichung gekoppelt werden.

Kommunikation durch Teamentwicklungsmaßnahmen fördern

Die Kommunikation innerhalb der Projektgruppe kann durch gezielte Teamentwicklungsmaßnahmen gefördert werden, indem die Kommunikationsprozesse zwischen den Teammitgliedern und über die Grenzen der Gruppe hinweg genau analysiert, dabei die Barrieren für einen optimalen und sicheren Informationsfluss identifiziert und Gruppenvereinbarungen für eine Verbesserung getroffen werden (▶ Kap. 6, Wastian, Braumandl & Dost). Kommunikationsprozesse können aber auch durch weitere gestalterische Maßnahmen, wie etwa architektonische Lösungen, unterstützt werden. Die alte Erkenntnis Homans (1950), wonach die Sympathie proportional zur Kontakthäufigkeit zunimmt, kann genutzt werden, indem etwa die Entwicklungs- und Marketingabteilungen näher zusammengelegt werden, um dadurch die Kommunikation zwischen beiden zu verbessern (Leenders & Wierenga, 2002).

13.3.4 Fazit

Die mittlerweile vorliegenden Befunde über gruppenbezogene Einflussfaktoren auf Kreativität und Innovation belegen eindrucksvoll, dass eine Reihe maßgeblicher Gruppenfaktoren aus den Bereichen Teamklima, Gruppenstruktur und Gruppenprozesse identifiziert werden kann. Die einflussreichsten sind einzelne Dimensionen des Teamklimas, die Kommunikation, Kohäsion, Führung und Ergebnisabhängigkeit. Aus den Ergebnissen der Forschung lassen sich handlungsnahe Empfehlungen für die Praxis ableiten. Diese Empfehlungen können selbstverständlich schon bei der Planung von Projekten, spätestens dann aber bei der Durchführung der Projektarbeit angewandt werden.

Praxisempfehlungen

Die nachfolgende Checkliste fasst noch einmal die wichtigsten Aspekte des Kapitels zusammen.

> **Checkliste: Ansatzpunkte für die Optimierung von Innovativität in Teams**
> 1. Teamklima
>   a) Teamklima messen
>   b) Ergebnis an das Team zurückmelden
>   c) Gemeinsam mit dem Team den Optimierungsbedarf im Hinblick auf spezifische Dimensionen des Teamklimas identifizieren
>   d) Ggf. gezielte Teamentwicklungsmaßnahmen durchführen, um einzelne Klimadimensionen zu verbessern
> 2. Gruppenstruktur
>   a) Teams so zusammenstellen, dass eine hohe aufgabenbezogene Heterogenität erreicht wird
>   b) Hohe Ergebnisabhängigkeit im Team anstreben
>   c) Bei einer Kick-off-Veranstaltung auf die Ergebnisabhängigkeit hinweisen
> 3. Gruppenprozesse
>   a) Führungsverhalten am Entwicklungsstand der Projektgruppe ausrichten: In einer frühen Phase ist transformationales, in einer späteren transaktionales Führungsverhalten empfehlenswert
>   b) Kommunikationsprozesse analysieren und optimieren

13.4 Literatur

Amabile, T. M. (1988). A model of creativity and innovation in organizations. *Research in Organizational Behavior, 10,* 123–167.

Amabile, T. M. (1996). *Creativity in context.* Boulder, CO: Westview.

Anderson, N. & King, N. (1993). Innovation in organizations. In C. L. Cooper & I. T. Robertson (Eds.), *International review of industrial and organizational psychology* (Vol. 8, pp. 1–34). Chichester: Wiley.

Anderson, N. & West, M. (1996). The team climate inventory: Development of the TCI and its applications in teambuilding for innovativeness. *European Journal of Work and Organizational Psychology, 5,* 53–66.

Beal, D. J., Cohen, R. R., Burke, M. J. & McLendon, C. L. (2003). Cohesion and performance in groups: A meta-analytic clarification of construct relations. *Journal of Applied Psychology, 88,* 989–1004.

Brodbeck, F. C. & Maier, G. W. (2001). Das Teamklima-Inventar (TKI) für Innovation in Gruppen: Psychometrische Überprüfung an einer deutschen Stichprobe. *Zeitschrift für Arbeits- und Organisationspsychologie, 45,* 59–73.

Brodbeck, F. C., Anderson, N. R. & West, M. (2000). *Das Teamklima-Inventar.* Göttingen: Hogrefe.

Caird, S. (1994). How do award winners come up with innovative ideas? *Creativity and Innovation Management, 3,* 3–10.

Dougherty, D. (1992). Interpretive barriers to successful product innovation in large firms. *Organization Science, 3,* 179–202.

Edmondson, A. C. (1996). Learning from mistakes is easier said than done: Group and organizational influences on the detection and correction of human error. *Journal of Applied Behavioral Science, 32,* 5–28.

Elsbach, K. D. & Kramer, R. M. (2003). Assessing creativity in Hollywood pitch meetings: Evidence for a dual-process model of creativity judgments. *Academy of Management Journal, 46,* 283–301.

Gebert, D. (2007). Psychologie der Innovationsgenerierung. In D. Frey & L. von Rosenstiel (Hrsg.), *Enzyklopädie der Psychologie: Wirtschaftspsychologie* (S. 783–808). Göttingen: Hogrefe.

Homans, G.C. (1950). *The human group*. New York: Hartcourt.

Hülsheger, U. R., Anderson, N. R. & Salgado, J. F. (im Druck). Team-level predictors of innovation at work: A comprehensive meta-analysis spanning three decades of research. *Journal of Applied Psychology*.

Kanter, R. M. (1988). When a thousand flowers bloom: Structural, collective, and social conditions for innovation in organization. *Research in Organizational Behavior, 10*, 169–211.

Kasof, J. (1995). Social determinants of creativity: Status expectations and the evaluation of original products. *Advances in Group Processes, 12*, 167–220.

Keller, R. T. (1992). Transformational leadership and the performance of research and development project groups. *Journal of Management, 18*, 489–501.

Leenders, M. A. A. M. & Wierenga, B. (2002). The effectiveness of different mechanisms for integrating marketing and R&D. *Journal of Product Innovation Management, 19*, 305–317.

Lovelace, K., Shapiro, D. L. & Weingart, L. R. (2001). Maximizing cross-functional new product teams' innovativeness and constraint adherence: A conflict communications perspective. *Academy of Management Journal, 44*, 779–793.

Maier, G. W., Streicher, B., Jonas, E. & Frey, D. (2007). Kreativität und Innovation. In D. Frey & L. von Rosenstiel (Hrsg.), *Enzyklopädie der Psychologie: Wirtschaftspsychologie* (S. 809–855). Stuttgart: Hogrefe.

Monge, P., Cozzens, M. & Contractor, N. (1992). Communication and motivational predictors of the dynamics of organizational innovation. *Organization Science, 3*, 250–274.

Redmond, M. R., Mumford, M. D. & Teach, R. (1993). Putting creativity to work: Effects of leader behavior on subordinate creativity. *Organizational Behavior and Human Decision Processes, 55*, 120–151.

Saavedra, R., Earley, P. C. & van Dyne, L. (1993). Complex interdependence in task-performing groups. *Journal of Applied Psychology, 78*, 61–72.

Schuler, H., Funke, U., Moser, K. & Donat, M. (1995). *Personalauswahl in Forschung und Entwicklung*. Göttingen: Hogrefe.

Scott, S. G. & Bruce, R. A. (1994). Determinants of innovative behavior: A path model of individual innovation in the workplace. *Academy of Management Journal, 37*, 580–607.

Shalley, C. E. & Gilson, L. L. (2004). What leaders need to know: A review of social and contextual factors that can foster or hinder creativity. *Leadership Quarterly, 15*, 33–53.

Staw, B. M. & Boettger, R. D. (1990). Task revision: A neglected form of work performance. *Academy of Management Journal, 33*, 534–559.

Van der Vegt, G. & van de Vliert, E. (2002). Intragroup interdependence and effectiveness: Review and proposed directions for theory and practice. *Journal of Managerial Psychology, 17*, 50–67.

Van der Vegt, G., Emans, B. & van de Vliert, E. (1999). Effects of interdependencies in project teams. *Journal of Social Psychology, 139*, 202–214.

Waldman, D. A. & Bass, B. M. (1991). Transformational leadership at different phases of the innovation process. *Journal of High Technology Management Research, 2*, 169–180.

Ward, T. B., Smith, S. M. & Finke, R. A. (1999). Creative cognition. In R. J. Sternberg (Eds.), *Handbook of creativity* (pp. 189–212). Cambridge: Cambridge University Press.

Weisberg, R. W. (1993). *Creativity: Beyond the myth of creativity*. New York: Freeman.

West, M. A. (1990). The social psychology of innovation in groups. In M. A. West & J. L. Farr (Eds.), *Innovation and creativity at work* (pp. 309–333). Chichester: Wiley.

Zhou, J. (2003). When the presence of creative coworkers is related to creativity: Role of supervisor close monitoring, developmental feedback, and creative personality. *Journal of Applied Psychology, 88*, 413–422.

Zhou, J. & George, J. M. (2001). When job dissatisfaction leads to creativity: Encouraging the expression of voice. *Academy of Management Journal, 44*, 682–696.

14 Kreativitätstechniken

Eva Traut-Mattausch, Rudolf Kerschreiter

14.1 Das Problem: Was macht Mitarbeiter kreativ? – 264

14.2 Hintergrund und Relevanz aus psychologischer Sicht: Nicht alle Kreativitätstechniken sind effektiv – 265

14.3 Ansatzpunkte für Verbesserungen: Techniken zur Förderung der Kreativität in Projekten – 266
14.3.1 Methoden der systematischen Problemspezifizierung – 267
14.3.2 Intuitiv-kreative Methoden für die Generierung von Ideen – 269
14.3.3 Systematisch-analytische Methoden für die Generierung von Ideen – 277
14.3.4 Methoden zur Beurteilung von Ideen – 279
14.3.5 Fazit – 280

14.4 Literatur – 281

Qualitativ gute Leistungen reichen im globalen Wettbewerb nicht mehr aus. Unternehmen müssen durch originelle und neuartige Produkte, Dienstleistungen, und Marketingstrategien usw. überzeugen. Sie benötigen daher fähige Mitarbeiter, die alleine und in Projektgruppen kreative Ideen entwickeln, um neue Märkte zu erschließen und mit vielfältigen, völlig neuen Problemen fertig zu werden. Hierbei können Kreativitätstechniken helfen, da sie Einzelpersonen und Gruppen unterstützen, aus gewohnten Denkmustern auszubrechen, Probleme auf andere Art zu betrachten, neue Erkenntnisse zu gewinnen sowie unbekannte Wege zu beschreiben – kurzum: kreativ und innovativ zu sein.

14.1 Das Problem: Was macht Mitarbeiter kreativ?

Definition von Kreativität

> Kreativität bedeutet, neue und nützliche Ideen zu generieren (Maier, Frey, Schulz-Hardt & Brodbeck, 2001; zu den theoretischen Hintergründen ▶ Kap. 13, Maier & Hülsheger).

Unternehmen suchen nach kreativen Mitarbeitern, die durch originelle Ideen Lösungen für gegenwärtige und zukünftige Herausforderungen entwickeln und dadurch z. B. dazu beitragen, neue Märkte zu erschließen. So gelang es der Firma Apple mit ihren tragbaren digitalen Medienabspielgeräten (sog. »iPods«) durch eine überzeugende Kombination von neuartigem Bedienkonzept und Gerätedesign in kürzester Zeit zum Hersteller des meistverkauften und beliebtesten tragbaren Musikabspielgeräts der Welt zu werden. Durch die Verknüpfung der Abspielgeräte mit der hauseigenen Software »iTunes« und einer direkt in diese Software integrierten Internet-Handelsplattform (sog. »iTunes Store«) wurde Apple darüber hinaus zu einem der größten Onlinehändler für Musik. In diesem Beispiel wurde ein neues Produkt mit einer innovativen Dienstleitung sowie einer orginiellen Marketingstrategie verknüpft. Entstanden sind diese Innovationen in den Köpfen der Mitarbeiter.

Über welche Merkmale müssen nun aber Mitarbeiter verfügen, um kreativ zu sein? Ein sehr bekanntes Modell, das eine Antwort auf diese Frage gibt, ist das **Komponentenmodell** der Kreativität. Danach sind 3 Komponenten im Prozess des kreativen Handelns entscheidend (Amabile, 1996).

Komponentenmodell der Kreativität

Die erste notwendige Komponente ist die **Aufgabenmotivation**. Sie bewirkt, dass der kreative Prozess überhaupt initiiert und aufrechterhalten wird. Hierbei sollte die Person vor allem intrinsisch, d. h. aus sich heraus motiviert sein, an dem Problem zu arbeiten.

Intrinsische Aufgabenmotivation

Neben der Motivation bestimmen bereichs- und kreativitätsrelevante Fähigkeiten die Kreativität einer Person. Zu den **bereichsrelevanten Fähigkeiten** gehören v. a. Fachwissen und spezielle technische

Bereichsrelevante Fähigkeiten

Kenntnisse. Genügt das Wissen zunächst nicht, um eine Lösung zu finden, so ist wiederum die Aufgabenmotivation dafür ausschlaggebend, ob sich die kreative Person zusätzliches Wissen aneignet, um zu neuen Lösungswegen zu gelangen.

Die **kreativitätsrelevanten Fähigkeiten** (Methodenwissen) bestimmen die Art der Lösungssuche. Zu diesen Fähigkeiten gehören eine förderliche Arbeitsweise und das Wissen über den Gebrauch von Kreativitätstechniken.

Kreativitätsrelevante Fähigkeiten

Aus diesem Modell lässt sich ableiten, dass neben einer hohen Aufgabenmotivation und bereichsrelevanten Fähigkeiten Mitarbeiter auch kreativitätsrelevante Fähigkeiten besitzen sollten. Letztere können durch das Erlernen und Anwenden von Kreativitätstechniken erweitert werden und stehen deshalb im Zentrum dieses Kapitels. Kreativitätstechniken sollen Mitarbeiter darin unterstützen, die einzelnen Phasen des kreativen Prozesses (▶ Kap. 13, Maier & Hülsheger) effektiver zu gestalten sowie bessere Ergebnisse in Form von kreativeren Ideen zu erzielen.

14.2 Hintergrund und Relevanz aus psychologischer Sicht: Nicht alle Kreativitätstechniken sind effektiv

Betrachtet man die Forschung zu Kreativitätstechniken, fällt auf, dass es nur wenige publizierte Arbeiten gibt, die darauf abzielen, die Wirksamkeit von einzelnen, in der Praxis etablierten Techniken systematisch zu untersuchen (vgl. Sternberg, 1999). Eine Ausnahme bilden die Arbeiten zur Wirksamkeit der Brainstormingtechnik.

Zusammenfassend zeigt die Forschung zu den Brainstormingmethoden, dass klassisches Brainstorming in Gruppen systematisch zu quantitativ weniger und qualitativ schlechteren Ideen führt, als wenn die gleiche Anzahl von Personen individuell Ideen generiert (Mullen, Johnson & Salas, 1991). Für diese Prozessverluste ist vor allem die sog. »Produktionsblockierung« verantwortlich (Stroebe & Nijstad, 2004). Hiermit ist gemeint, dass sich Personen in Face-to-face-Gruppen gegenseitig durch den verbalen Austausch in der Produktion von Ideen blockieren (▶ Kap. 3, Brodbeck & Guillaume). Konkret werden durch das Zuhören während andere reden, eigene Gedankengänge unterbrochen sowie die Aktivierung neuer Ideenbereiche behindert (Nijstad, Stroebe & Lodewijkx, 2003). Diese Blockierung kann vermieden werden, indem Gruppen Brainwritingmethoden einsetzen bzw. Brainwriting mit anschließender Diskussion zur Weiterentwicklung der schriftlich generierten Ideen (▶ Abschn. 14.3.2; Paulus & Young, 2000).

Prozessverluste beim Brainstorming

Im Folgenden werden daher Techniken vorgestellt, die sich in der Praxis bewährt haben und von Experten empfohlen werden.

14.3 Ansatzpunkte für Verbesserungen: Techniken zur Förderung der Kreativität in Projekten

Kreativitätstechniken sollen dabei helfen, Probleme systematisch zu analysieren, kreative Lösungsvorschläge zu produzieren und diese zu bewerten. Die Kreativitätstechniken lassen sich im Hinblick auf ihre Zielsetzung in Methoden zur **Problemspezifizierung**, Methoden für die **Generierung von Ideen** und Methoden für die **Beurteilungsphase** klassifizieren. Diese Unterteilung kann den Phasen des kreativen Prozesses (▶ Kap. 13, Maier & Hülsheger) zugeordnet werden, d. h. die einzelnen Techniken unterstützen den Anwender in den jeweiligen Phasen. Techniken zur Problemspezifizierung fördern in der Präparationsphase die Problemanalyse. In der Inkubations- und Illuminationsphase helfen Methoden der Ideenfindung. Aus den gefundenen Ideen werden in der Verifikationsphase mit Hilfe von Bewertungstechniken logische Lösungen für das Problem ausgewählt (Schaude, 1995). Im Folgenden werden, orientiert an dieser Systematik, einzelne Techniken exemplarisch vorgestellt sowie Hinweise zur Umsetzung gegeben.

Systematik der Kreativitätstechniken (in Anlehnung an Schlicksupp, 2004)

I. Methoden der systematischen Problemspezifizierung
- fördern das Problemverständnis: erhöhtes Wissen, bessere Transparenz und klarere Strukturierung
- Techniken: Progressive Abstraktion, Hypothesenmatrix, KJ-Methode, MindMap-Methode (▶ Kap. 5, Winkler & Mandl)

II. Intuitiv-kreative Methoden für die Generierung von Ideen
- fördern kreatives Problemlöseverhalten: »Kreativitätstechniken im engeren Sinne«
- Techniken: Brainstormingmethoden (klassisches und imaginäres Brainstorming, SIL-Methode, Sequenzierungstechnik), Brainwritingmethoden (Methode 635, Brainwritingpool, Collective-Notebook-Methode), Synektik und synektikähnliche Methoden (Reizwortanalyse, klassische und visuelle Synektik), Osborn-Checkliste

III. Systematisch-analytische Methoden für die Generierung von Ideen
- fördern die Herausarbeitung aller denkbarer Lösungsrichtungen
- Techniken: Morphologischer Kasten, Attribute-Listing

IV. Methoden für die Beurteilung von Ideen
- fördern die kritische Auseinandersetzung mit den entwickelten Ideen
- Techniken: negatives Brainstorming, DeBono-Hüte

14.3.1 Methoden der systematischen Problemspezifizierung

Ein gutes **Problemverständnis** ist unabdingbare Voraussetzung für das Finden einer wirkungsvollen Lösung. Mit den Methoden der systematischen Problemspezifizierung ist es gerade bei komplexen Problemen möglich, mehr Erkenntnisse sowie einen möglichst vollständigen Einblick in innere Strukturen des Problems zu erhalten. Ergebnis der Problemanalyse ist ein erhöhtes Wissen, mehr Transparenz sowie eine klarere Struktur des vorliegenden Problems (Schlicksupp, 2004). Dies ist insbesondere für Projektgruppen wichtig, da hier in der Regel Experten mit unterschiedlichen Problemverständnissen zusammentreffen. Werden diese unterschiedlichen Sichtweisen des Problems nicht erkannt und in eine gemeinsame Sicht integriert, erschwert dies die Zusammenarbeit und das Finden einer effektiven Lösung.

Problemanalyse

Problem durch detaillierte Betrachtung erkennen: Progressive Abstraktion

Hintergrund

Bei dieser Methode wird die vorläufige Problemdefinition in Frage gestellt und analysiert. Dies hilft, unbeachtete Einflussfaktoren und Zusammenhänge zu berücksichtigen, die zu einer wirkungsvolleren Lösung des Problems führen können. Die Perspektive der Problembetrachtung wird dadurch häufig so verändert, dass mitunter ganz andere Lösungsansätze gefunden werden, als bei der ursprünglichen Problemformulierung zu erwarten war (Geschka & von Reibnitz, 1980).

Finden anderer Lösungsansätze

Vorgehensweise

Zunächst werden spontan Lösungsvorschläge für die vorläufige Problembeschreibung formuliert. Im nächsten Schritt wird überlegt, warum diese Lösungen noch nicht zufriedenstellend sind. Es folgt die Frage: »**Worauf kommt es eigentlich an?**« Dadurch wird das Problem besser durchdrungen und auf einem höheren Abstraktionsniveau formuliert. Zu dem neu formulierten Problem werden wieder Lösungen gesucht und wiederum analysiert, warum diese den gestellten Anforderungen noch nicht genügen. Dieser Prozess wird so lange wiederholt, bis Lösungsansätze entwickelt werden, die dem Problem am besten entsprechen (vgl. Schlicksupp, 2004). Die Methode der progressiven Abstraktion erfordert analytisches Geschick und Fachwissen und kann deshalb nur von sehr versierten Einzelpersonen oder Gruppen durchgeführt werden (Schaude, 1995). Gelingt es einer Gruppe nicht, das Problem auf einem höheren Abstraktionsniveau neu zu formulieren, kann dies für den Projektleiter ein Hinweis sein, dass dem Projektteam das entsprechende Fachwissen fehlt und zunächst eine vertiefte Beschäftigung mit den Grundlagen und Hintergünden des Problems notwendig ist.

Worauf kommt es eigentlich an?

Vernetzungen und Beziehungen erkennen: Hypothesenmatrix

Hintergrund

Die Hypothesenmatrix zielt darauf ab, Sachverhalte analytisch zu durchdringen, Verknüpfungen transparent zu machen sowie latente Probleme aufzudecken. Möchte man vorhandene Verflechtungen zwischen 2 Gegenstandsbereichen analysieren sowie alle Beziehungen zwischen den beiden Bereichen aufzeigen, ist die Hypothesenmatrix eine geeignete Methode (Schlicksupp, 2004).

Vorgehensweise

Zunächst werden möglichst viele Aussagen für die beiden Bereiche (A und B) gesammelt. Aussagen zu dem Bereich »Gestaltungsmerkmale eines Handys« wären z. B. Farbe, Größe der Tasten oder Größe des Displays; Aussagen zu dem Bereich »Zielgruppe 50+« wären z. B. Qualitätsbewusstsein, Weitsichtigkeit oder traditionelle Werte. Diese Aussagen werden dann in einer Matrix angeordnet. Im nächsten Schritt wird dann jede Aussage des Bereichs A mit jeder Aussage des Bereichs B »konfrontiert«. Dabei wird überprüft, ob die Aussagen in einem Zusammenhang stehen. Ist dies sicher oder wahrscheinlich der Fall, wird in das entsprechende Feld der Matrix ein Kreuz eingetragen (◘ Abb. 14.1). So könnte in dem beschriebenen Beispiel bei »Größe der Tasten« und »Weitsichtigkeit« ein Zusammenhang bestehen und man würde hier ein Kreuz in der Tabelle markieren. Um alle wesentlichen Informationen für die Gegenstandsbereiche zusammenzutragen, emp-

Aussagen sammeln und in Matrix anordnen

		Aussagen über Bereich A											
		A1	A2	A3	A4	A5	A6	A7	A8	A9	A10	...	...	...
Aussagen über Bereich B	B1						X							
	B2		X	X						X				
	B3													
	B4													
	B5							X						
	B6													
	B7							X						
	B8	X								X				
	B9													
	B10													
	...													
	...													
	...													

◘ **Abb. 14.1.** Aufbau einer Hypothesenmatrix. (Mod. nach Schlicksupp 2004, S. 69)

fiehlt es sich, mehrere fachkundige Personen an dem Prozess zu beteiligen. Ferner können die Beziehungen zwischen den Aussagen der beiden Gegenstandsbereiche A und B durch ein entsprechendes System gekennzeichnet werden. Beispiele für Verknüpfungssymbole sind: »+« = positive Beziehung, »-« = negative Beziehung, »!« = Beziehung sehr bedeutungsvoll (Schlicksupp, 2004).

Mehrere Personen beteiligen

Struktur für komplexe Zusammenhänge schaffen
Weitere Möglichkeiten, das Problemverständnis zu erhöhen, ist die Anwendung der **KJ-Methode** oder der **Mind-Map-Methode** (▶ Kap. 5, Winkler & Mandl). Mit beiden Techniken ist es möglich, komplexe Sachverhalte in strukturierter Weise darzustellen (Buzan, 2005).

14.3.2 Intuitiv-kreative Methoden für die Generierung von Ideen

Die Methoden der **Generierung von Ideen** gliedern sich in die intuitiv-kreativen Methoden und die systematisch-analytischen Methoden. Intuitiv-kreative Methoden funktionieren nach den Prinzipien der Assoziation, der Analogie- und Vergleichsbildung, der Übertragung und Zusammenführung von separaten Strukturen. Während die intuitiv-kreativen Methoden unreflektiertes und sprunghaftes Denken fördern, lenken die systematisch-analytischen Methoden die Denkvorgänge planvoll (Hoffmann, 1996). Sie erfassen die Problemstellung methodisch, ordnen und zergliedern die Problemelemente und kombinieren beziehungsweise variieren diese neu.

Intuitiv-kreative Methoden

Systematisch-analytische Methoden

Intuitiv-kreative Methoden der Ideengenerierung sind Kreativitätstechniken im engeren Sinne. Sie sollen in Problemlösungsprozessen eine kreative Denkweise anregen, konformes Denken vermeiden und Denkblockaden überwinden helfen. Methoden wie z. B. Brainstorming, Brainwriting, die Konfrontationsmethoden und die Osborn-Checkliste beruhen auf den Prinzipien der Assoziation, der Bildung von Analogien und der Übertragung von Eigenschaften auf das ursprüngliche Problem. Sie geben dem Problemlöser Systematiken an die Hand, die ihm helfen, Lösungen zu finden (vgl. Schlicksupp, 2004).

Systematiken zur Problemlösung

Vielfalt von Lösungen schaffen: Klassisches Brainstorming und Abwandlungen
Hintergrund
Ziel einer Brainstormingsitzung ist es, zunächst möglichst viele Ideen zu entwickeln, und diese erst anschließend kritisch zu beurteilen. Im Brainstorming gelten 4 Verhaltensregeln, die Kreativitätsblockaden abbauen und konformes Denken vermeiden sollen (Osborn, 1953):

Regeln zum Abbau von Kreativitätsblockaden

— »Keine Kritik!«
   Brainstorming arbeitet nach dem Prinzip des aufgeschobenen Urteils, d. h. es herrscht eine klare Trennung zwischen Ideenproduktion und -bewertung. In der Produktionsphase soll frei und unge-

hindert eine möglichst große Anzahl an Ideen und Gedanken zu der definierten Problemstellung ausgesprochen werden. Das uneingeschränkte Annehmen und Visualisieren jeder Idee fungiert als eine Art positive Verstärkung, weitere Ideen zu produzieren. Sog. »Killerphrasen« (z. B. »So ein Unsinn«, »Das funktioniert doch nie« etc.) sind verboten, weil sie die Teilnehmer verunsichern, frustrieren und blockieren.

- **»Quantität vor Qualität.«**
  Dies bedeutet, dass möglichst viele Ideen gebildet werden sollen, weil mit der Anzahl der produzierten Ideen, die Chance wächst, dass sich unter diesen einige gute befinden.
- **»Lasse Deiner Fantasie freien Lauf«.**
  Ziel dieser Regel ist, dass nicht nur viele, sondern auch möglichst verrückte Ideen assoziiert werden, um gänzlich neue Ansätze für Lösungen zu entdecken.
- **Ideen anderer aufgreifen, kombinieren und weiterentwickeln.**
  Dieses Prinzip ist eine wichtige Voraussetzung für Gruppensynergieeffekte durch wechselseitige Assoziationsketten (Geschka & v. Reibnitz, 1980). Das Urheberrecht des Einzelnen ist aufgehoben, der Konkurrenzgedanke ausgeschaltet und die Aufgabenorientierung verstärkt (Dries, 1982).

Vorgehensweise

Zunächst werden die Aufgabe beziehungsweise das Problem vorgestellt und die Grundregeln des Brainstormings präsentiert. Für einfache Probleme sollte eine Brainstormingphase von ca. 60 min eingeplant werden. Eine Gruppengröße von 5–7 Personen ist ideal. Die Zusammensetzung der Brainstorminggruppe sollte heterogen sein, d. h. eine Kombination aus Experten und Laien. Laien können zwar fachfremd sein, sollten aber im Technik- oder techniknahen Umfeld arbeiten und sich dort zurechtfinden können. Ein Moderator ist hilfreich, um das Vorgehen zu strukturieren, sicherzustellen, dass die Regeln eingehalten werden, sowie die Teilnehmer immer wieder zu aktivieren. Ferner ist ein Protokollant sinnvoll, der alle Ideen dokumentiert und am besten für die Teilnehmer auf einem Flipchart oder anderweitig visualisiert. Weitere Ideen sollten auch nach der Sitzung nachgereicht werden können.

Bei fixierten »festgefahrenen« Problemen: Abwandlungen des klassischen Brainstormings

Um das Hervorbringen von möglichst kreativen neuen Ideen zu unterstützen, werden im Rahmen des imaginären Brainstormings eine oder mehrere Bedingungen des zu lösenden Problems völlig geändert. Beispielsweise wird das Problem »Wie sollte ein Fahrkartenautomat der Deutschen Bahn beschaffen sein?« verfremdet zu der Fragestellung »Wie sollte ein Fahrkartenautomat beschaffen sein, damit Grundschulkinder diesen bedienen können?« Erst nach Ende der Ideenfindungsphase werden die Lösungsansätze auf das ursprüngliche Problem übertragen. Durch dieses Vorgehen soll eine Fixierung auf bestimmte Vorschläge aufgehoben werden, sodass die Teilnehmer offen für neue Ideen sind (Keller, 1971).

Zusammenführung von Individuallösungen zu einer Lösung: SIL-Methode (Systematische Integration von Lösungselementen)

Ist es das Ziel, nicht viele separate Ideen, sondern integrative Lösungselemente zu entwickeln, sollte die SIL-Methode angewendet werden. Zunächst entwickeln die Teilnehmer in Einzelarbeit Ideen zur gestellten Aufgabe. Dann wird eine »Individualidee« vorgestellt und die Vorzüge dieser Idee diskutiert. Mit einer zweiten »Individualidee« wird genauso verfahren. Anschließend versucht die Gruppe, beide Ideen zu verbinden. Diese Vorgehensweise wird bei allen weiteren Ideen angewandt, sodass am Ende im Idealfall alle Individualideen zu einem Lösungsansatz integriert sind (Schlicksupp, 2004).

Integration aller Individualideen

> ❗ Bei der Anwendung der Brainstormingmethoden in internationalen Teams sollte bedacht werden, dass auf Basis von kulturellen Unterschieden oder Normen das öffentliche Äußern von Ideen manchen Gruppenmitgliedern nicht angemessen erscheint (▶ Kap. 16, Hößler & Sponfeldner). Hier könnten die Brainwritingmethoden ggf. die bessere Wahl sein.

Um gegenseitige »Produktionsblockierung« sowie störende Konflikte und Probleme in Teams auszuschalten: Brainwritingmethoden

Hintergrund

Die Brainwritingmethoden lehnen sich an die Brainstormingregeln an. Teilnehmer sprechen ihre Ideen jedoch nicht aus, sondern halten diese schriftlich fest. Die Anwendung der Brainwritingmethoden ist z. B. zu empfehlen, wenn viele Personen gleichzeitig in den Prozess eingeschaltet werden sollen, wenn Spannungen und Konflikte zu befürchten sind beziehungsweise wenn Hierarchieunterschiede hemmend wirken könnten. Brainwritingmethoden sind auch geeignet, wenn die erwarteten Ideen komplexer sind und mehrschichtige Denkprozesse erfordern sowie wenn eine Produktionsblockierung vermieden werden soll (Stroebe & Nijstad, 2004; ▶ Kap. 3, Brodbeck & Guillaume).

Ideen aufschreiben statt aussprechen

Eine strukturierte Vorgehensweise: die Methode 635

Bei dieser Methode schreiben **6** Teilnehmer **3** Ideen in jeweils **5** min auf einem Formular nieder. Die 6 Formulare rotieren danach für weitere 5 min reihum, sodass jeder Teilnehmer am Ende auf jedem Formular 3 Ideen verfasst hat. Durch bereits notierte Ideen soll so zu neuen Ideen angeregt werden. Die niedergeschriebene Idee kann eine Ergänzung der Vorgängeridee sein, eine Variation davon oder eine völlig neue Idee. Die Zeitintervalle können in den ersten Runden verkürzt werden, müssen dann aber wieder verlängert werden, da die Ideen der Vorgänger zunächst gelesen und verarbeitet werden müssen. Es ist da-

Ideen regen zu Ideen an

Flexiblere Variante der Methode 635: Brainwritingpool

Beim Brainwritingpool ist der starre Rotationszyklus der Methode 635 aufgehoben. Teilnehmer gruppieren sich um einen großen Tisch. Jeder Teilnehmer erhält ein Formblatt, zusätzlich werden weitere Blätter, auf denen bereits 2–4 Ideen eingetragen sind, auf den Tisch gelegt. Nach der Präsentation der Aufgabenstellung tragen die Teilnehmer ihre Ideen in ihr eigenes Leerformular ein, wobei es ihnen offen steht, wie viele Ideen in welcher Zeit niedergeschrieben werden. Fällt einem Teilnehmer keine neue Idee mehr ein, dann tauscht er das eigene Blatt mit einem Blatt aus der Tischmitte (= Brainwritingpool) aus, lässt sich von den dort aufgeführten Ideen anregen und schreibt weitere Ideen hinzu. Der letzte Schritt kann so lange wiederholt werden, bis alle Teilnehmer alle Formulare gelesen und ggf. erweitert haben oder eine vereinbarte Zeit abgelaufen ist (Schlicksupp, 2004).

> **Schrittweise Sammlung und Anreicherung von Ideen**

Bei virtuellen (ortsverteilten) Teams: Collective Notebook

Bei dieser Technik sind die Teilnehmer nicht an eine Gruppensitzung gebunden, sondern können im Tagesverlauf Ideen produzieren und festhalten. Dieses Werkzeug eignet sich gut, um sich im Vorfeld eines anzugehenden Problems einen Überblick über mögliche Lösungsvorschläge zu verschaffen.

> **Überblick über mögliche Lösungsvorschläge**

Jeder Teilnehmer erhält ein Notizheft mit der exakten Aufgabenstellung und dem Hinweis, dass Ideen während einer vorgegebenen Zeitspanne laufend aufgeschrieben werden sollen (Quantität vor Qualität). Nach Ablauf der Frist werden die Notizbögen eingesammelt und ausgewertet. Die Ergebnisse werden den Teilnehmern mitgeteilt. Bei dieser Methoden gibt es 2 unterschiedliche Variationen:
1. Die Notizbögen zirkulieren zwischen den Teilnehmern.
2. Die Teilnehmer werden zu einer Kreativitätssitzung eingeladen, um Ideen zu diskutieren, weiterzuentwickeln, auszuarbeiten usw. (Schlicksupp, 2004).

Bei fixierten »festgefahrenen« Problemen: Konfrontationsmethoden – klassische und visuelle Synektik sowie Reizwortanalyse

> ❗ Brainstorming- und Brainwritingmethoden helfen, eine große Anzahl an Ideen zu produzieren. Wesentlich originellere Ergebnisse bringt die Arbeit mit Konfrontationsmethoden hervor. Der bekannteste Vertreter dieser intuitiv-kreativen Techniken ist die klassische Synektik.

Hintergrund

Die Methoden der schöpferischen Konfrontation beruhen auf der Auseinandersetzung mit Inhalten, die scheinbar nichts mit dem ursprünglichen Problem zu tun haben. Durch die Verfremdung bekannter Sachverhalte soll verhindert werden, dass die Problemlösenden voreingenommen gegenüber bestimmten Lösungsschemata sind und Lösungsansätze übersehen. Als wichtige Repräsentanten der Konfrontationsmethoden gelten unter anderem die klassische Synektik und die Reizwortanalyse (Hoffmann, 1981).

Die klassische Synektik (griech. »syn« = zusammen, »ektos« = außerhalb, also das Zusammenbringen von vorher nicht in Beziehung stehenden Elementen) beruht auf dem Verfremden des gestellten Problems durch Ausweichen auf andere Ebenen mittels Analogiebildung. Anregungen zum ursprünglichen Problem werden durch Übertragung fremder Strukturen auf die eigene Problemstellung gefunden. Dabei werden 2 Prinzipien verfolgt:
a) Das Fremde vertraut machen und
b) das Vertraute fremd machen (Schlicksupp, 2004).

Klassische Synektik

Abb. 14.2 zeigt ein Ablaufbeispiel für eine Synektiksitzung.

Vorgehensweise

Vorbereitungsphase. Die erste Phase ist die Vorbereitungsphase. In dieser Phase findet eine intensive Beschäftigung mit der Problemstellung statt. Danach dürfen die Teilnehmer spontane Lösungen formulieren, damit sie unbelastet an den weiteren Ideenfindungsprozess herangehen können. Ohne diese als **Purge** (= Reinigung) bezeichnete Stufe könnte es passieren, dass Teilnehmer sich mental blockieren, weil sie denken, die beste Idee bereits gefunden zu haben. Ziel der ersten Phase ist es, etwaige Missverständnisse aufzudecken und mit einem erhöhten und identischen Verständnis die Problemstellung neu zu definieren. Diese erste analytische Phase folgt dem Prinzip »das Fremde vertraut machen.«

Formulieren spontaner Lösungen zur »Reinigung«

Das Fremde vertraut machen

Verfremdungsphase. Die nächste Phase, die übliche Betrachtungsweisen und Assoziationen ausschalten soll, arbeitet nach dem Prinzip »das Vertraute fremd machen« (sog. Verfremdungsphase). Ziel ist es, sich vom Problem zu entfernen. Die Teilnehmer erreichen dies durch die Bildung verschiedener Analogien:
- Zuerst wird eine **direkte Analogie** zu dem Problem assoziiert. Das Analogon kann beispielsweise ein Bild aus der Natur sein. Aus den gewonnenen Vorschlägen wird diejenige Analogie ausgewählt, die den Teilnehmern am meisten zusagt oder vom Moderator beliebig bestimmt wird.
- Zu dem ausgewählten Analogon wird in der zweiten Verfremdungsstufe eine **persönliche Analogie** gebildet. Die Teilnehmer sollen sich mit dem ausgewählten Bild »identifizieren« und alle Gefühle äußern, die sie hätten, wenn sie das Objekt personifizieren

Sich vom Problem entfernen

Direkte Analogie

Persönliche Analogie

Phasen	Schritte	Beispiel
Vorbereitung	Problemanalyse	Entwicklung einer Medikamentenverpackung, die für Erwachsene leicht und für Kinder nicht/schwer zu öffnen ist.
	Spontan-Lösungen (Purge)	Zahlenkombinationsschloss; Drehverschluss mit Schlitz, in den man eine Münze stecken muss; Dosierungslöffel wird als Öffnungswerkzeug ausgebildet …
	Spezifiziertes Problem	Wie Ausgangsproblem, jedoch mit der Bedingung, dass die Verpackung bzw. der Verschluss nur sehr geringe Mehrkosten verursachen darf.
Verfremdung	Direkte Analogie	„Sind ähnliche Fälle aus der Natur bekannt?" Augenlid, Muschel, Stinktier, Dornen, Igel, Chamäleon, Esskastanie, Stechmückenei, Tintenfisch …
	Persönliche Analogie	„Wie fühle ich mich als Esskastanie?" Bin stolz auf meine Stacheln; möchte jemanden auf die Glatze fallen; gewappnet …
	Symbolische Analogie	„Bildung einer paradoxen Analogie aus Adjektiv und Substantiv für ‚möchte jemanden auf die Glatze fallen'" Defensive Aggression, morbide Lebenslust …
	Direkte Analogie	„Was könnten aus dem Bereich Technik auf ‚morbide Lebenslust' zutreffen?" Rennwagen, Charterflug, alte Dampflok, Starfighter …
	Analyse der Analogie	„Welche Elemente, Merkmale, Umstände sind mit einer ‚alten Dampflok' verbunden?" 1. stößt Rauch / Ruß aus 2. hat verschlungene Leitungen 3. …
Transfer	Force-Fit	„Welche Anregungen geben die Elemente für das Ausgangsproblem?" 1. ein kleines Schwämmchen, das mit beißender oder überriechender Flüssigkeit getränkt ist, liegt zwischen Öffnung und Medikament 2. Pillendose mit Innenlabyrinth: nur wenn vorgegeben Drehbewegungen eingehalten werden, gibt das Labyrinth eine Pille frei 3. …
Beurteilung	Bewertung	Entwicklung von Lösungsansätzen

Abb. 14.2. Ablaufbeispiel einer Synektiksitzung. (Modell in Anlehnung an Schlicksupp, 2004, S. 216)

würden. Nachdem eine Anzahl an Gefühlen gesammelt wurde, wird eines ausgewählt, mit dem auf der nächsten Verfremdungsstufe weitergearbeitet wird.

— Zu dem gewählten Gefühlsbegriff werden nun **symbolische Analogien** gebildet, die aus einem Adjektiv und einem Substantiv bestehen. Das Substantiv soll das Wesentliche der persönlichen Analogie erfassen, das Adjektiv dazu paradox oder überraschend im Widerspruch stehen (beispielsweise »kreative Konformität«). Gesucht werden Aussagen, mit denen sich die Bedeutung der persönlichen Analogie symbolisieren lässt, womit das Gefühl also weiter verdichtet wird. Auch hier wird die beliebteste Phrase zur Weiterentwicklung verwendet.

Symbolische Analogie aus Adjektiv und Substantiv

- Auf der vierten und letzten Verfremdungsstufe wird zu der symbolischen Analogie eine **direkte Analogie** aus dem Bereich der Technik gesucht. Das aus dem letzten Analogienbildungsprozess ausgewählte Bild wird auf alle Merkmale und Eigenschaften hin analysiert.

Direkte technische Analogie

Transfer. Im nächsten Schritt werden die Merkmale der Analogie auf das ursprüngliche Problem übertragen (= »**Force-Fit**«). Im Force-Fit wird gefragt, wie die Analogie beim Ausgangsproblem helfen kann. Denkverbindungen werden hergestellt, indem die Eigenschaften der Analogie mit den Merkmalen des Problems verglichen werden und als Reizwörter zur Knüpfung von Assoziationen dienen.

Wie kann Analogie beim Ausgangsproblem helfen?

Beurteilungsphase. In der Beurteilungsphase werden konkrete Lösungsansätze gebildet, diese auf ihre Verwertbarkeit überprüft, weiterentwickelt und sich für die beste Lösungsvariante entschieden (Schlicksupp, 2004).

Lösungen prüfen und auswählen

Aufgrund ihres vorgeschriebenen Ablaufschemas ist die klassische Synektik eine komplizierte und anspruchsvolle Kreativitätstechnik. Deshalb ist sie eher für kreativ Geübte geeignet und sollte von einem Moderator angeleitet werden (Dreyer, 1981). Zu empfehlen ist die Anwendung der Synektikmethode in einer Kleingruppe von 5 Teilnehmern (Schlicksupp, 1977).

Reizwortanalyse. Eine Abwandlung der klassischen Synektik, die einfacher ist und deswegen leicht von Einzelpersonen durchgeführt werden kann, ist die Reizwortanalyse. Sie vollführt einen problemunabhängigen Verfremdungsprozess, da die 4 Analogiebildungsstufen unterbleiben. Die Reizwortanalyse besteht aus einem »Force-Fit« der Merkmale eines beliebig ausgewählten Reizwortes (Lohmeier, 1985; Schlicksupp, 2004). So könnte eine neue Entwicklung von Verpackungen für Milch dadurch angestoßen werden, dass man das Reizwort »Fußball« heranzieht, dieses auf seine Merkmale hin untersucht (z. B. weiße und schwarze Farbe, aus Einzelteilen zusammengefügt, rund, kann aufgepumpt werden usw.) und im Anschluss die Merkmale auf das ursprüngliche Problem der Milchverpackung anwendet.

Problemunabhängiger Verfremdungsprozess

Visuelle Synektik. Ferner gibt es als weitere Abwandlung die visuelle Synektik. Hier werden nicht Wörter sondern Bilder als Reizmaterial verwendet (Schlicksupp, 2004). Hierbei werden die auf den Bildern zu sehenden Gegenstände (z. B. ein Haus) auf ihre Merkmale untersucht. Auch diese werden dann wieder auf das zu bearbeitende Problem übertragen.

Bilder als Reizmaterial

Bei neuen Produkt- und Verfahrensentwicklungen: Osborn-Checkliste

Hintergrund

Bei einer Problemlösung werden meistens nur einige Aspekte betrachtet, die dann mit zahlreichen Ideen angereichert werden. Zur

Tab. 14.1. Checkliste neuer Ideen (nach Osborn 1953)

1. Zweckänderung	Inwieweit kann das Produkt auch anders eingesetzt werden? Kann es auch auf andere Weise verwendet werden?
2. Adaption	Welchem anderen Problem ähnelt das Problem? Welche ähnlichen Beispiele und Lösungen gab es in der Vergangenheit? Was kann von den anderen Beispielen oder Lösungen adaptiert werden?
3. Modifikation	Lässt sich durch Verändern einzelner Komponenten eine Lösung finden? Beispielsweise durch eine neue Form? Welche Konsequenz hat es, wenn der Zweck, die Farbe, die Bewegung, der Ton, der Geruch, das Aussehen verändert werden?
4. Vergrößerung	Was passiert, wenn das Produkt vergrößert oder etwas hinzugefügt wird, wenn mehr Zeit, mehr Raum zur Verfügung stehen? Lässt sich das Produkt verdoppeln, verdreifachen?
5. Verkleinerung	Was ist die Folge, wenn das Produkt verkleinert wird? Was passiert, wenn etwas weggenommen oder das Produkt halbiert wird?
6. Substitution	Kann man Bestandteile (z. B. Materialien, Energiequellen, Standorte) ersetzen? Welche anderen Lösungsmöglichkeiten sind dann möglich?
7. Umgruppierung	Lassen sich Bestandteile umgruppiere? Beispielsweise die Reihenfolge variieren, die Geschwindigkeit verändern oder Ursache und Wirkung vertauschen?
8. Umkehrung	Kann man das Produkt in sein Gegenteil verkehren? Was passiert, wenn Dinge vertauscht oder die Reihenfolge umgekehrt wird?
9. Kombination	Können mehrere Teile zu einem neuen Produkt oder einer Variation verbunden werden? Ist es möglich, eine andere Kombination, Auswahl oder Gruppierung umzusetzen?

Erweiterung des betrachteten Problemumfeldes und seiner Lösungsansätze können vorbereitete Fragesequenzen eingesetzt werden. Die Osborn-Checkliste (Tab. 14.1) dient dazu, das kreative Denken gezielt in verschiedene, auch andersartige Bereiche zu lenken, wodurch man auf neue Potenziale aufmerksam wird und sich nicht gleich mit einer vermeintlich neuen Lösung zufrieden gibt. Sie entspricht mit 9 Kategorien einer umfangreichen Fragenbatterie, ist allgemein gehalten und daher eine Anregung, um für bestimmte Bereiche spezifische Fragenkataloge zu erstellen. Die Methode kann sehr gut zur Produkt- und Verfahrensentwicklung eingesetzt werden (Osborn, 1953).

Aufmerksamkeit für neue Potenziale

Vorgehensweise

Zunächst wird überlegt, welche Fragestellungen aus der Osborn-Checkliste relevant sind. Danach werden diese auf die Aufgabenstellung angewendet, um systematische Variationsmöglichkeiten des Produktes oder Verfahrens zu finden. Zur Protokollierung eignet sich eine Mind-Map an einer Pinnwand (die Hauptäste stellen die Fragekategorien dar). Anschließend kann eine Auswahl der verwendeten Lösungen getroffen werden. Die Bearbeitung sollte nicht schon bei der ersten brauchbar erscheinenden Lösung abgebrochen werden, da dies zu einer Vermischung zwischen Ideengewinnung und -bewertung führen wür-

Ideengewinnung und -bewertung trennen

de. Die einzelnen Unterpunkte der Checkliste sollten daher nicht nur kurz überflogen, sondern jeweils in einer Art Kurzbrainstorming auf Lösungsmöglichkeiten hin untersucht werden (Osborn, 1953). Diese Methode ist sowohl für Gruppen als auch für einzelne Personen geeignet (Schaude, 1995).

14.3.3 Systematisch-analytische Methoden für die Generierung von Ideen

Systematisch-analytische Methoden versuchen konsequent, alle denkbaren Lösungsrichtungen herauszuarbeiten.

Zum Check aller Lösungsmöglichkeiten bei Produktneuentwicklungen und hohen Investitionen: Morphologischer Kasten

Hintergrund

Mit dieser Methode soll es möglich sein, zu einem gegebenen Problem ein »Totallösungssystem« aufzubauen, das alle denkbaren Lösungsmöglichkeiten oder -richtungen in geordneter Form enthält. Diese Ideenvielfalt wird durch die systematische
— Zerlegung komplexer Sachverhalte in abgrenzbare Teile,
— Gestaltvariation von Einzelelementen,
— Kombination von Einzelelementen zu neuen Ganzheiten, zu neuen Gesamtlösungen

erzeugt (Schlicksupp, 2004).

Vorgehensweise

Nach der Analyse, der Definition und ggf. der zweckmäßigen Verallgemeinerung des Problems werden die Parameter des Problems bestimmt. Parameter sind bei allen denkbaren Lösungen wiederholt auftauchende Merkmale, die unterschiedlich gestaltet sein können. Es sind sozusagen die gemeinsamen Variablen. Ihr Auffinden wird über die Fragestellung erleichtert:
— Worin (Merkmale, Eigenschaften, Komponenten) können sich denkbare Lösungen unterscheiden?
— Welche Lösungskomponenten lassen unterschiedliche Gestaltungen zu?

Parameter des Problems bestimmen

Die Parameter werden dann in der Vorspalte der Tabelle angeordnet (◘ Tab. 14.2). Nun werden für alle Parameter Ausprägungen gesucht, d. h. jene Ausgestaltungen, die sie theoretisch und praktisch annehmen können. Jede mögliche Kombination je einer Ausprägung aus jeder Zeile stellt eine Lösung im morphologischen Kasten dar, die beispielsweise mit einem Zickzack-Linienzug markiert werden kann. Das Herausfinden gut geeigneter Lösungen ist ein Prozess, bei dem gedanklich sehr viele (Teil-)Kombinationen durchzuspielen sind (Schlicksupp, 2004).

Tab. 14.2. Beispiel eines morphologischen Kastens zu Angebotsformen von Marmelade

Parameter	Ausprägung					
Inhalt	5g	20g	100g	250g	1kg	…
Verpackung	Glas	Kunststoff	Karton	Tetra	Aluminium	…
Frucht	Kirschen	Erdbeeren	Himbeeren	Orangen	Apfel	…
Fruchtgehalt	20%	30%	50%	75%	90%	…
…	…	…	…	…	…	…

Auffinden der Parameter

Der kritischste Schritt bei der Erstellung eines morphologischen Kastens ist das Auffinden der Parameter. Hilfstechniken hierfür sind: Funktions- und Ablaufanalysen, Blockdiagramme, systematische Vorüberlegungen und Visualisierung jeglicher Art. Es empfiehlt sich, zunächst eine Diskussionsliste möglicher Parameter aufzustellen und diese zu diskutieren sowie zu überarbeiten. Die Parameter müssen voneinander logisch unabhängig sein, auf alle denkbaren Lösungen zutreffen und konzeptionelle Relevanz haben. Das Aufbauen eines morphologischen Kastens erfordert daher fundiertes fachliches Wissen über den betreffenden Problembereich. Er ist besonders geeignet für komplexe Probleme, da sehr viele Informationen in verdichteter Form aufgenommen werden können (Schlicksupp, 2004).

Produkt- oder Verfahrensoptimierungen und Weiterentwicklungen: Attribute-Listing

Hintergrund

Produktverbesserung oder -weiterentwicklung

Die Attribute-Listing-Methode wird angewendet, wenn ein bestehendes Produkt oder Verfahren verbessert oder weiterentwickelt werden soll.

Vorgehensweise

Wie beim morphologischen Kasten werden zunächst alle charakteristischen Merkmale (= Attribute) der Problemstellung aufgelistet. Um systematische Anregungen für eine Verbesserung zu finden, werden alle Merkmale auf jede erdenkliche Art modifiziert. Diese Änderungsvorschläge werden dann in den Kategorien erwünschter und unerwünschter Merkmale gegenübergestellt. Anschließend werden die erwünschten Gestaltungsvariationen auf ihre Brauchbarkeit und Anwendungsmöglichkeit geprüft. Das Attribute-Listing ist sowohl für das Arbeiten in der Gruppe, als auch zur Einzelarbeit geeignet (Hoffmann, 1996).

14.3.4 Methoden zur Beurteilung von Ideen

❗ Werden verschiedene Ideen von einer Person oder einer Arbeitsgruppe generiert, kann es dazu kommen, dass die Ideen zu positiv bewertet und zu wenig kritisch überprüft werden. Daraus folgt, dass Risiken übersehen, ausgeblendet oder heruntergespielt werden (▶ Kap. 15, Salewski & von Rosenstiel). Um dies zu vermeiden, können Methoden der Bewertung von Ideen angewendet werden.

Senkung der Risikowahrscheinlichkeit während der Planungsphase: Negatives Brainstorming
Hintergrund

Das negative Brainstorming wendet man an, um ein hohes Maß an kritisch differenziertem Denken im Team zu erreichen, speziell um einen Vorschlag zu prüfen.

Vorschlag wird geprüft

Vorgehensweise

Zunächst wird ein Brainstorming zu allen möglichen negativen Aspekten und Konsequenzen des geplanten Vorgehens gemacht. Im nächsten Schritt werden 4–5 besonders auffällige Kritikpunkte ausgewählt, mindestens einer davon sollte relativ abenteuerlich sein. Nun überlegt das Team, wie die Vorgehensweise verändert werden kann, damit Kritikpunkte aus dem zweiten Schritt entschärft werden.

Bei Problemen, die viele Betrachtungsperspektiven benötigen, Konfliktpotenzial, drohendem »Gesichtsverlust«: de Bono-Hüte
Hintergrund

Mit dieser Technik können Vorschläge, Ideen oder eine Vorgehensweise aus möglichst vielen Perspektiven betrachtet werden. Da es normalerweise leicht passiert, dass man eine Perspektive außer Acht lässt, wird der Perspektivenwechsel hier formalisiert durchgeführt (de Bono, 1987).

Vorgehensweise

Nacheinander setzen sich die Gruppenmitglieder imaginäre Hüte auf den Kopf und bewerten unter dem jeweiligen Gesichtspunkt die Idee. Jede Hutfarbe symbolisiert eine bestimmte Denkweise (◘ Tab. 14.3). Die Farbe erleichtert es, sich unter der jeweiligen Denkweise etwas vorzustellen und die gewählte Perspektive beizubehalten. Ziel ist es, nicht im Denken zu springen, sondern die Aufmerksamkeit zu lenken und sich pro Hut nur mit der einen Sichtweise zu beschäftigen (de Bono, 1987).

Pro Hut eine Sichtweise

Jeder Hut sollte voll ausgespielt werden. Dauert dies pro Hut etwa 5 min, so entsteht nach einer halben Stunde ein differenziertes Bild und eine Entscheidung ist möglich, die alle Ansichten miteinbezieht. Die Reihenfolge der Farben ist der Problemstellung anzupassen. Mit dem weißen Hut zu beginnen ist von Vorteil, da dieser die Fakten

Tab. 14.3 Bedeutung der Farben der sechs Hüte (de Bono, 1987)

Hutfarbe	Perspektive
Weißer Hut	Neutrale Perspektive: es werden objektive Information über den Ist-Zustand betrachtet.
Roter Hut	Emotionale Perspektive: im Fokus stehen positive und negative Emotionen sowie Intuitionen.
Gelber Hut	Optimistische Perspektive: die Vorteile der Idee, neue Möglichkeiten sowie spekulativ-positive Konsequenzen werden gesammelt.
Schwarzer Hut	Pessimistische Perspektive: im Sinne eines advocatus diaboli stehen Risiken und Gefahren im Mittelpunkt; die Idee wird kritisch hinterfragt.
Grüner Hut	Perspektive weiterer Alternativen: es wird nach neuen Ideen sowie weiteren Alternativen gesucht.
Blauer Hut	Vogelperspektive: die Aufgabe dieser Perspektive ist es zu moderieren, den Überblick und die Kontrolle zu behalten, den Denkprozess zu organisieren, zusammenzufassen und zu schlussfolgern sowie den Einsatz der anderen Hüte zu leiten.

darlegt und alle Personen auf den gleichen Informationsstand setzt. Bei neuen Ideen sollte der schwarze Hut dem gelben Hut folgen, damit negative Kritik nicht gleich zu Beginn den Einfall verwerfen lässt. Ein Vorteil dieser Technik besteht darin, dass durch das Rollenspiel für die Teilnehmer die Gefahr eines Gesichtsverlustes vermieden wird. Niemand muss seine Äußerungen rechtfertigen, denn die jeweilige Sichtweise ist in dem Moment gewollt (de Bono, 1987).

Gewollte Sichtweise vermeidet Gesichtsverlust

14.3.5 Fazit

Steigerung kreativitätsrelevanter Fähigkeiten

Wie lässt sich die Kreativität in Projektgruppen steigern? Der Ansatzpunkt, mit dem wir uns im vorliegenden Kapitel beschäftigt haben, ist die Steigerung kreativitätsrelevanter Fähigkeiten. Dies umfasst insbesondere das Kennen und Anwenden der exemplarisch beschriebenen Kreativitätstechniken, welche Anzahl und Ausgefallenheit der produzierten Ideen sowie ihre Qualität deutlich erhöhen. Dieses Methodenwissen kann durch Kreativitätstrainings erworben werden, in denen die jeweilige Methode konkret erlernt und eingeübt wird (▶ Kap. 6, Wastian, Braumandl & Dost zum Projektcoaching; ▶ Kap. 7, Moser & Galais zur Personalentwicklung). Damit diese Methoden anschließend auch ihre volle Wirkung entfalten können, sind zudem 2 Punkte von besonderer Bedeutung:
1. Der wiederkehrende Einsatz dieser Methoden im täglichen Arbeiten der Projektgruppe (und damit die entsprechende Übung im Umgang mit der Technik) sowie
2. eine kreativitätsfördernde Arbeitsumwelt (▶ Kap. 13, Maier & Hülsheger).

14.4 Literatur

Amabile, T. (1996). *Creativity in context*. Oxford: Westview Press.
Buzan, T. (2005). *Mind Map – die Erfolgsmethode*. München: Wilhelm Goldman Verlag.
de Bono, E. (1987): *Das Sechsfarben-Denken*. Düsseldorf: Econ Verlag GmbH.
Dreyer, H. (1981). *Beschreibung der Synektik-Methode*. Köln: Deutsche Vereinigung zur Förderung der Weiterbildung von Führungskräften e.V.
Dries, G.-M. (1982). *Kreativität*. Heidelberg: Sauer-Verlag.
Geschka, H. & von Reibnitz, U. (1980): *Vademecum der Ideenfindung*. Frankfurt: Battelle-Institut e. V.
Hoffmann, H. (1981). *Kreativitätstechniken für Manager*. Landsberg am Lech: Verlag Moderne Industrie.
Hoffmann, H. (1996). *Kreativität*. München: printul Verlagsgesellschaft mbH.
Keller, A. F. (1971). Methoden zum Finden neuer Ideen. *Marketing Journal, 4*(2), 154–158.
Lohmeier, F. (1985). *Bisoziative Ideenfindung*. Frankfurt am Main: Verlag Peter Lang GmbH.
Maier, G., Frey, D., Schulz-Hardt, S. & Brodbeck, F. C. (2001). Innovation. In G. Wenninger (Hrsg.), *Lexikon der Psychologie* (S. 264–267). Frankfurt a. M.: Spektrum.
Mullen, B., Johnson, C. & Salas, E. (1991). Productivity loss in Brainstorming groups: A meta-analytic integration. *Basic an Applied Social Psychology, 12*, 3–24.
Nijstad, B. A., Stroebe, W. & Lodewijkx, H. F. M. (2003). Production blocking and idea generation: Does blocking interfere with cognitive processes? *Journal of Experimental Social Psychology, 39*, 531–548.
Osborn, A. F. (1953). *Applied Imagination*. New York: Charles Scribner's Sons.
Paulus, P. B. & Young, H. C. (2000). Idea generation in groups: A basis for creativity in organizations. *Organizational Behavior and Human Decision Processes, 82*, 76–87.
Schaude, G. (1995). *Kreativitäts-, Problemlösungs- und Präsentationstechniken*. Eschborn: RKW-Verlag.
Schlicksupp, H. (1977). *Kreative Ideenfindung in der Unternehmung*. Berlin: Verlag Walter de Gruyter.
Schlicksupp, H. (2004). *Innovation, Kreativität & Ideenfindung*. München: Vogel-Verlag.
Sternberg, R. J. (1999). *Handbook of Creativity*. Cambridge: University Press.
Stroebe, W. & Nijstad, B. (2004). Warum Brainstorming die Kreativität in Gruppen vermindert: Eine kognitive Theorie der Leistungsverluste beim Brainstorming. *Psychologische Rundschau, 55*, 2–10.

Management besonderer Herausforderungen: Risiken und Krisen, Diversität und Distanz

15 Management bei Risiken und Krisen in Projekten – 285
Wolfgang Salewski, Lutz von Rosenstiel

16 Projektmanagement in internationalen Teams – 307
Ulrich Hößler, Walter Sponfeldner

17 Projektmanagement in ortsverteilten »virtuellen« Teams – 327
Guido Hertel, Borris Orlikowski

15 Management bei Risiken und Krisen in Projekten

Wolfgang Salewski, Lutz von Rosenstiel

15.1 Das Problem: Risiken und Krisen – Versuch einer Differenzierung – 286

15.2 Hintergrund und Relevanz aus psychologischer Sicht: Risiken und Krisen in Projekten – 288
15.2.1 Das Risiko der Fakten – 288
15.2.2 Das Risiko der Bewertung – 289
15.2.3 Das Risiko der Führung – 290
15.2.4 Das Risiko inhaltlicher und dynamischer Einschätzungen – 290
15.2.5 Krisen in Projekten – 292

15.3 **Ansatzpunkte für Verbesserungen** – 293
15.3.1 Risikoprävention – 293
15.3.2 Risikointervention – 295
15.3.3 Krisenprävention und Krisenmanagement für den Notfall – 296
15.3.4 Krisennachbereitung – 303
15.3.5 Schlussbetrachtung – 303

15.4 **Literatur** – 304

Management bei Risiken und Krisen in Projekten meint den Umgang mit Situationen und Ereignissen, die den Projekterfolg beeinträchtigen oder gar infrage stellen können. Dieser Umgang richtet sich im Wesentlichen nach den allgemeinen Kriterien erfolgreichen Managements. Sie beziehen sich sowohl auf die sachliche als auch auf die persönliche Ebene. Was in alltäglichen Situationen geeignet ist, wird sich auch in außergewöhnlichen Situationen bewähren, wenn man es entsprechend modifiziert.

15.1 Das Problem: Risiken und Krisen – Versuch einer Differenzierung

Risikomanagement

Unter der Bezeichnung »Risikomanagement« (Dörner, Horváth & Kagermann, 2000) ist die deutsche Wirtschaft in den vergangenen Jahren mit Systemen überzogen worden, von denen man erwartete, dass sie den Managern ein Instrumentarium an die Hand geben, welches Risiken erkennbar und vor allem planbar macht.

Wie bei vielen sog. Managementtools ist auch bei der Einführung des Risikomanagements ein eher administratives Erfassungs- und Bewertungsschema entwickelt worden, das den Managern einerseits eine vertiefte Auseinandersetzung mit den wirklichen Risiken erspart, weil es sich auf die **Bewertungskriterien** Eintrittswahrscheinlichkeit und Schadensausmaß beschränkte, andererseits dazu angetan war, alle Gutgläubigen in Sicherheit zu wiegen.

Zertifiziertes Risikomanagementsystem

Denn bei der Zertifizierung durch Wirtschaftsprüfer war bereits das Vorhandensein eines Systems ausreichend, die inhaltliche Qualität spielte wegen mangelnder Einsicht in die Relevanz der ausgewählten Kriterien eine nachgeordnete Rolle. So entwickelte sich das Risikomanagement zu einem weiteren System mit hohem administrativem Aufwand (Burger & Buchhart, 2002) und geringer praktischer Bedeutung.

Risikomanagement in Projekten

Risikomanagement in Projekten unterscheidet sich hiervon deutlich. Zwar kann es einerseits nach den allgemeinen Modellen des Risikomanagements (Eintrittswahrscheinlichkeit und Schadensausmaß) untersucht und durchgeführt werden, sollte sich aber andererseits sehr pragmatisch mit den im konkreten Projekt zu erwartenden Risiken auseinandersetzen und diese, so weit möglich, konkret beschreiben.

Vor allem aber muss sich das Risikomanagement mit den zu erwartenden Risiken auseinandersetzen, die durch **gruppendynamische Prozesse** im Projekt verursacht und gefördert werden (Gemünden & Högl, 2000). Denn Projekte unterscheiden sich gerade in dieser Hinsicht deutlich von den alltäglichen Bedingungen der Führung und Zusammenarbeit. Sie sind für die Akteure immer etwas Besonderes und bisweilen auch eine **Chance für persönliche Weiterentwicklung** (▶ Kap. 12, Kuhrts, Braumandl & Weisweiler).

15.1 · Das Problem: Risiken und Krisen – Versuch einer Differenzierung

Darüber hinaus ist bereits die Auswahl und Beschreibung möglicher Risikofaktoren eher ein Problem **individueller Einschätzungen** (Kahneman & Tversky, 1996, 2000), als ein streng an den Sachfragen orientiertes Verfahren. Es geht um die persönliche Bewertung von auf die Zukunft ausgerichteten Annahmen und deren Auswirkungen auf das Projekt.

Risikofaktoren

Unterschied von Risiken und Krisen und deren Management

Risiken unterscheiden sich von Krisen vor allem dadurch, dass sie aus der Art eines Projektes heraus in etwa einschätzbar und auch in gewissem Umfang einplanbar sind. Krisen sind immer plötzlich und unerwartet; wären sie vorher erkennbar, könnte man durch geeignete Maßnahmen dafür sorgen, dass sie überhaupt nicht eintreten.

Hieraus leitet sich ab, dass das Management von Risiken mit den alltäglichen Aufgaben einer Führungskraft einhergeht. Das macht eben genau Management aus, dass es sich von den administrativen Notwendigkeiten weitestgehend frei macht und das jeweilige Unternehmen oder einzelne Projekte mit dem **Mut zu überschaubaren Risiken** weiterentwickelt.

Management von Risiken

Wer ein Unternehmen führt, muss Risiken unterschiedlichster Art eingehen (Lang-von Wins, 2004), um es erfolgreich in eine unbekannte Zukunft zu führen. Wer das nicht will oder kann, ist als Manager ungeeignet und mehr für administrative Aufgaben wie Wirtschaftsprüfer oder Administrator geeignet. Das sind Berufsbilder, die geradezu auf Risikovermeidung ausgelegt sind.

Das Management von Krisen unterscheidet sich erheblich vom Risikomanagement. Da Krisen in aller Regel plötzlich und unerwartet eintreten, kann man sich inhaltlich kaum darauf vorbereiten. Man weiß eben nicht, was alles passieren kann. Daher muss man **halbstandardisierte Verfahren** entwickeln, die bei Eintritt einer Krise dabei helfen, nicht allzu große Fehler zu machen, um die Krise nicht eskalieren zu lassen. Sie bieten Standards zur Struktur und zum Ablauf einer Krisenbewältigung.

Management von Krisen

Krisen in Projekten kommen in aller Regel dadurch zustande, dass die Beteiligten in relativ argloser Weise mit den Inhalten des Projektes oder miteinander umgehen und dabei nicht bemerken, dass sie sowohl die Inhalte als auch die Akteure unausgesprochenen Bewertungen unterziehen, die weitestgehend unreflektiert ablaufen, bis die jeweilige Krise dann plötzlich und unerwartet ausbricht. Dabei geht es meist nicht um die Sache selbst, sondern eben um die unterschiedlichen, nicht transparent kommunizierten Bewertungen. Sie können sich auf die Inhalte des Projekts beziehen oder auf die wechselseitigen Einschätzungen der Akteure.

Bewertungen als Ursache von Krisen

In dem Umfang, in dem diese dann krisenhaft erlebt werden, können sie zur Handlungsunfähigkeit führen. Daher bedarf es **eingeübter Verhaltensmuster**, die helfen, sowohl die Krisenhaftigkeit zu erkennen als auch die Chance zu nutzen, Veränderungen voranzutreiben.

> Während also das Management von Risiken zu den alltäglichen Aufgaben einer Führungskraft gehört und auch in Projekten keine besondere Herausforderung darstellt, verlangen Krisen erhöhte Anstrengungen bei der Analyse und Bewertung sowie zur schnellen Entwicklung von Handlungsalternativen.

15.2 Hintergrund und Relevanz aus psychologischer Sicht: Risiken und Krisen in Projekten

Ein Projekt ist eine zeitlich und inhaltlich begrenzte Maßnahme, die entweder auf Veränderungen vorhandener oder auf die Entwicklung völlig neuer Inhalte abzielt. Insoweit ist ein Projekt immer Risiken ausgesetzt, weil es auf eine mehr oder weniger unbekannte Zukunft ausgerichtet ist, in der die Ergebnisse der Projektarbeit sich erst bewähren müssen.

15.2.1 Das Risiko der Fakten

Quantifizierbare Prognosen

Ein großes, aber häufig nicht erkanntes Risiko stellt der Versuch dar, die unbekannten Entwicklungen in eine nicht schlüssig zu beschreibende Zukunft durch quantifizierbare Prognosen zu definieren, die, sobald sie in Zahlen ausgedrückt sind, auch wie Fakten interpretiert werden, obwohl sie nur Annahmen sind. Hier kann es zu der kuriosen Situation kommen, dass aus einem Projekt, das sich mit der zukünftigen Entwicklung eines Unternehmens beschäftigt, quantifizierte Empfehlungen abgeleitet werden, die dann ihren Niederschlag in der Unternehmensplanung finden und dort nicht als Annahmen, sondern als zukünftige Tatsachen erscheinen.

> Hinter Zahlen verbergen sich oft eher Vermutungen über die Zukunft, die wunsch- oder angstmotiviert sind. Wenn dies in der Projektarbeit nicht deutlich artikuliert wird, entsteht das Risiko, dass entweder zu optimistisch oder zu pessimistisch geplant wird. Die daraus abgeleiteten quantitativen Schlussfolgerungen sind dann stringent logisch und führen so auch konsequent in die Irre.

Menschen haben ein großes Talent, die eigenen Unsicherheiten mit Sachargumenten und selbst konstruierten Fakten zu überwinden, an die sie dann auch konsequenterweise glauben. Wenn dieser Glaube viel Energie freisetzt, gibt es sogar Chancen, die eigenen Ziele zu erreichen, soweit sie überhaupt erreichbar sind.

Ursachenzuschreibung bei Misserfolg

Treten die Prognosen nicht ein, werden Menschen kaum dazu tendieren, ihre selbst konstruierten Fakten anzuzweifeln. Sie werden dann die Begründungen für den Misserfolg außerhalb ihrer eigenen Verantwortung suchen (Weiner, 1986). Dafür finden sie dann auch vielfältige Möglichkeiten in Form von **Projektionen** in andere Personen oder in die äußeren Bedingungen oder durch **Rationalisierungen**, bei denen scheinbar vernünftige Erklärungen genutzt werden.

15.2.2 Das Risiko der Bewertung

Das zweite große Risiko sind die **Menschen** selbst, die im Projekt arbeiten, da alle ihre inhaltlichen Entscheidungen zugleich von den persönlichen Erwartungen (Jungermann, Pfister & Fischer, 1998) modelliert werden. So kann es passieren, dass einerseits wichtige Inhalte nicht entschieden werden, weil **Unsicherheit** über die zu tragenden Konsequenzen herrscht. Es kann aber auch sein, dass Fehlentscheidungen getroffen werden, weil die Akteure glauben, dass das Projekt in diesem Sinne entschieden werden sollte. Niemand ist frei von solchen Einschätzungen, weil die Sache selbst auch bei Projekten eine nachgeordnete Rolle spielt. Wichtiger sind meist die **persönlichen Erwartungen** an die Inhalte und Ziele sowie an das Ergebnis. Sie bestimmen letztlich, wie die Inhalte und der Verlauf des Projekts bewertet werden.

Erwartungen und Bewertungen der Inhalte und Ziele

Bei den persönlichen Erwartungen gehen die Risiken von der jeweiligen Motivation der Beteiligten aus. Um von vornherein eine Risikoeinschätzung vornehmen zu können, muss untersucht werden, ob die Akteure oder zumindest eine Mehrheit von ihnen eher erfolgsmotiviert oder misserfolgsmotiviert (Heckhausen, 2006; Nerdinger, 1995) sind. Erfolgsmotivierte Menschen agieren und entscheiden sich aus der Hoffnung, erfolgreich zu sein sowie etwas voranzubringen. Sie sehen **Risiken als Chance für Veränderungen**. Ihr persönliches Risiko liegt darin, die Fakten **zu optimistisch** zu bewerten.

Erfolgsmotivierte Menschen wollen voranbringen

Misserfolgsorientierte Menschen handeln und entscheiden aus der Furcht vor Misserfolg, sie sind daher vorsichtiger und erleben Risiken als unangenehm. Ihr persönliches Risiko liegt darin, dass sie viele offensichtliche **Chancen nicht erkennen**. Gelegentlich gehen sie auch **extrem hohe Risiken** ein, weil dies im Falle des Scheiterns eine das Ich entlastende Entschuldigung in sich trägt.

Misserfolgsorientierte Menschen sind vorsichtig

> ❗ Beide Motivationsformen, erfolgsmotiviert oder misserfolgsorientiert, stellen in ihrer Extremprägung für Projekte ein Risiko dar. Im einen Fall trauen sich Menschen eher zu viel zu, im anderen Fall agieren sie lieber auf der sicheren Seite des Lebens und neigen dazu, gute Chancen für Veränderungen nicht wahrzunehmen.

Für den bewertenden Aspekt ist es wichtig, zunächst im **Projektteam** zu klären – bevor man die sich aus dem Projekt ergebenden Risiken erarbeitet – wie sich die durch das Team und seine Mitglieder zu erwartenden Verhaltensweisen auf das Projekt und die mit ihm verbundenen Risiken auswirken können. Das beinhaltet die Klärung der individuellen Einschätzungen und deren Auswirkungen auf das individuelle Verhalten und die Zusammenarbeit im Projektteam. Dies geschieht am wirkungsvollsten dadurch, dass **zu Beginn eines Projektes** jedes Mitglied ausführlich Gelegenheit erhält, sich zu seiner ganz persönlichen Einschätzung

Partizipation als Ansatzpunkt für eine bessere Risikobewertung

der Erfolgsmöglichkeiten zu äußern und auch die Risiken zu artikulieren, die es ganz persönlich in diesem Projekt sieht. Wichtig ist auch, dass darüber gesprochen wird, was das dann im Einzelnen für jedes Mitglied im Projektteam und für die geplante Zusammenarbeit bedeutet.

15.2.3 Das Risiko der Führung

Klärung der Führungsrolle

Ein besonders zentraler Aspekt für den Erfolg von Projektarbeit ist die Klärung der Führungsrolle (Neuberger, 2006) im Projektteam (▶ Kap. 11, Wegge & Schmidt). Hier muss man sich von dem Gedanken frei machen, dass es in Projektteams so etwas wie demokratische Führung gibt, bei der die Akteure in langwierigen Abstimmungen versuchen, einen Kompromiss zu erarbeiten.

> ❗ Gute Projekte haben eine von allen anerkannte Führungspersönlichkeit, der sowohl die fachliche als auch die soziale Kompetenz zugestanden wird (Gemünden & Högl, 2000), das Projekt zu leiten. Von ihr wird erwartet, dass sie die Gruppe zu einem für alle annehmbaren Ergebnis führt.

Rollen- und Erwartungsklärung als Ansatzpunkt für ein verbessertes Risikomanagement

Dabei ist es wichtig für das Risikomanagement, dass jeder ausführlich darüber spricht, welche Erwartungen er an die Führung des Projektteams hat. Hier können nicht nur die potenziellen Rollen geklärt werden, es werden auch die ganz persönlichen Einschätzungen deutlich, die sich im weiteren Verlauf des Projektes als förderlich oder hinderlich im Sinne der Sache und der Ergebnisse erweisen werden (▶ Kap. 4, Streich & Brennholt; ▶ Kap. 12, Kuhrts, Braumandl & Weisweiler).

15.2.4 Das Risiko inhaltlicher und dynamischer Einschätzungen

Es gibt 2 Kategorien von Risikomanagement bei Projekten, wie die nachfolgende Übersicht zeigt.

Kategorien von Risikomanagement

> **Kategorien von Risikomanagement:**
> 1. Die Risiken, die sich aus der Führung der Projektgruppe und den individuellen Bewertungen der Akteure zur Sache und zu den Mitgliedern ergeben.
> 2. Die Analyse und Beschreibung der inhaltlichen Risiken, die sich aus dem Projekt selbst oder aus den Ergebnissen der Projektarbeit ergeben können.

Bei allen Projekten sind es die **subjektiven Einschätzungen** der Akteure, die diese im Sinne einer inhaltlichen Bewertung eher als Fakten

15.2 · Hintergrund und Relevanz aus psychologischer Sicht: Risiken und Krisen in Projekten

wahrnehmen, kommunizieren und die den Prozess nachhaltig beeinflussen. Sie werden zumeist als **Projektionen** oder **Rationalisierungen** in die Erörterungen eingebracht und dann wie Tatsachen behandelt. Das führt zu Scheindiskussionen, deren Ergebnisse i. d. R. keine besondere Relevanz für den Projekterfolg haben. Das ist ein ganz erhebliches Risiko für das Projekt, denn die Diskussionen entfernen sich vom Kern der zu diskutierenden Sache, entwickeln eine Eigendynamik und kommen möglicherweise zu Ergebnissen, die der Sache und damit dem Projekt nicht dienlich sind. Das Problematische daran ist, dass dies den Akteuren, oder zumindest einigen von ihnen, nicht bewusst wird, weil sie subjektiv davon ausgehen, über die Sache zu reden, obwohl sie über unterschiedliche persönliche Bewertungen, die sie aber wie Fakten behandeln, sprechen (▶ Kap. 3, Brodbeck & Guillaume; ▶ Kap. 4, Streich & Brennholt).

Scheindiskussionen

Daher ist es von großer Bedeutung, bereits **zu Beginn der Projektarbeit** Klarheit darüber zu schaffen, was inhaltliche Fakten und was die persönlichen Bewertungen dieser Fakten sind, um dies dann allen Beteiligten bewusst zu machen.

Verbesserung der Kommunikation: Fakten und Bewertungen differenzieren

> Wenn ein Akteur in einem Projekt behauptet, dass es für den Erfolg des Projektes das Allerwichtigste sei, dass der Auftraggeber einen Vorschlag vorgelegt bekommt, der als sichere Entscheidungsgrundlage gelten kann, dann kommuniziert er einerseits, dass für ihn die Einschätzung des Auftraggebers wichtig ist und dass er möglichst keine Risiken eingehen möchte. Vermutlich wird er bei der weiteren Projektarbeit diese beiden Aspekte konsequent verfolgen. Das kann dann bedeuten, dass er von der Gruppe als Opportunist und Bremser erlebt wird, wenn nicht alle sich seiner Auffassung anschließen.

Das ist kritisch für das gesamte Projekt. Schließen sich die anderen Akteure dieser Auffassung an, dann werden alle eher auftraggeberorientiert und vorsichtig agieren, was den **Wert eines Projektteams** erheblich mindert. Sind sie dagegen teilweise anderer Auffassung, so sind **Konflikte** vorprogrammiert.

Der Sozialpsychologe Janis (1972, 1982) untersuchte mit Hilfe von Dokumentenanalysen politische **Gruppenentscheidungsprozesse** der Kennedy-Ära. Gegenstand seiner Untersuchung war die Gruppendynamik in von der US-amerikanischen Administration zeitbegrenzt eingesetzten Beratungs- und Entscheidungsgremien, die man zum Teil durchaus als Projekte ansprechen kann. Er zeigte typische Gruppenprozesse auf – von ihm als »group think«, Gruppendenken bezeichnet –, die schließlich zu **Fehlentscheidungen** (z. B. Versuch, durch eine Invasion in der Schweinebucht Castro aus Kuba zu vertreiben, Ausweitung des Vietnam-Krieges) führen. Daraufhin wurden **Regeln** entwickelt, mit deren Hilfe ein Projektleiter bzw. die Projektmitarbeiter diesen dysfunk-

Gruppendenken

Tab. 15.1 Störungen bei Gruppenentscheidungen und Ansätze für Verbesserungen

Störungen (Janis, 1972, 1982)	Ansätze für Verbesserungen (Tjosfold & Field, 1985)
Illusion der Unverletzlichkeit, die zu einem unrealistischen Optimismus führt	Aufklärung über Gefahren des Gruppendenkens
Kollektive Rationalisierungen (Scheinbegründungen)	Zurückhaltung des Vorgesetzten in eigenen Stellungnahmen
Glaube an die moralische Rechtfertigung der gemeinsamen Handlungsweisen	Ermutigung der Gruppenmitglieder zur Äußerung von Einwänden und Zweifeln
Stereotypisierung Außenstehender	Fallweise die Übernahme der Rolle eines »Advocatus Diaboli« durch ein Gruppenmitglied
Gruppendruck gegen Argumente, die gemeinsame Illusionen in Frage stellen	Gelegentlich Bildung von Untergruppen zur konkurrierenden Bearbeitung eines wichtigen Teilproblems
Selbstzensur bei Abweichung vom Gruppenkonsensus	Sorgfältige Analyse der Möglichkeiten und Absichten eines eventuellen Konkurrenten und Gegners
Überschätzung der Einmütigkeit der eigenen Gruppe	Erneutes Überdenken der (vorläufigen) Einigung auf eine Lösung
Selbst ernannte Gesinnungswächter schützen die Gruppe vor störenden Informationen, die von außen eindringen können	Beiziehen externer Beobachter und Kritiker
	Einholen von Meinungen vertrauenswürdiger Kollegen durch Gruppenmitglieder
	Einsetzen einer parallel am selben Problem arbeitenden Gruppe

Verbesserung von Gruppenentscheidungen

tionalen Prozessen entgegensteuern können (◘ Tab. 15.1; zu einer besseren Problemspezifizierung und Beurteilung von Ideen die Techniken in ► Kap. 14, Traut-Mattausch & Kerschreiter). Die Störungen sowie 10 Regeln, welche dysfunktionale Gruppenprozesse weniger wahrscheinlich machen, sind zusammenfassend in ◘ Tab. 15.1 dargestellt.

15.2.5 Krisen in Projekten

Definition »Krise«

Krisen sind **plötzliche und unerwartet eintretende Ereignisse**, die mit den üblichen und mehr oder weniger standardisierten Managementmethoden nicht bewältigt werden können. Hier bedarf es eindeutig festgelegter **Standards**, die beim Eintritt einer Krise konsequent abgearbeitet werden (Krummenacher, 1981). Gibt es diese Standards nicht und auch niemanden, der zufällig in der Lage ist, die ersten wirksamen Interventionsschritte zu improvisieren, dann entwickelt die Krise ihre Eigendynamik, die in der Katastrophe enden kann.

> ❗ Krisen in Projekten sind extreme Bedrohungen für die Realisierung des Projektes selbst oder die Unversehrtheit der Akteure. Da sie nicht vorhersehbar sind und häufig durch Bedingungen ausgelöst werden, die außerhalb eines Projekts liegen, haben sie auch wenig mit der Planung und Initiierung des Projektes selbst zu tun.

Es ist auch außerordentlich schwierig, eine allgemein verbindliche Beschreibung möglicher Krisen in Projekten zu entwickeln, da es eine Fülle von Projektarten mit unterschiedlicher Anzahl von Akteuren, Themen und Inhalten sowie Auftraggebern gibt. Soweit Akteure Verursacher einer Krise sind, werden sie zumeist durch Ereignisse aus dem **persönlichen Umfeld** hervorgerufen, die nichts mit dem Projekt zu tun haben müssen. Nur in seltenen Fällen entstehen sie aus **persönlichen Eigenarten**, die zu Beginn des Projekts nicht identifiziert werden konnten.

Menschen als Ursache einer Krise

Sie können sich aber auch aus den gruppendynamischen Prozessen heraus entwickeln, wenn diese verdeckt ablaufen oder nicht rechtzeitig als krisenfördernd identifiziert werden. Darüber hinaus werden sie nicht selten von außen in das Projekt hineingetragen, oft durch **nicht vorhersehbare Ereignisse** oder durch **gezielte Störungen**.

Gruppendynamische Prozesse als Ursache einer Krise

15.3 Ansatzpunkte für Verbesserungen

15.3.1 Risikoprävention

Was bedeutet nun Risikomanagement in Projekten? Es bedeutet zum einen Risikoprävention und zum anderen Risikointervention, wenn die Prävention nicht vollständig gegriffen hat.

> **Checkliste: Risikoprävention**
> — Was genau ist die inhaltliche Beschreibung des Projektes? Welches Ziel verfolgt es?
> — Wie realistisch und erfolgsorientiert ist das Projekt?
> — Sind die Inhalte des Projekts und die Aufgaben- und Zielbeschreibungen für jeden Akteur gleichermaßen verständlich, und werden sie auch in gleicher Weise interpretiert?
> — Welche Mitarbeiter sind fachlich und persönlich geeignet mitzuwirken?
> — Was motiviert sie zu diesem Projekt?
> — Welche persönlichen Interessen haben Sie?
> — Wie machen diese sich bemerkbar und welche Chancen und Risiken bergen sie?
> — Wer ist zur Führung des Projekts geeignet?
> — Wie steht es um die Fach- und die Sozialkompetenz des Projektleiters?
> — Wie stark werden ihm beide Kompetenzen von den Akteuren zugeschrieben?
> — Welche weiteren Erkenntnisse haben wir über die Zusammensetzung des Projektteams?
> — Welche Regeln gibt es für die Arbeitweise im Projekt?
> — Welche Regeln gibt es für Risikointervention?

Gruppendynamische Risiken

So lassen sich beispielsweise gruppendynamische Risiken in einem Projekt (◘ Tab. 15.1) durch eine professionelle **Zusammensetzung des Projektteams** bereits im Vorfeld der Projektarbeit kanalisieren (► Kap. 7, Moser & Galais). Dabei sollte zunächst darauf geachtet werden, dass die Rollen im Team offen geklärt werden (► Kap. 4, Streich & Brennholt). Die wichtigste Rolle nimmt der verantwortliche **Leiter des Teams** ein. Es genügt nicht, dass er glaubt, Fach- und Sozialkompetenz zu haben, sie müssen ihm auch vom Team zugetraut werden (► Kap. 8, Solga & Blickle, zur Reputation des Projektleiters).

Rollen im Team

Das Zutrauen des Teams in die Fachkompetenz des Projektleiters ist erforderlich, um die Sache zielorientiert voranzubringen. Dazu benötigt ein Projektleiter nicht das beste Fachwissen, aber er muss in der Lage sein, die unterschiedlichen inhaltlichen Aspekte so zusammenzuführen, dass ein gutes fachliches Ergebnis erzielt wird (► Kap. 7, Moser & Galais).

Vertrauen in die Fachkompetenz des Projektleiters

Das Vertrauen in die Sozialkompetenz beinhaltet Erwartungen an dessen Fähigkeit, die **unterschiedlichen Einstellungen und Erwartungen der Teammitglieder zu erkennen und zu integrieren**. Darüber hinaus wird von dem sozial kompetent Führenden erwartet, dass er alle Mitarbeiter aktiv an der inhaltlichen Arbeit **beteiligt** und die sachlichen Beiträge zu einem **gemeinschaftlichen Ergebnis** zusammenfügt. Ein großes Risiko für die Projektarbeit besteht darin, dass Projektleitern zwar die fachliche Kompetenz zugestanden wird, nicht jedoch die soziale Kompetenz.

Vertrauen in die Sozialkompetenz des Projektleiters

Wird ein Projektteam ohne **Rollenklärung** (Harrison, 1977) eingesetzt, so findet diese dennoch statt, aber nicht offen, sondern im Verlauf der Projektarbeit zumeist verdeckt und an inhaltlichen Auseinandersetzungen verankert. Dabei ist es außerordentlich schwierig, genau zu differenzieren, wann es tatsächlich um die Sache geht und wann gerade ein Prozess der Rollenfindung abläuft. In jedem Fall findet eine emotionale Störung in der Projektarbeit statt (► Kap. 4, Streich & Brennholt; ► Kap. 9, Kauffeld, Grote & Lehmann-Willenbrock).

Emotionale Störung in der Projektarbeit

Um diese Gefahren zu vermeiden, ist es empfehlenswert, sich bei der **Planung von Projekten** intensiv mit den Kompetenzen der Akteure zu beschäftigen und nach ausführlicher Prüfung und möglicherweise auch Diskussion einen Projektleiter einzusetzen, dem beide Kompetenzen zugetraut werden (► Kap. 7, Moser & Galais). Bei richtiger Einschätzung ist dies die Gewähr dafür, dass das Projektteam von Anfang an effektiv arbeiten kann und die **Risiken der verdeckten Rollenklärung** minimiert werden.

Inhaltliche Risiken der Projektarbeit

Die eher inhaltlichen Risiken der Projektarbeit liegen, soweit man hier überhaupt eine sinnvolle Trennung vornehmen kann, in einer **klaren Definition der Aufgabe und des zu erzielenden Ergebnisses** für das Team sowie in der Klärung, ob Aufgabe und Ziel von allen am Projekt Beteiligten auch vergleichbar **verstanden** worden sind (vgl. zu Zielen ► Kap. 11, Wegge & Schmidt).

15.3 · Ansatzpunkte für Verbesserungen

❗ **Daher ist es wichtig, zunächst einmal die Aufgabe operational präzise zu beschreiben, nach dem Motto: Wer soll was mit wem, wie und bis wann mit welchem Ergebnis machen?**

Aufgabenbeschreibung

Alles, was hier nicht genau beschrieben ist, birgt das Risiko **unterschiedlicher inhaltlicher Interpretationen** durch die einzelnen Mitglieder des Projektteams. Das hat dann zur Folge, dass die Akteure aneinander vorbeireden, ohne sich dessen bewusst zu sein, weil sie alle glauben, über die Sache und nicht über ihre unterschiedlichen Interpretationen zu reden (▶ Kap. 4, Streich & Brennholt).

Wenn ein Projekt zur Steigerung der Effizienz im Unternehmen gestartet wird, kann es sehr **unterschiedliche Auffassungen** über diese Steigerung, über Effizienz und über die hier einzubeziehenden Bereiche des Unternehmens geben. Besser ist es, das Projekt von vornherein genau zu beschreiben.

Klarer Projektauftrag

> Die Projektgruppe hat den Auftrag, einen Vorschlag zu erarbeiten, wie der Ausstoß in der Fertigung unter Beibehaltung der Fehlerquote im kommenden Jahr um 10% gesteigert werden kann, oder vorzuschlagen, wie bei gleichem Ausstoß die Fehlerquote innerhalb von 6 Monaten halbiert werden kann.

Risiken können dann nur noch eintreten, wenn der Projektauftrag **unrealistisch** ist und die Akteure sich nicht zutrauen, dies offen anzusprechen, oder wenn Einzelne hinter dem präzisen Projektauftrag eine **versteckte Agenda** vermuten, die sie dann während der Projektarbeit zu verifizieren suchen.

15.3.2 Risikointervention

Wenn alle diese Fragen zur Risikoprävention nachhaltig abgearbeitet sind, sollten eigentlich keine Risiken mehr auftauchen. Gleichwohl kann es sie geben, denn Projekte sind zumeist **auf eine nicht bekannte Zukunft ausgerichtet** und können in ihrem Verlauf zu neuen Erkenntnissen führen, die dann wiederum bis dahin nicht vorsehbare Risiken beinhalten können.

In diesem Fall bedarf es einer genauen Risikoanalyse, die feststellt, was sich im Laufe des Projektes verändert hat und welche Maßnahmen deshalb geplant werden. Inhaltlich kann das bedeuten, dass es im Laufe des Projektes zu **neuen Erkenntnissen** kommt, die sich auf das Projekt selbst oder auf das Projektziel kritisch auswirken. Das führt dazu, dass alle Annahmen erneut einer kritischen Betrachtung unterzogen werden müssen, das Projekt möglicherweise umdefiniert oder das Projektziel angepasst werden muss. Keinesfalls sollte man angesichts neuer, nicht eingeplanter Risiken weitermachen wie bisher

Risikoanalyse

und sich der Hoffnung hingeben, dass die Risiken schon irgendwie beseitigt werden.

Gruppendynamik

Gruppendynamisch erweist es sich als problematisch, wenn die **Kompetenzen des Projektleiters** angezweifelt werden und unerwartete Rollenprobleme auftauchen. Das stellt dann ein besonders hohes Risiko dar, da die sich daraus ergebenden **Konflikte** das Projekt nachhaltig stören oder gar infrage stellen können. Hier ist es notwendig, die inhaltliche Projektarbeit vorübergehend einzustellen und im Projektteam eine **Rollenklärung** anzustreben. Dies gelingt jedoch nur, wenn man Inhalte und Rollen für diese Zeit trennt, damit die Konflikte nicht durch Sachargumente verdeckt werden (▶ Kap. 4, Streich & Brennholt).

Bewertungskonflikte

Auch hier gilt der Grundsatz, dass Konflikte nicht durch die Inhalte hervorgerufen werden, sondern deren unterschiedliche Bewertung durch die am Konflikt Beteiligten (Rüttinger & Sauer, 2000), die sich nicht sachlich, sondern nur emotional klären lassen. Gäbe es nur inhaltliche Auffassungsunterschiede, so ließen diese sich ohne Weiteres auch sachlich bearbeiten. Die Einsicht in diese Erkenntnis ist deshalb so schwierig, weil viele Menschen davon überzeugt sind, dass es ihnen nur um die Sache geht. Dadurch versperren sie sich selbst den Zugang zu ihren persönlichen Bewertungen (▶ Kap. 4, Streich & Brennholt; ▶ Kap. 9, Kauffeld, Grote & Lehmann-Willenbrock). **Coaches** und organisationspsychologische Prozessbegleiter können hier hilfreich sein, indem sie den Projektleiter bei der **Kompetenzentwicklung** oder der **Klärung seiner inneren Rollenkonflikte** unterstützen, das Team durch eine **Verbesserung der Kommunikation** selbst befähigen, oder indem sie durch **Konfliktmoderation** Spannungen abbauen (▶ Kap. 6, Wastian, Braumandl & Dost).

15.3.3 Krisenprävention und Krisenmanagement für den Notfall

Strukturelle und ablaufbezogene Krisenorganisation durch einen Krisenstab

Da Krisen nicht vorhersehbar sind, tritt an Stelle einer inhaltlichen oder verhaltensbezogenen Prävention eine strukturelle und ablaufbezogene Krisenorganisation. Sie ist weitestgehend abstrakt und stellt **organisatorische und entscheidungstechnische Modelle** zur Verfügung (Krystek, 2004), die geeignet sind, schnell zu bewerten, Handlungsalternativen zu entwickeln und konsequente Entscheidungen zu treffen, um in der Krise zu agieren. Diese Organisation, ein sog. Krisenstab, muss bereits vor Eintritt einer Krise definiert sein.

Arbeitsweise Krisenstab

Seine Arbeitsweise wird im Vorfeld tatsächlich eintretender Krisen trainiert, einerseits auf einem sehr abstrakten inhaltlichen Niveau, andererseits anhand konkreter Erfahrungen in den Trainingssituationen. Dabei geht es nicht darum, eine abstrakt eingetretene Krise zu lösen, sondern darum, **konkrete Handlungsalternativen** inhaltlicher und persönlicher Art zu entwickeln, die für den Ernstfall praktische Möglichkeiten aufzeigen, schnell und umfassend zu reagieren und vor allem gravierende Fehler zu vermeiden.

15.3 · Ansatzpunkte für Verbesserungen

> ❗ Zur Krisenprävention gehört, dass alle am Projekt Beteiligten sich darüber klar sind, dass Krisen nicht mit üblichen Managementmethoden behandelt und schon gar nicht bewältigt werden können.

Herrscht hierüber keine Klarheit und Übereinstimmung, dann wird krisenhaften Situationen nicht mit der notwendigen Stringenz in der Organisation und Führung begegnet. Sie werden dann zum Spielball **ungeklärter Rollen** und **gruppendynamischer Prozesse**. Dies ist vor allem dann der Fall, wenn der verantwortliche Leiter eines Projektes in der Krisensituation quasi entmachtet wird, weil der Auftraggeber oder ein Vorgesetzter glauben, sich aktiv handelnd am Krisenmanagement beteiligen zu müssen. Dies ist ein Vorgang, der bei tatsächlichen Krisen eher die Regel als die Ausnahme ist.

Entmachtung des Projektleiters in Krisensituationen

Der Krisenstab

In der Krise wird die bis dahin sich aus Rollendefinition und -zuteilung etablierte Projektorganisation durch eine Krisenorganisation ersetzt. Anstelle von Rollen gibt es jetzt **Funktionen**, also klar definierte Aufgaben, die sich bereits bei der Bewältigung von Krisen bewährt haben. An die Stelle von eher gruppendynamisch ablaufenden Entscheidungsprozessen treten nun **formalisierte Bewertungen und Aktivitäten**:
- Situationsanalyse,
- Handlungsalternativen,
- Entscheidung.

Krisenorganisation ersetzt Projektorganisation

Die Funktionen in einem Krisenstab richten sich zum einen nach der sich aus dem Projekt ergebenden inhaltlichen Notwendigkeit, zum anderen aber nach den notwendigen Arbeitsschritten.

Funktionen in einem Krisenstab

Leiter des Krisenstabes. Die wichtigste Funktion ist die des Leiters des Krisenstabes. Das kann auch die im Projekt etablierte Führungspersönlichkeit sein, wenn sie neben den dort notwendigen **Kompetenzen** zusätzlich über einen **analytischen Sachverstand** zur Erfassung und Bewertung von Situationen sowie über eine konsequente **Entscheidungsstärke** verfügt, mit der sie die Analysen auf den Punkt bringt und die richtige Handlungsalternative durchsetzt. Der Leiter des Krisenstabes führt dessen Mitglieder konsequent unter Einbeziehung all ihrer sachlichen und fachlichen Beiträge. Er fordert jeden zu Stellungnahmen auf und entwickelt daraus **Handlungsalternativen**, die von allen sowohl hinsichtlich ihrer Effizienz als auch in Bezug auf ihre Risiken bewertet werden. Daraus entwickelt der Leiter zügig Entscheidungen und setzt sie konsequent um. Dabei hat er darauf zu achten, dass diese **Entscheidungen mehrheitlich akzeptiert** werden und dass diejenigen, die anderer Auffassung sind, zumindest diese Entscheidungen tolerieren.

Funktion Leiter des Krisenstabes

> ⚠️ Wer zum Leiter eines Krisenstabes bestimmt wird, muss rechtzeitig und wohlüberlegt entschieden werden. Alle am Projekt Beteiligten, Auftraggeber und Vorgesetzte, müssen sicher sein, die hierfür richtige Person ausgewählt zu haben.

Krisenstab muss arbeitsfähig sein

Wenn dies nicht gründlich und sicher festgelegt ist, wird es kurz nach Eintritt einer Krise zu Verhaltensweisen kommen, die es dem etablierten Leiter unmöglich machen, konsequent zu führen. Entweder werden seine Entscheidungen von außen **kritisch hinterfragt**, oder es begehrt ein höherer Vorgesetzter die **stille Teilnahme im Krisenstab**, oder es werden weitere **Parallelorganisationen** etabliert, die ebenfalls Krisenmanagement betreiben. Damit ist der eigentliche Krisenstab nicht arbeitsfähig. Daher bedarf es großer Ernsthaftigkeit bei der Vorbereitung und der Zuteilung der Leitungsfunktion, denn in der Krise ist es dafür zu spät.

Funktion Fachexperte

Fachexperte. Eine weitere wichtige Funktion hat der Fachexperte. Das können auch mehrere Personen unterschiedlicher fachlicher Kompetenz sein. Die Aufgabe besteht darin, dem Krisenstab mit **sachlich-fachlichem Rat** zur Verfügung zu stehen, um inhaltlich wichtige Aspekte der Krisenbewältigung umfassend und korrekt darzustellen. Der Experte ist allerdings in aller Regel nicht der Entscheider, da auch und vor allem in der Krise – neben den inhaltlichen Aspekten – die Auswirkungen und Konsequenzen der Entscheidungen berücksichtigt werden müssen.

Funktion Kommunikator

Kommunikator. Eine dritte Funktion ist die des Kommunikators. Seine Aufgabe besteht darin, einerseits auf die Wirkung von Entscheidungen außerhalb des Krisenstabes **aufmerksam zu machen** und diese andererseits so zu formulieren, dass sie im Umfeld verständlich ankommen und nicht die Art ihrer **Darstellung** zu neuen Krisen führen.

Funktion Verhaltensexperte

Verhaltensexperte. Eine vierte Funktion übernimmt der Verhaltensexperte, z. B. ein Psychologe. Seine Aufgabe besteht darin, den Krisenstab zu beraten, wie bestimmte inhaltliche Entscheidungen nach innen und außen zur Wirkung gebracht werden können, aber auch darin, bei verhaltensbezogenen Fragestellungen Empfehlungen zu geben.

Je nach Art der Krise oder des Projektes selbst können noch weitere Funktionen, wie z. B. die des **juristischen Ratgebers** oder des **Fachmanns für technische Unterstützung**, eingesetzt werden.

Arbeitsfähigkeit des Krisenstabes

Damit der Krisenstab wirklich arbeitsfähig ist, sollten ihm nicht mehr als **5-6 Personen** angehören. Sollten weitere Unterstützer notwendig sein, können diese außerhalb des Stabes tätig werden. Ihre Erkenntnisse werden dann situativ mit einbezogen.

Arbeitsumgebung für den Krisenstab

Für die Arbeit des Krisenstabes ist eine räumliche Situation förderlich, in der alle **frei von störenden äußeren Einflüssen** ihre Ziele verfolgen, um in der notwendigen Intensität und Geschlossenheit zu schnellen Entscheidungen zu gelangen. Es ist hilfreich, gleichzeitig alle technischen **Möglichkeiten** zu schaffen, um nach innen und außen wirkungsvoll zu kommunizieren.

Entscheidungsmanagement in der Krise

Entscheidungen in der Krise werden nach einem stringenten Modell durchgeführt: Situationsanalyse, Bestimmung der Handlungsalternativen, die Entscheidung fällen. Nach diesem Schema strukturiert der Leiter des Krisenstabes den Entscheidungsprozess. Anstatt jedoch die Beiträge einem offenen Diskussionsprozess zu überlassen, ist der Leiter selbst steuernd aktiv. Zunächst fordert er jedes Mitglied des Krisenstabes auf, die **krisenhafte Situation und deren Ursachen aus seiner Sicht darzustellen**. Dann fasst er alle Beiträge zusammen und fordert nochmals dazu auf, weitere Beiträge zur Analyse zu bringen. Dies macht er so lange, bis alle das Problem erschöpfend analysiert haben. Danach fasst er alles nochmals zusammen, ergänzt es um seine eigene Analyse und formuliert ein Statement, das die Situation umfassend und verbindlich beschreibt. Auf keinen Fall dürfen zu diesem Zeitpunkt schon Vorschläge für Lösungsangebote oder Entscheidungsgrundlagen genannt oder diskutiert werden.

Phase 1: Situationsanalyse

> ❗ Eine vertiefte und von allen getragene Situationsanalyse ist die Grundlage für eine schnelle und gemeinsame Ideenfindung zur Bewältigung der Krise.

In einer zweiten Runde sammelt der Leiter des Krisenstabs alle Ideen, welche die Mitglieder des Krisenstabs dafür geeignet halten, die Krise zu lösen. Alle Ideen werden als Vorschläge akzeptiert und auch so festgehalten. Es gibt **keine inhaltliche Diskussion oder gar Kritik**, um die Gedankenvielfalt nicht einzuengen. Vor allem gilt hier die für Krisenmanagement wichtige Erfahrung, dass ein Krisenstab sehr rasch arbeiten kann, wenn alle Mitglieder zunächst ihre Ideen ohne Einschränkung vorstellen können.

Phase 2: Ideensammlung für Lösungen

In der dritten Phase wird der Krisenstab eine Entscheidung treffen, welche dieser Vorschläge er für die Bewältigung der Krise für geeignet hält. Hier ist es wichtig, dass der Leiter des Krisenstabes die **Ideen gut strukturiert** und mithilfe der Gruppe einer **inhaltlichen Bewertung** unterzieht. Er fasst das Ergebnis dann als Entscheidung zusammen und fordert den Kommunikator auf, diese in einer geeigneten Art und Weise zu **formulieren**, damit sie auch außerhalb des Krisenstabes verständlich nachvollzogen werden kann. Diese Botschaft richtet sich an alle anderen Projektmitarbeiter, die nicht dem Krisenstab angehören, an die Auftraggeber oder Vorgesetzten sowie an eine zu definierende Öffentlichkeit, die eine Beziehung zur Krise hat und von ihr betroffen sein kann.

Phase 3: Entscheidung

> ❗ Erfahrungen aus dem Krisenmanagement zeigen, dass immer dann, wenn in die Situationsanalyse zu wenig Zeit investiert wird, bereits bei den Handlungsalternativen nur wenige kreative Ideen genannt werden und schließlich bei der Entscheidungsfindung
> ▼

neue Aspekte diskutiert werden, die den Krisenstab an einer zügigen Entscheidung hindern. Diese neuen Aspekte sind dann der Indikator dafür, dass die Analyse zu schnell oder zu oberflächlich durchgeführt wurde.

Weitere Aspekte für Erfolg eines Krisenstabes

Ein weiteres Vorurteil sollte hier noch erwähnt werden. Wenn der Leiter des Krisenstabs den Entscheidungsprozess möglichst konsequent und dynamisch vorantreibt, hat das nichts mit autoritärer Führung zu tun. Von ihr würde man sprechen, wenn er die Ideen der Gruppe nicht mit einbezieht, sondern nur versucht, seine eigenen Auffassungen durchzusetzen. Wer das will, braucht keinen Krisenstab.

Krisenstab frühzeitig bilden

Der Erfolg von Krisenstäben in der Praxis hängt davon ab, dass sie bereits im Vorfeld realer Krisen gebildet werden und dass die Mitglieder Gelegenheit haben, ihr **Verhalten in nachgestellten krisenhaften Situationen zu üben und zu reflektieren**. Hier kann auch darüber entschieden werden, wer für einen solchen Stab geeignet ist. Sollten hier auch nur geringe Zweifel aufkommen, so ist es besser, auf diese Personen zu verzichten und damit nicht bis zur Krise zu warten.

Die Notwendigkeit der Bildung eines Krisenstabes und eine knappe Skizzierung seiner Arbeit zeigt das folgende Fallbeispiel.

In einem Unternehmen der forschenden pharmazeutischen Industrie wurde ein Projekt zur Entwicklung der zukünftigen Strategie des Unternehmens beschlossen. Die Notwendigkeit dafür ergab sich aus einer gewissen Orientierungslosigkeit in der unternehmenseigenen Forschung. In einer Vorstandssitzung wurden hierfür 2 unterschiedliche Vorgehensweisen präsentiert:

Top-down-Einführung eines erfahrungsgeleiteten Modells

Der für die Forschung zuständige Vorstand stellte ein Konzept vor, das auf der bisherigen Arbeitsweise basiert und mit einer wissenschaftlichen Bedarfsprognose die Zukunft abbilden sollte, um dann top-down eingeführt zu werden. Dieses erfahrungsgeleitete Modell ging davon aus, dass man die Chancen und Risiken der Zukunft aus den bisherigen Erfahrungen und Erkenntnissen logisch ableiten könne. Vor allem betonte es die Notwendigkeit, die Strategie für die Zukunft des Unternehmens von den Wissenschaftlern entwickeln zu lassen, da diese über die größte Kompetenz und Erfahrung in einem Unternehmen der forschenden Industrie verfügen.

Qualitative Interviews und Bottom-up-Einführung

Die Stabsabteilung »Strategieentwicklung« schlug eine Vorgehensweise vor, die einerseits die Erfahrungen aller im Unternehmen beteiligten Bereiche mittels qualitativer Interviews erfassen, diese mit den Erkenntnissen aus der branchenspezifischen Marktforschung abgleichen und in einer Bottom-up-Vorgehensweise zu einem verbindlichen strategischen Konzept integrieren sollte.

▼

15.3 · Ansatzpunkte für Verbesserungen

Der Vorstand meinte, dass es attraktiv sei, beide Vorgehensweisen als groß angelegten Modellversuch durchzuführen und als Ergebnis eine Art Synthese aus beiden Konzepten zu entwickeln, die dann als zukünftige Strategie festgeschrieben werden sollte. Die Frage, ob eine Top- down- oder eine Bottom-up-Strategie erfolgversprechender sei, wurde dem freien Spiel der Kräfte überlassen. Es wurde eine Steuerungsgruppe gebildet, in der sich Mitglieder aus beiden Gruppen regelmäßig über den jeweiligen Projektstand der anderen informieren sollten.

So entstanden 2 Projektteams mit unterschiedlicher Vorgehensweise und Zusammensetzung:
- Die Gruppe des Forschungsleiters mit seinen 5 funktionalen Bereichsleitern aus den verschiedenen Forschungsgebieten, alle 6 habilitierte und erfahrene Wissenschaftler.
- Die Stabsabteilung »Strategieentwicklung« mit 5 relativ jungen Mitarbeitern aus verschiedenen Disziplinen, allerdings ohne Beteiligung der Forscher.

Dass eine solche Vorgehensweise nicht konfliktfrei sein würde, konnte vermutet werden. Dass sie wegen der Eigenarten der beteiligten Persönlichkeiten unmittelbar in die Krise führte, kam für viele doch sehr überraschend. Was war passiert?

Die Entscheidungsträger des Unternehmens gingen von der Grundidee aus, dass aus These (top-down) und Antithese (bottom-up) eine Synthese (ideales Vorgehen) entstehen würde und übersahen dabei, dass solche Konstruktionen eher zu symmetrischer Kommunikation und damit zu streitigen Auseinandersetzungen führen, die unvereinbare Positionen erzeugen.

Für die Forschungsleitung wäre es eine schmerzliche Erfahrung gewesen, sich einer Strategie zu unterwerfen, die von jungen Leuten mit unterschiedlichem Erfahrungshintergrund und ohne Beteiligung der Forscher entwickelt worden war. Dies brachte ein Bereichsleiter aus der Forschung folgendermaßen zum Ausdruck: »In einem forschenden Unternehmen kann die Strategie nicht vom Marketing gemacht werden. Das ist Sache der Wissenschaft, die weiß, was es gibt und die weiß, was es braucht.«

Aber anstatt sich nun auf eine wissenschaftlich fundierte Strategie zu konzentrieren, beeilten sich die Wissenschaftler, ihr Konzept als erstes vorzulegen, um auch zeitlich einen Vorsprung zu gewinnen. Das wiederum machte den Vorstandsvorsitzenden misstrauisch. Er ließ das Strategiepapier von einer neutralen Institution prüfen. Das Ergebnis war vernichtend.

Die Stabsabteilung »Strategieentwicklung« zeigte einerseits viel Respekt vor den Wissenschaftlern und versuchte sie in die eigenen Überlegungen einzubinden. Dies führte zu vielen symmet-

▼

Steuerungsgruppe

Erzeugen unvereinbarer Positionen

rischen Diskussionen und endete mit der Aussage des Forschungsleiters: »Das Schlimmste, was uns passieren kann, ist die Einmischung in die Freiheit der Forschung.« Im Projekt bewegte sich durch diese Diskussionen nichts. Andererseits verloren die Verantwortlichen durch eine ausführliche Projektplanung viel Zeit und befanden sich noch in der Erhebungsphase, als der Vorschlag der Forscher bereits gescheitert war.

Die Krise war eingetreten, die einen hatten keine zweckmäßige Strategie, die anderen gar keine. Das Unternehmen stand nicht nur ohne eine Strategie da, das Management hatte sich als unfähig erwiesen, sowohl bei der Planung als auch in der Entscheidung und vor allem im Ergebnis. Auf allen Ebenen machte sich plötzlich Krisenstimmung breit, denn der wirtschaftliche Erfolg hängt gerade bei langfristig operierenden Unternehmen von einer zuverlässigen und konsequent ausgerichteten Strategie ab, die auch den Mitarbeitern eine Orientierung gibt.

Externer Berater für Krisenmanagement eingeschaltet

Da das Unternehmen über kein eigenes Krisenmanagement verfügte, suchte es einen externen Berater, der schnellstmöglich helfen sollte, einen stabilen Zustand im Unternehmen herzustellen und den Mitarbeitern Orientierung zu geben.

Interner Krisenstab

Ein Krisenstab wurde gebildet, bestehend aus 6 Mitarbeitern aus den unterschiedlichen Unternehmensbereichen, darunter einem Vorstandsmitglied, nicht jedoch dem Vorsitzenden. Die Mitglieder wurden in die Arbeit eines Krisenmanagements eingewiesen, ihnen wurde auch deutlich gemacht, dass es weder eine richtige noch eine falsche Strategie gibt. Vielmehr sei es wichtig, dass die Strategie von möglichst vielen Beteiligten getragen wird und sich kontinuierlich den Veränderungen im Umfeld des Unternehmens anpassen kann. Die Mitglieder des Krisenstabes bestimmten aus ihrer Mitte einen Leiter, dem sie zutrauten, möglichst viele gemeinsame Aspekte für eine Strategie mit dem Team herausarbeiten zu können. Der Leiter kam weder aus der Forschung noch aus der Strategieabteilung. Der externe Berater wurde nicht Mitglied im Krisenstab.

Die Situationsanalyse ergab, dass das Unternehmen erhebliche Defizite in der Marktorientierung hatte und dass die Forschung sich nur an positiven Untersuchungsergebnissen orientierte, negativ verlaufende Versuche aber weder dokumentierte noch veröffentlichte. Hier war eine große Chance verlorengegangen, aus Fehlern zu lernen. Die Kompetenz des Forschungsleiters wurde offen infrage gestellt – nicht hinsichtlich seiner wissenschaftlichen Fähigkeiten, jedoch hinsichtlich seiner Führungsrolle.

Vorschlag für Vorstand

Der Krisenstab unterbreitete dem Vorstand folgenden Vorschlag: Stringente Analyse der Märkte für die etablierten Forschungsschwerpunkte, Reduktion der Forschungsgebiete, Nutzung

▼

negativer Versuchsergebnisse für die Weiterentwicklung der Forschung, Reorganisation der gesamten Forschung und Ausrichtung auf die Marktgegebenheiten, Grundlagenforschung künftig von den Universitäten und Forschungsinstituten zu beziehen. Das Ergebnis war die Formulierung einer Unternehmensstrategie auf dieser Basis unter Einbeziehung aller relevanten Unternehmens- und Marktdaten sowie die Verabschiedung der Strategie durch den Vorstand.

15.3.4 Krisennachbereitung

Ansatz Lernfelder und Ursachen. Da Krisen außergewöhnliche Situationen oder Ereignisse sind, bieten sie auch Lernfelder, wie sie aus Risiken oder Konflikten in dieser Intensität nicht generiert werden. Daher ist es besonders wichtig, nach einer Krise intensiv zu erörtern, was die Krise verursacht hat, warum erste Hinweise nicht rechtzeitig bemerkt wurden und welche Konsequenzen die Krise für das Projekt hatte (im Sinne von Lessons Learned; ▶ Kap. 3, Brodbeck & Guillaume; ▶ Kap. 6, Wastian, Braumandl & Dost; ▶ Kap. 5, Winkler & Mandl).

Krisen bieten Lernfelder

Ansatz Führung und Zusammenarbeit mit Krisenstab. Darüber hinaus ist es notwendig festzustellen, wie der Krisenstab initiiert wurde, wie er gearbeitet hat und was seine Entscheidungen für die Bewältigung der Krise bewirkt haben. Die Führung und die Zusammenarbeit im Krisenstab müssen auch einer **Analyse** unterzogen werden.

Krisennachbereitung als Prävention. Die Nachbereitung einer Krise ist ein Teil der Prävention zukünftiger Krisenfälle. Dabei muss der Tendenz entgegengearbeitet werden, sich selbst die Situation schön zu reden und bei den Entscheidungen ausschließlich die Aspekte herauszustellen, die positiv waren. Das ist zwar ein verständliches Verhalten, für den Umgang mit zukünftigen Krisen ist es aber wirkungsvoller, sich mit den **Schwachstellen** und den offensichtlichen **Fehlern des Krisenmanagements** auseinanderzusetzen.

Situation nicht schön reden

❗ Was verdrängt wird, kommt bei zukünftigen Krisen wieder zum Vorschein, es wirkt sich dann negativ auf deren Bewältigung aus.

Auch über die Zusammensetzung der Mitglieder im Krisenstab und über deren Effizienz sollte sehr offen gesprochen werden, um auch aus diesen Erfahrungen die richtigen Schlüsse zu ziehen.

15.3.5 Schlussbetrachtung

Ein gutes Projektmanagement ist themen- und menschengeleitet. Die Mitarbeiter im Projekt sind fachkompetent, ansonsten bräuchte man sie nicht, und sie verfügen über Kenntnisse in der Projektarbeit. Darüber hinaus sind sie bereit und in der Lage, ihre jeweiligen Positionen und Rollen in einem Projektteam zu klären und zu leben. All das sind zentrale **Voraussetzungen für die Aufnahme in das Projektteam**.

Das Management von Risiken basiert auf den gleichen Voraussetzungen und wird vor allem bei Projekten relevant, die **zukunftsgerichtet** sind, woraus sich natürlich Risiken ergeben müssen, da niemand die Zukunft valide abbilden kann und die Projektarbeit auf Annahmen basiert, die sich später als mehr oder weniger richtig erweisen.

> ❗ Es sollte soweit wie möglich differenziert werden, was Tatsachen und was Annahmen sind und der Versuchung widerstanden werden, die Annahmen durch Rechen- und Planungsmodelle in den Zustand von Fakten zu erheben. Prognosen sind keine Fakten!

Wahrscheinlichkeiten sind keine Tatsachen

Zukunft ist immer nur auf dem Niveau von Wahrscheinlichkeiten darzustellen. Der Grad der Wahrscheinlichkeit lässt sich zwar berechnen, man sollte das aber nicht als Fakt übernehmen. Auch eine berechnete Wahrscheinlichkeit wird keine Tatsache.

Wer das in der richtigen **Projektstruktur** mit einer ganz normalen **Führungskultur** beherzigt, hat bereits den ersten Schritt zum Management von Risiken getan. Jetzt muss er nur noch dafür sorgen, dass das Projektteam **flexibel** mit neuen, sich aus dem Projekt ergebenden Erkenntnissen umgeht und auch bereit ist, einmal gefällte Entscheidungen zu revidieren und sorgsam gepflegte Vorurteile aufzugeben.

Entscheidungen revidieren können

Das Management von Krisen leistet letztlich nichts anderes als eine **offene Führungskultur** in ein **stringentes Führungsmodell** zu überführen, das solange aufrechterhalten bleibt, bis die Krise beendet ist. Krisenmanagement ist keine besondere »Kunst«. Es ist auf Klarheit, Schnelligkeit und Konsequenz angelegt und zwingt die am Krisenmanagement Beteiligten, sich in eine solche Arbeitsstruktur einzufügen. Deshalb ist es auch nur für außergewöhnliche Situationen geeignet und versagt als Verfahren des allgemeinen Managements.

Klarheit, Schnelligkeit, Konsequenz

15.4 Literatur

Burger, A. & Buchhart, A. (2002). *Risiko-Controlling*. München: Oldenbourg
Dörner, D., Horváth, P. & Kagermann, H. (Hrsg.) (2000). *Praxis des Risikomanagements*. Stuttgart: Schäffer-Poeschel
Gemünden, H.-G. & Högl, M. (Hrsg.) (2000). *Management von Teams. Theoretische Konzepte und empirische Befunde*. Wiesbaden: Gabler.
Harrison, R. (1977). Rollenverhandeln: Ein »harter« Ansatz zur Teamentwicklung. In B. Sievers (Hrsg.), *Organisationsentwicklung als Problem* (S. 116–135). Stuttgart: Klett-Cotta.
Heckhausen, H. (2006). *Motivation und Handeln*. Berlin Heidelberg New York Tokio: Springer.
Jungermann, H., Pfister, H-R. & Fischer, K. (1998). *Die Psychologie der Entscheidung*. Heidelberg. Spectrum
Janis, I. L. (1972). *Victims of groupthink. A psychological study of foreign policy decisions and fiascos*. Boston, Mass.: Houghton Mifflin.

15.4 · Literatur

Janis, I. L. (1982). Counteracting the adverse effects of concurrence-seeking in policy-planning groups: Theory and research perspectives. In H. Brandstätter, J. H. Davis & G. Stocker-Kreichgauer (Eds.), *Group Decision Making* (pp. 477–501). London: Academic Press.

Kahneman, D. & Tversky, A. (1996). On the reality of cognitive illusions. *Psychological Review*, 103, 582–591.

Kahneman, D., & Tversky, A. (Eds.). (2000). *Choices, values, and frames*. New York: Cambridge University Press.

Krummenacher, A. (1981). *Krisenmanagement. Leitfaden zum Verhindern und Bewältigen von Unternehmenskrisen*. Zürich: Verlag Industrielle Organisation.

Krystek, U. (2004). Krisenmanagement. In *Gablers Wirtschaftslexikon* (S. 1812–1815). Wiesbaden: Gabler.

Lang-von Wins, T. (2004) *Der Unternehmer*. Berlin Heidelberg New York Tokio: Springer.

Nerdinger, F. W. (1995). *Motivation und Handeln in Organisationen*. Stuttgart: Kohlhammer.

Neuberger, O. (2006). *Führen und führen lassen*. Stuttgart: Lucius.

Rüttinger, B. & Sauer B. (2000). *Konflikt und Konfliktlösen*. Leonberg: Rosenberger.

Tjosfold, D. & Field, R. H. (1985). Effect of concurrence, controversy and consensus on group decision-making. *The Journal of Social Psychology*, 125, 355–363.

Weiner, B. (1986). *An attributional theory of motivation and emotion*. Berlin Heidelberg New York Tokio: Springer.

16 Projektmanagement in internationalen Teams

Ulrich Hößler, Walter Sponfeldner

16.1 Das Problem: Kulturelle Unterschiede in internationalen Teams – 308

16.2 Hintergrund und Relevanz aus psychologischer Sicht: Bedingungen und Prozesse interkultureller Kooperation – 311
16.2.1 Kulturelle Diversität im Team – 311
16.2.2 Entstehung kulturell bedingter Konflikte im Team – 312
16.2.3 Zentrale Problemfelder der interkulturellen Zusammenarbeit aus deutscher Sicht – 314
16.2.4 Kulturelle Unterschiede in zentralen arbeitsbezogenen Verhaltensdimensionen – 316

16.3 Ansatzpunkte für Verbesserungen: Bedingungen und Prozesse interkultureller Kooperation – 318
16.3.1 Umgang mit kulturellen Unterschieden im Team – 318
16.3.2 Produktives Heterogenitätsmanagement in internationalen Teams – 320

16.4 Literatur – 324

Interkulturelle Kooperation

In einer zunehmend internationaler werdenden Arbeitswelt werden Projekte in internationalen Teams immer mehr zum Standard der Entwicklung, Herstellung und Vermarktung von Produkten jeglicher Art. Internationale Kooperation ist dabei immer auch interkulturelle Kooperation. Anhand eines ausführlichen Fallbeispiels werden zunächst typische Probleme der interkulturellen Zusammenarbeit beschrieben. Basierend auf Erkenntnissen der **Psychologie interkulturellen Handelns** werden anschließend zugrunde liegende Prozesse und Erklärungsmuster erläutert und Ansatzpunkte zur Verbesserung abgeleitet.

16.1 Das Problem: Kulturelle Unterschiede in internationalen Teams

Ein deutsches Unternehmen entwickelt zusammen mit US-amerikanischen Spezialisten ein Produkt für einen koreanischen Kunden, das in China produziert werden soll. Das beauftragte Projektteam besteht aus Vertretern aller beteiligten Nationen. Derartige Konstellationen sind heutzutage keine Seltenheit mehr.

Da internationale Projektarbeit mittlerweile zum Arbeitsalltag einer Fach- und Führungskraft gehört, nehmen Erfahrungen mit der Arbeit in internationalen Teams und das Wissen um **kulturelle Unterschiede** beim individuellen Mitarbeiter stetig zu. Doch die unreflektierte Anhäufung von individuellen Erfahrungen und Wissensbeständen allein reicht nicht aus, um interkulturelle Kooperation erfolgreich zu gestalten (Amir, 1994). Zu welchen typischen Schwierigkeiten es bei der Zusammenarbeit in internationalen Teams kommen kann und wie diese gelöst werden können, wird anhand des folgenden Fallbeispiels gezeigt.

Unreflektierte Erfahrungen

Das Projekt
Ein deutscher Elektronikhersteller will ein neuartiges Navigationssystem entwickeln. Das beauftragte Projektteam setzt sich zusammen aus 4 deutschen langjährigen Mitarbeitern des Unternehmens, von denen einer mit der Projektleitung betraut wurde, und 2 US-amerikanischen Experten für Displaytechnologie, die eigens für das Projekt angeworben wurden.

Die Planungsphase
Bereits bei der Definition des konkreten Projektziels kommt es zu **Spannungen**, weil die Vorschläge, wie das Endprodukt beschaffen sein soll, von den deutschen und US-amerikanischen Teammitglie-

dern sehr unterschiedlich bewertet werden. Viele Ideen, welche die Amerikaner begeistern, weil sie für spätere Käufer attraktiv sind, lehnen die Deutschen als zu wenig ernsthaft und nicht umsetzbar ab.

In den anschließenden Sitzungen diskutieren die Deutschen intensiv die verbliebenen, aus deutscher Sicht ernsthaften, Vorschläge und zögern eine Entscheidung für das Endprodukt aufgrund **potenzieller Umsetzungsprobleme** immer weiter hinaus, sodass der Zeitplan überschritten wird. Der Projektleiter diskutiert dabei als Fachexperte mit, gibt aber keine Entscheidung vor. Die beiden Amerikaner beteiligen sich kaum an der Diskussion, sondern drängen auf eine Entscheidung.

Nach vielen Planungssitzungen einigen sich alle auf eine technisch anspruchsvolle, aber dennoch elegante Lösung. Die beiden Amerikaner haben zwar **Bedenken**, ob ein solch anspruchsvolles Gerät im Rahmen des Zeit- und Kostenplans entwickelt werden kann und ob spätere Käufer einen höheren Kaufpreis für Funktionen akzeptieren, die sie nicht unbedingt benötigen. Aber sie sind sehr optimistisch, motiviert und sichtlich froh, dass es jetzt an die Ausführung geht.

Die Ausführungsphase

Während jeder individuell an seiner Teilaufgabe arbeitet, kontaktieren die Amerikaner nahezu täglich ihre deutschen Kollegen, wollen längst bekannte Informationen haben, holen Meinungen zu ihrer Arbeit ein und bitten um Unterstützung. Die Deutschen fragen sich langsam, warum die beiden eigentlich ins Team geholt wurden, werden immer genervter und stehen irgendwann nur noch nach vorheriger Terminvereinbarung zur Verfügung. Die Amerikaner wiederum sind von dieser **Kommunikationsblockade** schockiert und zweifeln an der Teamfähigkeit der Deutschen.

Die Situation eskaliert bei der Präsentation der Zwischenergebnisse. Die Amerikaner berichten davon, wie sie dies und jenes **ausprobiert**, vieles wieder verworfen, stets aber eine geniale Lösung für die anstehenden Probleme gefunden hätten. Sie überzeugen durch eine sehr professionelle und unterhaltsame Präsentation, die ihren Expertenstatus rechtfertigt. Ihre Ergebnisse sind kreativ und funktional, aber nicht mit dem geplanten Endgerät vereinbar. Die Deutschen äußern daraufhin deutlich ihre Unzufriedenheit:

- Die von den Amerikanern präsentierte Lösung sei »**Flickwerk**« und »schlampig gemacht«.
- Die Amerikaner hätten bei den Planungssitzungen wohl nicht aufgepasst.
- Sie dächten zu wenig voraus, seien schlecht vorbereitet, »planlos«, undiszipliniert und nur an schnellen, **oberflächlichen Lösungen** interessiert.

▼

Unterschiedliche Bewertungen verschiedener Teammitglieder

Verzögerte Entscheidung

Kommunikationsblockade

Nicht vereinbare Ergebnisse

> Die Amerikaner wiederum reagieren auf diese Kritik mit folgenden Vorwürfen:
> - Zuviel Zeit sei mit Diskussionen vergeudet worden, bevor endlich gehandelt wurde.
> - Die Deutschen hätten jegliche Kreativität und Motivation mit Kritik und Bedenken erstickt.
> - Sie seien unfähig, Entscheidungen zu treffen, unkooperativ, unfreundlich, **unflexibel** und hingen zu sehr an einem einmal beschlossenen Lösungsweg.
>
> Dem Projektleiter gelingt es, die Gemüter zu beruhigen. Mit seinem Vorschlag, sich häufiger auszutauschen, um eine gemeinsame Vorgehensweise zu gewährleisten, sind alle einverstanden.
>
> **Das Projektende**
> Die häufigeren Treffen sind zwar nicht wirklich zufriedenstellend, weil sie die restliche Arbeitszeit merklich reduzieren und gegenseitige Vorwürfe zwischen Deutschen und Amerikanern nicht ausbleiben. Doch sie schweißen das Team besser zusammen. Auch wenn der Zeit- und Kostenplan nicht eingehalten wird, ist die Unternehmensleitung mit dem Ergebnis sehr zufrieden. Allerdings sind sich Deutsche und Amerikaner einig, dass das Projekt **extrem anstrengend** war und die Erfahrung, mit der jeweils anderen Gruppe zusammenzuarbeiten, eher **negativ bewertet** wird.

Zeit- und Kostenplan

Dieses Fallbeispiel beruht auf einer Untersuchung zu kulturbedingten Unterschieden im Problemlöseprozess bei deutsch-amerikanischen Arbeitsgruppen (Schroll-Machl 1996). Das geschilderte Projekt endet zwar erfolgreich, verläuft aber problematisch. Ein solcher Verlauf bildet den Forschungsstand zu interkultureller Teamarbeit gut ab. Denn bei aller Widersprüchlichkeit verschiedener Untersuchungsergebnisse gilt die Erkenntnis als abgesichert, dass gemischtkulturelle Teams ein **höheres Potenzial** an Produktivität und Kreativität als monokulturelle Teams aufweisen, jedoch mehr **Zeit und Aufwand** benötigen, um dieses Potenzial zu entfalten (van Knippenberg & Schippers, 2007; ▶ Kap. 13, Maier & Hülsheger).

Höheres Potenzial gemischtkultureller Teams

Erschwert wird die Zusammenarbeit in interkulturellen Teams nicht selten noch durch die Verteilung auf unterschiedliche Standorte, sodass die Kooperation weitgehend auf virtuellem Wege erfolgen muss (▶ Kap. 17, Hertel & Orlikowski).

16.2 Hintergrund und Relevanz aus psychologischer Sicht: Bedingungen und Prozesse interkultureller Kooperation

Die Gründe, warum es international besetzte Projektteams gibt, sind vielfältig. Im dargestellten Fall sollte das Teampotenzial durch das Spezialwissen zweier Experten bereichert werden, die im eigenen Land nicht verfügbar sind. In anderen Fällen verpflichten internationale Verflechtungen und Kooperationen ein Unternehmen, Projektteams mit Vertretern verschiedener Nationen zu besetzen. Manchmal werden gezielt Mitarbeiter aus unterschiedlichen Kulturkreisen für ein Projekt engagiert, weil man sich von den unterschiedlichen Sicht- und Herangehensweisen eine gegenseitige Bereicherung, erhöhte Kreativität und Steigerung der Produktivität erhofft (vgl. dazu die Methoden in ▶ Kap. 14, Traut-Mattausch & Kerschreiter). Doch »**Synergy is not for free**« (Stumpf, 2003, S. 349; ▶ Kap. 3, Brodbeck & Guillaume), da das Potenzial gemischtkultureller Arbeitsgruppen erst entfaltet werden kann, wenn **Reibungsverluste** minimiert werden, die durch kulturelle Diversität im Team entstehen können (Early & Mosakowski, 2000).

16.2.1 Kulturelle Diversität im Team

Das Management von Personen in Projekten (▶ Teil C: Kap. 9–12) ist eine große Herausforderung, da jedes Teammitglied neben unterschiedlichen Charaktereigenschaften auch individuelle Vorstellungen davon hat, wie ein Problem zu lösen ist, wie vorgegangen und kommuniziert wird und welche Anforderungen die Lösung zu erfüllen hat.

Solche Vorstellungen werden durch die langjährige **Sozialisation** in Institutionen wie Familie, Schule, Hochschule, Unternehmen etc. erworben. Je ähnlicher die Sozialisationserfahrungen unterschiedlicher Personen sind, desto mehr ähneln sich diese Vorstellungen. Personen, die in einer Kultur »groß geworden« sind, teilen meist nicht nur eine gemeinsame Sprache, sondern auch ein gemeinsames Repertoire an grundlegenden Werten, Normen und Verhaltensstandards. An diesen »**Spielregeln**« orientieren sich die Individuen, um ihr Handeln zielführend planen, ausführen und bewerten zu können.

Langjährige Sozialisation

Repertoire an Verhaltensstandards

> ❗ Unter Kultur wird ein für eine Nation, Gesellschaft, Organisation oder Gruppe spezifisches **Orientierungssystem** verstanden, das den Mitgliedern die Bewältigung ihrer Umwelt ermöglicht, indem es ein spezifisches Handlungsfeld mit gemeinsam geteilten Werten, Normen und Regeln definiert (Thomas, 2003a, S. 22).

Kulturelles Orientierungssystem

Dieses Kulturverständnis enthält noch einige weitere wichtige Elemente:
- Kultur ist ein **universelles Phänomen**: Alle Menschen leben in spezifischen Kulturen.
- Kultur ist ein **dynamisches Phänomen**: Sie wird durch ihre Vertreter stetig weiterentwickelt.

- Kultur ist ein **interaktives Phänomen**: Sie beeinflusst das Wahrnehmen, Denken, Werten und Handeln all ihrer Vertreter, die wiederum ihre Kultur gestalten durch die Schaffung und Nutzung von Objekten, Institutionen, Ritualen, Symbolen, Ideen, Werten etc.
- Kultur ist ein **regulatives Phänomen**: Sie schafft Handlungsmöglichkeiten, aber auch Handlungsgrenzen, deren Überschreitung von den Mitgliedern der jeweiligen Gemeinschaft sanktioniert wird.

Dabei muss es sich nicht unbedingt um Nationalkulturen handeln. Auch Unternehmen, Altersgenerationen, Regionalbevölkerungen, die Geschlechter etc. bilden spezifische Kulturen aus. Im Arbeitsleben werden z. B. häufig Fachkulturen deutlich, die unterschiedliche Berufsgruppen bilden, so wird bei der Zusammenarbeit zwischen Technikern und Kaufleuten immer wieder von massiven Kooperationsproblemen berichtet (Lovelace, Shapiro & Weingart, 2001).

Unterschiedliche Kommunikations- und Arbeitsstile, soziale Kategorisierungsprozesse

Wenn Vertreter unterschiedlicher kultureller Orientierungssysteme in einem Team zusammenarbeiten, können kulturspezifisch unterschiedliche Kommunikations- und Arbeitsstile sowie soziale Kategorisierungsprozesse die Ausbildung einer förderlichen gemeinsamen Gruppenidentität (van Der Zee, Atsma & Brodbeck, 2004) und die Nutzung des erhöhten Wissens- und Kreativitätspotenzials behindern (van Knippenberg, De Dreu & Homan, 2004).

16.2.2 Entstehung kulturell bedingter Konflikte im Team

Im Fallbeispiel verhalten sich die Teammitglieder unbewusst entsprechend ihres jeweiligen kulturellen Orientierungssystems und verursachen dadurch bereits in den ersten Besprechungen kulturbedingte Konflikte, die sich im weiteren Verlauf fortsetzen. Dabei treten Phänomene auf, die im Rahmen der Theorie der sozialen Identität gut untersucht sind (Tajfel, 1982) und bei gemischtkulturellen Arbeitsgruppen nachgewiesen wurden (Early & Mosakowski, 2000).

Soziale Identität

Entwicklungsverlauf kulturell bedingter Konflikte (nach Tajfel, 1982)
1. Wenn klar erkennbare soziale Kategorien existieren, wie in unserem Fall Deutsche und Amerikaner, neigt man dazu, sich selbst mit einer Eigengruppe zu identifizieren, die von wahrgenommenen Fremdgruppen abgegrenzt wird – man bildet eine **soziale Identität**: »Wir sind so, die anderen anders.«
2. Die deutschen und amerikanischen Teammitglieder verknüpfen aufgrund bisheriger Informationen und Erfahrungen mit

der jeweiligen Fremdgruppe bestimmte Eigenschaften, die sie den Mitgliedern dieser Fremdgruppe zuschreiben. Dies wird als **soziale Stereotypisierung** bezeichnet. Während Stereotype kognitiver Natur sind, also lediglich »Vorstellungen im Kopf«, welche die Orientierung in einer komplexen sozialen Umwelt ermöglichen und durch neue Erfahrungen leicht relativiert werden können, sind Vorurteile mit starken Emotionen belegt, sehr änderungsresistent und resultieren in diskriminierenden Handlungen.

Soziale Stereotypisierung

3. In unserem Fall sind die Deutschen überrascht, dass die Amerikaner auch vermeintlich absurde Vorschläge diskutieren wollen, die darauf folgende Kritik seitens der Deutschen ist wiederum für die Amerikaner ungewohnt. Irritierendes Verhalten eines Vertreters der Fremdgruppe wird meist auf die Zugehörigkeit zu dieser Gruppe zurückgeführt, zumal wenn das gezeigte Verhalten zum bereits vorhandenen Stereotyp passt (»typisch oberflächliche Amerikaner« bzw. »unhöfliche Deutsche«).

Irritierendes Verhalten

4. Im Zusammenhang mit sozialer Kategorisierung und der Bildung von sozialer Identität treten häufig **Intergruppeneffekte** auf, die kulturell bedingte Konflikte im Team anheizen können. So wird die Eigengruppe gegenüber der Fremdgruppe tendenziell besser bewertet. Man neigt dazu, die eigene Vorgehensweise für die allgemeingültige, normale und vernünftige zu halten und davon abweichende Ideen abzuwerten. Außerdem nimmt man die Mitglieder der Fremdgruppe weniger als Individuen, denn als typische Vertreter ihrer Gruppe wahr und vertraut ihnen weniger.

Intergruppeneffekte

Wenn die Existenz sozialer Kategorien ignoriert wird, vorhandene Stereotypen nicht bewusst gemacht und durch kulturspezifische Informationen relativiert und Intergruppeneffekte nicht gesteuert werden, dann können **Bruchlinien** (»faultlines«, Lau & Murninghan, 1998) zwischen den kulturellen Untergruppen entstehen, die eine Zusammenarbeit ernsthaft gefährden. Dabei sind besonders binationale Teams, deren kulturelle Subgruppen sich noch in anderen Dimensionen unterscheiden (wie in unserem Fall im Expertisebereich), für die Entstehung von Bruchlinien anfällig (Earley & Mosakowski, 2000). Gegenläufige Ausprägungen von Unterschiedlichkeit (z. B. sowohl deutsche als auch amerikanische Experten für Displaytechnologie) und stark gemischtkulturelle Teams schwächen diesen Effekt ab (van Der Zee et al., 2004).

Bruchlinien – »faultlines«

Tab. 16.1. Unterschiede zwischen deutscher und US-amerikanischer Teamarbeit

Deutsche Herangehensweise	US-amerikanische Herangehensweise
Ganzheitliche Erfassung des Problems: Informationssammlung, theoretische Erörterung der Umsetzung, Orientierung am technisch Machbaren	**Spezifizierung des Ergebnisses:** Brainstorming, genaue Beschreibung des Endergebnisses, Orientierung am späteren Nutzer/Käufer
Konsensorientierung: Einigung auf Endergebnis und gemeinsame Lösungsstrategie, eigenverantwortliche Übernahme von Teilaufgaben	**Handlungsorientierung:** Schnelle Definition von Zwischenergebnissen, Teamleiter vergibt Teilaufgaben, individuelles ergebnisorientiertes Abarbeiten
Intensive Planung: Bei Komplikationen keine individuellen Änderungen am geplanten Vorgehen, sondern erneute gemeinsame Planung	**Versuch-Irrtum-Prinzip:** Individuelles Austesten von Lösungsstrategien, bei Komplikationen bereitwillige Änderung von Zwischen- oder Endergebnissen
Organisierter Informationsaustausch: Beim Abarbeiten gemeinsam geplanter Teilaufgaben wird spontaner Austausch zwischen geplanten Besprechungen als störend empfunden	**Spontaner Informationsaustausch:** Sich schnell ändernde Informationslage erfordert spontanen Informationsaustausch, Bedarf an häufigem Feedback zu geleisteter Arbeit

16.2.3 Zentrale Problemfelder der interkulturellen Zusammenarbeit aus deutscher Sicht

»Planung ist alles« versus »You never go, you never know«

Was konkret machte denn nun die Zusammenarbeit im Fallbeispiel so schwierig? Schroll-Machl (1996) konnte die in ◘ Tab. 16.1 dargestellten kulturbedingten Unterschiede im Problemlöseprozess bei deutsch-US-amerikanischen Arbeitsgruppen identifizieren.

Diese Ergebnisse decken sich weitgehend mit Erkenntnissen der kulturvergleichenden Forschung zu arbeitsbezogenen Verhaltensstandards der deutschen Kultur, die im Folgenden beschrieben werden.

Kulturbedingte Unterschiede im Problemlöseprozess

Kulturvergleichende Forschung

Zentrale Merkmale der deutschen Kultur

Hofstede (2001), einer der prominentesten Vertreter der kulturvergleichenden Forschung, identifizierte in einer Mammutstudie mit mehr als 116.000 Fragebögen 5 **Kulturdimensionen** und berechnete Skalenwerte für insgesamt 53 Nationen. Deutschland wird anhand dieser Kulturdimensionen folgendermaßen beschrieben:

Kulturdimensionen

1. Vergleichsweise flache Hierarchien (geringe Ausprägung auf der Dimension »Machtdistanz«).
2. Individuen bewerten persönliche Ziele tendenziell höher als die ihrer Bezugsgruppen wie Familie oder Firma (geringe Ausprägung auf der Dimension »Individualismus/Kollektivismus«).
3. Absicherungs- und Regulierungssysteme sind moderat ausgeprägt (mittlere Ausprägung auf der Dimension »Unsicherheitsvermeidung«).
4. Geschlechterrollen sind nicht eindeutig definiert und voneinander abgegrenzt (geringe Ausprägung auf der Dimension »Maskulinität/Femininität«).

5. Traditionen spielen eine moderate Rolle (mittlere Ausprägung auf der Dimension »Langzeitorientierung«).

Für das Projektmanagement in internationalen Teams mit deutscher Beteiligung macht eine Verortung der deutschen Kultur auf solchen Kulturdimensionen nur Sinn, wenn sie mit den Ausprägungen der anderen beteiligten Kulturen verglichen wird. Bezogen auf unser Fallbeispiel zeigt sich, dass die USA nach Hofstedes Modell im Vergleich zu Deutschland noch individualistischer, aber weniger regulierend beurteilt werden, was mit den in ◘ Tab. 16.1 dargestellten Unterschieden vor allem im Hinblick auf deutsche Konsensorientierung und Planungsliebe übereinstimmt.

Andere Modelle der kulturvergleichenden Forschung leiten aus unerwarteten, kritisch erlebten Situationen, die unterschiedliche Personen in der Interaktion mit Vertretern einer bestimmten Kultur in ähnlicher Weise erleben, die zentralen Merkmale der betreffenden Kultur ab und identifizieren auf diese Weise sog. **Kulturstandards**.

Kritische Interaktionssituationen

> **Kulturstandards sind Arten des Wahrnehmens, Denkens, Empfindens, Urteilens und Handelns, die von der Mehrzahl der Mitglieder einer Gesellschaft als normal, typisch und verbindlich angesehen werden und damit zentrale Merkmale einer Kultur bilden (Thomas 2003a, S. 25).**

Kulturstandards

Deutsche Kulturstandards, die in der Zusammenarbeit mit Vertretern verschiedenster Kulturen eine Rolle spielen, sind die in nachfolgender Übersicht (Thomas 2003a, S. 26) dargestellten.

Deutsche Kulturstandards

Deutsche Kulturstandards aus der Sicht vieler ausländischer Partner (Thomas 2003a, S. 26)
- **Sachorientierung:** Die Beschäftigung mit Sachverhalten ist oft wichtiger als mit Personen. Im deutschen Arbeitsleben gilt eher »Ich mag dich, weil du gut arbeitest!«, während es in vielen anderen Kulturen genau umgekehrt ist: »Ich arbeite gut, weil ich dich mag!«
- **Regelorientierung:** Strukturen und Regeln sind wichtig. Für vieles gibt es Regeln, die erwartet werden und auf deren Einhaltung geachtet wird.
- **Direktheit/Wahrhaftigkeit:** Meinungen und Kritik werden sehr ehrlich und direkt geäußert, auch wenn persönliche Befindlichkeiten verletzt werden. Auf Absprachen kann man sich verlassen.
- **Verinnerlichte Kontrolle:** Überzeugungen, Ziele und Prinzipien werden im Arbeitsleben eigenverantwotlich umgesetzt, auch wenn nicht immer eine Autorität auf die Einhaltung achtet und die Umsetzung in manchen Situationen unangenehm ist.

> - **Zeitplanung:** Zeit gilt als kostbares Gut. Sie darf nicht nutzlos vergeudet, sondern muss sorgsam geplant und eingeteilt werden.
> - **Trennung von Lebensbereichen:** Persönliche Angelegenheiten sind am Arbeitsplatz eher unangebracht. Es wird genau zwischen verschiedenen Personenkreisen wie Bekannten, Kollegen, Freunde, Sportkameraden etc. unterschieden.

Man kann sich gut vorstellen, dass es bei der Teamarbeit mit Vertretern anderer Kulturen zu Problemen und Missverständnissen kommt, vor allem in sensiblen Bereichen wie Kritik, persönlichem Kennenlernen, Eigenverantwortung, Mitarbeiter-Führungskraft-Beziehungen, Pünktlichkeit, Einhaltung von Vereinbarungen, Strukturierung der Arbeitsabläufe etc. Umso wichtiger ist es, die eigenen Kulturstandards zu kennen. Entsprechend zu den eben vorgestellten deutschen sind die Kulturstandards zahlreicher anderer Nationen aus deutscher Sicht in der Literatur verfügbar (z. B. Slate & Schroll-Machl, 2006).

16.2.4 Kulturelle Unterschiede in zentralen arbeitsbezogenen Verhaltensdimensionen

Wenn die kulturspezifischen Besonderheiten der einzelnen Teammitglieder nicht verfügbar oder recherchierbar sind, lassen sich kulturelle Unterschiede in internationalen Projektteams anhand der folgenden zentralen arbeitsbezogenen Verhaltensdimensionen durch Beobachtung oder Befragung identifizieren (Falck, Scheitza & Otten, 2003).

> **Checkliste:** Hilfreiche Fragen zu zentralen arbeitsbezogenen Verhaltensdimensionen
>
> **Individualität**
> - **Fokus auf Gruppenzugehörigkeit vs. Fokus auf Individualität:** Führt es zu Irritationen, wenn ein Teammitglied einen individuellen, auffälligen Kleidungsstil pflegt, lieber ein Buch liest, anstatt mit zum gemeinsamen Mittagessen zu kommen oder die vorherrschende Gruppenmeinung in Frage stellt?
>
> **Regeln**
> - **Bedeutung formaler Regeln vs. Bedeutung kontextbezogener Strategien:** Fällt es negativ auf, wenn Teammitglieder vereinbarte oder offizielle Regeln flexibel handhaben, weil es die Situation erlaubt bzw. erfordert? Inwieweit ist es entschuldbar, zu spät zur Arbeit zu kommen, weil das Kind krank ist?
>
> **Hierarchie**
> - **Hierarchie und Autorität vs. Partizipation und Autonomie:** Werden Entscheidungen des Projektleiters bereitwillig akzeptiert oder müssen Teammitglieder argumentativ überzeugt
> ▼

werden? Werden konkrete, detaillierte Anweisungen sowie ständige Kontrolle und Rückmeldung erwartet? Führt es zu empfindlichen Reaktionen, wenn hierarchisch gleichgestellte Kollegen Anweisungen geben?

- **Wettbewerb und Durchsetzungsfähigkeit vs. Verantwortlichkeit und Fürsorge:** Ist es manchen unangenehm, wenn sich 2 Teammitglieder in einer kontrovers geführten Diskussion gegenseitig überzeugen wollen? Wird besonders darauf geachtet, Teammitglieder zu würdigen, deren Vorschläge abgelehnt wurden? Werden eigene Leistungen eher gepriesen oder klein geredet? **Wettbewerb**
- **Pragmatisch vs. konzeptuell:** Wird zuerst ein ganzheitlicher Plan entworfen, bevor gehandelt wird oder werden Ideen einfach ausprobiert und flexibel angepasst? Inwieweit ist es akzeptabel, von einem erarbeiteten Plan abzuweichen? **Planung**
- **Monochrone vs. polychrone Zeitorientierung:** Welche Teammitglieder arbeiten Teilaufgaben nacheinander ab, welche arbeiten zeitgleich an verschiedenen? Wie penibel wird auf die Einhaltung von Terminen geachtet? Wie flexibel und gelassen wird auf zeitliche Verschiebungen reagiert? Werden bei Besprechungen Tagesordnungen aufgestellt und wird auf deren Einhaltung geachtet? **Zeitorientierung**
- **Implizite vs. explizite Kommunikation:** Wird Kritik deutlich oder »durch die Blume« geäußert? Bedeutet Schweigen eher Zustimmung oder Ablehnung? Werden klare kritische Aussagen vermieden? Wird eher »um den heißen Brei« oder »Klartext« geredet? **Kommunikation**
- **Konflikt- vs. Harmonieorientierung:** Wird bei Unstimmigkeiten die klare Aussprache gesucht oder um jeden Preis ein offener Konflikt vermieden? Welche Teammitglieder reagieren empfindlich darauf, wenn Missstände angesprochen werden? **Konflikte**
- **Aufgaben- vs. Beziehungsorientierung:** Welche Bedeutung hat Small Talk und der Austausch perönlicher Informationen im Team? Werden soziale Teamveranstaltungen eher als zusätzliche Belastung oder als wichtige Bereicherung empfunden? Werden Pausen in die Länge gezogen, um sich persönlich näher kennenzulernen oder kurz gehalten, um schnell wieder weiterarbeiten zu können? **Beziehungen**

16.3 Ansatzpunkte für Verbesserungen: Bedingungen und Prozesse interkultureller Kooperation

16.3.1 Umgang mit kulturellen Unterschieden im Team

Hält man sich die in ◘ Tab. 16.1 dargestellten unterschiedlichen Herangehensweisen vor Augen, erscheint es umso erstaunlicher, dass das Projekt trotz aller Schwierigkeiten erfolgreich abgeschlossen werden konnte. Das liegt daran, dass nach der eskalierenden Arbeitssitzung im Team langsam ein Bewusstsein für kulturelle Unterschiede entstand und der Wille zur produktiven Zusammenarbeit stärker war, als der zur Konfrontation. Mit der Einführung häufigerer, dennoch organisierter Besprechungen wurde eine gemeinsame Lösung gefunden, die beiden Kulturen entgegenkam. Allerdings kosteten diese Zugeständnisse alle Beteiligten viel Energie.

Bewusstsein für kulturelle Unterschiede

Es fanden auf beiden Seiten gewisse Anpassungsprozesse statt, welche die Zusammenarbeit zwar nicht optimal, aber zielführender und effektiver gestalteten. Solche **Strategien des Umgangs mit kulturellen Unterschieden** im Team wurden in Experteninterviews mit erfahrenen Leitern internationaler Projektteams erfragt und in 4 unterschiedliche, zeitlich aufeinanderfolgende Typen klassifiziert. Untersuchungen mit gemischtkulturellen studentischen Planspielgruppen bestätigten die 4 Entwicklungsstufen der Kooperation in internationalen Teams (Stumpf & Zeutschel 2001).

Lern- und Anpassungsprozesse

Entwicklungsstufen der Kooperation in internationalen Teams

1. Dominanz/Anpassung

Ein kulturspezifischer Arbeits- und Interaktionsstil wird zu Ungunsten der anderen durchgesetzt. Einflussfaktoren dafür können zahlenmäßige Überlegenheit, der Ort der Projektdurchführung, die Nationalität des Unternehmens, fachliche Überlegenheit oder die Durchsetzungsfähigkeit der kulturspezifischen Gruppenmitglieder sein. In unserem Fallbeispiel treffen viele dieser Faktoren zu und die Stufe der Dominanz/Anpassung lässt sich gut in der Planungsphase erkennen: Die deutschen Teammitglieder setzen die gewohnte Herangehensweise durch, die amerikanischen Teammitglieder fügen sich – allerdings nur unwillig. Und das wird zum Problem, denn diese Art des Umgangs mit kultureller Andersartigkeit im Team ist destruktiv, wenn die untergeordnete kulturelle Gruppe nicht überzeugt, sondern bezwungen wurde und sich dadurch **Reaktanz** regt. Ebenfalls destruktiv wirkt die entgegengesetzte Ausprägung, wenn die sich anpassende Gruppe unreflektierten »Gehorsam« gegenüber der dominanten Gruppe zeigt. Allerdings kann das Dominanz-Anpassungs-Konzept durchaus produktiv sein, und zwar, wenn sich alle Beteiligten des Zustands bewusst sind, er mit einer zeitlichen Begrenzung vereinbart wird, wechselseitig und nicht allzu stark ausgeprägt ist.

Destruktive Dominanz/Anpassung

Produktive Dominanz/Anpassung

2. Koaktion (Arbeitsteilung, parallel arbeiten)

Wenn durch Unstimmigkeiten kulturelle Unterschiede im Team – bewusst oder unbewusst – wahrgenommen werden und die Kooperation sich zunehmend schwieriger gestaltet, wird auch der Kontakt zwischen den kulturellen Gruppen minimiert. Bei unserem deutsch-US-amerikanischen Projektteam ist dies in der Ausführungsphase der Fall: Die Amerikaner ziehen sich in ihre eigenkulturelle Gruppe zurück und arbeiten nach ihrem gewohnten Arbeitsstil zu zweit an ihrer Teilaufgabe. Auch diese Phase kann produktiv sein, wenn sie die Untergruppen bewusst gewählt haben, ein zeitliches Ende absehbar ist und die Arbeitsteilung auf gegenseitige Ergänzung ausgerichtet ist. Im Fallbeispiel ist dies eher nicht zu beobachten, da die **Kontaktvermeidung** (v. a. von den deutschen Teammitgliedern) aktiv betrieben wird und mangelnder Informationsaustausch herrscht. In dieser Ausprägung ist Koaktion destruktiv: Negative Stereotype gegenüber der anderen Gruppe verstärken sich und es tritt **Konkurrenzverhalten** auf.

Produktive Koaktion

Destruktive Koaktion

3. Integration

Wenn die kulturbedingten Konflikte immer stärker werden und pure Koaktion nicht mehr möglich ist, ein Abbruch der Kooperation aber von beiden Seiten nicht gewollt wird, werden Elemente der unterschiedlichen Arbeitsstile so miteinander kombiniert, dass eine Integration der kulturspezifischen Vorgehensweisen stattfindet. Es entsteht also eine neue Herangehensweise, die so in keiner der beteiligten Kulturen praktiziert wird, deren Elemente allerdings klar auf die spezifischen Kulturen zurückführbar sind. Nach der Präsentation der Zwischenberichte, die im Streit endet, wurde eine solche Strategie gewählt, indem ein intensiverer, regelmäßiger Informationsaustausch organisiert wurde. Dass dies bewusst und durch einen offenen Verhandlungsprozess geschah, dessen Ergebnis alle Beteiligten akzeptierten, ist positiv zu bewerten und ermöglichte erst die weitere Zusammenarbeit. Je umfangreicher Integration stattfindet, desto produktiver ist sie. Dabei sollte sie stets am Ziel orientiert sein, mit einer starken **Gruppenidentifikation** und Lern- und Veränderungsprozessen einhergehen und die kulturspezifischen Stärken der beteiligten Kulturen nutzen. Diese positiven Aspekte der Integration sind in unserem Beispiel eher nicht zu finden. Zwar wurde eine Integration nicht von außen, z. B. von der Unternehmensleitung, erzwungen, doch handelte es sich bei der integrierten Vorgehensweise eher um einen »**faulen Kompromiss**«, mit dem keiner richtig glücklich wurde. Integration kann also auch destruktive Ausprägungen haben, wenn die kulturspezifischen Besonderheiten nicht bekannt sind und nicht genutzt werden.

Produktive Integration

Destruktive Integration

4. Innovation (höchste Kooperationsstufe)

Wenn die integrierte Kooperation so weit fortgeschritten ist, dass sich alle Beteiligten der Relativität ihres eigenkulturellen Orientierungssystems bewusst sind, fremdkulturelle Verhaltensstandards bewusst und angstfrei annehmen, eine starke Gruppenidentifikation und ausge-

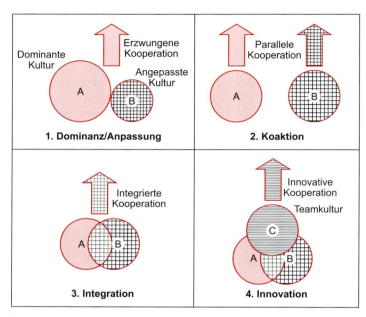

Abb. 16.1. Entwicklungsstufen der Kooperation in internationalen Teams

prägtes **Vertrauen** herrschen, kann sich das internationale Team zu innovativen Kooperationsformen weiterentwickeln. Innovation bedeutet die Schaffung eines komplett neuartigen, optimal aufgabenorientierten Handlungsrepertoires, das über die Herangehensweisen der beteiligten Kulturen hinausgeht und einzigartig ist für das betreffende Team. Innovation ist die höchste Kooperationsstufe und wird auch als »**third culture**« bezeichnet (Zeutschel, 2003, S. 311), die das Team als lernende Organisation selbst generiert. Diese Stufe ermöglicht die von internationalen Projektteams erhoffte **Synergie** und Produktivitätssteigerung und hat nur dann destruktive Konsequenzen, wenn sich das Team zu sehr von der Gesamtorganisation abspaltet. In unserem Fallbeispiel sind leider keine Anzeichen von Innovation feststellbar.

Die 4 Entwicklungsstufen der Kooperation in internationalen Teams sind in ◘ Abb. 16.1 illustriert.

16.3.2 Produktives Heterogenitätsmanagement in internationalen Teams

Inwieweit ein internationales Projektteam sein erhöhtes Potenzial ausschöpfen kann oder den erhöhten Prozessverlusten zum Opfer fällt, hängt von einem gelungenen **Heterogenitätsmanagement** ab (Stumpf, 2003, S. 343).

Um das Heterogenitätsmanagement in internationalen Projektteams zu optimieren, kann an 3 Punkten angesetzt werden:

16.3 · Ansatzpunkte für Verbesserungen: Bedingungen und Prozesse

1. Bei den individuellen Teammitgliedern,
2. beim Team als Arbeitseinheit,
3. beim organisationalen Umfeld.

Die individuellen Teammitglieder

Damit ein internationales Team synergetische Formen der Zusammenarbeit entwickeln kann, sollten die einzelnen Teammitglieder möglichst interkulturell kompetent sein, dies gilt insbesondere für den Projektleiter.

> **Interkulturelle Kompetenz** ist eine Schlüsselqualifikation, die sich in der Fähigkeit zeigt, kulturelle Einflussfaktoren im Wahrnehmen, Denken, Empfinden, Urteilen und Handeln bei sich selbst und bei fremden Personen zu erfassen, zu respektieren, zu würdigen und produktiv zu nutzen im Sinne einer wechselseitigen Anpassung, Toleranz gegenüber Inkompatibilitäten und Entwicklung synergetischer Formen des Zusammenlebens und -arbeitens (Thomas, 2003b, S. 143).

Interkulturelle Kompetenz

Dies kann gewährleistet werden, indem bereits bei der Besetzung des Projektteams nicht nur auf fachliche Kriterien, sondern auch auf interkulturelle Kompetenz geachtet wird. Dafür gibt es eine Reihe entsprechender Verfahren (s. Bergemann & Sourisseaux, 2003):

Interkulturelle Personalauswahl

Maßnahmen zur Unterstützung der interkulturellen Personalauswahl (nach Bergemann & Sourriseaux, 2003)

— Erfassung relevanter **Persönlichkeitseigenschaften** mittels psychologischer Testverfahren (wie z. B. Flexibilität, Selbstvertrauen, Offenheit, Perspektivenübernahmefähigkeit, Ambiguitätstoleranz, Kontaktfreudigkeit)
— Erfassung bisheriger **interkultureller Erfahrung** durch biografische Fragebögen
— Anforderungsrelevante **situative Fragen** zu kulturell bedingten Konfliktsituationen (»Wie würden Sie in der folgenden Situation handeln…«)
— **360°-Feedback** bezogen auf interkulturell kompetentes Verhalten im Umgang mit fremdkulturellen Mitarbeitern, Kollegen, Vorgesetzten, Kunden etc.
— Erfassung interkulturell kompetenten Verhaltens in konkreten Anforderungssituationen durch interkulturelles **Assessment-Center**

Die für ein internationales Projektteam ausgewählten Mitarbeiter sollten zudem eine oder mehrere interkulturelle Trainingsmaßnahmen durchlaufen, um die individuelle interkulturelle Kompetenz zu erhöhen. Zu empfehlen sind in jedem Fall ein **kulturallgemeines Sensibilisierungstraining** zur Bewusstmachung eigenkultureller Verhaltens-

Interkulturelles Training

standards und deren Einfluss auf interkulturelle Kooperationen und darauf aufbauend ein **kulturspezifisches, erfahrungsorientiertes Training**, das spezifische Informationen zu den im Team vertretenen Kulturen anhand konkreter Interaktionssituationen vermittelt. Zu Konzeption, Umsetzung und Wirksamkeit verschiedener Trainingsformate sei auf die reichhaltige Literatur verwiesen (z. B. Kumbruck & Derboven, 2009).

Weitere Ausführungen zu Personalauswahl und -entwicklung im Projektmanagement finden sich in diesem Buch in den ▶ Kap. 6, Wastian, Braumandl & Dost und ▶ Kap. 7, Moser & Galais.

Das Team als Arbeitseinheit

Interkulturelle Teamentwicklung

Wie bereits erwähnt, sind Teamentwicklungsmaßnahmen und Einigungsprozesse bzgl. des Ziels, der Kommunikation im Team und Arbeitsweise umso wichtiger und zeitintensiver bei internationalen Teams, als dies schon bei monokulturell besetzten Teams der Fall ist. Dieser Teamentwicklungsprozess lässt sich bei internationalen Teams in die 3 Phasen **Mapping, Bridging** und **Integrating** gliedern (Maznevski & Di Stefano, 2000).

Drei Phasen der Teamentwicklung bei internationalen Teams (nach Maznevski & Di Stefano, 2000)

- *Mapping*: **Mapping:** Zu Beginn des Projekts ist es wichtig, den Gruppenmitgliedern die kulturellen Unterschiede und Gemeinsamkeiten in Bezug auf arbeitsrelevante Verhaltensdimensionen bewusst zu machen und zu thematisieren, welche Bedeutung sie für Gruppenprozesse und -leistung haben.
- *Bridging*: **Bridging:** Sind die relevanten kulturellen Unterschiede einmal erkannt, geht es darum, gemeinsam effektive Kommunikationsprozesse zu entwickeln, die eine optimale Verständigung trotz der bestehenden Unterschiede ermöglichen.
- *Integrating*: **Integrating:** Effektive Kommunikationsstrukturen ermöglichen die gemeinsame Erarbeitung von Verfahrensweisen, die den Bedürfnissen aller Gruppenmitglieder gerecht werden und die kulturspezifischen Stärken aller beteiligten Kulturen optimal nutzen. In der Integrationsphase entsteht eine Teamkultur, durch die kulturbedingte Konflikte minimiert bzw. produktiv gelöst werden können und die so den Weg zu innovativen, synergetischen Formen der interkulturellen Zusammenarbeit ebnet.

Zeutschel (2003) schlägt zur Umsetzung dieser Phasen **Teamentwicklungsworkshops** zu Beginn und an den Meilensteinen der Projektarbeit vor, in denen das Team unter externer Moderation aufgetretene Kommunikationsprobleme thematisieren, analysieren und Lösungsmöglichkeiten gemeinsam erarbeiten kann. Zur Förderung der Integration des Teams und Ausbildung einer gemeinsamen Gruppenidentität empfiehlt es sich, dass die Projektleitung von 2 bereits einander vertrauten Vertretern unterschiedlicher kultureller Untergruppen gemeinsam oder abwechselnd übernommen wird. Empfehlungen zur erfolgreichen Kommunikation in Projekten finden sich im ▶ Kap. 4 (Streich & Brennholt) dieses Buches.

Durch eine prozessorientierte **On-the-Job-Entwicklung** (Stumpf, 2003, S. 350) können Lernmöglichkeiten am Arbeitsplatz ideal genutzt werden. Auch bei optimaler Vorbereitung und in vorbildlich integrierten internationalen Teams entstehen im Verlauf des Projekts kulturbedingte Probleme, die im Voraus nicht absehbar sind. Anhand dieser Probleme und ihrer Lösung kann interkulturelle Kompetenz **erfahrungsorientiert** und **tätigkeitsnah** erworben werden. Hierzu sollten allerdings intensive Rückmelde- und Reflexionsprozesse angeboten werden, etwa in Form von **Projektcoachings** (▶ Kap. 6, Wastian, Braumandl & Dost) oder regelmäßigen Workshops mit einem externen Moderator, der mit der interkulturellen Problematik und den Besonderheiten der beteiligten Kulturen hinlänglich vertraut ist.

Projektbegleitendes interkulturelles Lernen

Zeutschel (2003) beschreibt Übungen und Moderationsfragen zur Reflexion und Integration kulturspezifischer Kommunikations- und Kooperationsstile, die im Laufe des gesamten Teamentwicklungsprozesses in internationalen Arbeitsgruppen eingesetzt werden können. Zum Beispiel können monokulturelle Teilgruppen wahrgenommene Unterschiede präsentieren, die Ergebnisse werden von den fremdkulturellen Partnern diskutiert und aus ihrer Sicht korrigiert und ergänzt, in gemischtkulturellen Kleingruppen werden dann gemeinsame Kommunikations- und Kooperationsstrategien erarbeitet.

Das organisationale Umfeld

Das organisationale Umfeld kann zum gelungenen Projektmanagement in internationalen Teams beitragen, indem ein positives Image internationaler Kooperation und der beteiligten Partnerländer durch die Unternehmenspolitik vermittelt wird, das strategische Management dem Team Interesse und Anerkennung deutlich signalisiert (etwa durch **Projektmentoren** in der Unternehmensleitung) und eine Perspektive der Teamzusammenarbeit über die eigentliche Projektphase hinaus gegeben wird (Zeutschel, 2003).

Die Erfahrungen, die im Laufe eines internationalen Projekts gesammelt werden, dienen der Organisation wiederum als wertvolle **Ressource** für weitere Projekte mit internationalen Teams. Für effektives organisationales Lernen müssen die gemachten Erfahrungen jedoch systematisch erfasst, analysiert und für die weitere Nutzung aufbereitet und zur Verfügung gestellt werden (Stumpf, 2003; ▶ Kap. 5, Winkler & Mandl).

Organisationales interkulturelles Lernen

Checkliste für Projektmanagement in internationalen Teams
- Interkulturell kompetente Projektmitarbeiter auswählen (insbesondere der Projektleiter)
- Mit Projektmitarbeitern interkulturelle Trainings durchführen
- Das organisationale Umfeld für die Besonderheiten interkultureller Zusammenarbeit sensibilisieren und einbinden
- Gemischtkulturelle Projektleitung einsetzen
- Besonders viel Raum für Vereinbarung von Ziel, Teamkommunikation und Arbeitsweise einplanen
- Besonders viel Raum für persönliches Kennenlernen einplanen (auch Familien und Lebenspartner mit einbeziehen)
- Regelmäßige Workshops zur interkulturellen Teamentwicklung durchführen (Mapping, Bridging, Integrating)
- Entwicklungsstufen der Kooperation in internationalen Teams gezielt durchlaufen
- Projektbegleitend Reflexions- und Rückmeldeprozesse organisieren
- Externen interkulturell kompetenten Moderator oder Coach hinzuziehen
- Gewonnene Erfahrungen zur weiteren Nutzung aufbereiten (Organisationales Lernen)

16.4 Literatur

Amir, Y. (1994). The contact-hypothesis in intergroup relations. In W. J. Lonner & R. S. Malpass (Eds.), *Psychology and Culture* (pp. 231–237). Needham Heights: Allyn & Bacon.

Bergemann, N. & Sourisseaux, A. L. J. (2003). Internationale Personalauswahl. In N. Bergemann & A. L. J. Sourisseaux (Hrsg.), *Interkulturelles Management* (S. 181–235). Berlin Heidelberg New York Tokio: Springer.

Earley, P. C. & Mosakowski, E. (2000). Creating hybrid team cultures: An empirical test of transnational team functioning. *The Academy of Management Journal, 43*, 26–49.

Falck, M., Scheitza, A. & Otten, M. (2003). *Internationales Projektmanagement* (Studienbrief 2-010-0506 des postgradualen und weiterbildenden Fernstudiengangs »Europäisches Verwaltungsmanagement«). Berlin: Fernstudienagentur des FVL.

Hofstede, G. (2001). *Culture's consequences: International differences in work-related values*. Newbury Park, CA: Sage.

Kumbruck, C. & Derboven, W. (2009). *Interkulturelles Training* (2. Aufl.). Berlin Heidelberg New York Tokio: Springer.

Lau, D. C. & Murninghan, K. (1998). Demographic diversity and faultlines: The compositional dynamics of organizational grous. *The Academy of Management Review, 23*, 325–340.

Lovelace, K., Shapiro, D. L. & Weingart, L. R. (2001). Maximizing cross-functional new product teams' innovativeness and constraint adherence: A conflict communications perspective. The *Academy of Management Journal, 44*, 779–793.

Maznevski, M. L. & Di Stefano, J. J. (2000). Global leaders are team players: Developing global leaders through membership on global teams. *Human Resource Management, 39*, 195–208.

16.4 · Literatur

Schroll-Machl, S. (1996). Kulturbedingte Unterschiede im Problemlöseprozess bei deutsch-amerikanischen Arbeitsgruppen. In A. Thomas (Hrsg.), *Psychologie interkulturellen Handelns* (S. 383–409). Göttingen: Hogrefe.

Slate, E. & Schroll-Machl, S. (2006). *Beruflich in den USA. Trainingsprogramm für Manager, Fach- und Führungskräfte* (Reihe Handlungskompetenz im Ausland). Göttingen: Vandenhoeck & Ruprecht.

Stumpf, S. (2003). Interkulturelle Arbeitsgruppen. In A. Thomas, E.-U. Kinast & S. Schroll-Machl (Hrsg.), *Handbuch interkulturelle Kommunikation und Kooperation* (Band 1: Grundlagen und Praxisfelder, S. 340–351). Göttingen: Vandenhoeck & Ruprecht.

Stumpf, S. & Zeutschel, U. (2001). Synergy effects in multinational work groups: What we know and what we don't know. In M. E. Mendenhall, T. M. Kühlmann & G. K. Stahl (Hrsg.), *Developing global business leaders: Policies, processes, and innovations* (S. 175–194). Westport: Quorum Books.

Tajfel, H. (1982). *Gruppenkonflikt und Vorurteil. Entstehung und Funktion sozialer Stereotypen*. Bern: Hans Huber.

Thomas, A. (2003a). Kultur und Kulturstandards. In A. Thomas, E.-U. Kinast & S. Schroll-Machl (Hrsg.), *Handbuch interkulturelle Kommunikation und Kooperation* (Band 1: Grundlagen und Praxisfelder, S. 19–31). Göttingen: Vandenhoeck & Ruprecht.

Thomas, A. (2003b). Interkulturelle Kompetenz. Grundlagen, Probleme und Konzepte. *Erwägen, Wissen, Ethik (EWE) – Streitforum für Erwägungskultur* (14 [1], Dritte Diskussionseinheit, S. 137–150). Stuttgart: Lucius-Verlag.

Van Der Zee, K., Atsma, N. & Brodbeck, F. (2004). The influence of social identity and personality on outcome of cultural diversity in teams. *Journal of Cross-Cultural Psychology, 35*, 283–303.

Van Knippenberg, D. & Schippers, M. C. (2007). Work group diversity. *The Annual Review of Psychology, 58*, 515–541.

Van Knippenberg, D., De Dreu, C. K. W. & Homan, A. C. (2004). Work group diversity and group performance: An integrative model and research agenda. *Journal of Applied Psychology, 89*, 1008–1022.

Zeutschel, U. (2003). Interkulturelles Projektmanagement. In A. Thomas, E.-U. Kinast & S. Schroll-Machl (Hrsg.), *Handbuch interkulturelle Kommunikation und Kooperation* (Band 1: Grundlagen und Praxisfelder, S. 307–323). Göttingen: Vandenhoeck & Ruprecht.

17 Projektmanagement in ortsverteilten »virtuellen« Teams

Guido Hertel, Borris Orlikowski

17.1 Das Problem virtueller Kooperation – 328

17.2 Hintergrund und Probleme virtueller Kooperation aus psychologischer Sicht – 331
17.2.1 Kommunikation mit elektronischen Medien – 332
17.2.2 Führung und Motivation auf Distanz – 334
17.2.3 Informationsverarbeitung und Wissensmanagement – 336
17.2.4 Konflikteskalation und -management – 337

17.3 Ansatzpunkte für Verbesserungen virtueller Projektarbeit – 338
17.3.1 Staffing – 338
17.3.2 Führung und Motivation – 340
17.3.3 Kick-off, Training und Teamentwicklung – 343

17.4 Literatur – 345

Virtuelle Projektteams können die jeweils besten Fachleute für eine Aufgabe unabhängig von räumlichen und zeitlichen Grenzen zusammenführen. Gleichzeitig ist das Management virtueller Projektteams aufgrund eingeschränkter Kommunikationsmöglichkeiten und geringer persönlicher Kontakte mit besonderen Herausforderungen verbunden. Mithilfe arbeits- und organisationspsychologischer Forschungsergebnisse werden diese Schwierigkeiten erklärt, und es werden konkrete Strategien vorgeschlagen, um virtuelle Projektarbeit erfolgreich zu meistern.

17.1 Das Problem virtueller Kooperation

Hauptmerkmal virtueller Projektarbeit
Strategische Vorteile

Hauptmerkmal virtueller Projektarbeit ist der hohe Anteil elektronisch vermittelter Kommunikation und Kooperation. Dies bietet einerseits eine Vielzahl strategischer Vorteile, wie z. B. eine leichtere Integration von Experten, eine höhere Effizienz und Schnelligkeit durch Arbeit »rund um die Uhr« in verschiedenen Zeitzonen, eine leichtere Dokumentation von Arbeitsprozessen aufgrund hoher Digitalisierung oder die Einsparung von Reisekosten etc. Gleichzeitig entstehen spezifische

Spezifische Herausforderungen

Herausforderungen, die neben Fragen der Wirtschaftlichkeit, Nutzerfreundlichkeit und Sicherheit von Softwaresystemen zur Unterstützung von Projektteams (sog. »Groupware«, zur Übersicht s. Bundesministerium des Innern, 2006) vor allem **zwischenmenschliche Prozesse** (»human factors«) betreffen (Konradt & Hertel, 2007). In vielen Unternehmen wird jedoch davon ausgegangen, dass sich das Management virtueller Projektteams kaum oder gar nicht von konventionellem Projektmanagement unterscheidet, und entsprechend unvorbereitet »rutschen« Führungskräfte in diese Situation hinein. Das Management

Management virtueller Teams

virtueller Teams erfordert jedoch neben konventionellen Managementskills zusätzliches Wissen und Fähigkeiten. Hierzu gehören vor allem Kenntnisse der Mechanismen und Rahmenbedingungen elektronisch vermittelter Kommunikation, der besonderen **Dynamik ortsverteilter Zusammenarbeit** sowie möglicher Schwierigkeiten infolge fehlender persönlicher Kontakte. Darüber hinaus sind spezifische Fähigkeiten erforderlich, Schwierigkeiten rechtzeitig zu erkennen beziehungsweise zu antizipieren und entsprechende Gegenmaßnahmen einzuleiten.

Anhand des folgenden Fallbeispiels werden typische Probleme virtueller Projektteams beschrieben. Um die Komplexität nicht zu hoch werden zu lassen, haben wir ein Beispiel gewählt, in dem alle Projektmitglieder aus einem kulturell homogenen Umfeld stammen (zu Fragen des Managements kulturell heterogener Projekte ▶ Kap. 16, Hößler & Sponfeldner).

17.1 · Das Problem virtueller Kooperation

Das Projekt
Eine mittelgroße Bank will ihre Aufbauorganisation und die Höhe der Verwaltungskosten prüfen lassen, um kostensenkende Maßnahmen zu entwickeln. Hierfür beauftragt das Unternehmen eine **Unternehmensberatung**, die ein Team aus 4 Beratern zusammenstellt. Die Bank wiederum benennt aus dem Kreis der eigenen Führungskräfte einen Projektleiter, der allerdings nicht unmittelbar von den Ergebnissen des Projektes betroffen ist, sowie 2 Mitarbeiter aus dem Controlling, die die Berater mit Informationen versorgen sollen.

Prüfen von Aufbauorganisation und Verwaltungskosten

Planung und Vorbereitung
Im Zuge der Projektvorbereitung wird seitens der Unternehmensberatung ein **virtuelles Beraterteam** zusammengestellt, dessen einzelne Mitglieder von verschiedenen Standorten aus arbeiten. Das wichtigste **Auswahlkriterium** ist die zeitliche Verfügbarkeit der Berater, während fachliche Kriterien, Erfahrung mit ähnlichen Projekten oder soziale Kompetenzen nicht explizit berücksichtigt werden. Während einer Telefonkonferenz tauschen sich die Berater über die Zielsetzung und den Projektablauf aus.

Start des Projektes
Der Leiter des Beraterteams plant mit dem internen Projektleiter der Bank ein erstes Meeting, womit das Projekt offiziell gestartet werden soll. Teilnehmer an diesem Meeting sind, neben dem Beratungsteam, der Projektleiter der Bank, 2 Mitarbeiter des Controllings und die Fachbereichsleiter, deren Bereiche untersucht werden sollen. Während dieses Meetings sollen die Zuständigkeiten abgesprochen und Arbeitspakete verteilt werden. Der Zeitrahmen dieses Meetings ist jedoch knapp bemessen, sodass **keine Zeit für ein persönliches Kennenlernen** der beteiligten Personen bleibt.

Zuständigkeiten und Arbeitspakete

 Alle Teilnehmer finden die vom Leiter des Beraterteams vorgestellte Vorgehensweise annehmbar und beschließen den in der Präsentation vorgestellten Projektablauf sowie die Form der Kommunikation und **Abstimmung der Projektergebnisse**. Das erste Meeting ist insgesamt von einer positiven Stimmung geprägt, und die Teilnehmer sind von der Bedeutung des Projektes überzeugt. Alle Teilnehmer der Bank zeigen sich während und unmittelbar nach dem Meeting offen und hilfsbereit. Unter anderem wird vereinbart, dass es aus ökonomischen Gründen keiner weiteren Zusammentreffen bis zur Ergebnispräsentation bedarf.

Projektverlauf und Projektsteuerung
Die Kommunikation zwischen Bank und Beratern läuft ausschließlich über **E-Mail**, über eine **gesicherte Serververbindung** zum Austausch von Dateien sowie per **Fax** und **Telefon**. Auch die Interviews mit den Bankmitarbeitern werden telefonisch durchgeführt,
▼

sodass die Berater während der Datenerhebung nicht persönlich in der Bank auftreten. Dies hat zur Folge, dass einige der Führungskräfte im Unternehmen das Gefühl haben, die Berater »kümmern« sich nicht angemessen um das Projekt. Außerdem entstehen Gerüchte, dass die Aufgabe des Projektes nur darin bestehe, bereits entschiedenen Personalabbau zu rechtfertigen. Die Berater bemerken diese Entwicklung nicht, sondern wundern sich nur, dass der **Umgangston** am Telefon und in den E-Mails langsam abkühlt. Außerdem entsteht Unsicherheit darüber, welche Daten über welchen Weg mit der Bank ausgetauscht werden dürfen.

Zu einem ersten **Eklat** kommt es, als der interne Projektleiter der Bank erfährt, dass Daten ohne sein Wissen zwischen Mitarbeitern der Bank und einem Berater ausgetauscht wurden. Die Berater hatten angenommen, dadurch den internen Projektleiter zu entlasten. Der Projektleiter erlebt dies jedoch als **Vertrauensbruch**. Zu einem klärenden Gespräch kommt es allerdings nicht. Stattdessen reagiert der Projektleiter der Bank mit einer stärkeren Kontrolle der Kommunikation zwischen Bank und Beratern, die dadurch wesentlich zeitaufwändiger wird.

Die anfängliche Kooperationsbereitschaft der Bankmitarbeiter nimmt stark ab, notwendige Daten und Informationen werden nicht oder nur nach **mehrfacher Absicherung** bereitgestellt. Während zu Beginn des Projektes auch der »kurze Dienstweg« möglich war, muss nun jede Anfrage der Berater per E-Mail den offiziellen Weg gehen. Außerdem werden die angeforderten Übersichten nicht in dem richtigen Datenformat gesendet, und **es fehlen wichtige Erläuterungen**, was die Auswertung weiter verzögert.

Infolge des komplizierten Datenverkehrs müssen sich die Berater auf ein Minimum an Dateien mit deutlich schlechterer Datenqualität zufriedengeben, als theoretisch möglich wäre. Dies wiederum hat negative Auswirkungen auf die beiden Bankmitarbeiter aus dem Controlling, die trotz hoher Arbeitsauslastung den zusätzlichen Aufgaben im Rahmen des Projektes zugestimmt haben. Nun zweifeln auch sie am Engagement der Berater und am Erfolg des gesamten Projektes.

Das Projektende

Aufgrund der Verzögerungen in der Datenbereitstellung konnte der ursprünglich vereinbarte Termin zur Ergebnispräsentation nicht gehalten werden. Die verspätete Abschlusspräsentation in der Bank war durch **starkes Misstrauen** und **scharfe Kritik** geprägt. Das Projektmanagement wurde seitens der Bank als unzureichend und unprofessionell bezeichnet, und die **Verwertbarkeit der Ergebnisse in Frage gestellt**. Die Berater wurden aufgefordert, ihre Ergebnisse erheblich zu überarbeiten, was einen zusätzlichen Zeitaufwand von vier Wochen erforderte, ohne dass die Bank dafür ein weiteres Budget zur Verfügung stellte.

Umgangston kühlt ab

Stärkere Kontrolle führt zu Zeitaufwand

Deutlich schlechtere Datenqualität

Ursprünglich vereinbarter Termin gecancelt

Dieses fiktive Fallbeispiel komprimiert eine **Reihe typischer Schwierigkeiten**, die so oder in ähnlicher Weise in virtuellen Projekten aufgetreten sind. Insbesondere zeigt das Beispiel, dass reduzierte Kommunikation und fehlende persönliche Kontakte bei virtueller Zusammenarbeit zusätzliche Quellen für Fehlinterpretationen darstellen, die Konflikte schneller eskalieren lassen und den Gesamterfolg eines Projektes zusätzlich gefährden können. Zu diesen spezifischen Fallstricken virtueller Projektarbeit gehören die in nachfolgender Checkliste dargestellten.

Spezifische Fallstricke virtueller Projektarbeit

> **Checkliste: Potenzielle Schwierigkeiten virtueller Projekte**
> - Fehlende Berücksichtigung nichtfachlicher Kompetenzen bei der Zusammenstellung virtueller Projektteams, wie z. B. Fähigkeiten im Umgang mit elektronischen Medien.
> - Unklare Aufteilung der Rollen und Kompetenzen, was bei virtuellen Teams besonders schnell zu Konflikten und Missverständnissen führt.
> - Fehlende Infrastruktur zur geeigneten Kommunikation der Teammitglieder untereinander.
> - Zu wenige Möglichkeiten zum informellen Kennenlernen der Teammitglieder für den Aufbau von Vertrauen innerhalb des virtuellen Projektes.
> - Unklare Deeskalationsmechanismen, um Missverständnisse und Fehlinterpretationen elektronisch vermittelter Kommunikation zu entschärfen.
> - Unzureichende Dokumentation des Projektforschritts und fehlendes Wissensmanagement für entfernt arbeitende Mitglieder.
> - Verspätete Auseinandersetzung mit Problemen der Zusammenarbeit aufgrund räumlicher Entfernung.

17.2 Hintergrund und Probleme virtueller Kooperation aus psychologischer Sicht

Nach der exemplarischen Darstellung typischer Probleme virtueller Projektarbeit werden nun die **wichtigsten Herausforderungen** aus psychologischer Sicht diskutiert. Das Ziel ist dabei ein besseres Verständnis der Gründe, warum virtuelle Projekte scheitern können bzw. welche Anforderungen an das Management virtueller Projekte gestellt werden. Zu beachten ist dabei, dass das Ausmaß der Virtualität eines Projektes erheblich variieren kann, sowohl zwischen einzelnen Projekten als auch über die Zeit innerhalb eines Projektes. Indikatoren der Virtualität sind dabei z. B. die räumliche Distanz zwischen den Mitarbeitern oder der relative Anteil elektronisch vermittelter Kommunikation. In der folgenden Darstellung beziehen wir uns auf Projekte mit einem hohen Ausmaß an Virtualität.

Variieren des Ausmaß der Projektvirtualität

17.2.1 Kommunikation mit elektronischen Medien

Vorteile elektronischer Medien

Definitionsgemäß läuft bei virtueller Projektarbeit ein hoher Anteil der Kommunikation über **elektronische Medien** wie E-Mail-, Telefon-, Video- bzw. Web-Konferenz- oder Online-Chat-Systeme. Diese Medien haben zunächst eine Vielzahl von Vorteilen. So können elektronische Kommunikationsmedien große Entfernungen nahezu in Echtzeit überbrücken. Einfache Anlässe wie Terminabsprachen oder der Austausch von Informationen sind per E-Mail oder Telefon wesentlich effizienter umzusetzen als durch persönliche Treffen. Darüber hinaus erleichtern Kommunikationsmedien wie E-Mails das **Zeitmanagement**, indem sie Kommunikation nicht »aufdrängen«, sondern den Empfängern die Wahl lassen, wann sie Informationen abrufen wollen oder können. Das **Ausmaß ungeplanter Störungen** kann so deutlich reduziert werden, vorausgesetzt das E-Mail-Programm ist nicht ständig im Hintergrund aktiviert, beziehungsweise Nachrichten werden nicht sofort auf mobile Empfangsgeräte weitergeleitet. Elektronische Medien erleichtern darüber hinaus die gemeinsame Generierung von Ideen (»Electronic brainstorming«; s. zu Kreativitätstechniken auch ▶ Kap. 14, Traut-Mattausch & Kerschreiter), da man sich nicht gegenseitig unterbricht. Außerdem können Diskussionen und Entscheidungen z. B. per Web-Konferenz einfacher dokumentiert und anderen

Einfachere Dokumentation möglich

Personen auch zu einem späteren Zeitpunkt gezeigt werden. Und schließlich kann elektronisch vermittelte Kommunikation **Entscheidungen verbessern**, da soziale oder emotionale Störeinflüsse bei der Einschätzung von Informationen geringer sind (Griffith & Neale, 2001; ▶ Kap. 3, Brodbeck & Guillaume).

Wahl des Kommunikationsmediums

Um Vorteile elektronischer Kommunikation optimal zu nutzen, ist die richtige Wahl des jeweiligen Kommunikationsmediums entscheidend. Modelle der »Kanalreduktion« zeigen, dass elektronische Medien im Vergleich zu Face-to-face-Kommunikation eine Verarmung der Kommunikation mit sich bringen können, da nur ein Teil der Information übertragen wird. So fehlt die Gesichtsmimik des Kommunikationspartners beim Telefonieren, oder aber Reaktionen auf eine E-Mail kommen zeitlich stark verzögert an. Wie das Fallbeispiel zeigt, kann derart verarmte Kommunikation zu erheblichen Missverständnissen führen.

> ❗ Elektronisch vermittelte Kommunikation ist nicht per se besser oder schlechter als Face-to-face-Kommunikation, sondern es kommt auf die Passung zum jeweiligen Anlass und Kontext der Kommunikation an.

Media-Richness-Modell

Orientierung für den effizienten Einsatz elektronischer Kommunikationsmedien liefern Modelle, die vor allem den Anlass der Kommunikation berücksichtigen. Das bekannteste ist das Media-Richness-Modell (Daft & Lengel, 1986; Maruping & Agrarwal, 2004), demzufolge sich die Wahl von Kommunikationsmedien nach der **Unsicherheit und Mehrdeutigkeit einer Situation** richten soll (◨ Tab. 17.1). Je höher

Tab. 17.1. Implikationen auf der Basis des Media-Richness-Modells

Situationsspezifika	Auswirkung auf Kommunikationsmedien
Je komplexer ein Thema,	desto reichhaltiger sollte das Medium sein.
Je höher die aufgabenbezogene Abhängigkeit der Projektmitglieder,	desto häufiger sollte kommuniziert werden.
Je größer die kulturelle oder berufsbezogene Heterogenität im Projektteam,	desto reichhaltiger sollten die Medien sein.
Je ähnlicher die Ansichten und je klarer die Ziele,	desto einfacher kann das Medium sein.
Wenn reichhaltige Medien nicht erforderlich sind,	dann sollte das ökonomischste Medium gewählt werden.
Verbleibende Wahlmöglichkeiten bzgl. Kommunikationsmedien werden durch persönliche Präferenzen bestimmt.	

die Unklarheit oder Unsicherheit einer Situation, desto reichhaltiger sollte das Medium sein. Die **Reichhaltigkeit von Medien** wird bestimmt durch den Umfang der übermittelbaren Information pro Zeiteinheit, durch die Zahl der Kommunikationskanäle und durch die Unmittelbarkeit des Feedbacks. Beispiele für reichhaltige Medien sind persönliche Gespräche oder Videokonferenzen, Beispiele für wenig reichhaltige Medien dagegen E-Mail oder Fax.

Darüber hinaus ist das richtige Timing der Kommunikation entscheidend. Erfolgreiche Projekte zeichnen sich durch eine vorausschauende Planung und regelmäßige Abfolge von hoher Interaktionsdichte (Meetings) und Arbeitsphasen mit relativ geringer Interaktionsdichte aus (Austausch vorwiegend über E-Mail; vgl. Maznevski & Chudoba, 2000).

Außerdem ist die **symbolische Wirkung von Medien** nicht zu vernachlässigen. So wirkt die persönliche Würdigung von Mitarbeitern deutlich stärker, wenn das Projektmanagement Lob nicht per E-Mail, sondern persönlich vor dem ganzen Team ausspricht. Und schließlich sollten **persönliche Präferenzen für Kommunikationsmedien** beachtet werden. Im Vergleich zu extravertierten Personen präferieren introvertierte und sozial ängstliche Personen beispielsweise bei Konflikten stärker asynchrone Medien (z. B. E-Mail), bei denen Personen nicht zur gleichen Zeit kommunizieren und im Vergleich zu synchroner Kommunikation (z. B. per Telefon) stärker vor direkter Konfrontation geschützt sind. In ähnlicher Weise können asynchrone Medien in stark eskalierten Konflikten helfen, die verschiedenen Interessen zunächst nüchtern zu sondieren, bevor dann weitere Schritte zur Deeskalation unternommen werden (vgl. Konradt & Hertel, 2007).

Unabhängig von persönlichen Dispositionen ist es jedoch für alle Mitarbeiter in virtuellen Projekten wichtig, dass sie Zeit haben, sich mit den verfügbaren Kommunikationsmedien vertraut zu machen. So haben bereits frühe Untersuchungen gezeigt, dass anfängliche Nachteile computergestützter Gruppen im Vergleich zu Face-to-face-Gruppen im Projektverlauf verschwinden. Aktuelle Übersichtsarbeiten zum

Symbolische Wirkung von Medien
Lob nicht per E-Mail

Verfügbare Kommunikationsmedien kennenlernen

Vergleich computerunterstützter und Face-to-face-Teamarbeit zeigen in der Tat kaum Unterschiede, sowohl hinsichtlich der Qualität der Arbeitsergebnisse als auch hinsichtlich der Zufriedenheit der Mitarbeiter (Fjemerstad, 2004).

Generelle Grundregeln der Kommunikation

Die anzunehmenden **impliziten Lernprozesse** im Umgang mit elektronischen Medien können natürlich durch **explizites Training** beschleunigt und unterstützt werden. Neben Fragen der Auswahl adäquater Medien gehören hierzu auch generelle Grundregeln der Kommunikation in virtuellen Projekten, wie z. B. zusätzliche Feedbackschleifen, um Missverständnisse und Informationsverluste zu verhindern, gute und ausführliche Dokumentation, Vereinbarung klarer Kommunikationszeiten sowie die Einplanung von Zeiten für nichtaufgabenbezogene Kommunikation. Letzteres ist wichtig, da elektronische Kommunikation im Vergleich zu Face-to-face-Kommunikation eine eher sachbezogene Orientierung unterstützt, was die Entstehung von Identifikation und Zusammenhalt im Projektteam erschwert. So gehen die in dem Fallbeispiel dargestellten Verzögerungen in der Datenbeschaffung zum Teil auf fehlende Feedbackschleifen zwischen den Bankmitarbeitern und den Beratern zurück.

17.2.2 Führung und Motivation auf Distanz

Führung und Motivation von Mitarbeitern sind in virtuellen Projektteams besonderen Schwierigkeiten ausgesetzt. Führungstechniken und gruppendynamische Einflüsse (soziale Unterstützung, Gruppendruck, etc.), die wesentlich auf **unmittelbaren Kontakten** basieren, sind bei geringer Ko-Präsenz von Führungspersonen und Mitarbeitern wenig wirksam. Computergestützte Arbeitsplätze bieten zwar eine Reihe **technischer Möglichkeiten zur direkten Kontrolle** von Mitarbeitern, wie z. B. die Dokumentation von Log-in-Zeiten, das Auszählen von produziertem Textmaterial oder auch das unangekündigte Zuschalten von Vorgesetzen in Kundentelefonate, doch führt solches Electronic Performance Monitoring zu einer Zerstückelung von Arbeitsprozessen, die für das Management komplexer Projektarbeit wenig hilfreich ist. Tatsächlich zeigen empirische Studien von Electronic Performance Monitoring meist einen Leistungsabfall bei komplexeren Aufgaben, einhergehend mit geringer Arbeitszufriedenheit (Aiello & Kolb, 1995). Dies bedeutet nicht, dass Electronic Performance Monitoring immer negative Konsequenzen haben muss. Eine für alle Projektmitglieder sichtbare **Onlinedokumentation** des Status Quo von Teilaufgaben oder des gesamten Projektfortschritts kann sowohl für die Projektkoordination als auch für die Motivation der Mitarbeiter förderlich sein. Allerdings sind bei der Planung und Implementierung solcher Feedbacksysteme die **gesetzlichen Vorgaben** sowie die **betrieblichen Vereinbarungen** mit den Mitarbeitervertretungen zu beachten, die eine Speicherung von Leistungsindikatoren nicht selten untersagen.

Electronic Performance Monitoring

> **Empirisch haben sich in virtuellen Teams vor allem delegative Führungsansätze bewährt, die mit der höheren Selbstständigkeit der Mitarbeiter im Einklang stehen und eine größere Flexibilität der Arbeit ermöglichen.**

Delegative Führungsansätze

Eindeutige und partizipative **Zielvereinbarungen** gehören zu den stärksten Prädiktoren von Arbeitserfolgen in virtuellen Teams (Hertel, Konrad & Orlikowski, 2004). Durch klare Zielvereinbarungen werden dabei Teile der Steuerung an die Mitarbeiter unabhängig von der räumlichen Ko-Präsenz des Managements übertragen. Solche **Selbststeuerung** beziehungsweise solches »**Empowerment**« (Kirkman, Rosen, Tesluk & Gibson, 2004) der Mitarbeiter in virtuellen Projekten birgt auch das Potenzial zusätzlicher Motivation, drückt sie doch ein besonderes Vertrauen in die Loyalität und Selbstständigkeit der Mitarbeiter aus.

Partizipative Zielvereinbarungen

Die Führungsaufgaben von Projektleitern in virtuellen Projekten erfahren hierdurch eine drastische Veränderung. Statt direktiver Steuerung und Kontrolle sind in virtuellen Projekten stärker **Unterstützung** und **Coaching** der Mitarbeiter bei ihren selbstständigen Tätigkeiten gefragt. Dies erfordert neben einer relativ hohen Vertrauensbereitschaft der Führungskräfte auch ein hohes Maß an Flexibilität und Experimentierfreude von Managern. So zeigt eine einschlägige Studie, dass partizipative Zielvereinbarungen auch mittels Videokonferenz möglich sind (Wegge, Bipp & Kleinbeck, 2007).

Videokonferenz

Zur Analyse motivationaler Prozesse in virtuellen Teams, aber auch zur Entwicklung von Interventionen, beinhaltet das VIST-Modell (Hertel, 2002) 4 Komponenten, die die Motivation von Mitarbeitern bestimmen (Tab. 17.2).

VIST-Modell

Das VIST-Modell hat sich in ersten Studien virtueller Teams erfolgreich bewährt (Hertel, Orlokowski, Jokisch, Schöckel & Haardt, 2004). In Abhängigkeit der Antworten auf die in Tab. 17.2 dargestellten Fragen bietet das VIST-Modell konkrete Interventionsmaßnahmen (► Abschn. 17.3.2).

Tab. 17.2. Diagnosefragen des VIST-Modells in virtuellen Teams (Hertel, 2002)

Motivationskomponenten	Diagnosefragen
Valenz	Wie wichtig sind dem Mitarbeiter die Hauptziele des Projektes?
Instrumentalität	Für wie wichtig hält der Mitarbeiter seinen individuellen Beitrag für das Projekt?
Selbstwirksamkeit	Wie gut glaubt der Mitarbeiter den Aufgaben im Projekt gewachsen zu sein?
Teamvertrauen	Wie sehr glaubt der Mitarbeiter, dass die anderen Projektmitglieder ihre Aufgaben erfüllen?

17.2.3 Informationsverarbeitung und Wissensmanagement

Verfügbares Fachwissen

Ein dritter Bereich von Besonderheiten virtuellen Projektmanagements betrifft die **Verwaltung** und den **Zugriff** auf das im Projekt vorhandene und somit potenziell verfügbare Fachwissen (▶ Kap. 5, Winkler & Mandl). Während bei konventionellen Projekten die einzelnen Mitarbeiter durch gegenseitiges Kennenlernen relativ schnell ein sog. »transaktives« Wissen der Mitglieder aufbauen, also die Kompetenzen und Fachkenntnisse der anderen Teammitglieder kennen, ist eine solche Entwicklung bei virtuellen Teams schwieriger bzw. dauert länger (Griffith & Neale, 2001).

> ❗ Fähigkeiten und Kenntnisse, die nicht im unmittelbaren Aufgabenbereich eines Projektmitarbeiters liegen (z. B. besondere Kenntnisse in der Kunstgeschichte), aber dennoch für den Projekterfolg relevant sein können (z. B. zur Gewinnung eines schwierigen Kunden), sind den Mitarbeitern in virtuellen Projekten oft seltener bekannt als in konventionellen Projekten mit häufigen Face-to-face-Kontakten der Mitglieder.

Dieses Fehlen muss das Projektmanagement durch **aktive Unterstützung informeller Kommunikation** und **gegenseitigen Kennenlernens** kompensieren (zu weiteren Risiken bei der Informationsverarbeitung s. Konradt & Hertel, 2007; S. 92 ff.; ▶ Kap. 3, Brodbeck & Guillaume).

Vorteile für das Wissensmanagement

Auf der anderen Seite bieten virtuelle Teams aufgrund des häufigen Nutzens elektronischer Medien auch Vorteile für das Wissensmanagement (▶ Kap. 5, Winkler & Mandl), insbesondere für die **Dokumentation** und Speicherung von Arbeitsprozessen und Ergebnissen. Medienbrüche sind in virtuellen Teams geringer, und viele Diskussionen und Entscheidungen sind automatisch in Form von E-Mails, Diskussionsforen, Webkonferenzen, Blogs oder Ähnlichem speicherbar. Darüber hinaus können elektronische Tools für das Wissensmanagement (z. B. »Wikis« – sehr einfache Content Management Systeme) relativ einfach in die bestehende Groupware integriert werden. Auch hier ist jedoch Management in Form von **Moderation** und **Pflege** notwendig. Zudem haben empirische Studien unserer Forschergruppe gezeigt, dass neben der Nutzerfreundlichkeit (Usability) von Tools für das Wissensmanagement vor allem auch soziale Faktoren den aktiven Gebrauch steigern, wie z. B. die **Vorbildfunktion des Vorgesetzen** beim Einstellen von Beiträgen oder die Würdigung besonderen Engagements von Mitgliedern des Teams.

Elektronische Tools für das Wissensmanagement

Usability und soziale Faktoren

Verwendete Technologien müssen geeignet sein

Nicht zuletzt ist darauf zu achten, dass die verwendeten Technologien für das virtuelle Projekt geeignet sind. In dem oben angeführten Beispiel konnten die Berater nur in einer sehr umständlichen Form auf Daten der Bank zugreifen. Dies war im Beispiel Auslöser für eine erste Krise im Projekt. Anstatt die technischen Schwierigkeiten zu lösen, wurde noch stärker auf Formalien bestanden, was die Konflikte weiter eskaliert hat.

17.2.4 Konflikteskalation und -management

Die letzte hier diskutierte Gruppe besonderer Herausforderungen in virtuellen Projekten beinhaltet die höhere Gefahr und schnellere Eskalation von Konflikten und Missverständnissen (▶ Kap. 9, Kauffeld, Grote & Lehmann-Willenbrock, ▶ Kap. 15, Salewski & von Rosenstiel). Dies liegt zum einen an **Einschränkungen in der Kommunikation** bzw. der Kommunikationsmedien, infolge derer Nachrichten schnell falsch verstanden werden. In dem dargestellten Fallbeispiel führte die fehlende Präsenz der Berater während der Datenerhebung zu einem schnell wachsenden **Misstrauen**, das wiederum die darauf folgende Kommunikation beeinträchtigt hat und damit zu einer »selbst erfüllenden Prophezeiung« wurde. Eine zweite Quelle für Konflikte ist das Fehlen von Kontextinformationen über den Kommunikationspartner. So ist im Vergleich zu herkömmlicher Zusammenarbeit in virtuellen Projekten oft nicht unmittelbar sichtbar, unter welchen Rahmenbedingungen der Partner gerade arbeiten muss, wie hoch seine aktuelle Arbeitsbelastung ist, ob im Gebäude gerade eine Baustelle ist etc. Diese fehlenden Kontextinformationen führen dazu, dass Störungen der Zusammenarbeit wesentlich schneller der Person (der Partner ist unfähig oder hat keine Lust) statt den widrigen Umständen (die Datenübertragung funktioniert nicht, die Belastung des Partners ist aktuell aufgrund anderer Projekte sehr hoch) angelastet werden. Bei negativen Ereignissen verstärkt solch eine Neigung zur Verantwortungszuschreibung die **Eskalation von Konflikten** erheblich.

Eine andere Konsequenz des fehlenden Kontexts könnte darin bestehen, dass **soziale Normen der Kommunikation** (übliche Höflichkeitsstandards und Verhaltensetikette) aufgrund der erlebten Anonymität in virtuellen Projekten weniger stark wirksam sind. Aktuelle Arbeiten zeigen jedoch, dass die Gefahr eskalierender Kommunikation (sog. »Flaming«) in realen virtuellen Projekten eher gering ist, vor allem, wenn sich die Mitarbeiter bereits kennen, länger zusammen arbeiten und aufeinander angewiesen sind (Montoya-Weiss, Massey & Song, 2001). Stattdessen kann es passieren, dass in virtuellen Projektteams Unterschiede in den Verhaltensnormen zwischen Angehörigen verschiedener Gruppen übersehen werden. Neben Unterschieden aufgrund von **kultureller Herkunft** (▶ Kap. 16, Hößler & Sponfeldner) sind hier auch solche bei Normen und Erwartungen verschiedener **Berufsgruppen** relevant. Das anfängliche Fallbeispiel illustriert unter anderem verschiedene Standards und Erwartungen im Umgang mit Informationen zwischen den Beratern und den Mitarbeitern der Bank.

Unabhängig von den konkreten Ursachen ist die wahrscheinlich größte Herausforderung für das Management virtueller Projekte das rechtzeitige Erkennen von Konflikten.

> ❗ Aufgrund der räumlichen Distanz und eingeschränkten Kommunikation ist das rechtzeitige Erkennen von Konflikten und Missverständnissen in virtuellen Projekten schwieriger und erfordert eine besondere Sensitivität des Projektmanagements.

Marginalien:
- Ursachen von Missverständnissen und Konflikten
- Fehlen von Kontextinformationen
- Flaming
- Unterschiede in den Verhaltensnormen
- Rechtzeitiges Erkennen von Konflikten

Nur wenn das Projektmanagement mit allen Mitarbeitern im regelmäßigen Kontakt bleibt, können Schwankungen rechtzeitig bemerkt werden. Der Praxisfall deckt weitere Schwachpunkte der Projektleitung auf. Beide Projektleiter hätten gut daran getan, z. B. über informelle Kommunikation das Klima in der Zusammenarbeit zwischen Unternehmensberatung und Mitarbeitern der Bank zu überwachen. Spätestens nach der ersten direkten Ansprache der Geschäftsleitung der Bank durch den Projektleiter der Unternehmensberatung hätten für die Zukunft Eskalationsroutinen festgelegt werden müssen. Sinnvoll ist es, solche Eskalationsmechanismen gleich zu Beginn der virtuellen Zusammenarbeit zu vereinbaren.

Eskalationsmechanismen frühzeitig vereinbaren

Nachdem in diesem Abschnitt Hauptschwierigkeiten virtueller Projekte vor dem Hintergrund der beteiligten psychologischen Prozesse diskutiert wurden, folgt im nächsten Abschnitt eine Herleitung von Interventionsmöglichkeiten, um die hier aufgezeigten Gefahren oder auch Lücken kompensieren zu können. Zwar steckt der hier dargestellte Forschungsbereich erst in den Anfängen, doch basiert ein Großteil der genannten Strategien neben einer systematischen Prozessanalyse bereits auch auf empirischen Untersuchungen (Hertel, Geister & Konradt, 2005).

17.3 Ansatzpunkte für Verbesserungen virtueller Projektarbeit

17.3.1 Staffing

Virtuelle Projekte sind in den vergangenen Jahren oft en passant eingeführt worden, ohne dass den verantwortlichen Personen die zusätzlichen Anforderungen für die Mitarbeiter und das Management bewusst waren. Vielmehr herrschte die Überzeugung, dass es ausreiche, aktuelle **Kommunikationstools** und **Groupwaresysteme** zur Verfügung zu stellen, der Rest würde sich von selbst ergeben. Tatsächlich ist die technische Bedienung der meisten Kommunikations- und Kooperationstechnlogien relativ schnell zu erlernen, und es stehen heute eine Vielzahl geeigneter Softwaresysteme zur Unterstützung virtueller Projekte zur Verfügung (Bundesministerium des Inneren, 2006). Dies allein ist jedoch nicht ausreichend. Vielmehr sollten bei der Planung eines virtuellen Projektes immer auch nichtfachliche Fähigkeiten der Mitarbeiter berücksichtigt werden und nicht nur die fachliche Expertise oder, wie im Fallbeispiel, nur die zeitliche Verfügbarkeit (vgl. zur Personalauswahl für Projekte ▶ Kap. 7, Moser & Galais).

Nichtfachliche Fähigkeiten der Mitarbeiter berücksichtigen

> ❗ Die jeweiligen Kernkompetenzen der Mitglieder virtueller Projekte können nur dann optimal genutzt werden, wenn diese zusätzliche Kompetenzen für virtuelle Kooperation besitzen.

Unserer Forschung zufolge (Hertel, Konradt & Voss, 2006) spielen hier neben den sonst für Projektarbeit üblichen **Kompetenzen** (Problem-

17.3 · Ansatzpunkte für Verbesserungen virtueller Projektarbeit

lösefähigkeit, Kooperativität, Gewissenhaftigkeit, etc.) die folgenden Kompetenzen eine wichtige Rolle:

Fähigkeit zur Kommunikation mit elektronischen Medien. Eine offensichtliche Anforderung an Mitarbeiter virtueller Projekte ist die Fähigkeit, mit elektronischen Kommunikationsmedien nicht nur technisch umgehen, sondern sie auch **effizient** einsetzen zu können, um die anderen Mitarbeiter zu erreichen. Dies betrifft vor allem Projektmanager, die ihre Mitarbeiter auf Entfernung motivieren und immer wieder an das Projekt binden müssen. Über die persönlichen Voraussetzungen zur erfolgreichen Kommunikation mit elektronischen Medien ist bislang noch relativ wenig bekannt. Generell scheint ein genuines Bedürfnis nach sozialen Kontakten und Kommunikation, zusammen mit kommunikativen Fähigkeiten, förderlich zu sein, um auch bei ortsverteilter Arbeit ein Team zusammen zu halten und interpersonale Kontakte zu pflegen. Abgesehen von solchen **persönlichkeitsstabilen Dispositionen** ist aber auch davon auszugehen, dass wesentliche Aspekte der Kommunikation mit elektronischen Medien **erlernbar** beziehungsweise trainierbar sind.

Persönliche Voraussetzungen für elektronische Kommunikation

Lernbereitschaft, Flexibilität und Kreativität. Eine weitere Anforderung an Mitarbeiter in virtuellen Projekten ist eine Affinität zu neuen Technologien und die Bereitschaft, sich immer wieder selbstständig in neue Medien und Tools einzuarbeiten. Darüber hinaus ist aufgrund der geringeren Standardisierung und Planbarkeit virtueller Projekte ein hohes Maß an Kreativität wünschenswert. Insbesondere, wenn Projekte über verschiedene organisationale oder auch nationale Grenzen hinweg realisiert werden sollen, sind unvorhergesehene Störungen häufiger zu erwarten als bei traditioneller Projektarbeit. Dies betrifft besonders die Aufgaben des Projektmanagers. Ein Projektmanager drückt es folgendermaßen aus:

Affinität zu neuen Technologien

Hohes Maß an Kreativität

> »Ich muss ein Diplomat sein um den Teams beim Überwinden kultureller Unterschiede zu helfen, ein Botschafter um die verschiedenen Sponsoren weltweit über den Projektfortschritt zu informieren, ein Psychologe um den unterschiedlichen und oft isolierten Mitarbeitern verschiedenartigste Belohnungen zu bieten, ein Manager, ein Coach, und ein Rollenmodell, alles zur gleichen Zeit.« (Malhotra, Majchrzak & Rosen, 2006, S. 68; aus dem Englischen übersetzt durch die Autoren).

Eigeninitiative und Durchhaltevermögen. Weitere Kompetenzen leiten sich von der häufig isolierten Position von Mitarbeitern in virtuellen Projekten ab. Hier ist es notwendig, dass Mitarbeiter sich unabhängig von Kollegen und Vorgesetzten motivieren und ihre Arbeit strukturieren können (Zeitmanagement etc.), und dass sie sich nicht zu schnell von Rückschlägen entmutigen lassen. Diese Kompetenzen sind zwar auch für traditionelle Projekte wichtig, gewinnen jedoch mit wachsender Virtualität an Bedeutung.

Durchhaltevermögen ist gefragt

Vertrauensbereitschaft. Virtuelle Projektarbeit bedeutet nicht zuletzt, mit anderen Personen zusammenzuarbeiten, ohne direkt sehen zu können, wie sehr sich diese Kollegen gerade für das Projekt engagieren. Um dennoch hohes Engagement für das Projekt zu zeigen, ist eine generelle Vertrauensbereitschaft und **positive Einstellung zu kooperativer Arbeit** sinnvoll und, vor allem auf Seiten des Projektmanagements die Bereitschaft zu delegativen Führungsprinzipien.

Delegative Führungsprinzipien

Toleranz im Umgang mit Heterogenität. Eine letzte Kompetenz, die bei virtueller Projektarbeit häufiger gefragt ist als bei konventionellen Projekten, ist Toleranz im Umgang mit unterschiedlichen Sicht- und Arbeitsweisen. Virtuelle Kooperation wird häufig über Bereichs-, Fach-, Firmen- oder auch Ländergrenzen hinweg realisiert, sodass immer wieder Situationen entstehen, in denen unterschiedliche Konventionen und Erwartungen aufeinanderprallen. Neben einschlägigen Kenntnissen und Erfahrungen im Umgang mit anderen Kulturen ist hier vor allem eine **generelle Sensitivität und Bereitschaft** wünschenswert, sich auf andere Sichtweisen einstellen und ihre Vorteile erkennen zu können (▶ Kap. 16, Hößler & Sponfeldner).

Unterschiedliche Sicht- und Arbeitsweisen

Abgesehen von diesen konzeptionellen Überlegungen gibt es bislang kaum erprobte Personalauswahlverfahren, die spezifisch für virtuelle Kooperation entwickelt wurden. Ein erstes Fragebogeninstrument wurde von Hertel, Konradt und Voss (2006) vorgestellt.

17.3.2 Führung und Motivation

Auch wenn bisherige Untersuchungen zeigen, dass in virtuellen Projekten vor allem delegative Führungsstrategien erfolgreich sind (Konradt & Hertel, 2004), so dürfen virtuelle Teams dennoch nicht sich selbst überlassen werden.

Virtuelle Teams brauchen Betreuung

> ❗ Virtuelle Projektteams dürfen sich nicht selbst überlassen werden, sondern brauchen spezifische Unterstützung.

Die **Führungsaufgaben** sind im Vergleich zu konventionellen Projekten weniger durch direktive Aufgaben gekennzeichnet, als vielmehr durch eine stärkere Bedeutung von:
- **Sozialen Aufgaben** des Team- und Kommunikationsmanagements, wie z. B. Fördern des gegenseitigen Kennenlernens im Projekt,
- **individuelles Coaching** der einzelnen Projektmitarbeiter (Motivierung, Förderung der Integration etc.) inkl. Projektleiter (▶ Kap. 6, Wastian, Braumandl & Dost),
- **Schaffung von Vertrauen und Identifikation** der Projektmitarbeiter trotz räumlicher Distanz,
- **Würdigung** der einzelnen Beiträge der Mitarbeiter sowohl innerhalb des Projektes als auch bei den Vorgesetzten und Kollegen am »realen« Standort,

- **sichtbar machen** des virtuellen Projektes durch häufige Ergebnispräsentationen und **Lobbying** bei den verschiedenen Stakeholdern (beispielsweise im Zuge von Zusammenkünften von Führungskräften).

Sichtbar machen durch Ergebnispräsentationen

Ansatz des »Management by Interdependence«

Ein vielversprechender Ansatz ist in diesem Zusammenhang »Management by Interdependence« (Hertel et al., 2004). Dieses Konzept basiert auf der Grundidee, die räumliche und zeitliche Distanz zwischen den Projektmitarbeitern durch eine Steigerung der erlebten Zusammengehörigkeit zu kompensieren. Hierzu gibt es 3 verschiedene Ansatzpunkte, die auf die Praxis des Projektmanagements übertragbar sind:

- Aufgabeninterdependenz,
- Zielinterdependenz,
- Ergebnisinterdependenz.

Ansatz: Management by Interdependence

Aufgabeninterdependenz. Durch eine höhere **Verflechtung verschiedener Teilaufgaben** eines Projektes wächst für die Mitarbeiter die Notwendigkeit, sich untereinander abzustimmen und miteinander zu kommunizieren. Hierdurch werden nicht nur die Kommunikation und das gegenseitige Kennenlernen gefördert, sondern auch die wahrgenommene Bedeutung des Einzelnen für den Teamerfolg, mit entsprechend positiven Auswirkungen auf die Motivation. Diese positiven Auswirkungen sind vor allem zu Beginn virtueller Projekte zu erwarten. Hohe Aufgabeninterdependenz hat jedoch auch potenzielle Nachteile. So ist die höhere Notwendigkeit zur gegenseitigen Abstimmung mit zusätzlichem Aufwand verbunden und steigert nicht zuletzt das Konfliktpotenzial. Im weiteren Projektverlauf scheint es daher sinnvoll zu sein, die Aufgaben nach einer Anfangsphase mit relativ hoher Aufgabeninterdependenz zu modularisieren und dies danach langsam zu verringern.

Bedeutung des Einzelnen für den Teamerfolg

Zielinterdependenz. Je höher die Gemeinsamkeit der Ziele für die verschiedenen Projektmitarbeiter ist, desto höher sollte die Wahrscheinlichkeit ausfallen, dass der Erfolg des Projektes für alle als persönlich wichtig empfunden wird. Darüber hinaus sollte die enge **Verflechtung der individuellen Ziele** auch die Identifikation und das Vertrauensklima im Projekt unterstützen, da alle dieselben Interessen verfolgen. Eine zentrale Führungsaufgabe ist hier, die gemeinsamen Ziele trotz räumlich/zeitlicher Distanz präsent zu halten und immer wieder ins Bewusstsein der Projektmitglieder zu bringen. Darüber hinaus sind Zielvereinbarungskompetenzen notwendig, wie sie in der partizipativen Formulierung klarer und herausfordernder Teilziele sowie zeitnahem und unterstützendem Feedback zum Grad der Zielerreichung zum Ausdruck kommen (▶ Kap. 11, Wegge & Schmidt).

Gemeinsame Ziele präsent halten

Ergebnisinterdependenz. Der dritte Ansatzpunkt eines Management by Interdependence in virtuellen Teams ist die **Schaffung und Beto-**

nung von **gemeinsamen Resultaten** der Projektarbeit, möglichst in Korrespondenz mit der Formulierung der Teilziele. Beispiele hierfür sind finanzielle oder nichtfinanzielle Anreize (z. B. gemeinsame Restaurantbesuche), die in Abhängigkeit der Leistung des gesamten Projektteams ausgelobt werden. Die Schaffung von Zielinterdependenz unterstreicht, dass alle Mitarbeiter und meistens auch die Auftraggeber, Kunden und andere Stakeholder »im selben Boot sitzen«, und fördert dadurch die Identifikation mit dem virtuellen Projekt und das Engagement dafür.

> *Gemeinsame Resultate der Projektarbeit*

Ansätze zur Motivationssteigerung von Mitarbeitern

Weitere Führungsstrategien für virtuelle Projektteams leiten sich aus dem oben skizzierten VIST-Modell ab (Hertel, 2002). In Abhängigkeit der Diagnoseergebnisse nach den 4 Hauptkomponenten ergeben sich konkrete Ansätze, um die Motivation der einzelnen Projektmitarbeiter zu steigern.

> *Motivationssteigerung der Projektmitarbeiter*

Steigerung der subjektiven Valenz. Klare Definition der Projektziele, Beseitigung etwaiger Konflikte zwischen Projektzielen und individuellen Zielen einzelner Projektmitarbeiter.

Steigerung der wahrgenommenen Instrumentalität des persönlichen Einsatzes. Eindeutige Zuteilung der Teilaufgaben, gute Onlinedokumentation der Teilzielerreichung mit Bezug auf das Gesamtprojekt (unter Beachtung der betrieblichen Vereinbarungen, z. B. zur Leistungskontrolle), relativ hohe Aufgabeninterdepenz.

Steigerung der erlebten Selbstwirksamkeit. Auswahl der Projektmitarbeiter auch unter Berücksichtigung nichtfachlicher Kompetenzen (Umgang mit elektronischen Kommunikationsmedien etc.), ausreichendes Training notwendiger Projekt-Skills, häufiges Feedback an die einzelnen Projektmitarbeiter, vor allem auch zu positiven Teilergebnissen.

Steigerung des Teamvertrauens. Schaffung ausreichender Möglichkeiten zum persönlichen Kennenlernen der Projektmitarbeiter, Entwicklung verbindlicher Regeln für die Kommunikation und den Umgang mit Konflikten.

Außerdem kann das VIST-Modell auch im Rahmen regelmäßiger und systematischer Feedbacksysteme eingesetzt werden, bei dem beispielsweise die Projektmitarbeiter 1-mal in der Woche anonym kurze Fragen zu den VIST-Komponenten online beantworten und diese dann aggregiert auf Projektebene zurückgemeldet werden. Neben einer zuverlässigen Erfassung von Teamprozessen steigert ein solches Onlinefeedbacksystem die Selbststeuerungsfähigkeiten eines Projektteams (Geister, Konradt & Hertel, 2006).

> *Onlinefeedbacksystem steigert Selbststeuerungsfähigkeiten*

17.3.3 Kick-off, Training und Teamentwicklung

Zum Arbeitsbeginn eines virtuellen Projektes wird in der einschlägigen Literatur (z. B. Duarte & Snyder, 2006) nahezu einhellig eine **Kick-off-Veranstaltung** empfohlen, bei der alle beteiligten Mitarbeiter sowie auch Kontaktpersonen an wichtigen organisationalen Schnittstellen des Projektteams anwesend sein sollten (▶ Kap. 4, Streich & Brennholt; ▶ Kap. 9, Kauffeld, Grote & Lehmann-Willenbrock). Eine solche Kick-off-Veranstaltung erfüllt dabei mehrere Aufgaben:

Kick-Off-Veranstaltung

Projektziele verständlich machen. Die Ziele des Projektes sollten möglichst von Beginn an von allen Beteiligten verstanden werden. Eine Kick-off-Veranstaltung bietet vor allem in später virtuell arbeitenden Projektteams verschiedene Möglichkeiten zur Präsentation und Diskussion der Ziele. Je klarer und akzeptierter die Hauptziele sind, desto mehr wird die Projektleitung durch **Selbststeuerungsprozesse** im Projektteam entlastet.

Ziele des Projektes

Rollen- und Aufgabenverteilung. Darüber hinaus kann die Verteilung von Rollen und Aufgaben effizienter erfolgen, wenn die Ziele – und damit auch die daraus ableitbaren Anforderungen an jedes einzelne Teammitglied – deutlich sind. Ein hoher **Partizipationsgrad** bei der Festlegung der Hauptziele ist dabei eine wichtige Voraussetzung für die Bindung der einzelnen Mitarbeiter an das Projekt (▶ Kap. 10, Kraus & Woschée, ▶ Kap. 11, Wegge & Schmidt).

Verteilung von Rollen und Aufgaben

Gegenseitiges Kennenlernen. Die Kick-off-Veranstaltung ist für die Mitglieder des virtuellen Projektteams außerdem »die« Gelegenheit sich gegenseitig kennenzulernen, wodurch nicht zuletzt der Grundstein für das Verhältnis und den Umgangsstil der Projektmitarbeiter untereinander festgelegt wird, da im Vergleich zu konventioneller Projektarbeit später weniger Gelegenheiten nichtaufgabenbezogenen Austauschs bestehen.

Gegenseitiges Kennenlernen bei Kick-off

Umgangsregeln für Projektarbeit. Und schließlich können und sollten während einer Kick-off-Veranstaltung spezifische Regeln für den Umgang miteinander während des Projektes vereinbart werden (Montoya-Weiss, Massey & Song, 2001). Dies ist umso wichtiger, je mehr im virtuellen Projekt Mitarbeiter aus unterschiedlichen (Berufsgruppen-, Firmen-, Kultur-) Kontexten zusammentreffen und entsprechend unterschiedliche Gepflogenheiten und Erwartungen bezüglich Arbeitsstil und Kommunikationsweise haben. Das Fallbeispiel zu Beginn dieses Kapitels illustriert beispielsweise Unterschiede in Erwartungen und Normen bezüglich Kommunikation und Datenaustausch zwischen Beratern und Mitarbeitern des Unternehmens. Spezifische Regeln für das virtuelle Projekt dienen dazu, die Zusammenarbeit zu erleichtern und **Konfliktherde zu minimieren**. Inhalte solcher Regeln können z. B. Vereinbarungen darüber sein, wie häufig E-Mails abgerufen werden und

Regeln

Gepflogenheiten bei Arbeitsstil und Kommunikationsweise

wie schnell sie beantwortet werden sollen, wie und wann die einzelnen Mitarbeiter erreichbar sind, wer welche Informationen erhalten soll, wie mit Konflikten umgegangen wird, etc. (Konradt & Hertel, 2007).

> ❗ Birgt das Projekt hohe Verlustrisiken aufgrund individueller Fehler, sollte zur Erhöhung der Verbindlichkeit überlegt werden, bestimmte Pflichten vertraglich zu fixieren. Um eine hohe Akzeptanz innerhalb des Teams zu erreichen, sollten möglichst alle Mitglieder des virtuellen Teams bei der Entwicklung der Regeln beteiligt werden.

Personalentwicklungsmaßnahmen

Weitere Möglichkeiten zur Unterstützung virtueller Projektarbeit bestehen in Personalentwicklungsmaßnahmen (▶ Kap. 6, Wastian, Braumandl & Dost; ▶ Kap. 7, Moser & Galais) für **einzelne Personen** (z. B. Training der Kommunikation mit elektronischen Medien), für **potenzielle Manager** virtueller Projekte (z. B. Führen auf Distanz, Coaching), oder aber für **ganze Projektteams** (z. B. Teamentwicklungsseminare). Diese Trainings können sowohl in Präsenzsitzungen, virtuell, oder auch in Mischformen (»blended learning«) durchgeführt werden (Raabe & Schmitz, 2004).

Der Trainingsmarkt beginnt allerdings erst langsam, sich für diese Thematik zu öffnen. Einer neueren Befragung aus dem amerikanischen Raum zufolge, in der ca. 2.500 Personalverantwortliche unterschiedlichster Großunternehmen befragt wurden, werden in ca. 60% der Organisationen keine spezifischen Trainings angeboten (Rosen, Furst & Blackburn, 2006). Nur 7% der Befragten stuften die in ihrer Organisation angebotenen Trainings für virtuelle Kooperation als effektiv ein. Hier besteht sicherlich hoher Entwicklungsbedarf. Folgende Themen wurden dabei als wünschenswert für zukünftige Trainings genannt:
— Leitung virtueller Teamtreffen,
— Coaching von entfernt arbeitenden Mitarbeitern,
— Sensitivität für Fehlentwicklungen und Diagnose von Problemen,
— effizienter Einsatz von Kommunikationsmedien,
— Entwicklung von Vertrauen und Konfliktmanagement in virtuellen Teams,
— Kommunikationsfähigkeit und Umgang mit kulturellen Unterschieden,
— Teamentwicklung virtueller Teams,
— Auswahl von Teammitgliedern, Entwicklung eines Arbeitsplans und Verteilung von Rollen im virtuellen Team.

Für den deutschsprachigen Raum liegen noch keine vergleichbaren Daten vor, doch wird die Situation wahrscheinlich nicht anders sein.

> ❗ Für die gezielte Entwicklung/Vorbereitung virtueller Projektteams durch Trainingsmaßnahmen oder Coaching empfehlen wir vorher genaue Bedarfsanalysen und nicht nur eine geringfügige Erweiterung bestehender Trainingskonzepte zu Themen wie Kommunikation oder Teamarbeit.

Ein erstes Beispiel einer Trainingsmaßnahme für virtuelle Teams auf der Basis einer empirischen Stärken-Schwächen-Analyse wird von Hertel, Orlikowski, Jokisch, Schöckel und Haardt (2004) beschrieben. Zentrale Themen des Trainings sind dabei u. a. eine Übersicht zu Erfolgsfaktoren virtueller Teamarbeit, die Erarbeitung von Ziel- und Rollenklarheit im Team, die Vermittlung und Einübung von Grundsätzen effektiver Kommunikation mit elektronischen Medien sowie die Entwicklung teamspezifischer Regeln und Vereinbarungen.

17.4 Literatur

Aiello, J. R. & Kolb, K. J. (1995). Electronic performance monitoring and social context: Impact on productivity and stress. *Journal of Applied Psychology, 80*, 339–353.

Bundesministerium des Inneren (Hrsg.) (2006). *Migrationsleitfaden 2.1. Leitfaden für die Migration der Basissoftwarekompetenzen auf Server- und Arbeitsplatz-Systemen*. Berlin: Schriftenreihe der KBST, Band 86. Verfügbar im Internet unter www.kbst.bund.de (18.10.2007).

Daft, R. L. & Lengel, R. H. (1986). Organizational information requirements, media richness and structural design. *Management Science, 32*, 554–571.

Duarte, D. L. & Snyder, N. T. (2006). *Mastering virtual teams.* San Francisco: Jossey-Bass.

Fjermestad, J. (2004). An analysis of communication mode in group support systems research. *Decision Support Systems, 37*, 239–263.

Geister, S., Konradt, U. & Hertel, G. (2006). Effects of process feedback on motivation, satisfaction and performance in virtual teams. *Small Group Research, 37*, 459–489.

Griffith, T. L. & Neale, M. A. (2001). Information processing in traditional, hybrid, and virtual teams: From nascent knowledge to transactive memory. *Research in Organizational Behavior, 23,* 379–421.

Hertel, G. (2002). Management virtueller Teams auf der Basis sozialpsychologischer Theorien: Das VIST Modell. In E. H. Witte (Hrsg.), *Sozialpsychologie wirtschaftlicher Prozesse* (S. 172–202). Lengerich: Pabst Verlag.

Hertel, G., Geister, S. & Konradt, U. (2005). Managing virtual teams: A review of current empirical research. *Human Resource Management Review, 15*, 69–95.

Hertel, G. & Konradt, U. (2004). Führung aus der Distanz: Steuerung und Motivierung bei ortsverteilter Zusammenarbeit. In G. Hertel & U. Konradt (Hrsg.), *Human Resource Management im Inter- und Intranet* (S. 169–186). Göttingen: Hogrefe.

Hertel, G., Konradt, U. & Orlikowski, B. (2004). Managing distance by interdependence: Goal setting, task interdependence, and team-based rewards in virtual teams. *European Journal of Work and Organizational Psychology, 13*, 1–28.

Hertel, G., Orlikowski, B., Jokisch, W., Schöckel, D. & Haardt, C. (2004). Entwicklung, Durchführung und Evaluation eines Basistrainings für virtuelle Teams bei der Siemens AG. In G. Hertel & U. Konradt (Hrsg*.), Human Resource Management im Inter- und Intranet* (S. 313–325). Göttingen: Hogrefe.

Hertel, G., Konradt, U. & Voss, K. (2006). Competencies for virtual teamwork: Development and validation of a web-based selection tool for members of distributed teams. *European Journal of Work and Organizational Psychology, 15*, 477–504.

Kirkman, B. L., Rosen, B., Tesluk, P. E. & Gibson, C. B. (2004). The impact of team empowerment on virtual team performance: The moderating role of face-to-face interaction. *Academy of Management Journal, 47*, 175–192.

Konradt, U. & Hertel, G. (2007). *Telekooperation und virtuelle Teamarbeit.* München: Oldenbourg Verlag.

Malhotra, A., Majchrzak, A. & Rosen, B. (2006). Leading virtual teams. *Academy of Management Perspectives*, 60–70.

Maruping, L.M. & Agarwal, R. (2004). Managing team interpersonal processes through technology: A task-technology fit perspective. *Journal of Applied Psychology, 89*, 975–990.

Maznevski, M. L. & Chudoba, K. M. (2000). Bridging space over time: Global virtual team dynamics and effectiveness. *Organization Science, 11*, 473–492.

Montoya-Weiss, M.M., Massey, A.P. & Song, M. (2001). Getting it together: temporal coordination and conflict management in global virtual teams. *Academy of Management Journal, 44*, 1251–1262.

Raabe, B. & Schmitz, U. (2004). Personalentwicklung für virtuelle Arbeitsformen. In G. Hertel & U. Konradt (Hrsg.), *Human Resource Management im Inter- und Intranet* (S. 294–312). Göttingen: Hogrefe.

Rosen, B., Furst, S. & Blackburn, R. (2006). Training for virtual teams: An investigation of current practices and future needs. *Human Resource Management, 45*, 229–247.

Wegge, J., Bipp, T. & Kleinbeck, U. (2007). Goal setting via videoconferencing. *European Journal of Work and Organizational Psychology, 16*, 169–194.

Anhang

Autorenporträts – 349

Sachverzeichnis – 359

Autorenporträts

Blickle, Gerhard

Prof. Dr. Gerhard Blickle, Jg. 1959, ist Leiter der Abteilung für Arbeits-, Organisations- und Wirtschaftspsychologie an der Universität Bonn. Nach dem Studium der Psychologie, Betriebswirtschaftslehre und Rechtswissenschaften freier Mitarbeiter der Frankfurter Allgemeinen Zeitung. Promotion mit Auszeichnung 1993 an der Universität Heidelberg. Von 2001–2003 Professor an der Universität Mainz. Seit 2003 Lehrstuhlinhaber an der Universität Bonn. Aktuelle Forschungsgebiete: Politische Kompetenzen, Mentoring, Ethik in Organisationen.
E-Mail: aow@uni-bonn.de

Braumandl, Isabell

Dipl.-Psych. Dipl.-Ök. Isabell Braumandl, Jg. 1963, ist Geschäftsführerin des Coaching- & Beratungs-Centrums sowie des Instituts für Überdruck-Medizin in Regensburg. Nach dem Abitur studierte sie Betriebswirtschaft, Handelsökonomie und Psychologie. Seit 1987 ist sie im Handel, Bankenwesen und öffentlichen Dienst in verschiedenen Berater- und Führungspositionen mit Projektverantwortung sowie als Coach tätig. Seit 2003 ist sie Lehrbeauftragte an der UNI Regensburg, der EFH Nürnberg und der TU Braunschweig.
E-Mail: info@cobece.de

Brennholt, Jens

Dipl.-Wirt.-Ing. Jens Brennholt, Jg. 1965, ist selbstständiger Organisations- und Performanceberater und Seniornetzwerkpartner Geschäftsbereich Unternehmensmanagement des INPUT – Institut für Personal- und Unternehmensmanagement™ (Paderborn). Nach dem Abitur und seiner Ausbildung zum Reserveoffizier der Bundeswehr studierte er Wirtschaftsingenieurwesen und besuchte u. a. Ausbildungen zum Systemischen Organisationsberater, MBTI-Berater sowie Abenteuer- und Erlebnispädagogen. Seit 1993 betreut er Unternehmen in organisatorischen Veränderungsprozessen, so z. B. in der Implementierung und Professionalisierung des Projektmanagements. Seit 2000 ist er zudem Lehrbeauftragter an der University of Applied Science, FHDW Paderborn für Projektmanagement, Teammanagement und Führung in den Bachelor-Studiengängen Business Administration, International Business und Wirtschaftsinformatik.
E-Mail: jens.brennholt@brennholt.de

Brodbeck, Felix

Univ.-Prof. Dr. phil. habil. Felix Brodbeck leitet den Lehrstuhl für Organisations- und Wirtschaftspsychologie am Department für Psychologie der LMU München und ist Redakteur der Zeitschrift OrganisationsEntwicklung. Von 2002–2007 leitete er die Work- and Organisational Psychology Unit der Aston Business School, Aston University, UK. Er hat 7 Bücher und über 100 wissenschaftliche sowie zahlreiche Fach- und Praxisartikel publiziert. Schwerpunkte seiner Forschung und Unternehmensberatung sind u. a.: Interkulturelles Management, Führung, Mensch-Computer-Interaktion, Kollektive Informationsverarbeitungs-, Problemlöse- und Entscheidungsprozesse in Gruppen, Netzwerken und Organisationen sowie Diagnose und Entwicklung von Teams, Führungskräften und Organisationen.
E-Mail: brodbeck@lmu.de

Dost, Brigitte

Dipl.-Psych. Dipl.-Phys. Brigitte Dost, Jg. 1958, ist freiberuflich tätig als Coach mit den Schwerpunkten Projektcoaching, berufliche Neuorientierung sowie Frauen in Business & Home. Nach Abschluss des Physikstudiums begann sie im Jahr 1989 bei der Siemens AG im Bereich Softwareentwicklung für Datenkommunikation. Über unterschiedliche Stationen wie Systemtest, technischer Vertrieb und Produktplanung kam sie im Jahr 1998 zum Projektmanagement für Mobilfunksysteme. Dort war sie als Projektmanager für Großprojekte in internationalem Umfeld tätig. Nach Beendigung ihres Psychologiestudiums, das sie parallel zu ihrer beruflichen Tätigkeit absolvierte, hat sie sich im November 2007 in dem Bereich Beratung selbstständig gemacht.
E-Mail: Brigitte.Dost@arcor.de

Galais, Nathalie

Dr. rer. pol. Nathalie Galais, Dipl.-Psych., Jg. 1969, Studium der Psychologie an der Justus-Liebig-Universität Gießen und der Universidad Autónoma de Madrid. 2003 Promotion über eine Längsschnittstudie zu Determinanten der Übernahme und des Wohlbefindens von Zeitarbeitnehmern. Zurzeit Habilitation am Lehrstuhl für Wirtschafts- und Sozialpsychologie der Universität Erlangen-Nürnberg zum Thema »Beziehungen zwischen Mitarbeitern und Organisationen im Kontext atypischer Beschäftigungsverhältnisse«. Weitere Forschungsschwerpunkte: Individuelle Feedbackverarbeitung und Kompetenzentwicklung.
E-Mail: Nathalie.Galais@wiso.uni-erlangen.de

Grote, Sven

Prof. Dr. Sven Grote, Dipl.-Psych., Jg. 1967, ist Professor für Personal- und Organisationsentwicklung an der Fachhochschule für Angewandtes Management/Fachbereich Wirtschaftspsychologie in Erding und Inhaber einer Unternehmensberatung für Personal- und Organisationsentwicklung. Zuvor Studium der Psychologie in Marburg, Organisationsentwicklung in einem Automobilunternehmen, Projektleitung in einer Unternehmensberatung mit Schwerpunkt Personal sowie Promotion am Institut für Arbeitswissenschaft, Universität Kassel.
E-Mail: sven.grote@myfham.de

Guillaume, Yves

PhD Yves R. F. Guillaume, ist Juniorprofessor in Organisations- und Arbeitspsychologie an der Aston Business School, Aston University in Birmingham, Großbritannien. Dort promovierte er auch in Organisations- und Arbeitspsychologie. Davor war er wissenschaftlicher Mitarbeiter am Lehrstuhl Organisations- und Wirtschaftspsychologie an der Ludwig-Maximilians-Universität in München. Er lehrt, forscht und berät Organisationen in den Bereichen Diversitätsmanagement, Organisationskultur und Teams.
E-Mail: y.r.f.guillaume2@aston.ac.uk

Hertel, Guido

Prof. Dr. Guido Hertel, Jg. 1963, hat Psychologie und Soziologie an der Universität Gießen studiert und danach Lehr- und Forschungstätigkeiten an den Universitäten Gießen, Heidelberg (Promotion), Mannheim, Kiel (Habilitation) sowie der Michigan State University (USA) ausgeübt. Von 2004–2008 war er Professor für Arbeits-, Betriebs- und Organisationspsychologie an der Universität Würzburg, und ist seit 2008 Lehrstuhlinhaber für das Fach Organisationspsychologie an der Westfälischen Wilhelms-Universität Münster. Forschungsschwerpunkte seiner Arbeit sind u. a. Motivationsmanagement in Teams, Führung und Training virtueller Kooperation sowie Electronic Human Resource Management. Neben seiner universitären Tätigkeit ist Prof. Dr. Hertel auch beratend für Organisationen tätig.
E-Mail: ghertel@uni-muenster.de

Hößler, Ulrich

Dipl.-Psych. Ulrich Hößler, Jahrgang 1974, ist leitender Koordinator des Zusatzstudiums Internationale Handlungskompetenz an der Hochschule Regensburg. Nach dem Studium der Diplompsychologie in Regensburg und Nashville/TN war Ulrich Hößler als wissenschaftlicher Mitarbeiter bei Herrn Prof. Alexander Thomas an der Universität Regensburg in verschiedene Forschungsprojekte zur Psychologie interkulturellen Handelns eingebunden. Im Jahr 2008 lehrte er als Gastdozent in Jakarta/Indonesien und trat seine jetzige Stelle als Dozent und Programmverantwortlicher an der Hochschule Regensburg an. Darüber hinaus ist er als freiberuflicher interkultureller Trainer tätig, seit 2005 bei der Corporate Excellence Consult GmbH, und promoviert an der Humboldt-Universität zu Berlin zum Thema »Interkulturelle Qualifizierung an deutschen Hochschulen«.
E-Mail: ulrich.hoessler@mikro.fh-regensburg.de

Hülsheger, Ute. R.

Dr. Ute R. Hülsheger, Dipl.-Psych., Jg. 1977, ist Assistant Professor for Work and Organizational Psychology an der Universiteit Maastricht in den Niederlanden. Ihr Psychologiestudium absolvierte sie an der Universität Bielefeld und der Universidad de Sevilla, Spanien. Nach ihrer Promotion im Juni 2006 an der Universität Bielefeld war sie im Rahmen eines DAAD Forschungsstipendiums ein Jahr als Postdoc an der University of Amsterdam Business School tätig. Seit September 2007 ist Frau Hülsheger als Assistant Professor an der Universiteit Maastricht beschäftigt. Ihre Forschungsinteressen umfassen die Themengebiete Innovation, Personalauswahl und Emotionsarbeit.
E-mail: ute.hulsheger@psychology.unimaas.nl

Kauffeld, Simone

Prof. Dr. Simone Kauffeld, Dipl.-Psych., Jg. 1968, ist Professorin für Arbeits-, Organisations- und Sozialpsychologie an der TU Braunschweig. Nach dem Studium der Psychologie und Betriebswirtschaftslehre in Landau und Marburg, Tätigkeit als Junior Consultant in der Automobilindustrie, Promotion und Habilitation am Institut für Arbeitswissenschaft, Universität Kassel, Gastprofessorin an der City University of New York, Professorin an der Hochschule für Angewandte Psychologie der Fachhochschule Nordwestschweiz und Ausgründung der 4A-SIDE GmbH an der TU Braunschweig.
E-Mail: s.kauffeld@tu-bs.de

Kerschreiter, Rudolf

Dr. Rudolf Kerschreiter, Dipl.-Psych., Jg. 1972, ist wissenschaftlicher Assistent am Department Psychologie der Ludwig-Maximilians-Universität München. Er studierte Psychologie mit den Schwerpunkten Allgemeine Psychologie sowie Organisations- und Wirtschaftspsychologie und promovierte 2003. Seit 2000 ist er an der Universität München tätig und betreut dort das Schwerpunktfach Sozial- und Wirtschaftspsychologie: Human Resource Management. Arbeits- und Forschungsgebiete: Kommunikation, Kooperation und Entscheidungsverhalten in Gruppen; Führung; Identifikation und Verbundenheit mit Führungskräften, Arbeitsgruppen und Organisationen; Ideenmanagement und Innovation.
E-Mail: kerschreiter@psy.lmu.de

Kraus, Rafaela

Prof. Dr. Rafaela Kraus, Jg. 1967, lehrt seit 2006 Personalmanagement an der Fakultät für Betriebswirtschaft der Universität der Bundeswehr München. Nach dem Studium der Betriebswirtschaftslehre an der Ludwig-Maximillians-Universität in München hat sie nationale und internationale Unternehmen und Organisationen in den Bereichen Human Resources Management, Change-Management sowie Organisations- und Personalentwicklung beraten.
E-Mail: Rafaela.Kraus@unibw.de

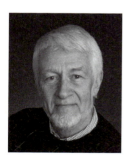

Kuhrts, Jürgen

Dipl.-Ing. Jürgen Kuhrts, Jg. 1938, war von 1991–2001 bei der SIEMENS AG Projektleiter für verschiedene komplexe Anlagenbauprojekte im Auftrag der Deutschen Bahn AG. Nach dem Abitur studierte er Eisenbahnsignal- und Sicherungstechnik sowie Informatik. Seit 1962 war er in der Signalbauindustrie für die Deutschen Bahnen in unterschiedlichen Führungspositionen in den Bereichen Planung, Projektierung und Realisierung tätig. Seit seiner Pensionierung unterstützt er durch seine Diskussionsbeiträge Expertenrunden für die Studierenden der Universität Regensburg und der Technischen Universität Braunschweig.
E-Mail: juergen@kuhrts.de

Autorenporträts

Lehmann-Willenbrock, Nale

Dipl.-Psych. Nale Lehmann-Willenbrock, Jg. 1982, ist wissenschaftliche Mitarbeiterin in der Abteilung für Arbeits-, Organisations- und Sozialpsychologie an der TU Braunschweig. Sie hat an der Uni Göttingen und der University of California, Irvine (USA) Psychologie studiert. Nach 1-jähriger Projekt- und Trainererfahrung in einem Unternehmen promoviert sie derzeit zu den Themen »Vertrauen in Organisationen und Intragruppenprozesse«.
E-Mail: n.lehmann-willenbrock@tu-bs.de

Maier, Günter W.

Prof. Dr. Günter W. Maier, Jg. 1962, ist Professor für Arbeits- und Organisationspsychologie an der Universität Bielefeld. Nach dem Abitur studierte er Psychologie, Pädagogik, Soziologie und Arbeitsrecht in Gießen und München. Im Jahr 1992 übernahm er zunächst eine Stelle als wissenschaftlicher Mitarbeiter im Forschungsprojekt »Selektion und Sozialisation des Führungsnachwuchses« der Universität München und war danach dort am Lehrstuhl für Organisations- und Wirtschaftspsychologie als wissenschaftlicher Assistent beschäftigt. Seit 2003 hat er die Professur an der Universität Bielefeld.
E-Mail: ao-psychologie@uni-bielefeld.de

Mandl, Heinz

Dr. phil. Heinz Mandl, Professor für Empirische Pädagogik und Pädagogische Psychologie, Department Psychologie, Ludwig-Maximilians-Universität München. Lehramtstudium und Studium der Psychologie in München. Ab 1967 Beginn der wissenschaftlichen Laufbahn an der Universität Augsburg, von 1978-1990 Professor an der Universität Tübingen. Von 1990 bis heute Professor an der LMU. Seit 1968 Fellow of the American Psychological Association. 1989-1991 President of the European Association for Research in Learning and Instruction (EARLI). 1995-2000 Dekan der Fakultät der Psychologie und Pädagogik. 2003 Oevre Award for Outstanding Constributions to the Science of Learning & Instruction (EARLI).

Arbeitsschwerpunkte: Wissensmanagement, Blended-Learning, Game based Learning, Bildungscontrolling, Evaluation. Im Bereich der angewandten Forschung Zusammenarbeit u. a. mit BMW AG, Siemens AG, VW AG, Linde AG, Deutsche Bahn, Stadt München.

Moser, Klaus

Prof. Dr. Klaus Moser, Dipl.-Psych, Jg. 1962. Abschluss des Psychologiestudiums 1986 in Mannheim, Promotion 1989 und Habilitation 1994 Universität Hohenheim, Stuttgart; Professor für Psychologie, insbes. Wirtschafts- und Sozialpsychologie an der Friedrich-Alexander-Universität Erlangen-Nürnberg. Arbeitsschwerpunkte: Personalauswahl, -marketing und -beurteilung, Mitarbeiterbefragungen, Organisationales Commitment, Mitarbeitergespräche. Wichtige Buchveröffentlichungen: Commitment in Organisationen (1996), Unternehmerisch erfolgreiches Handeln (1999), Erwerbslosigkeit (2001), Informationsüberflutung durch neue Medien (2002), Wirtschaftspsychologie (2007).

Orlikowski, Borris

Dr. Borris Orlikowski, Jg. 1966, arbeitet seit 2007 bei der LB Immo Invest GmbH und ist bei der auf institutionelle Anleger ausgerichteten Kapitalanlagegesellschaft für Immobiliensondervermögen stellvertretender Abteilungsleiter des Fondsmanagements. Der Schwerpunkt seiner freiberuflichen Tätigkeit lag auf Aspekten der Führung, Organisation und Kommunikation in standortverteilten Projektteams sowie der Wirtschaftsmediation. Der gelernte Sparkassenkaufmann verfügt über mehrjährige Erfahrung als Berater für Organisation und Prozesse im Bankensektor. Vor seiner Promotion (Betriebswirtschaftslehre/Wirtschaftspsychologie) in Kiel studierte er Wirtschafts- und Sozialwissenschaften an den Universitäten Lüneburg und Keele (UK).
E-Mail: borris@orlikowski.eu

Salewski, Wolfgang

Prof. Wolfgang Salewski studierte nach dem Abitur in Freiburg/Breisgau Germanistik, Geschichte und Psychologie in Freiburg und München. Nach 3 Jahren als Betriebspsychologe und Managemententwickler in einem Maschinenbaukonzern gründete er 1972 das Institut für Konfliktforschung und Krisenberatung, das Unternehmen und Behörden bei außergewöhnlichen Ereignissen berät. Zu den Klienten gehörten das Polizeipräsidium München, das Bundeskriminalamt, die Grenzschutzgruppe 9, die Bundesregierungen Helmut Schmidt und Helmut Kohl sowie viele international tätige Konzerne. 2000–2006 war er Zentralvorstand für Personal und Strategie der Schörghuber Unternehmensgruppe, Vorstandsvorsitzender der Brauholding International und Vorsitzender der Geschäftsführung der Paulaner Brauerei Gruppe. Seit 1988 liest er an der Universität Salzburg »Polizeipsychologie« und seit 2001 an der Universität Witten/Herdecke »Psychologie und Krisenmanagement« und ist Mitglied des Direktoriums der Universität.

Schmidt, Klaus-Helmut

Prof. Dr. Klaus-Helmut Schmidt, Jg. 1952, ist Projektleiter am Leibniz-Institut für Arbeitsforschung an der TU Dortmund. Nach dem Abitur studierte er Psychologie, Soziologie und Philosophie. Anschließend Promotion und Habilitation im Fach Psychologie. Seine aktuellen Forschungsschwerpunkte sind: Psychische Arbeitsbelastungen und Beanspruchung; Fehlzeitenanalysen; Arbeitsmotivation und Leistung; Arbeit und demografischer Wandel.
E-Mail: schmidtkh@ifado.de

Schneider, Michael

Privatdozent Dr. Michael Schneider forscht und lehrt an der Wirtschaftswissenschaftlichen Fakultät der Technischen Universität München zu den Themen »Innovation, Risikokommunikation und Nachhaltige Entwicklung«. Nach dem Studium der Psychologie und Kommunikationswissenschaften war er als Projektleiter in der Markt- und Sozialforschung und in der Unternehmensberatung tätig. Seit 2006 ist er auch Direktor am bifa Umweltinstitut für den Geschäftsbereich Strategie und Beratung.
E-Mail: michael.schneider@wi.tum.de

Solga, Jutta

Dipl.-Psych. Jutta Solga, Jg. 1979, ist tätig in der Abteilung Führungskräfteentwicklung eines internationalen Konzerns. Nach dem Studium der Psychologie und Rechtswissenschaften zunächst tätig in einer Unternehmensberatung mit dem Schwerpunkt Personaldiagnostik. Seit 2006 zertifizierte Kommunikations- und Verhaltenstrainerin. Derzeit berufsbegleitende Promotion zum Thema »Politische Kompetenzen an der Universität Bonn«.
E-Mail: jutta.solga@gmx.de

Sponfeldner, Walter

Dipl.-Ing. Walter Sponfeldner, Jg. 1964, ist aktuell bei OSRAM Opto Semiconductors verantwortlich für Supply Chain Development und ist Geschäftsführer der Corporate Excellence Consult GmbH.

Nach Abschluss der Berufsausbildung als Diplomingenieur der Elektrotechnik von der Technik geprägt, wandte er sich schon früh den organisatorischen Herausforderungen von Unternehmen zu. Durch eine breite Palette von Tätigkeiten in den Bereichen Einkauf, IT, Logistik, und Kundenbetreuung in unterschiedlichen Unternehmen des Elektro- und Hochtechnologiesektors (Zollner AG, Siemens AG, Infineon Technologies AG, OSRAM) verbunden mit Projekt- und Führungsverantwortung, erkannte er schon früh das Potenzial der »weichen« Faktoren. Daraus entwickelte sich ein spannendes und fruchtbares Arbeitsfeld, seine Erkenntnisse stellt er auch als Trainer und Berater zur Verfügung.
E-Mail: wsponfeldner@corporate-excellence.de

Streich, Richard K.

Prof. Dr. Richard K. Streich, Jg. 1950, ist Geschäftsführer des INPUT – Institut für Personal- und Unternehmensmanagement™ (Paderborn). Ausbildung zum Industriekaufmann, kaufmännischer Angestellter und Lehrlingsausbilder. Studium auf dem zweiten Bildungsweg mit den Schwerpunkten Betriebs- und Verhaltenswissenschaften, weiterführend mit einem Stipendium der Graduiertenförderung zum Dr. rer. pol. promoviert. Geschäftsführung zweier Bildungs- und Beratungsorganisationen. Industriepraxis u. a. als Leiter Personalentwicklung eines Investitionsgüterherstellers und als Studienleiter am EMNID-Institut, Bielefeld. Er ist Management-Coach im Rahmen des Topmanagements und Senior-Coach im Deutscher Bundesverband Coaching e.V. (DBVC). Seit über 10 Jahren Professor für Wirtschafts- und Verhaltenswissenschaften an der University of Applied Science, FHDW Paderborn u. a. verantwortlich für den Executive MBA im Schwerpunkt Management-Development.
E-Mail: richard.streich@input-institut.de

Traut-Mattausch, Eva
Dr. Eva Traut-Mattausch, Dipl.-Psych., Jg. 1974, ist Akademische Rätin am Department für Psychologie der Ludwig-Maximilians-Universität München. Nach dem Abitur studierte sie Wirtschaftswissenschaften und Psychologie und promovierte 2004. Seit 2001 ist sie an der Universität München zunächst als wissenschaftliche Mitarbeiterin und Assistentin tätig. Arbeits- und Forschungsgebiete: Anwendung sozialpsychologischer Grundlagentheorien auf die Bereiche Finanzen, Wirtschaft und Politik.
E-Mail: traut-mattausch@lmu.de

Von Rosenstiel, Lutz
Prof. Lutz von Rosenstiel, Jg. 1938, ist emeritierter Professor für Organisations- und Wirtschaftspsychologie an der Universität München und derzeit Gastprofessor an der Wirtschaftsuniversität Wien. Nach Studium, Promotion und Habilitation mit der Fächerkombination Psychologie, Betriebswirtschaftslehre und Philosophie arbeitete er zunächst als Professor an der WiSo-Fakultät an der Uni Augsburg. Seine Forschungsschwerpunkte liegen auf den Gebieten der Führung, der organisationalen Sozialisation und des Kompetenzmangements.
E-Mail: boegel@psy.uni-muenchen.de

Wastian, Monika
Dipl.-Psych. Monika Wastian ist Inhaberin des Instituts für Organisationspsychologie in München. Vor ihrem Psychologie-Studium war sie als Führungskraft in der Medien- bzw. Consulting-Branche (komplexe, IT-gestützte Reorganisationsprojekte) tätig. Als Organisationspsychologin führt sie Organisations- und Personalentwicklungsprojekte in Unternehmen und in der Verwaltung durch und coacht Führungskräfte und Projektleiter. Außerdem forscht bzw. lehrt sie an der TU München und der Ludwig-Maximilians-Universität München. Innovationsmanagement sowie Personalentwicklung/Coaching sind der Schwerpunkt ihrer Beratung, Forschung und Lehre.
E-Mail: wastian@inforp.com

Wegge, Jürgen
Prof. Dr. Jürgen Wegge, Dipl.-Psych., Jg. 1963, ist seit 2007 Professor für Arbeits- und Organisationspsychologie an der TU Dresden. Nach dem Abitur studierte er Psychologie an der Universität Bochum, anschließend Promotion und Habilitation an der Universität Dortmund sowie Professor für Psychologie und Direktor des internationalen MA-Programms »Psychology of Excellence in Business and Education« an der LMU München (2004–2007). Seine Arbeitsschwerpunkte liegen im Bereich Arbeitsmotivation, Führung, Arbeit und Gesundheit, Spitzenleistungen in Organisationen und demografischer Wandel.
E-Mail: wegge@psychologie.tu-dresden.de

Weisweiler, Silke

Dr. Silke Weisweiler, Dipl.-Psych., Jg. 1976, arbeitet in der Projektleitung des Center for Leadership and People Management an der Ludwig-Maximilians-Universität München. Sie hat Psychologie und Pädagogik studiert. In der Forschung beschäftigt sie sich hauptsächlich mit dem Thema »Evaluation und Transfer von Weiterbildung«. In der Praxis arbeitet sie als ausgebildete Trainerin und Coach für Wissenschaftler und Führungskräfte der Wirtschaft. Einer ihrer Schwerpunkte sind dabei Zeit- und Selbstmanagementtrainings.
E-Mail: weisweiler@lmu.de

Winkler, Katrin

Dr. Phil. Katrin Winkler ist Leiterin der globalen Personal- und Organisationsentwicklung bei der QIAGEN GmbH. Nach ihrer universitären Laufbahn als wissenschaftliche Mitarbeiterin am Lehrstuhl für Empirische Pädagogik und Pädagogische Psychologie an der Ludwig-Maximilians-Universität München und dem Abschluss ihres Promotionsstudiums, startete sie 2005 ihre außeruniversitäre Laufbahn als Personalreferentin in der AMB Generali Holding AG mit Fokus auf der Managemententwicklung des Konzerns. Seit 2006 ist sie weltweit für den Aufbau der Personalentwicklung, die Auswahl und Förderung des Managementnachwuchses sowie die Begleitung von Integrationsprojekten bei der QIAGEN GmbH verantwortlich.
E-Mail: drkatrinwinkler@gmx.de

Woschée, Ralph

Dipl.-Psych. Dipl.-Soz. Ralph Woschée, Jg. 1968, ist seit 2001 wissenschaftlicher Mitarbeiter am Lehrstuhl für Organisations- und Wirtschaftspsychologie der LMU München und insbesondere für Themen der Personalpsychologie zuständig. Außerdem tätig als freiberuflicher Unternehmensberater im Bereich der Mitarbeiterbefragung, Vorgesetztenbeurteilung, Personalauswahl, Marktforschung und Weiterbildung. Nach der Ausbildung zum Zahntechniker und Zivildienst als Altenpflegehelfer Erwerb der allgemeinen Hochschulreife auf dem zweiten Bildungsweg. Anschließend Studium der Psychologie und Soziologie an der LMU München.
E-Mail: woschee@psy.lmu.de

Sachverzeichnis

A

Ambiguität (Mehrdeutigkeit) 146–147, 150, 332–333
Anforderungen (▶ auch Kompetenzanforderungen) 200, 204
– an das Kommunikationsverhalten 67–70, 80–81
– an Projektbeteiligte 98–101
– an Projektcoaches 104, 108
– an Projektleiter 23, 122–129, 137–138, 214–215, 226–228, 233–236, 257
– an das Projektteam 12, 77, 168–169, 170, 180
angewandte Psychologie 5–9
– Aufgaben 5–6
– Vorgehensweise 8
Anreiz 56, 151, 189, 203, 232, 235–236
Arbeitsanforderungen ▶ Anforderungen
Arbeitsinhalt ▶ Arbeitsmerkmale
Arbeitsleistung ▶ Leistung
Arbeitsmerkmale (▶ auch Aufgabenmerkmale) 193–194, 200–201, 204, 328
Arbeitszufriedenheit 189, 193, 194, 195–196, 218
Aufgabenbewältigung 169–171, 174, 175, 180–181
Aufgabengestaltung 54–55, 126
Aufgabeninterdependenz (Aufgabenabhängigkeit) 126–127, 255–256, 341
Aufgabenkomplexität 125, 194, 196, 213–215, 216–217, 220–221, 223
Aufgabenmerkmale 124–127
Aufgabenorientierung 253, 254, 258–259, 317
Aufgabenverteilung 125, 343
Autonomie 55, 56, 210, 217

B

Bedarfsanalyse 28
– im Projektcoaching 106, 344
Bedarfsklärung 36, 94–95
Beurteilungsphase (▶ auch Meinungsbildung als Projektphase) 250, 252, 266, 274
Bewertung
– des Erfolgs und der Zielerreichung (▶ auch Evaluation) 33, 103, 112–116, 123–124, 132, 179
– von Ideen ▶ Ideenbeurteilung und Ideen, Bewertung von
– von Informationen und Fakten 50, 53, 56, 289–291, 296, 297
– von Leistung ▶ Leistungsbeurteilung
– von Lösungsvorschlägen 274, 299
– von Risiken 287
– als Ursache von Krisen 287–288
Bewertungskriterien 36, 37–38
– für Risiken (▶ auch Risiko der Bewertung) 286
Bewertungs- und Feedbacksysteme 137–138
Bewertungsverzerrung 52, 53–54
Beziehungen 131, 157, 160, 162, 201
Beziehungsorientierung 317
Bindungsmanagement ▶ Commitment, Verbesserung von
Brainstorming 46–47, 56–57, 265–266, 269–272, 279
– electronic 332

C

Change-Management 13
Coaching (▶ auch Projektcoaching, Teamcoaching) 34, 58, 179, 183–184
Commitment 4, 56, 126, 133–135
– Auswirkungen von 195–196
– Definition 188–189
– Einflussfaktoren auf 193–194
– Entwicklung von 189, 192–194
– Eskalation von 192
– Fokus von 189
– Komponente des 190–191
– Messung von 191–192, 197–198, 204
– Schattenseite von 202–204
– Verbesserung von 199–204
Corporate Identity 194–195

D

Delegation 10, 242–243
Dequalifizierung 203
Diskussionsverzerrung 53, 54
Diversität (▶ auch Heterogenität) 129
– kulturelle 311–312
Dokumentation 328, 331–332, 334, 336
Double-Bind-Kommunikationssituation 69–70

E

EDV-basierte Projektinformations- oder -managementsysteme 74
Einfluss 30, 152–158, 162–163
– Definition 152

Einfluss
- Geldgeber und Management 30–31
- von Stakeholdern 99–101

Einflussnahme 3
- von Projektleitern 127–128

Einflusstaktiken 155–156

Einzelcoaching (▶ auch Coaching, Projektcoaching) 101–102, 105, 109–111, 114–115

Electronic Performance Monitoring 334

Entscheidungen 5, 11, 13, 14, 35, 38, 65–66, 70–71, 76, 160, 232, 289
- kollektive 41–42, 49–54, 57, 279, 289
- in der Krise 296–300
- Verbesserung von kollektiven 291–292

Entscheidungsphase (▶ auch Beurteilungsphase und Meinungsbildung als Projektphase) 24, 27–30, 35, 37

Entscheidungspräferenzen 57

Erfolgsfaktoren
- in Projekten 228–229
- im Projektmanagement 209–210

Ergebnisinterdependenz (Ergebnisabhängigkeit) 255–256, 259, 341–342

Erwartungen 36–38, 289–290, 294

Evaluation (▶ auch Bewertung) 8
- Ebenen der 112–114
- von Projektcoaching 110–116
- eines Projektes 135

F

Fähigkeiten Mitarbeiter (▶ auch Kompetenzen) 214, 217–218
- bereichsrelevante 264–265
- kreativitätsrelevante 265, 280

Feedback 56, 69, 110–111, 137–138, 178–179, 219–220

Feedback-Schleifen 23–25, 27–30, 35

Feedbacksysteme 342

Fehlerkultur 58–59, 92–94

Fehlzeiten 113, 196

Flaming (eskalierende Kommunikation) 337

Fluktuation 196, 202–204

Führung 55–57, 208–223, 340–342
- charismatische 194, 201
- direktive 50
- auf Distanz 334–335
- partizipative 57, 222
- transaktionale 257
- transformationale 201, 257

Führungsstil 259–260

Führungsverantwortung 141, 217

Führungsverhalten 193, 201–202, 256–257

G

Gedächtnis, kollektives 47–49

Group think ▶ Gruppendenken

Groupware (▶ auch Wissensmanagement-Instrumente) 91–92, 328, 336, 338

Gruppe (▶ auch Team, Projektteam) 100, 259–261

Gruppenarbeit (▶ Teamarbeit) 56–57

Gruppendenken 50–51, 203, 291–292

gruppendynamische Prozesse 293, 296–297

gruppendynamische Risiken 294–295

Gruppenentscheidungen, Verbesserungen von 57, 292

Gruppenidentität (▶ auch Identität) 312, 322–323

Gruppenkohäsion (▶ auch Zusammenhalt) 254

Gruppenprozesse 100, 256–257, 260–261

Gruppenstruktur 254–256, 259

Gruppenzusammensetzung (Gruppenkomposition) 54–55
- meinungsdivergente 50
- personelle (▶ auch Personalauswahl, Staffing) 54–55

H

Handlungsmodell 237

Handlungsorientierung 314

Heterogenität (▶ auch Diversität) 254, 259
- aufgabenbezogene 254–255, 259
- demografische 255

Heterogenitätsmanagement 320–324

Hidden Profile 51–54, 57

Hypothesenmatrix, Methode der 268–269

I

Ideenbeurteilung (Ideenbewertung), Methoden für die 266, 276–277, 279–280

Ideengenerierung 24, 28, 34, 37
- intuitiv-kreative Methoden 266, 269–279
- systematisch-analytische Methoden 266, 277–279

Identifikation 4, 134
- Auswirkungen von 195–196
- Definition 188
- Einflussfaktoren auf 194–195
- Entstehung von 189, 193
- Fokus von 189
- Messung von 197–199, 204
- Schattenseite von 202–204
- Verbesserung von 199–204

Identität
- einer Organisation 194–195
- soziale 188
- Theorie der sozialen 312–313

Sachverzeichnis

Implementierung 24–25, 27–31, 33–34, 36–37
Information 3
– geteilte 52–53
– Umgang mit 42–60
– verteilte 57
Informationsaustausch 70
Informationsfluss 116, 170, 175, 181, 260
Informationsmanagement 70–71
Informationssuche, selektive 237
Informationsüberflutung (Informations-Overflow) 68, 72
Informationsverarbeitung 41–46
Informationsverteilung 51–53
Innovation 4, 248, 320
– Definition 249–250
– als Entwicklungsstufe der Kooperation 319–320
– Messung von 249
– Unterstützung von 253–254, 258
Innovationsprozesse 250–253
Innovativität
– Einflussfaktoren 248–252
– von Teams 258–261
Integrationskarten (▶ auch Wissensmanagement-Instrumente) 88–89
Interaktionssituationen, kritische (▶ auch Kommunikation) 315
Interdependenz (▶ auch Aufgabeninterdependenz) 341–342

K

Karriere
– Management 136–138
– Planung 138–139
– Systeme 138–142
Kasseler Teampyramide 169–171, 174
Kick-Off 77, 109, 343–344
Kodetermination 46
Kommunikation 3, 26, 29, 32, 35, 62–66, 256, 260, 291, 317
– Barrieren 67–68
– computervermittelte 91
– Einschränkung der 337
– mit elektronischen Medien 332–334
– Face-to-Face 66
– Grundregeln der 334
– nichtaufgabenbezogene 334
– mit Stakeholdern 66, 71–74
– Timing der 333
– Ursachen erfolgloser 71–72
Kommunikations- und Beteiligungsmatrix 76–77
Kommunikationsbarrieren 67–68
Kommunikationsebenen 63–64
Kommunikationsfähigkeit 339
Kommunikationsinhalte 72–73
Kommunikationskultur 77–81
Kommunikationsmanagement 63–64, 66, 72, 82
Kommunikationsmedien
– Reichhaltigkeit von 332–333
– Wahl von 332–333
Kommunikationsmodell 68–69
Kommunikationsprobleme 29, 65–72
Kommunikationsstrategie 72–73
Kommunikationsstruktur 65–72, 74–77
Kommunikationsverfahren 65–66, 74–77, 81
Kommunikationsverhalten 67–70, 77–81
Kommunizieren von Projektergebnissen 31
Kompensation, soziale 45
Kompetenzen (▶ auch Fähigkeiten) 26, 32, 34–35, 76, 194, 338–340
– interkulturelle 321
– mikropolitische 156–163
Kompetenzanforderungen (▶ auch Anforderung) 34–35
– an Projektleiter 99–100, 130–131
– an Projektmitarbeiter 100, 131–132, 338–340
– an das Projektteam 321–322

Kompetenzentwicklung (▶ auch Personalentwicklung, Coaching, Training), mikropolitische 157–163
Komplexität (▶ auch Aufgabenkomplexität) 11–12, 24–31, 226–227
Konflikte 30, 55, 150–152, 180–184, 317
– Arten 171–173
– Auswirkung von 172–173
– Bewertungskonflikte 296
– Eskalation 173, 337–338
– kulturell bedingte 312–314
– Management 337–338
– Prävention 173
– Sachkonflikte 172
– soziale 171–173
– Ursachen 337
– Verteilungskonflikte 151
Kontext von Projekten (Rahmenbedingungen) 25–26, 30, 38
Kontrolle 238
Konzeptkarten (▶ auch Wissensmanagement-Instrumente) 87–88
Kooperation (Zusammenarbeit) 4, 26, 32, 35, 126, 256
– Entwicklungsstufen der 318–320
– interkulturelle 308–325
– mit dem Kunden 171, 183, 235
– mit dem Management und anderen Abteilungen 171, 182
– Spielregeln 78
– virtuelle 328–346
– Zwang zur 129
Koordination 25–26, 30, 32–33
Koordinationsverluste 45
Kreativität 4, 339
– Blockade 265, 269–272
– Definition 249, 264
– Einflussfaktor 248–252
– Förderung von 266–280
– Komponentenmodell 264
– Messung von 249
– Stereotypen 249
Kreativitätstechnik 265–280

Krisen 4
- Definition 292
- Nachbereitung (▶ auch Lessons Learned) 303
- Prävention 29–31, 293–295
- Ursache von 287–288, 293
Krisenmanagement 287–288, 296–302, 304
Krisenstab 296–300
Kultur, Definition 311–312
Kulturdimensionen 314–315
kulturelle Unterschiede 308–310
- Umgang mit 318–320
Kulturstandards 315–316

L

Leistung 195–196, 213–214
- innovative und kreative 250–252
Leistungsbereitschaft 237–238
Leistungsbeurteilung 132–135, 141
Leistungsfähigkeit 237–238
Leistungsmanagement 213, 219
Leistungsminderung 239
Leistungsmöglichkeit (Leistungspotenzial) 55, 237–238
Lernbereitschaft 339
Lernen 54–57, 137–138, 303
- höherer Ordnung 104
- individuelles 4–48
- interkulturelles 323
- kollektives 47–49, 58–59
Lernkurven 63
Lerntransfer 34, 103, 104, 112
Lessons Learned 31, 58, 92–93
Lösungsfindung (Lösungsgenerierung) 251, 267–268
Loyalität 189, 202–204

M

Macht 159
- von Abteilungen (Abteilungsmacht) 154, 161
- Definition 152
- Grundlage 152–153
- Modell der intraorganisationalen Machtverteilung 154
- von Projektleitern 127–128, 154
Machtbasen 152–155
Media-Richness-Modell 332–333
Medien
- elektronische 332–334, 339
- Nutzerfreundlichkeit (Usability) 336
- Präferenz von 333
- symbolische Wirkung von 333
Meinungsbildung 3, 19, 42–45, 100, 103, 109
- kollektive 42, 47–54
- als Projektphase (auch Beurteilungsphase und Entscheidung als Phase) 29
Metakommunikation 69
Mikropolitik 149–163
- Definition 149
- Ursachen 150–152
- Ziele und Resultate 149
Mind Mapping (▶ auch Wissensmanagement-Instrumente) 87, 269
Motivation 55–57, 218–219
- auf Distanz 334–335
- intrinsische 194, 264
- des Projektleiters 237
- des Projektteams und der Mitarbeiter 32, 342
Motivationsgewinne u. -verluste 45
Motive und Interessen 25–26, 36

N

Normen 58, 202, 337

O

Organisation 55
- Definition 8
Organisationsentwicklung (▶ auch Projektcoaching, Prozesscoaching) 106, 177
Organisationspsychologie
- in der Praxis des Projektmanagements 15–17
- als Wissenschaft 7–9, 15–17
Organizational Commitment Questionnaire 191–192, 197–198

P

Partizipation 218–219, 221–222, 290, 316
Personal 54–55
Personalarbeit 3, 35
Personalauswahl (▶ auch Staffing, Gruppenzusammensetzung) 128–132, 141
- interkulturelle 321
Personalentwicklung (▶ auch Training, Coaching) 136–138, 176, 177, 344
Phasen
- und ihre unterschiedliche Bedeutung in Projekten 27–31
- innovatives Handeln 250–252
- von Projekten 22–25, 27–31, 33–35, 37
Planung 126, 317
Politik in Projekten 146–163
- Ursachen 146–149
Problemanalyse 267–269, 277–278

Problemfindung (Problemidentifikation) 24, 28–29, 34, 37, 250–251
Problemlösen
- kollektives 47, 49
- komplexes 236
Problemlöseprozess, kulturbedingte Unterschiede 310, 314
Problemspezifizierung, Methoden der 266–269
Problemverständnis 267–269
Produktionsblockaden 56–57
Prognose 133, 288–289
Projekt
- Definition nach DIN 11, 22, 98
- Erfolgsfaktoren 98, 169–171, 175, 180–183, 228–229
- Kennzeichen 11–13
- Klassifizierung 11–12
Projektarbeit
- als Prozessarbeit 14–16
- virtuelle 66, 328–346
Projektcoach 104, 108–109
Projektcoaching (▶ auch Coaching) 3, 97–98
- Ablauf 110–112
- Definition 101
- Erfolgsvoraussetzungen 107–108
- Formen 101–102
- Merkmale 103–104
- Verfahren zur Erfolgsmessung 115–116
- Wirksamkeit 105–106
Projektcontrolling 135–136
Projektdurchführung (▶ auch Umsetzung) 90–92, 109, 233–239
- Ansatzpunkte zur Verbesserung 242–243
Projekterfolg
- Magisches Dreieck 15
- Messung von (▶ auch Bewertung, Evaluation) 209
Projektkommunikation, Systemebene der 63–64, 72
Projektkontrolle 92
Projektleiter 4, 22–23, 99–100, 229–232

- Anforderungen (▶ auch Anforderungen, Kompetenzanforderungen) 159, 226–228, 233–234
- als Führungskraft 4, 99
- Herausforderungen 22–23
- Positionsmacht 99
Projektmanagement
- Aufgaben 14
- Ausbildung 33
- Erfolgsfaktoren 174–175
- in interkulturellen Teams 308–325
- Methoden 33
Projektmarketing 71
Projektplanung 86–89, 124
Projektprozesse (▶ auch Projektverlauf, Phasen) 3, 85, 92–93
Projektteam (▶ auch Team, Gruppe) 100, 167–184
- Anforderung an das (▶ auch Anforderungen) 12, 168
- virtuelles 328–345
Projektverlauf (▶ auch Projektprozesse, Phasen) 21–40
- Ansatzpunkte für Verbesserungen 32–39
- Einflussfaktoren 25–26
- Höhen und Tiefen 25–30, 35
Projektvorbereitung 58–59, 109
- Ansatzpunkte für Verbesserungen 239–243
- persönliche 226–227, 231–232, 236–239
Prozesscoaching (▶ auch Projektcoaching) 101–103, 106–109, 111–112, 114
- Merkmale 103–104
- Themen 102–103
Prozessgewinne 44–46
Prozessmodell (Vorgehensmodelle) 23–25
Prozessverluste 44–46

Q

Qualitätsmanagement und Evaluation 116

R

Reflexion 31, 37–39, 58–59, 101–104, 178–179
Ressourcen 146–147, 171, 182–183
Restriktion, kognitive (Einschränkung bei der kollektiven Informationsverarbeitung) 46–47
Risiken 4
- der Bewertung (▶ auch Bewertung) 289–292
- der Führung 290
- inhaltliche und dynamische Einschätzung 294–295
Risikoanalyse 37–38, 295–296
Risikofaktoren 287–292
Risikointervention 295, 296
Risikokommunikation 37–38
Risikomanagement 33, 38, 286–288, 290–296, 304
- Kategorien von 290–291
- im Unterschied zu Krisenmanagement 287–288
Risikoprävention 293–295
Rolle 99–100, 169, 201, 294
- soziale 79
rollenadäquate Kommunikation 80–81
Rollenambiguität 99–100, 169, 200–201
Rollenklärung 290, 294, 296
Rollenperspektive 79–81
Rollensystem 80
Rollenverteilung 343

S

Selbstmanagement Projektleiter 4, 233–243
- Ansätze 229–230
- Strategien 231–232
Sozialisation 130, 230, 311
Stabilisierungsphase (in Innovationsprozessen) 252
Staffing (auch Gruppenzusammensetzung, Personalauswahl) 338–340
Stakeholder 37, 99–100, 135–136, 150–152
- Abhängigkeit von 146–148
Stakeholderanalyse 36, 159–160, 163
- Methoden 75–77, 160
Stakeholderkommunikation 66, 72–77
Stakeholdermanagement 26, 29, 66, 71, 78, 101, 159–160
Stereotype, soziale 313
Stimulation, kognitive 46–47, 56–57
Stress 50, 196
Synchronisation 54–59
Synergieeffekte 46

T

Team (auch Gruppe, Projektteam)
- Effektivität 124–127
- internationales 5
- Klima 253–254, 258–259, 261
- Leistung 129
- Potenzial 310
- Probleme 125–127
- virtuelles 5, 337
- Zusammensetzung 89–90, 132
Teamarbeit 168–184, 314
Teamcoaching (▶ auch Teamentwicklung) 101–102, 105–108, 110–111, 114–115

Teamdiagnose 173
- Ablauf 177–178
- Zielsetzung 174
Teamentwicklung (auch Teamcoaching) 58–59, 105–106, 174, 176, 178–184, 258, 322–323, 343–345
- Formen 179–180
- interkulturelle 322–323
Timing (▶ auch zeitliche Aspekte in Projekten)
- von Projektcoaching 108–110
- für Verbesserungsansätze 32
Topmanagement 14, 99
Training (▶ auch Personalentwicklung, Coaching) 58–59, 344
- interkulturelles 321–322

U

Überzeugungsarbeit 36–38
Umsetzung (▶ auch Projektdurchführung) 252
- als Prozessphase 24, 27–31, 33–34, 37
Unternehmensebenen 62–64
Unternehmensziele 209

V

Verantwortlichkeit 141, 134–136
Verantwortungsübernahme 169–170, 174–175, 181, 200
Verhalten 26, 32, 34–35, 77
- der Projektbeteiligten und Stakeholder 78
Verhaltensdimensionen 316–317
Verhaltensmodell 238
Verhaltensnormen 337
Verhaltensstandards 311
Verhandlungsfokus 52–54, 57
Vertrauen 192
- in die Kompetenz des Projektleiters 294

Virtualität, Indikatoren der 331
Vision 253
VIST-Modell 335, 342
Vorgehensmodell (▶ Prozessmodell) 23

W

Wandel 9–10, 14
Wahrnehmung, selektive 67–68
Wettbewerb, sozialer 45
Wissen 51–52, 89–90
- Mobilisierung von 42, 44, 55–57
- Integration von 88–89, 92–93, 271
Wissenskarten (▶ auch Wissensmanagement-Instrumente) 89–90
Wissensmanagement 3
- Definition 84
- elektronische Tools 336
- Instrumente 86–95
- Komponenten 85–86
- Modell, Münchener 85–86
- Prozessmodell 94
Wissenssysteme, transaktive 48–49, 57
Wissensträgerkarten (▶ auch Wissensmanagement-Instrumente) 89–90

Z

Zeitdruck 50, 212, 221
zeitliche Aspekte in Projekten (▶ auch Timing) 25–26, 38
Zeitorientierung 317
zeitverzögerte Auswirkungen einer mangelhaften Problemfindung 28–29
Zielbindung (▶ auch Commitment) 218, 221–222
Ziele
- Interdependenz 341–342

Sachverzeichnis

- Leistungsziele 215
- Lern- vs. Leistungsziele 220–221
- spezifische 213, 217
- unklare 213, 215

Zielerreichung 110–111, 114–115, 216–217, 255

Zielorientierung 169–170, 174–175, 180

Zielsetzungstheorie 213

Zielvereinbarungen 56, 220–221, 335

Zielwirkungen, Randbedingungen von 214

Zusammenarbeit (▶ Kooperation) 235, 255–256, 289–290, 303, 308, 310, 312, 337–338

Zusammenhalt (▶ auch Gruppenkohäsion) 169–170, 172–175, 178–179, 181

Printing: Krips bv, Meppel, The Netherlands
Binding: Stürtz, Würzburg, Germany